前 言

随着全球经济一体化进程和信息技术的迅速发展，信息产业对国民经济发展的促进作用越来越显著。信息产业已成为经济增长的新动力，是当前国家经济结构调整和产业发展的战略方向之一。软件外包产业是信息产业的重要组成部分，是现代服务业重要的新兴分支，它既有现代服务业的共同特点，也有其自身的独特性质。

软件外包产业自20世纪80年代中期在我国国内起步，经过三十多年的发展，已经形成市场参与者越来越多、行业标准和规则越来越严格、竞争环境越来复杂、竞争和合作的界限越来越模糊、商业模式越来越多样的总体局面。软件外包产业逐渐走向成熟，并已经成为全球产业分工和服务贸易的发展热点。总的来看，经济发达国家如美国、日本、爱尔兰、以色列等国的软件行业处于产业链的高端，发展中国家如印度、中国、菲律宾、越南、巴西等国处于产业链的中下游。与此同时，发展中国家市场的软件外包产业发展异常迅速，各国对软件外包产业皆有着战略上的政策倾斜，都在大力发展包括软件外包在内的信息技术产业。印度在软件外包行业的发展方面独树一帜，其相应的教育、培训体制和体系与其产业的发展相适应，为软件外包行业发展提供了高质量的人力资源和技术力量。相比而言，我国在信息化进程中，软件人才的数量和质量都相对滞后，尤其高端复合型人才更是极度缺乏。人才短缺成为我国软件外包行业发展的瓶颈。一方面，掌握现代软件开发技术的高端复合型人才大多集中在软件外包行业的市场前沿，缺少时间和精力对技术培训做出更多的贡献；另一方面，在大学和职业教育领域，缺乏具有实际经验的师资，难以对学生辅之以真实项目的实践。软件外包行业人才培养与市场需求的矛盾，将在一定时间内持续存在。

编者针对当前软件外包方面的教育和培训状况，结合长期从事软件外包行业的实际工作经验，对软件外包相关的理论与实践进行了总结与归纳，编写了这本《软件外包概论》教材。本书编写的目的是使大学和培训机构能从中了解软件外包行业项目管理的理论及实际状况，也为软件外包行业的在职人员提供一定的行业经验和工作指南。本书整体结构按照软件外包业务流程逐步展开，对软件外包项目的商务活动、项目管理、工程管理、质量管理、风险管理、信息安全管理、运维项目管理等内容做了全面、细致的论述，精选了部分实际例子作为参考，使读者能够全面了解软件外包行业的总体概况，并能掌握软件外包行业的重点理论和关键知识点。最后对软件外包行业的发展趋势做了分析和展望，对软件外包人才的职业状况和发展给予了多角度的分析，为学员的职业选择提供了参考信息。

本书论述内容全面，讲解通俗、细致，理论和实践经验相辅相成，综合性强。希望本书能向读者全面展示软件外包行业发展的历史、现状及趋势，提供全面有效的理论知识，传授丰富实用的实践经验。

本书作为教材时，有以下几点建议。

1. 本书应作为计算机相关专业高年级软件工程课程的教材，适于在第三学年下学期或第四学年上学期学习。参考学时数为32~48学时。

2. 平时作业主要通过写作论文的方式完成，通过查询有关资料，对书中知识点或思考题予以进一步论述。期末考试建议采用开卷考试的方式进行。计分比例建议平时习题为40分，期末考试为 60 分。

3. 为提高本书的教学效果，建议使用电子课件，在多媒体环境下授课。

4. 本书内容的课时分配建议：

章节	内容	课时
第 1 章	服务外包概述	2～3
第 2 章	软件外包商务活动及相关事务	2～4
第 3 章	软件外包项目管理	4～7
第 4 章	软件外包工程管理	4～6
第 5 章	软件外包质量管理	4～6
第 6 章	软件外包的风险管理	2
第 7 章	知识产权及信息安全	2～4
第 8 章	运维（保守）项目	4～6
第 9 章	软件外包发展趋势	2
第 10 章	软件外包行业从业人员的职业发展	2
第 11 章	软件外包案例分析	4～6
课时总计		32～48

本书由杨曙贤担任主编，王军辉、张爱国、孟建晖、郝玉杰担任副主编。本书的第 1 章、第 7 章由杨曙贤编写，第 2 章、第 4 章、第 9 章、第 10 章由王军辉编写，第 3 章、第 5 章、第 6 章由张爱国编写，第 8 章、第 11 章由郝玉杰编写。全书由杨曙贤统稿，孟建晖对本书的写作给予了多方面的建议和指导。

由于作者理论水平和实践经验有限，书中难免存在疏漏和不妥之处，恳请广大读者批评指正。

编　者

2015 年 4 月

 "十二五"规划教材  工业和信息化普通高等教育
"十二五"规划教材

12th Five-Year Plan Textbooks
of Software Engineering

软件外包概论

杨曙贤 ◎ 主编

王军辉 张爱国 孟建晖 郝玉杰 ◎ 副主编

Introduction to Software Outsourcing

人民邮电出版社
北京

图书在版编目（CIP）数据

软件外包概论 / 杨曙贤主编. -- 北京：人民邮电出版社，2015.8（2021.6重印）
普通高等教育软件工程"十二五"规划教材
ISBN 978-7-115-39342-5

Ⅰ. ①软… Ⅱ. ①杨… Ⅲ. ①软件－电子计算机工业－对外承包－高等学校－教材 Ⅳ. ①F407.676

中国版本图书馆CIP数据核字(2015)第136400号

内 容 提 要

本书以软件外包业务推进过程为主线，就如何做好软件外包项目全生命周期的管理，确保软件外包产品高质量、高效率、高效益完成，做了较全面的讲述，并对外包实践进行了详细介绍。全书共11章，主要包括现代服务外包和软件外包的理论基础、软件外包业务中的商务活动、项目管理体系、工程管理体系、质量管理体系、风险管理体系、信息安全管理体系、运维项目管理体系、软件外包产业发展趋势、软件外包从业人员的职业发展、软件外包项目案例分析等内容。

本书在全面介绍理论的同时，还介绍了软件外包实际工作中部分典型案例的管理与开发，以加强读者对软件外包业务内容的理解。

本书既可作为高等院校计算机相关专业的教材，又可作为软件外包从业人员的参考用书。

◆ 主　编　杨曙贤
　副 主 编　王军辉　张爱国　孟建晖　郝玉杰
　责任编辑　邹文波
　责任印制　沈　蓉　彭志环

◆ 人民邮电出版社出版发行　北京市丰台区成寿寺路11号
　邮编　100164　电子邮件　315@ptpress.com.cn
　网址　http://www.ptpress.com.cn
　固安县铭成印刷有限公司印刷

◆ 开本：787×1092　1/16
　印张：16.75　　　　　　2015年8月第1版
　字数：438千字　　　　　2021年6月河北第4次印刷

定价：42.00元

读者服务热线：(010)81055256　印装质量热线：(010)81055316
反盗版热线：(010)81055315

目 录

第 1 章　服务外包概述 1

1.1　服务与现代服务业 1
1.2　服务外包的产生 2
1.3　服务外包的概念 4
1.4　软件外包 5
　　1.4.1　软件外包概况 5
　　1.4.2　软件外包的特点 12
　　1.4.3　软件外包的内涵 13
　　1.4.4　软件外包的分类及模式 ..13
　　1.4.5　软件外包在产业价值链中的
　　　　　位置 15
1.5　软件外包的一般流程概述 16
　　1.5.1　项目接洽 16
　　1.5.2　需求分析与报价 17
　　1.5.3　项目启动与项目管理 17
　　1.5.4　组织开发团队 17
　　1.5.5　软件工程活动 18
　　1.5.6　软件质量保证活动 22
　　1.5.7　项目交付与验收 23
思考题 23

第 2 章　软件外包商务活动及相关事务 24

2.1　发包方的外包驱动力 24
2.2　软件外包的商务流程 25
　　2.2.1　发包方策略的确定 26
　　2.2.2　软件外包业务招标 27
　　2.2.3　国际软件外包业务采购流程 ..28
2.3　软件外包的竞争格局 35
　　2.3.1　中国软件与服务外包市场格局 ..35
　　2.3.2　国际软件外包与服务市场格局 ..37
2.4　承接方的关键市场竞争能力 38

　　2.4.1　公司规模、资质和治理体系 39
　　2.4.2　技术能力及行业领域经验 41
　　2.4.3　财务状况分析 41
2.5　软件外包中的商务习惯 42
　　2.5.1　面向日本的软件外包商务习惯 43
　　2.5.2　面向欧美的软件外包商务习惯 43
思考题 43

第 3 章　软件外包项目管理 44

3.1　项目管理的基本概念 44
3.2　软件外包项目管理的概况、特点和
　　内涵 45
3.3　项目启动 46
　　3.3.1　制定项目章程 47
　　3.3.2　识别干系人 49
3.4　项目计划 50
　　3.4.1　项目范围管理计划 51
　　3.4.2　项目进度管理计划 54
　　3.4.3　项目成本管理计划 58
　　3.4.4　项目质量管理计划 58
　　3.4.5　项目资源管理计划 61
　　3.4.6　项目沟通管理计划 63
　　3.4.7　项目采购管理计划 65
　　3.4.8　项目风险管理计划 67
3.5　项目执行 68
　　3.5.1　项目团队组建 68
　　3.5.2　培训 69
　　3.5.3　沟通管理 70
　　3.5.4　BSE 的作用 71
　　3.5.5　配置管理 72
　　3.5.6　实施质量保证 74
3.6　项目监控 75
　　3.6.1　进度控制 75

3.6.2 需求变更管理 76
3.6.3 成本控制 78
3.6.4 控制质量 79
3.6.5 其他监控过程组 80
3.7 项目交付管理 80
3.7.1 项目成果交付 80
3.7.2 项目验收 81
3.7.3 维护期工作 81
思考题 82

第 4 章 软件外包工程管理 83
4.1 软件外包业务形态 84
4.1.1 软件外包的项目类型 84
4.1.2 软件外包的行业类别 86
4.1.3 软件外包的应用技术类型 92
4.2 需求分析 94
4.3 概要设计 98
4.3.1 面向过程的概要设计 98
4.3.2 面向对象的概要设计 99
4.4 详细设计 102
4.5 编码 104
4.5.1 Java 语言 104
4.5.2 C# 语言 108
4.5.3 C 和 C++语言 109
4.5.4 其他程序开发语言 109
4.6 测试 110
4.6.1 黑盒测试 111
4.6.2 白盒测试 114
4.6.3 软件调试 117
4.7 缺陷管理 117
4.8 协同开发模式及管理 119
思考题 121

第 5 章 软件外包质量管理 122
5.1 软件质量概述 122
5.2 软件外包质量管理体系 122
5.2.1 软件质量管理的定义 122
5.2.2 ISO 9000 和 CMM 123
5.2.3 ISO 9000 与 CMM 的比较 127
5.3 SQA 角色与职责 128

5.4 客户满意度调查 131
5.5 项目总结 132
思考题 133

第 6 章 软件外包的风险管理 134
6.1 风险简介 134
6.2 风险分类 135
6.3 风险识别 137
6.4 风险分析 138
6.4.1 风险分析流程 138
6.4.2 风险的估计 139
6.4.3 风险评价 141
6.5 风险预防及措施 141
思考题 142

第 7 章 知识产权及信息安全 143
7.1 项目成果物的知识产权归属 143
7.1.1 甲方拥有完全产权 144
7.1.2 乙方拥有完全产权 144
7.1.3 多方共同拥有产权 145
7.2 项目开发过程中的信息安全事项 145
7.2.1 信息安全管理体系 146
7.2.2 人员安全管理 152
7.2.3 设备安全管理 154
7.2.4 物理和环境安全 155
7.2.5 通信和操作管理 156
7.2.6 访问控制 158
7.3 违规处理 158
思考题 159

第 8 章 运维（保守）项目 160
8.1 维护型项目综述 161
8.1.1 关于 ITIL 162
8.1.2 关于 BS 15000 163
8.1.3 关于 ISO 20000:2005 163
8.2 维护型项目的业务和技术特点 164
8.3 维护型项目的管理 165
8.4 IT 运维服务管理体系建设 173
8.5 SLA 模板实例 194
思考题 199

第9章 软件外包发展趋势 200

9.1 推动全球服务外包发展的有利因素 200
9.2 全球服务外包发展面临的不利因素 201
9.3 中国服务外包发展的前景与规模预测 ... 202
9.4 国家关于促进软件及服务外包产业发展的扶持政策 204
9.5 全球主要软件发包国和承接国 206
 9.5.1 美国 206
 9.5.2 日本 206
 9.5.3 欧洲 206
 9.5.4 爱尔兰 207
 9.5.5 印度 207
 9.5.6 菲律宾 208
 9.5.7 巴西 208
思考题 208

第10章 软件外包行业从业人员的职业发展 209

10.1 软件工程师 212
10.2 桥梁工程师 214
10.3 软件架构设计师 216
10.4 质量工程师/过程改善顾问 217
10.5 测试工程师 219
10.6 项目经理 219
10.7 其他 221
思考题 222

第11章 软件外包案例分析 223

11.1 项目意向及商务阶段 223
 11.1.1 案例背景 223
 11.1.2 商务活动及签约内容 224
11.2 项目启动与项目管理 237
 11.2.1 项目章程 237
 11.2.2 项目相关计划 239
11.3 项目工程管理 245
11.4 项目质量管理 247
11.5 项目交付及总结 256

参考文献 259

第 1 章 服务外包概述

【学习目标】
（1）了解服务的基本概念
（2）了解服务业和服务外包的概况
（3）了解软件外包的特点和内涵
（4）熟悉软件外包的一般流程
（5）熟悉软件开发的生命周期

服务和服务外包，是现代社会最普遍的生产和经营形式。服务无处不在，服务无时不在，可以说没有服务就没有现代化的生活。

那么，什么是服务？什么是服务外包？服务外包的特点和内涵是什么？软件作为服务的一种特殊形式，又有什么特点？它的一般工作流程是什么？本章将概要介绍服务及服务相关的概念、软件外包的概念及一般流程。

1.1 服务与现代服务业

服务是指为自身之外的他人做事，并使他人从中受益的一种有偿或无偿的活动。服务的特点是不以实物形式而是以提供劳动的形式满足他人某种特殊需要。例如，为客户递送订阅的报纸，为学生做学习辅导，为他人做有偿家务劳动，应约有偿照顾病人等，都是典型的服务性活动，这些活动有时也称为服务工作。很明显，服务是有品质差异的。

服务与物品及其生产有如下的属性差异。

（1）在客体存在方式上，存在有形与无形的差异。

房屋、汽车、冰箱、电视、粮食、蔬菜等物品具备有形性，人们能够通过感知来识别它们的物理存在，如大小、颜色、重量等。而服务则是无形的，如歌手演唱的歌曲、教师讲授的课程、电信企业提供的无线通信业务等，不存在人们通过肉眼能够辨识的形状。

（2）在经济关系上，存在所有权拥有方式的差异。

一件物品可以确立所有权属，建立拥有关系，如房屋产权、设备等可以明确归于某人或某组织所有。而服务则不能确立其所有关系，即无法脱离服务供给而独立地拥有特定服务。例如，我们乘坐了出租车，出租车司机提供了运输服务，但是这种服务本身无法脱离服务的活动而建立独立、持久的所有关系。

（3）在生产和消费过程中，存在可分离性差异。

物品的生产过程与消费过程可以在时间上和空间上进行分离，如先生产出电视机，然后等待消费者选购；先盖好房子，才能入住。但是服务的生产和消费却是难以分离的，如餐饮服务、电影院播放电影、旅游等，提供服务与消费服务必定是同时发生的，而且是在特定主体上接受和消费服务是统一的。

（4）在库存属性上，存在存储性差异。

房屋、汽车、粮食、计算机等物品生产完后，可以进行储存，进入库存状态。服务一般不具备可存储性，无论是服务提供方还是消费方，都无法把已经发生的服务本身储存起来，或提前进行服务，留作以后消费。

总之，服务业是指把服务作为产品来生产和销售的生产部门和企业的总和。服务产品与其他产品相比，具有非实物性、不可存储性以及生产和消费同时性等特征。

在国民经济核算的实际工作中，总体上分为三大产业，第一产业是农业，第二产业是工业，第三产业就是服务业。

具体来说，第一产业包括农、林、牧、渔业。第二产业包括采矿业、制造业、电力燃气及水的生产和供应业、建筑业。第三产业是指除了第一、二产业以外的其他行业，包括交通运输、仓储和邮政业、信息传输、计算机服务和软件业、批发和零售业、住宿和餐饮业、金融业、房地产业、租赁和商务服务业、科学研究、技术服务和地质勘察业、水利、环境和公共设施管理业、居民服务和其他服务业、教育、卫生、社会保障和社会福利业、文化、体育和娱乐业、公共管理和社会组织、国际组织等。

现代社会生产和经营过程中常见的一种现象是服务外包。其主要表现为，企业将本来应该或者可以由自己提供的对内、对外服务性工作，转让给能够专业做此项服务的企业外服务提供商来完成，而自己专注核心的业务，集中精力和力量，从事更高价值回报的工作。

例如，汽车制造公司，绝大多数不再自己制造汽车玻璃、轮胎，甚至是变速箱、车体框架等，而是将这些工作交由专业从事这项业务的外包公司去生产，再将外部生产的这些部件，在自己的公司内集中装配，形成完整的产品提供给社会，汽车制造公司专注汽车整体设计、新型发动机研究等前端先进的技术。

又如，很多企业将内部的会计记账等业务，交给专门的会计服务公司来做，因为如果自己来做会计的工作，需要专业的会计人员，还要有专用的办公场地、设备等，从投入产出效率来看，不如花费较低的费用，完成绩效较高的业务工作。

1.2　服务外包的产生

在社会经济生活中，自服务和服务业产生以来，就随即产生了服务外包这种经营形式。人们做一件事，能自己独立完成的工作是很有限的，古代木匠做家具，不可能自己炼铁打钉，也不可能自己做斧头、锤子；农民种地，也难以自己做镰刀和锄头。由于人们做事的精力有限，不可能自己完成一个复杂事情的全部内容或工作，所以，就只能由不同的人做不同的事，再通过一个集中的活动，将这些不同的工作成果汇集成一个完整的产品，向社会提供。由此可以看到，在社会的经济活动中，存在着对于商品生产或服务，需要不同的经济单位在各自擅长的范围内进行社会化的分工合作的状况。

服务业也一样，作为社会分工的一个方面，它为除自身之外的其他人们的日常生活和其他行业提供了专业化的生产和服务，是伴随着经济的发展而发展的。从社会大分工开始，服务业就成为社会化分工的一个重要生产领域。我们目前所指的现代服务业，特别指的是在现代信息技术高度发展的条件下，服务业充分利用信息技术，借助信息技术支持而进行的服务活动。如何为服务业利用信息技术做专业的指导，支持这一特殊的行业，伴随着信息技术的广泛应用，应运而生。将某些服务进行社会化分工，就是将这种服务活动在生产或服务的某个环节上，从整个生产过程中分离出来，交给有技术专长、工作效率更高、更有品质保证的单位去完成，这就形成了服务外包，这种服务外包有利于提高服务效率和质量，是经济发展和技术进步的必然要求和产物。

近代的经济学家，通过对服务及其不同服务方式的分析，总结出多种理论，从各个不同的角度来阐述服务及其服务外包的概念和运作原理。

比较常见的理论是劳动分工理论、比较优势理论、企业核心竞争力理论、价值链理论、木桶原理等。

1. 劳动分工理论

劳动分工理论是由亚当·斯密在《国富论》中提出的，其主要观点如下。

（1）劳动分工可以使工人重复完成单项操作，从而提高劳动熟练程度，提高劳动效率；

（2）劳动分工可以减少由于变换工作而损失的时间；

（3）劳动分工可以使劳动简化，使劳动者的注意力集中在一种特定的对象上，有利于创造新工具和改进设备。

2. 比较优势理论

比较优势理论的主要观点如下。

在国际贸易中，起决定作用的不是绝对优势，而是比较优势，应本着"两优相权取其重、两劣相权取其轻"的原则进行分工和贸易。各国只有集中生产并出口具有"比较优势"的产品，进口具有"比较劣势"的产品，便可以进行对外贸易，并从中获益和实现社会劳动的节约。从根本上说，比较优势也是基于劳动分工理论的。另外，其实现需要一定的前提条件，主要是自由贸易和生产要素在一国国内可以自由流动，在两国间则不能流动或难以流动。

比较优势理论在现阶段给我们的启示有以下3点。

（1）要促进国内经济发展和产业结构的升级演化，在产业结构协调发展的基础上，积极地促进国内服务业的发展，为参与国际服务贸易奠定良好的经济基础。

（2）要奉行开放政策，积极引进国内产业结构演进和经济发展所需要的生产者服务。在当代，服务产品越来越多地充当生产资料，引进生产者服务有利于促进本国产业结构的转换和升级，也有利于提升本国的服务生产能力。国际服务贸易的统计资料说明，许多发达国家如美国、日本、加拿大以及欧洲等都是服务贸易的净进口国。

（3）选择具有比较优势的服务业行业加以重点发展，同时也必须利用信息革命带来的新一轮产业结构转换的契机，积极发展新兴行业。埃及、墨西哥的旅游是利用比较优势的典型事例，而印度软件业的发展则较好地利用了新兴行业的发展契机。

3. 企业核心竞争力理论

企业核心竞争力理论的主要观点如下。

"核心竞争力"最早是美国学者普拉哈拉德和哈默于1990年在著名的《哈佛商业评论》发表的《公司核心竞争力》（*The core of the corporation*）一文中提出的。该文发表后，核心竞争力的概念迅速被企业界和学术界普通接受。作者认为，公司核心竞争力是企业内部集体学习的能力，尤其是关于如何协调不同的生产技能和整合多种技术的能力。与物质资本不同，公司的核心竞争力不仅不会在使用和共享中丧失，而且会在这一过程中不断成长。核心竞争力的基本特征要体现在3个方面：首先，核心竞争力应反映客户长期最看重的价值，要对客户的核心利益有关键的贡献；其次，核心竞争力必须具有独树一帜的能力，并且难以被竞争对手所模仿和替代；第三，核心竞争力应具有延展到更广泛市场领域的能力。由于核心竞争力具有稀缺性、难以模仿性等特征，对应核心竞争力的重视和研究，实际上将企业竞争优势的生成问题转化为获取和保持企业竞争优势的问题，进而赋予企业可持续发展的基础。

国内外企业的实践证明，只要把注意力集中到核心竞争力上，不仅能够培养企业提升核心竞争力的意识，而且企业还会在经营中逐渐获得一种产业洞察力，帮助企业不断拓展公司业务和能力，使企业有一个更加广阔自由发展的空间。

4. 价值链理论

价值链理论的主要观点如下。

哈佛大学商学院教授迈克尔·波特在1985年提出"每个企业都是在设计、生产、销售、发送和辅助其产品的过程中进行种种活动的集合体。所有这些活动可以用一个价值链来表明"。企业的价值创造是通过一些列活动构成的。这些活动可分为基本活动和辅助活动两类，基本活动包括内部后勤、生产作业、市场和销售、服务等；辅助活动则包括采购、技术开发、人力资源管理和企业基础设施等。这些互不相同但又相互关联的生产经营活动，构成了一个创造价值的动态过程，即价值链。价值链在经济活动中是无处不在的，上下游关联的企业与企业之间存在行业价值链，企业内部各业务单元的联系构成了企业的价值链,企业内部各业务单元之间也存在着价值链联结。价值链上的每一项价值活动都会对企业最终能够实现多大的价值造成影响。

波特的"价值链"理论揭示，企业与企业的竞争，不只是某个环节的竞争，而是整个价值链的竞争，而整个价值链的综合竞争力决定企业的竞争力。用波特的话来说："消费者心目中的价值由一连串企业内部物质与技术上的具体活动与利润所构成，当你和其他企业竞争时，其实是内部多项活动在进行竞争，而不是某一项活动的竞争"。

5. 木桶原理

木桶原理的基本观点如下。

木桶原理又称短板理论，木桶短板管理理论。所谓"木桶理论"也即"木桶定律"，其核心内容为，一只木桶盛水的多少，并不取决于桶壁上最高的那块木块，而恰恰取决于桶壁上最短的那块。根据这一内容，可以有两个推论：其一，只有桶壁上所有木板都足够高，那木桶才能盛满水；其二，只要这个木桶里有一块不够高度，木桶里的水就不可能是满的。

用木桶来形象化地比喻一个组织，即构成组织的各个部分往往是优劣不齐的，而劣势部分往往决定整个组织的水平。

综合以上各种理论，有一个共同的观点，就是任何复杂的商品生产（服务）活动，都可以分成若干个部分，或者按照分工，或者按照价值链，进行活动的分解，这些分解出的每一活动，都会对最终目标的价值实现，贡献各自的作用。那么，为了最大程度地将各个分解的活动做到最优，就有必要让最合适的人或组织，来做最合适的事情。寻找最合适的人或组织来做合适事情，在服务活动方面的体现，就是服务外包产生的最根本动力，也是服务外包的起源。

1.3 服务外包的概念

严格地说，服务外包是指现代社会经济活动中的服务外包，是指企业在生产、经营过程中，将原本由自身提供的具有基础性的、共性的、非核心的基于IT业务的业务流程从主要业务中剥离出来，转让给企业外部专业从事这些服务的提供商来完成的经济活动。因此，服务外包应该是基于信息网络技术的，其服务性工作（包括业务和业务流程）通过计算机操作完成，并采用现代通信手段进行交付，使企业通过重组价值链、优化资源配置，降低了成本并增强企业核心竞争力。服务外包的另一种定义为，企业将其非核心的业务外包出去，利用外部最优秀的专业化团队来承接其业务，从而使其专注核心业务，达到降低成本、提高效率、增强企业核心竞争力和环境应变能力的一种管理模式。它包括商业流程外包（Business Process Outsourcing，BPO）、信息技术外包（ITO）和知识流程外包（KPO）。

简而言之，服务外包就是指依据服务协议，将某项服务的持续管理或开发责任委托授权给第三者执行。

世界贸易组织（World Trade Organization，WTO）的《服务贸易总协定》将服务分为12个部门，即商务服务、通信服务、建筑和相关工程服务、分销服务、教育服务、环境服务、金融服务、健康服务、旅游服务、娱乐文化和体育服务、运输服务、其他服务。服务外包可以按照这12个部门进行分类。

服务业的范围非常之广泛，本书中要研究的，是基于IT技术应用的服务活动，重点研究作为计算机软件开发工作的服务外包——软件外包，同时，详细论述对于软件外包过程中涉及的各种管理工作的主要内容。

服务外包企业是指根据其与服务外包发包商签订的中长期服务合同，向客户提供服务外包业务的服务外包提供商。

服务外包业务是指服务外包企业向客户提供的信息技术外包服务（ITO）和业务流程外包服务（BPO），包括业务改造外包、业务流程和业务流程服务外包、应用管理和应用服务等商业应用程序外包、基础技术外包（IT、软件开发设计、技术研发、基础技术平台整合和管理整合）等。

1.4 软件外包

软件外包是企业为了专注核心竞争力业务和降低软件项目成本，将软件项目中的全部或部分工作发包给提供外包服务的企业完成的软件需求活动。

通俗地说，软件外包是有软件需求的企业或组织，出资给承担软件开发的软件公司，让他们来开发所需要的软件。这些软件有的是自己公司内部生产经营和管理需要的，有些是为另外的公司开发的，外包的部分将作为一个组成部分，合并到整体软件方案中，提供给最终用户使用。

1.4.1 软件外包概况

软件外包本身是社会化分工的结果。美国在20世纪50年的初期，就产生了专门以开发软件为主业的软件开发商，现在已发展到能够向用户提供整体解决方案、为客户提供企业流程重组咨询等更加专业化的高端业务领域。例如，美国IBM公司除了生产从大型机到微型机的计算机硬件产品，还提供大量的行业专用软件，从企业ERP系统到数据库管理系统，从力学分析软件到CAD软件，从办公自动化系统到网站开发工具等几乎包含了各个行业的信息管理解决方案和产品。又如，美国Oracle公司不仅仅提供数据库产品，还提供ERP软件、各种软件开发工具等。

国内应用计算机技术相对于发达国家较晚，一些国有大型企业从20世纪80年代初，开始逐渐应用计算机技术。初始阶段，通常是企业自己聘用和保留软件开发人员，开发专用于自己企业内部使用的专业化、个性化软件。从 90 年代开始，出现了专业提供软件开发的公司，并逐步发展到目前有许多大型的软件上市公司，提供广泛和专业的信息技术解决方案的状况。其中有的软件公司专注某些行业的企业解决方案，提供从业务流程重组的咨询到实施全过程服务。有的专门从事软件开发阶段的技术工作，从具有整体解决方案和架构设计能力的咨询顾问公司，接包软件开发阶段任务。也有的公司专注某些应用软件的运行和维护工作，他们对于企业在运用某些应用软件的过程中可能出现的问题，提供特定的技术支持和服务，目标是确保这些应用软件系统能具有一定的运行效率、可靠性和可用性，以此保证用户的业务能顺利开展。

众所周知，在软件开发的成本构成中，人力资源成本约占总成本的 70%，所以降低人力资源成本将会更有效地降低软件开发的成本。国际上，软件外包已经成为发达国家的软件公司降低成本的一种重要的手段。他们将一些非核心的软件项目通过外包的形式交给人力资源成本相对较低的国家的软件公司开发，以达到降低软件开发成本的目的。另一方面，由于软件开发人才的缺乏，也迫使一些发达国家将部分软件项目发包到拥有较多软件人才的地区和国家。

下面列举一些具体的统计数据，来展示作为服务业重要内容的信息技术和软件开发行业发展情况，以使读者能更清晰地了解软件外包等行业在社会经济活动中的地位和作用。

根据国家工业和信息化部发布的 2013 年电子信息产业统计公报，2013 年，我国电子信息产业销售收入总规模为 12.4 万亿元，同比增长 12.7%；其中，规模以上电子信息制造业实现主营业务收入 9.3 万亿元，同比增长 10.4%；软件和信息技术服务业实现软件业务收入 3.1 万亿元，同比增长 24.6%。而 2013 年中国国内 GDP（国内生产总值）增长率为 7.7%。

2009—2013 年国内电子信息产业收入规模如图 1-1 所示。

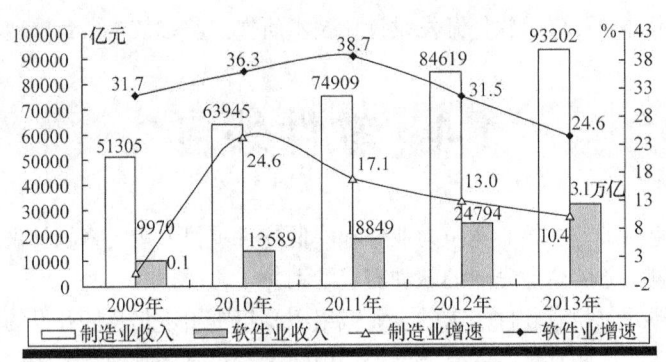

图 1-1　2009—2013 年国内电子信息产业收入规模

在 2013 年我国电子信息产业中，软件业收入比重达 25.0%，比 2012 年提高 2.3 个百分点，比"十一五"末提高 6.8 个百分点。随着产业发展层次的不断提高，纯粹的硬件设备越来越少见，绝大多数硬件都含有嵌入式软件、平台软件或应用软件，硬件设备的价值越来越多地取决于其中配套的软件产品的价值和技术含量。以彩电企业为例，创维、海信、长虹等主要厂商通过组织力量研发配套软件，或与软件企业开展合作，以提升所属产品的附加值。同时，软件企业及互联网企业也开始涉足硬件制造领域，如乐视网推出电视产品，奇虎 360 公司推出随身 WiFi 设备等。

2013 年在软件产品开发方面，我国软件业务收入同比增长 24.6%，明显高于全球 5.7%的平均水平，占全球市场份额进一步提高。

对于未来有志从事软件外包行业工作的学员,了解国内各地软件业的从业人员的薪资情况,有利于读者在从业选择方面做出比较理想的选择。下面的数据是《程序员》杂志 2013 年 3 月刊报道的,关于"2013 年中国软件开发者薪资调查报告"中揭示的软件行业从业人员薪资统计数据(见表 1-1)。

表 1-1 不同城市开发者收入范围分布

地区	薪资 3 千元以下	3~5 千元	5 千~1 万元	1 万元以上
西安	7.73%	19.34%	46.41%	26.52%
青岛	15.63%	18.75%	40.63%	25%
天津	8.14%	23.26%	45.35%	23.26%
上海	9.05%	25.88%	42.84%	22.24%
苏州	2.78%	18.52%	56.48%	22.22%
济南	11.38%	25.15%	41.92%	21.56%
深圳	7.69%	22.22%	48.72%	21.37%
杭州	5.86%	28.28%	44.83%	21.03%
北京	7.62%	26.55%	45.61%	20.22%
武汉	12.2%	21.34%	46.34%	20.12%
大连	14.12%	28.24%	37.65%	20%
沈阳	11.43%	31.43%	37.14%	20%
广州	10.81%	23.59%	45.7%	19.9%
成都	10.59%	26.17%	44.55%	18.69%
南京	10.92%	27.46%	43.31%	18.31%
厦门	7.27%	33.64%	46.36%	12.73%
珠海	11.32%	16.98%	62.26%	9.43%
国内其他城市	9.79%	24.14%	45.16%	20.91%

这项调查还列出了在软件开发中,高收入者占比最大的前 3 个行业(软件行业内):游戏、互联网、金融;最赚钱的五种编程语言:Python、Objective-C、C++、C、JavaScript。

2013 年开发者主要使用的编程语言统计情况如下(见图 1-2,采自《程序员》杂志 2013 年 3 月刊)。

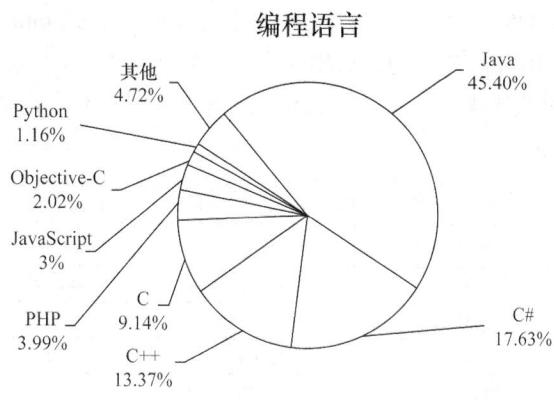

图 1-2 2013 年开发者主要使用的编程语言

2013 年各编程语言开发者收入范围分布数据如下（见表 1-2，选自《程序员》杂志 2013 年 3 月刊）。

表 1-2　　　　　　　　　各编程语言开发者收入范围分布

编程语言	3 千元以下	3~5 千元	5 千~1 万元	1 万元以上
Python	5.48%	13.7%	34.25%	46.58%
Objective-C	5.51%	19.69%	46.46%	27.5%
C++	5.95%	17.86%	48.69%	27.5%
C	9.58%	20.21%	47.39%	22.82%
JavaScript	13.04%	24.84%	42.24%	19.88%
Java	9.22%	27.17%	45.34%	18.27%
C#	10.56%	28.97%	42.78%	17.69%
PHP	11.95%	28.69%	42.63%	16.73%
其他	5.13%	21.37%	46.15%	27.35%

2013 年，在数据库使用方面，使用 MySQL、Oracle 及 SQL Server 三种数据库的开发者占参加调查开发者的 84.67%，各数据库所占比例依次为 31.24%、30.51% 及 22.92%。数据库使用及收入交叉对比数据显示，与去年调查结果类似，使用者比例较低的 NoSQL（3.49%）高收入开发者占比最高，为 44.75%。MySQL、SQL Server 及 Oracle 的高收入开发者占比依次为 22.77%、18.33% 及 16.85%，分布情况如表 1-3 所示。

表 1-3　　　　　　　　　各数据库开发者收入范围分布

数据库	3 千元以下	3~5 千元	5 千~1 万元	1 万元以上
NoSQL 方案	2.74%	13.24%	39.27%	44.75%
MySQL	9.73%	23.64%	43.86%	22.77%
SQL Server	11.6%	28.06%	42.01%	18.33%
Oracle	8.19%	27.86%	47.1%	16.85%
DB2	9.16%	18.32%	59.54%	12.98%
其他	5.27%	20.56%	50.09%	24.08%

2013 年，操作系统方面，数据显示，28.71% 的开发者的项目为面向 Linux 操作系统的，其次是面向 Windows Server 的，占比为 27.36%，而 Windows Client 占比为 21.58%，微软系列的两个操作系统所占比例较 2012 年同比下降了 7.56%。移动方面，同 Android 与 iOS 目前市场份额相似，Android 开发者占比为 12.02%，iOS 为 3.41%。而在收入方面，面向 Linux 开发项目的高收入开发者占比最大，为 29.27%，IBM AIX 紧随其后位列第二，为 25.77%，iOS 及 Android 位列三、四名，分别为 25.7% 和 19.6%。从表 1-4 中可以看出 iOS 开发者与 Android 开发者之间的收入还是存在差距的，分布情况如表 1-4 所示。

表 1-4　　　　　　　开发项目面向不同操作系统开发者收入范围分布

操作系统	3 千元以下	3~5 千元	5 千~1 万元	1 万元以上
Lnix	4.93%	17.46%	48.34%	29.27%
IBM AIX	2.06%	21.65%	50.52%	25.77%
iOS	5.61%	18.69%	50%	25.7%
Android	11.79%	26.36%	42.25%	19.6%
BlackBerry OS	16.67%	33.33%	33.33%	16.67%

续表

操作系统	3千元以下	3~5千元	5千~1万元	1万元以上
Windows Server	11.4%	29.96%	43.05%	15.59%
Windows Client	10.55%	29.57%	44.84%	15.04%
Windows Phone	15%	5%	65%	15%
Windows Azure Platform	9.52%	35.71%	47.62%	7.14%
其他	11.58%	31.05%	41.05%	16.32%

2013年，在参加调查的软件开发者中，开发互联网后端（服务器端）产品的开发者占比为28.04%，也是占比最大的一类人群，企业级应用软件开发者占比为23.11%排在第二位，位列第三的移动应用开发者有12.81%。收入情况，基础软件开发者中高收入人群占比最高，约为24.37%；互联网后端及桌面客户端应用开发者分列二、三位，分别为22.93%、20.88%；移动应用开发者中高收入人群占比与第三名相差不多，约为20.75%，分布情况如表1-5所示。

表1-5　各类软件开发者收入范围分布

软件类别	3千元以下	3~5千元	5千~1万元	1万元以上
基础软件	10.15%	21.32%	44.16%	24.37%
互联网后端（服务器端）	9.88%	25.77%	41.43%	22.93%
桌面客户端应用（含C/S架构）	8.24%	24.71%	46.18%	20.88%
移动应用	8.07%	22.86%	48.32%	20.75%
嵌入式应用/工业控制系统	7.49%	23.48%	49.39%	19.64%
企业级应用（ERP/CRM/SCM/BPM等）	6.82%	24.45%	49.59%	19.15%
互联网前段（网页端）	14.34%	32.57%	39.82%	13.27%
其他	9.16%	25.95%	35.11%	29.77%

下面介绍国际上软件外包行业的基本情况。

2013年，全球软件产业规模达12060亿美元，占全球ICT（Information and Communication Technology）支出总额的31.8%。受发达国家ICT需求减缓、新兴国家需求释放不足、ICT深化转型等因素的影响，2013年，包括计算机硬件、企业软件、IT服务、电信设备和电信服务的全球ICT支出超过3.79万亿美元，增速为4.4%；其中包括企业软件和IT服务的软件产业规模达12060亿美元，同比增长为5.3%，与20世纪90年代全球软件产业15%的增速相比，增速下降较多，与过去10年的增速相比也有差距。这一方面受全球经济大环境影响，主要是美、欧、日金融危机和经济发展乏力的因素所致，另一方面，也说明IT产业发展增速逐渐趋于平缓，但是仍高于其他传统行业。

全球服务外包市场结构大致为，美国占全球服务外包市场的64%，欧洲占18%，日本占10%，其他国家占8%。全球服务外包市场比较严重地依赖美日欧。

从承接国来看，服务外包承接国数量激增，但是发展的层次是不一样的。从发达国家来看，服务外包承接大国，如澳大利亚、新西兰、爱尔兰、加拿大等国国内服务外包行业较成熟，已经形成了一定的产业规模和发展优势，但是与发展中国家相比，人力资源优势已经不复存在，因此在最近几年的发展中明显落后。从发展中国家来看，最近几年能够承接服务外包的国家数量激增，已经成为全球服务外包市场上的重要承接方。拉美、亚太地区的服务外包行业发展极为迅速，正在成为服务外包行业的重要引擎。

亚太地区已经成为全球最具吸引力的服务外包投资地,其中,印度和菲律宾是主要的服务外包承接国,紧接其后的国家是中国和东盟。中国、印度、菲律宾承接了全球服务外包60%以上的份额。拉美的巴西、墨西哥等国也是世界上重要的服务外包承接国。作为最成熟的接包市场之一,印度承接了全球65%的软件外包业务和46%的其他服务外包业务,成为全球最大的服务外包承接国,被誉为"世界办公室"。

印度承接的离岸服务外包主要来自于英美,中国承接的离岸服务外包则主要来自日本。

美国软件公司占据了世界2/3以上的软件市场,软件服务发包规模占据了全球市场的64%左右。美国各行各业都有较强的IT外包需求,根据IDC的研究报告,IT外包需求量最多的前10位行业分别为:制造业、银行业、政府、金融业、通信媒体、零售批发、服务业、公共事业、医疗健康、保险业。据统计,美国本土60%的软件开发外包到了印度。

在全球软件发包市场规模中,欧洲的发包市场规模占全球发包份额的15.8%,位于美国之后居于第二位。其中,比利时的外包率最高,有81%的公司使用外包手段,法国的外包率最低,为64%。

欧洲企业选择外包的最大两个原因是节约成本和通过雇佣专家而得到更好的质量。英国是欧洲最成熟的IT服务市场,在法律、金融、程序管理与咨询等方面保持着最大与最快的增长速度,其中25%的外包业务由海外公司承接。

日本是进入中国最早的发包国家,NEC和富士通等公司从20世纪90年代初开始把软件开发项目外包给中国的软件商,目前在中国软件外包市场占据主导地位。由于人手不够,致使日本软件领域的国际外包比率高达81%,其离岸服务业务的60%~70%都发包到了中国。相近的文化与共同的方块文字,是中国在日本的软件服务市场占有如此大份额的根本原因。

印度自20世纪70年代中期以来,将承接美国IT离岸外包服务和BPO行业的发展定位为国际重点产业战略之一,其软件服务外包出口额占其出口总额的20%以上,使印度成为全球主要的软件出口国。印度服务外包的成功经验主要有以下几个方面。

(1)严格的质量控制,积极推进国际化的质量标准。根据印度的软件行业组织国际软件和服务公司协会(NASSCOM)规定,凡拥有10名员工以上的软件公司必须达到ISO 9000标准认证。因此印度成为世界上获得ISO 9000质量标准认证软件企业最多的国家。

(2)丰富的人才储备。早在20世纪50年代,印度政府就在全国兴建了多家信息技术学院,印度全国所有的信息技术类学院一年可以为国家培养出约17万名本科生和5万多名研究生。除了专门的院校外,印度在400多所大专院校都开始了计算机专业,在大约3000所中学推出了"中学计算机扫盲和学习计划",同时大力支持民办教育机构以及软件企业培训专门人才。同时,印度工程师还有一个重要的特点,就是工资诉求比较低。当然这是相对于发达国家的工程师待遇水平而言的。

(3)有力的政府支持。印度政府很早就认识到信息技术在知识经济中的核心地位,始终坚持扶持信息技术,特别是软件技术的发展。多届的国家领导人都采取措施来支持信息技术的发展。例如20世纪90年代,印度进一步推出"零赋税"政策,出口软件全部免税,对生产的软件产品不征收流转税。

(4)中介组织成为服务外包的助推器。在印度软件产业的发展过程中,一批行业组织发挥了重要的作用。比较重要的软件行业组织有印度国家软件与服务企业协会(NASSCOM)、信息技术产品制造者协会(MAIT)、信息技术加工者协会、电子与计算机服务外包促进理事会(ECS)等。

（5）语言的国际化是润滑剂。由于印度曾是英国的殖民地，英语至今是印度的官方语言，印度人的英语水平比其他非英语国家往往高出一筹。印度企业拥有大量能够熟练运用英语与西方客户交流的专业技术人员。

爱尔兰曾被称作"欧洲乡村"、发达国家中的"第三世界"。但是近年来，爱尔兰先后赢得了"欧洲软件之都""欧洲硅谷""软件王国"等美誉。主要原因是自 1996 年以来，爱尔兰计算机软件产业异军突起，形成了令人瞩目的国际竞争能力，带动了爱尔兰经济 10 多年来的高速增长。爱尔兰大力发展 IT 应用服务和 BPO 业务，并着重发展高端设计研发服务，吸引国际创新和投资的最佳力量，来驱动持续转型，目前成为全球最大的软件出口国。

菲律宾是后期软件外包发展迅速的国家，其主要竞争力来自广泛地普及英语、低廉的人力成本、与美国密切的政治和经济关系、政府的扶持政策。

表 1-6 列出了 2013 年美国软件行业开发者薪资的调查情况，通过数据可以了解各个具体职业的薪资情况。

表 1-6　　　　　　　　　　美国软件行业各角色年度薪资调查表

年代 \ 角色	QA/Software test engineer/analyst（质量保证、软件测试工程师、系统分析师）	Software developer（软件开发人员）	Software engineer（软件工程师）
2010 年平均薪资	8.2 万美元	8.7 万美元	9.4 万美元
2011 年平均薪资	8.1 万美元	9.0 万美元	9.8 万美元
2012 年平均薪资	8.1 万美元	9.0 万美元	10.1 万美元
2013 年平均薪资	8.6 万美元	9.5 万美元	10.5 万美元

表 1-7 中数据是对应基于年龄的薪资统计数据。

表 1-7　　　　　　　　　　美国软件行业各年龄段薪资统计表

年龄段	平均薪资水平
小于 25 岁	开发者：6 万美元，管理者：6.7 万美元
26～35 岁	开发者：8.6 万美元，管理者：11 万美元
36～45 岁	开发者：10 万美元，管理者：12.4 万美元
46～55 岁	开发者：10 万美元，管理者：12.5 万美元
55 岁以上	开发者：10 万美元，管理者：11.8 万美元

社会上有一种流行的说法，称 IT 行业是年轻的行业，这其实包括两种含义，一是 IT 行业的知识发展迅速，年轻人通常是接受新知识、新技术的主力，因此从绝对人数上看，IT 行业的从业人员年轻人比例较大；二是 IT 行业是知识加劳动力密集型的行业，IT 工作者常常面对较重的脑力和体力劳动（为赶工期，常常需要加班），体力随着年纪的增长，一定会逐渐减弱，因此对于偏低端的开发者，薪资上涨的空间趋于平缓。从发达国家的软件从业情况看，作为程序员工作到退休，是比较常见的。因为这些国家的软件行业起步较早，经历了几十年的发展，已经跨过了人们正常的工作年限，因此形成了软件行业老中青并存的合理分布状态。而我国软件行业起步于 20 世纪 90 年代，才仅仅走过二十几个年头，大范围的从业人员中，比较早地投身该行业的人员，才步入中年，尚未经历一个比较完整的职业周期，妄谈 IT 行业只是年轻人的行业，存在一定的错误认识。在软件行业中，中国还十分缺乏技术水平高超、行业经验丰富的高端软件人才，与发达国

家的人才知识结构相比，还有一定的距离。

当前全球IT产业正处于剧烈变革时期，呈现"四化"发展趋势。IT"四化"分别是消费化、移动化、云计算化和服务化。这"四化"加速了全球软件产业的转型与扩张。

消费化是指消费群体从全球8亿办公室用户扩展至70亿普通消费者，IT市场的主体由企业级消费转向普通消费者的消费，这一趋势将使IT产业规模扩大数倍，其主要原因在于现代IT产品的易用性和低成本，建立了消费化的基础，将推动IT进入新的创新时代。移动化是指人们利用移动设备，如智能手机、平板电脑等各种移动智能终端设备和无线网络，摆脱固定计算机设备和有线的束缚，超越空间的限制，无时无处都能享受IT的便利。这一趋势将推动IT基础设施新一轮的投资热潮，带动各种移动智能终端、宽带无线网络的创新和应用。当前国家大力发展电信4G通信网络，是这一趋势的显著体现，也必将促使移动化发展更加快速和广泛，同时也必将促使相应的软件产品需求迅速扩大和发展。云计算是指人们像使用自来水、电能一样来使用各种IT计算、存储和网络资源，实现IT即插即用。这一趋势将促使IT硬件、软件和IT服务产业格局重塑。服务化是指各种技术、产品以服务的形态提供给消费者，消费者可以量力而行，按所需的服务、价格和支付方法，统筹考虑IT服务的购买方式，灵活而多样的IT服务，将促进IT服务业的商业模式创新。

IT变革推动传统软件进行转型，IT基础设施的云计算化、使用方式的移动化、应用方式的Apps化、应用深度的大数据化、软件产品的服务化、应用群体的中小企业化是未来发展的重点方向和趋势。

1.4.2 软件外包的特点

与传统的服务业相比较，软件外包项目具有如下的特点。

（1）软件外包项目的技术涉及面更广，行业知识的需求更加深入。现代的应用软件项目，根据应用领域的不同，需要采用的系统分析和设计的总体框架、编码技术也随之变化多样，综合运用IT技术，对任何软件开发企业和开发者本人，都是极高的挑战，并且随着各种软件技术的不断发展，更新和采用最新技术所带来的挑战也是十分迫切的。同时，软件是行业知识的载体，没有纯粹的软件，因此，对于软件项目开发人员，必须了解所涉及行业的基本知识，否则难以设计出功能正确、运行效率高超的合格应用软件。

（2）跨国际软件外包的规模更大，需求更加广泛。国际软件外包的项目规模越来越大，涉及银行、保险、航空、企业管理等大项目比比皆是，这些项目的需求各不相同，技术和行业分布十分广阔，因此对软件外包承揽企业的要求也越来越严格，总体技术能力和水平、项目管理能力、质量保证能力等，都需要一定的资质和认证。软件行业目前有CMM和CMMI的认证制度。具有CMM或CMMI认证等级越高的企业，其软件开发和管理的成熟度越高，越会受到客户的认可，其市场竞争力也越强。

（3）同一项目中，处于不同国家、使用不同语言、具有不同文化背景的状况，使得项目管理难度增加，协调更加困难。较大规模项目的发包，常常可能将项目分解成若干个规模相对小一些的子项目，然后分包给不同的开发商，这些开发商及其项目成员常常处于不同的国家，所使用的语言和文字差异很大，因此项目的交流和沟通，将变得十分复杂。而且，通过电子、纸质等文档式的交流，相对于面对面的实时交流，还是存在较多的难点，沟通的效率存在一定的限制。因此，从普遍经验上看，跨国际的项目，采取较高频度的人员面对面交流和沟通，是十分必要的。但这在某种程度上，也增加了商务旅行的费用。

（4）政治、法律因素影响较多。对于国际软件外包项目，发包方和接包方的国家政治制度不同，在一定程度上对发包的项目内容和技术运用是有影响的。例如，美国就限制很多高新技术对中国的出口，相应地，很多软件技术产品及其运用，都对中国有一定的限制，军工和敏感领域的行业，难以发包给中国。这些方面的软件常常发包给印度等其他国家。而对于技术人员赴美做技术工作的签证，美国也比日本、欧美国家更严格，常常出现技术人员拒签的情况，影响项目的顺利进行。

（5）涉密、知识产权问题十分敏感。除开发的软件本身具有知识产权的属性外，软件运行中涉及的数据、资料等，常常是客户的机密或绝密信息。在项目开发和测试过程中，发包和接包方都会接触到这些涉密信息。因此在合作中，通常都需要提前签署保密协议，加强对秘密信息的制度保护。甚至有很多发包方，对承接方的项目人员，还需要做背景调查，要求当地的公安部门出具无犯罪记录等证明。对于知识产权的保护，更是涉及各国法律法规，并需要严格遵守，否则不仅失去了市场，而且会遭受追讨赔偿损失。

（6）项目监控难度较大。软件项目本身是知识性产品，并且是运行在电子设备中的。因此难以像其他产品一样检验其质量。同时，开发软件是智力活动，也难以对生产率和进度进行十分准确的度量。绝对大多数的项目进展，主要依靠经验丰富的项目经理来评估，有时候即使是某个看似简单的功能点，也有可能是需要花费大量时间来解决的难题。因此对项目的监控异常困难，特别是对于跨国的软件外包项目，要确切掌控项目的进度，可知难度是非常之大的。

1.4.3 软件外包的内涵

软件外包实质上是利用IT技术进行的服务活动。但是软件是为生产和经营服务的，软件的功能体现管理的思想、理念、方式和方法，同时，软件将管理思想形成的制度固化为信息系统，因此，软件本身不是简单的计算机指令，它融入了人的思想，它会促进企业形成新的工作流程，甚至是对旧管理体制的颠覆性改变，也就是会带来工作流程的重组。因此，软件外包的服务人员必须具备一定程度的软件用户的行业知识、现代管理学知识、特殊行业的专门知识。在高端软件系统的设计中，开发人员要求具备的行业知识和管理知识，甚至要远高于软件的使用者。这些对于用户的工作流程或管理行为产生深刻变革的软件，在外包的过程中，被赋予了人的思想，形成了新的管理方法和制度，将对软件的使用者和企业，产生巨大的影响。

从推广和应用软件的角度看，为了促进各种应用软件的使用，为客户创造价值，进而实现软件外包承担方的价值，社会上的软件外包企业，需要拥有除IT技术之外的行业资深咨询顾问，这些顾问是复合型人才，既懂得软件外包业务中的IT技术，更懂得如何在行业中运用这些应用软件，并指导客户改善业务流程，配合应用软件的使用，提高企业的信息化水平。

1.4.4 软件外包的分类及模式

从承接的软件外包形式上看，可以分为总包和分包。总包是对整个软件项目的总承包。一般情况下，一个企业对软件的需求，是一个整体的、完整的、各部分有机结合的需求，对于这样的软件需求，必须有整体的需求分析与系统设计，必须综合考虑各个部分的联系，统一各模块之间的接口和数据结构及交换。这种要求使得软件项目在初期很难分拆成几个相互独立的部分，分别发包给几个软件公司各自开发，因此，从最终用户的角度出发，软件项目的发包基本上是整体发包给有总体设计和开发能力的大型专业化软件公司。而当总承包的软件公司在做好整体系统分析和设计后，再根据分解好的子系统或模块，将可以单独开发的部分，分包给其他的软件公司进行开发。分包就是作为软件总包承包商的合作伙伴，从整体的系统结构中，承接部分软件开发任务。

从软件外包的内容上看，凡是被分包出去的，都是软件系统非核心的内容。核心内容和技术被做总包的大型软件开发商牢牢控制着。作为软件分包，为国外大型软件企业提供软件外包服务，就像工人为工程设计师设计的产品做具体加工一样，不必了解和懂得系统整体的结构和功能，只需完成设计好的功能，满足既定的模块接口要求，达到系统设计的工作效率即可。从软件生产价值链的角度看，承接分包的工作，基本上处于价值链的末端，其价值含量有限。

从软件开发的周期上，将不同阶段的工作分别发包出去，就形成了各个阶段的软件外包类别。例如，有的项目将在概要设计完后形成的概要设计说明书，发送给承包商，由接方在此基础上进行详细设计和单元测试。也有的只进行编码和单元测试，而系统的集成测试等由客户来做。还有的软件企业，专门承担软件产品的测试工作，这些测试具有极高的测试要求，如对于发射卫星的运载火箭上使用的软件，要求对每一条语句都必须进行测试，而且对所有异常情况，都要有测试结果和报告，来证明测试过的软件在这些指令上是正确的、可行的。随着移动终端的应用越来越普遍，对于移动终端软件的测试，产生了大量的测试工作，也形成了比较专门的测试行业。

软件外包的模式，是指将软件项目外包给承包商，采取哪些形式和管理方法进行开发。按项目整体管理模式来区分，承包方有以下几种承担项目的方式。

1. 人员外包

这种方式是根据项目发包方自行组织和管理整个项目的开发过程，只从承包方聘用需要的各类技术人员，根据发包方自己的计划，向承包方征询项目所需人员，并列出各类角色人员在聘用期间的人月价格，与承包方签署人员聘用协议。根据人员工作场所的不同，也区分为两种情况。一是聘用的技术人员直接入住客户开发现场，听从项目管理人员的工作安排，负责完成规定的技术开发任务。承包方不对整个项目的管理负责，只对外派人员的技能和工作稳定性负有管理职责。另一种形式是聘用的人员在承包商公司内，通过网络等方式，将项目需求发送到承包方，在承包方完成后，通过网络等形式提交成果物。这种情况需要承包方组织、管理项目的部分内容，承担项目的质量、成本和进度控制的责任，具有一定程度的项目管理工作。当然，在这种情况下，对发包方的报价，也要包含管理的部分。

2. 项目外包

这种方式是发包方将项目的一部分从整体中分离出来，发包给承包方。这是国际软件外包中，最常见的发包形式。对于这样的项目，发包方常常先发来项目的需求和范围要求，让承包方对此进行报价，然后进行实地考察和分析确认，当发包方认为接包方符合承担条件后，将项目需求和技术资料发给承包方，进行软件开发。

按开发地点和沟通方式来看，软件外包可以分成在岸开发（Onshore Outsourcing）和离岸开发（Offshore Outsourcing）模式。在岸开发，就是在客户所在地组织人员进行项目开发，因为国际软件外包通常都称为海外项目，那么如果在客户所在的国家进行开发，就称为在岸开发了。离岸是相对在岸来说的，就是国外客户将项目发包到我们国内，离开了人家的"海岸"，这种方式就称为离岸开发了。

另外，也有将上述一些开发模式根据项目的特点，进行混合方式管理的，如在岸保留一部分技术人员，一方面在岸进行开发，另一方面也作为两岸沟通的交流人员，方便与客户进行沟通，将第一手信息传到国内开发项目组，减少由于沟通不便产生的错误。而在国内，组织一部分技术力量，进行离岸开发，成果物通过网络等方式交付给客户。

国内的软件外包模式，与国际间的软件外包模式基本一致，不过没有国家间的项目信息、人员互动的太大技术上问题。

1.4.5 软件外包在产业价值链中的位置

软件外包产业无论在国内还是国际，都是最容易跨越地域、跨越时空限制的行业，因为软件开发过程，依靠的是人力和技术，对开发实现的工具要求相对比较简单，一般都是个人电脑加网络环境，即使需要较昂贵的硬件和特殊软件的支持，由于当前计算机设备的通用性和通信技术的高度发展，通过网络进行远程开发的方式已经非常容易和普及了。因此，软件外包是全球化最为广泛的行业。因此，哪里的人员和技术能达到外包的要求，哪里就能很快参与到软件外包的行业竞争中。地域和设备的制约几乎不存在。那么，决定能否成功承接软件外包项目的主要因素，取决于以下两个方面：一是开发成本，软件开发成本中的70%是人力成本，因此成本成为软件外包中的关键因素；二是语言能力，语言能力决定了项目沟通是否顺畅，对客户的要求是否完整、正确地理解了。在成本构成中，具有系统分析和设计能力、同时具备外语沟通能力的人才，非常缺乏。

根据目前软件行业国际外包的情况看，我国目前能接到的国际软件项目，总体上还处于软件开发过程的中后段任务，相对系统的需求分析、系统架构设计等高端业务来说，价值偏低。我国软件外包的发展方向，应该是尽快提高从业人员的高端业务水平，提高整体的技能，对于国际软件外包业务的承接来说，承包公司的整体外语水平也是至关重要的因素。

目前国内软件外包业务，已经发展到相当高的水平，出现了很多行业解决方案提供商，可以为诸如电信、电力、社保、银行、保险、能源、财务、会计等众多行业提供全面的、现代化的管理软件。这些公司在为客户创造价值的过程中，也实现了自身的价值。因此可以获得高附加值的回报。而对于参与国际软件外包的部分业务，则更多地靠低成本的竞争去承接外包项目。

在软件行业，流行一种叫作"微笑曲线"的价值链模型，如图1-3所示。

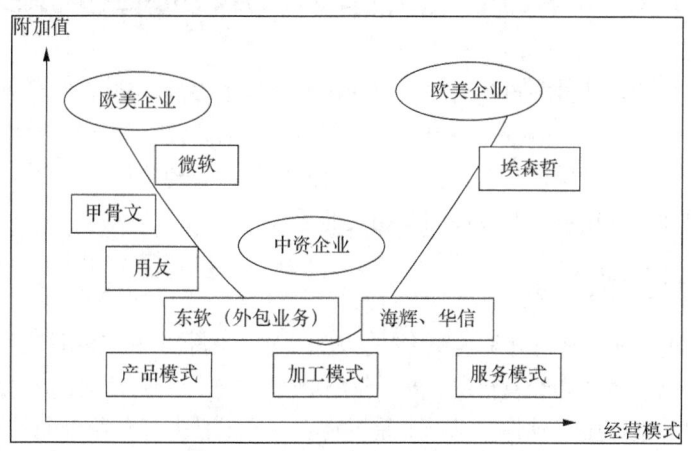

图1-3 全球软件产业链价值分布

软件业的"微笑曲线"左上端，是软件产品的研发，这是整个软件业技术最集中的部分，也是软件创新的根本，其业务模型可以概括成产品的模式，代表性的企业有IBM、微软、甲骨文、SAP等国际著名公司。

"微笑曲线"的底部，是软件外包产业，这部分工作属于低层次、重复性劳动，所以创新的成分较低，也就是代工模式，代表企业有国内的东软集团（外包业务）、文思海辉、软通动力、大连华信等。

"微笑曲线"的右上端属于软件服务型业务，包括了管理咨询、业务重组、二次开发等服务模式，代表性企业有埃森哲、毕博、SAP、Oracle等。

美国是世界软件强国，目前掌握着软件产业的上游，包括核心技术、标准体系和游戏规则及产品市场。其软件产品占有全球60%以上的市场份额，占据着世界软件产业链的上游，如操作系统、数据库系统等基础性平台软件，控制着软件开发平台和软件生产的核心环节。

目前，美国软件业的发展，呈现服务化倾向，软件服务快于软件产品的增长。在软件业的高速发展和成本增长的压力下，美国将不具备核心竞争力的软件生产环节外包给人力成本相对较低的其他国家，成为全球最大的软件外包发包国。

日本是软件消费的大国，软件应用非常广泛，无论企业管理软件还是嵌入式软件，都有巨大的市场空间，因此日本也是软件外包的主要发包国，而且，由于日本文字与中文的关系，大量的软件被发包到中国。

我国是新兴的发展速度最快的国家，其软件应用更是蓬勃发展。一方面由于自身市场需求比较大，在信息化和工业现代化等发展趋势下，软件服务业也相应地得到了快速发展。同时政府也积极鼓励和推动软件服务业的发展，给予了很多政策上的优惠，促使软件行业向更高更广泛的领域发展。

我国对于国外软件的外包服务，还基本处于产业链的下游，来自欧美和日本的软件项目，大多数是编码和测试等方面的业务，附加值比较低。这不仅是因为我们国内对外包软件的开发在技术上还相对落后、管理上也有很多需要改进的地方，也有发包方控制核心技术，不轻易发包有核心价值和潜力的技术开发部分的缘故。

1.5 软件外包的一般流程概述

软件外包是一种软件开发项目的活动，因此按照软件工程的一般规律，一个软件项目通常要经历需求分析、设计、编码、测试、交付、维护等一系列的阶段，伴随这个软件生命周期的还有商务活动、项目管理和质量保证活动、信息安全管理的相关管理工作。

下面将概要讲述软件项目的开发周期及相关的活动。

1.5.1 项目接洽

软件外包项目的需求，来自开发组织之外，因此，项目的需求和来源是项目启动的原始依据。当一个企业根据自己的生产和经营情况，需要应用IT技术进行信息处理，或对原有的信息处理系统进行升级改造时，就产生了软件需求。如果要将软件开发任务发包给外包的专业软件开发公司完成，则内部的信息管理部门应做好了必要的准备工作，如软件需求的大致内容、目标范围、可行性分析报告、费用预算等，经过了高层管理者的批准，才能发布招标信息，进行发包工作。

一般来说，企业发包软件采用两种方式发布软件外包信息，一种是通过媒体发布招标信息，另一种是直接在有良好合作关系的软件公司范围内选择合适的开发商。

软件开发商一般通过市场公开信息，收集到有软件需求的企业，通过销售人员与技术人员的配合，与发包方进行项目接洽。如果是长期合作的客户发来软件需求，一般通过已有的项目负责人先行进行接洽，弄清基本需求后，在公司内经过研究，符合公司的经营策略，能够胜任此项工作，则组织合适的人员参与项目初步调研，形成软件需求分析报告和可行性报告。

项目接洽属于商务活动的范围,但是与技术相关性很大,因为洽谈项目必须就软件的功能、开发技术、开发环境进行商谈,这是软件外包项目的特点所致。因此营销人员在软件项目洽谈中,必须具备一定的 IT 应用技术基础和一定程度的解决方案咨询能力,完全脱离软件技术的销售,难以达到理想的效果。

曾经有过不懂 IT 技术的销售人员,到客户现场后,满口答应可以为客户提供满意的解决方案,但是回公司后,经过与技术人员沟通,发现不完全具备开发客户需求的软件的能力,结果再跟客户沟通时,就非常被动了。此种情况下,也会发生销售人员与技术人员之间的矛盾,销售人员对销售业绩负责,而技术人员对实现的结果负责,如果二者没有相互紧密地合作,则难以达到配合默契的程度。

1.5.2 需求分析与报价

当销售人员或者项目负责人,与客户方面就项目进行了洽谈,被接受作为候选的开发商后,技术人员可以到客户现场进行较详细的项目需求调研。调研的内容,既要作为将来项目开发的范围也要作为预算的依据。在软件外包协议没有签订之前,需求分析的结果,主要用于对工作量和技术要求的分析,并以此作为项目费用预算的依据。

目前软件项目的报价单位,基本上以工作量为主,也就是根据需求和项目范围,采取多种方法来评估工作量,工作量的单位是人月,即一个人干一个月的工作量级。根据技术难度和市场价格,确定一个人月单价,软件外包项目的总预算即为预估的总人月数乘以人月单价。

有很多专著对软件项目的报价进行了论述。但是,无论何种方法,都存在各自的优点和缺陷。因为软件项目是人的脑力劳动,技术含量很高,劳动成果的表现形式虽然是程序代码,但是各阶段的成果还是因人而异的,而且水平和质量相差很大,即使是相同质量的结果,劳动效率也有差异。所以要准确评估软件项目的费用,是一件比较困难的事情。

1.5.3 项目启动与项目管理

项目启动不是一个项目的开工仪式,而是项目开始阶段的一系列活动。项目启动本身属于项目管理的范畴。但是由于项目启动的重要性,因此将它单独阐述一下。

项目启动包含的主要活动如下。

(1)由项目的承担组织高层管理者宣布项目经理及其职责,并以文件的方式正式任命与发布。

(2)由项目经理编写项目章程,该章程将项目的背景、目标、项目组织结构及成员、主要角色职责、项目范围及相关条件和约束、项目总体计划(预计开始日期、预计结束日期)、项目风险及其对策等做出明确说明。项目章程作为下一阶段管理过程的依据,为整个项目定下了总体框架。

(3)正式的项目启动会议和仪式。

项目管理包含了项目从启动到结尾全部内容的管理过程,是为了使软件项目能够按照预定的成本、进度和质量顺利完成,而对人员、产品、过程和项目进行分析、监控和管理的活动。项目管理活动贯穿整个项目进行的过程。项目管理的内容主要包含如下几个方面:人员的组织与管理、软件度量、软件项目计划、风险管理、软件质量保证、软件过程能力评估、软件配置管理等内容。

1.5.4 组织开发团队

软件项目的开发,最重要的是人的因素。开发团队中人员的素质、技术水平、组织的文化、团队合作的状况、人员稳定性和积极性等都是关乎项目成败的重要因素。现代的软件多数都是规模庞大和复杂的，由一个或几个软件技术精英单独在短时间内完成的可能性已经很小了，因此一般情况下，软件开发需要由人数较多的团队来完成。

软件开发团队是一定数量的个体成员组成的集体，包括组织内的成员、客户相关人员、供应商和其他与项目有关的人员。团队的含义就由若干人员组成，承担一个共同的目标，在项目经理的领导下，为实现项目目标而努力工作的群体。

组织和管理开发团队，是项目管理的主要工作，并且始终贯穿于整个项目生命周期。人员是项目的最活跃因素，也是最关键因素，因此如何组建开发团队，是项目经理和高层首先要考虑的问题。

组织开发团队的首要任务，就是在组织内选用相关的人员，对于有一定规模的项目（50人月以上），参与的人员包括项目管理人员、技术开发人员、质量保证人员、其他辅助人员（如国际软件外包项目的翻译人员、专用设备的维护人员）。

在项目生命周期内，各个阶段所需要的人员角色和数量是不同的，因此在项目团队组中，人员是陆续有进有出的。有的人员工作不是全职而是兼职的。这些动态变化的状况，应该在项目计划中有预先的准备和规划。

根据项目的要求组建开发团队时，要做好团队人员计划，即项目人力资源配置计划，明确各类人员的角色和职责、进出项目的日期。该计划需要项目经理进行管理和维护，根据项目的进展、项目内容的变更或项目团队出现的各种情况，不断进行计划的调整，保证项目的顺利进行。

项目团队的管理，在人文方面，还要注意团队文化建设，一个良好的团队文化，可以促进项目的内部沟通和合作，便于技术交流和问题的及时反馈。文化建设从根本上来讲是团队管理者的思想。不同的管理者有不同的做事理念和风格。虽然管理者的管理风格各不相同，但是以人为本是管理好团队的根本原则，尊重每一位团队成员，鼓励任何成就，承担管理者的责任而不是推卸责任，将对团队建设起到非常良好的作用。

1.5.5 软件工程活动

软件工程活动是项目启动后，进行项目开发的过程中一系列的活动。软件工程作为一门研究用工程化方法构建和维护有效的、实用的和高质量的软件的学科，已经发展了几十年。但是软件工程一直以来始终缺乏一个统一的定义，很多学者、组织机构都分别给出了自己认可的定义。下面分别概述一下这些软件工程的定义。

IEEE在软件工程术语汇编中的定义：软件工程是将系统化的、严格约束的、可量化的方法应用于软件的开发、运行和维护，即将工程化应用于软件，同时对这些方法进行研究。

ISO 9000对软件工程的定义：软件工程是输入转化为输出的一组彼此相关的资源和活动。

《计算机科学技术百科全书》中的定义：软件工程是应用计算机科学、数学、逻辑学及管理科学等原理，开发软件的工程。软件工程借鉴传统工程的原则、方法，以提高质量、降低成本和改进算法。其中，计算机科学、数学用于构建模型与算法，工程科学用于制定规范、设计范型、评估成本及确定权衡，管理科学用于计划、资源、质量、成本等管理。

目前社会上比较认可的一种定义认为：软件工程是研究和应用如何以系统性的、规范化的、可定量的过程化方法去开发和维护软件，以及如何把经过时间考验而证明正确的管理技术和当前能够得到的最后的技术方法结合起来。

软件工程的内涵，就是为了获得软件产品，在软件工具的支持下由软件工程师完成的一系列软件工程活动。从软件开发的观点看，它就是使用适当的资源（包括人员、软硬件资源、时间等），为开发软件进行的一组开发活动，在活动结束时输入（即拥有的需求）转化为输出（最终符合用户需求的软件产品）。

软件开发过程作为一个工程，大致有 3 个阶段。

（1）定义阶段：可行性研究、初步项目计划、需求分析；

（2）开发阶段：概要设计、详细设计、实现（编码）、测试；

（3）运行和维护阶段：运行、维护、废弃。

遵循以上软件工程定义和思想，在实际工作中，产生了很多开发策略和模式。这些模式从不同的角度或者实际情况出发，为避免项目风险、降低开发成本，采取了不同的开发步骤。常用的开发方法有以下几种。

1．瀑布模型

瀑布模型（Waterfall Model）是在 1970 年由温斯顿·罗伊斯（W.Royce）提出的软件开发模型，是最早的计算机软件开发方法。该模型给出了固定的顺序，将软件开发活动从上一个阶段向下一个阶段逐级过渡，如同流水下泄像瀑布一样。它强调严格遵循预先计划的需求分析、设计、编码、集成、测试、维护的步骤顺序进行。每个步骤的成果物作为衡量进度的方法，如需求规格书、设计文档、测试计划和代码审阅等。瀑布式开发的主要问题是它严格分级，导致开发自由度降低，项目早期做出的承诺导致对后期需求的变化难以调整。瀑布式方法在需求不明并且项目进行过程中可能变化的情况下基本是不行的。

瀑布模型如图 1-4 所示。

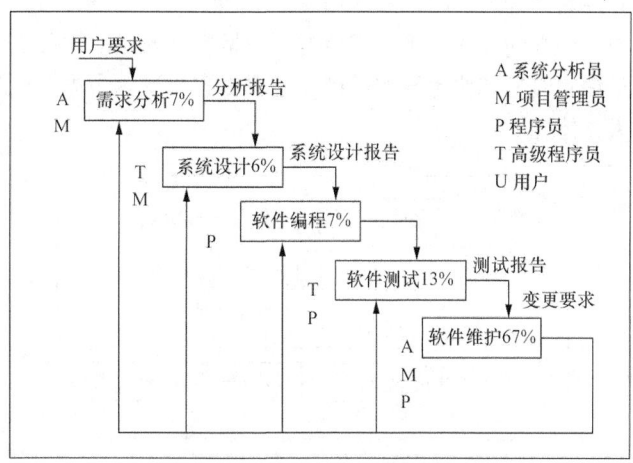

图 1-4　软件开发的瀑布模型

2．快速原型模型

快速原型模型（Rapid Prototype Model）的第一步是建造一个快速原型，实现客户或未来的用户与系统的交互，用户或客户对原型进行评价，进一步细化待开发软件的需求。通过逐步调整原型使其满足客户的要求，开发人员可以确定客户的真正需求是什么；第二步则在第一步的基础上开发客户满意的软件产品。

快速原型法可以克服瀑布模型的缺点，减少由于软件需求不明确带来的开发风险，具有显著的效果。

快速原型的关键在于尽可能快速地建造出软件的原型，一旦确定了客户的真正需求，所建造的原型将被丢弃。因此，原型系统的内部结构并不重要，重要的是必须迅速建立原型，随之迅速修改原型，以反映客户的需求。

3. 迭代式开发也被称作迭代增量式开发（Incremental Model）或迭代进化式开发

这是一种与传统的瀑布式开发相反的软件开发过程，它弥补了传统开发方式中的一些弱点，具有更高的成功率和生产率。在该模型中，开发工作类似建造一个大厦，软件被一步一步建造起来。软件被作为一系列的增量构建来设计、实现、集成和测试，每一个构件是由多种相互作用的模块所形成的提供特定功能的代码片段构成，增量模型在各个阶段并不交付一个可运行的完整产品，而是交付满足客户需求的一个子集的可运行产品。整个产品被分解成若干个构件，开发人员逐个构件地交付产品，这样做的好处是软件开发可以较好地适应变化，客户可以不断看到所开发的软件，从而降低开发风险。

具体操作上，迭代式开发每次只设计和实现产品的一部分，每次设计和实现的一个阶段叫作一个迭代。迭代开发时，将开发工作组织为一系列短小的、固定长度（如3周）的小项目，被称为一系列的迭代，每一次迭代都包括了需求分析、设计、实现与测试，如图1-5所示。

采用这种方法，开发工作可以在需求被完整地确定之前启动，并在一次迭代中完成系统的一部分功能或业务逻辑的开发工作。再通过客户的反馈来细化需求，并开始新一轮的迭代。

迭代开发的优点是可以降低风险，得到早期用户反馈，持续地测试和集成，适于需求变更，提高了软件复用性。

但是，增量迭代模型也存在以下缺陷。

（1）由于各个构件是逐渐并入已有的软件体系结构中的，所以加入构件必须不破坏已构造好的系统部分，这需要软件具备开放式的体系结构。

（2）在开发过程中，需求的变化是不可避免的。增量模型的灵活性可以使其适应这种变化，防范风险能力大大优于瀑布模型和快速原型模型，但也很容易退化为边做边改的模型方式，从而使软件过程的控制失去整体性。

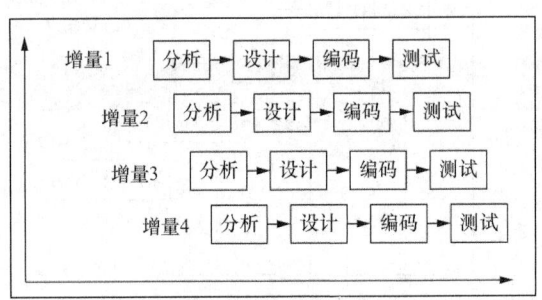

图1-5 迭代增量模型

4. 螺旋开发模型

螺旋开发（Spiral Model）模型产生于1988年，由Barry Boehm正式发表了软件系统开发的"螺旋模型"，它将瀑布模型和快速原型模型结合起来，强调了其他模型所忽视的风险分析，特别适合于大型复杂的系统。

螺旋模型刚开始开发规模很小，当项目被定义得更好、更稳定时，逐渐展开。其核心就在于不需要在刚开始的时候就把所有事情都定义得非常清楚。先轻松上阵，定义最重要的功能，实现后，听取客户的意见，之后再进入到下一个阶段。如此不断轮回重复，直到得到满意的最终产品。

螺旋模型很大程度上是一种风险驱动的方法体系，因为在每个阶段之前及经常发生的循环之前，都必须首先进行风险评估。这个过程大致包括以下几方面。

（1）制订计划：确定软件目标，选定实施方案，弄清项目开发的限制条件。
（2）风险分析：分析评估所选方案，考虑如何识别和消除风险。
（3）实施工程：实施软件开发和验证。
（4）客户评估：评价开发工作，提出修正建议，制订下一步计划。

螺旋模型的示意图如图1-6所示。

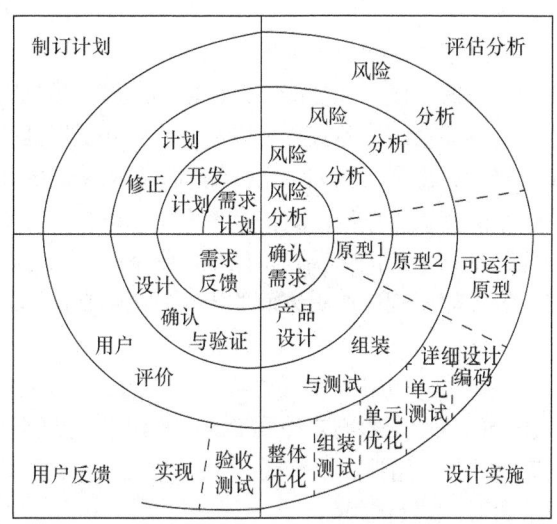

图1-6 软件开发的螺旋模型

5．敏捷软件开发

敏捷软件开发又称敏捷开发，是从20世纪90年代开始逐渐引起广泛关注的新型软件开发方法，是一种应对快速变化的需求的一种软件开发能力。相对于"非敏捷"式开发，更强调程序员团队与业务专家之间的紧密协作、面对面的沟通（认为比书面的文档更有效）、频繁交付新的软件版本、紧凑而自我组织型的团队、能够很好地适应需要变化的代码编写和团队组织方法，也更注重软件开发中人的作用。

敏捷开发强调如下几点。

（1）人和交互重于过程和工具。
（2）可以工作的软件重于求全而完备的文档。
（3）客户协作重于合同谈判。
（4）随时应对变化重于循规蹈矩。

以上内容最为重要的是人员彼此信任，人少但是精干，可以面对面沟通。

敏捷开发小组主要的工作方式可以归纳为：作为一个整体工作，按短迭代周期工作，每次迭代交付一些成果，关注业务优先级，检查与调整。

敏捷方法中要考虑的重要因素是人员的规模。随着项目规模的增长，面对面的沟通就愈加困难，因此，敏捷方法更适用于较小的队伍，40人以下的人员比较合适。大规模的敏捷软件开发尚处于积极研究的领域。

在国际软件外包项目中，比较常见的是瀑布型开发。这是因为通过离岸方式的外包开发，沟通是最大的问题，由于难以即时、面对面地与客户或上游设计人员沟通，因此书面的、正规文档沟通方式成为国际软件外包沟通的主要形式，而这样的沟通形式，客观上就迫使软件开发局限于瀑布式的工作过程。

即使采用瀑布式的开发，也常常为了项目的顺利进行，需要在岸保留一定的 BSE（Bridge Senior Engineer）与客户或发包商进行密切地接触，保持沟通的畅通。

1.5.6 软件质量保证活动

软件项目是否成功，取决于 4 个方面的因素，即在约定的时间内、按预算的成本、完成了规定的软件功能范围开发，并达到了预定的质量标准。

在以上 4 个评判标准中，时间、成本和功能，是比较容易进行量化跟踪和监控的。但是对于质量的评判，则比较困难，有些质量问题是直接可以通过软件外观看到的，而更多的、影响软件运行效能的问题，则很难直接观察出来。例如，同样编出了相同功能的软件代码，但是由于处理方法和算法的不同，执行效率会有很大差异。我们在这里所探讨的软件质量，主要是指对于实现既定功能有影响的质量问题，如程序算法错误、未处理异常情况、未进行计算机资源回收等直接影响软件系统功能的质量问题，属于程序逻辑方面的错误。至于软件算法效率方面，需要开发人员个人技能的提高和组织。

按照 ISO 9000 的定义，质量是一组由固有特性满足需求的程度。通俗地说，就是软件与文档中规定或描述的标准之间符合的程度。影响软件质量的主要因素，从管理的角度来度量，可以分为 3 类，即正确性（包括完整性、可用性、效率等）、可理解性（包括可维修性、可测试性等）和可移植性（包括可复用性、可移植运行性等）。

为了达到这些质量标准，在开发过程中，应该按照规定的质量保证程序，进行产品的生产活动。一定规律的活动，就会产生一定质量水平的产品。就是说，质量的结果，很大程度上取决于生产活动的规则和技术水平。如果把产品质量看作是生产活动的结果，那么，要提高产品质量，就必须改进或改善生产活动本身的规则。这就是质量保证活动的基本原则。例如，生产出了一个有缺陷的产品，如果要改进产品的质量，是对生产出来的产品做质量上的改进，对其缺陷进行修复，还是对生产这个产品的过程进行改进呢？如果要对产品逐一进行修复，那么从这个生产过程中出来的产品，将会连续不断地出现类似的质量问题，产出的量越大，要修复的产品缺陷也越多，无法从根本上消除产品的质量问题，进而提高产品的质量。如果对产品的生产过程进行分析和改进，那么，改进后的生产过程，将会避免产生产品缺陷的某个活动中的问题，从而杜绝通过这一活动过程产生质量问题的关键因素。不断改进生产过程，从而保证产品质量，使得一个组织的生产过程的质量趋于稳定，这就是质量保证体系追求的目标，也是质量保证活动的重点工作。

在软件外包行业中，目前比较通行的质量保证体系及其认证，当属"能力成熟度模型"（Capability Maturity Model，CMM）。CMM 是美国卡内基·梅隆大学软件研究所（SEI）在美国国防部的资助下所做的一个项目的成果。1987 年，在 SEI 的技术报告中，把软件能力成熟度模型（CMM）作为评价国防部合同承包方过程成熟度的方法论；1991 年，SEI 发布了 1.0 版软件 CMM（SW-CMM）。

CMM 自 1987 年开始实施认证，现在已经成为软件业权威的评估认证体系。CMM 包括了 5 个等级，共计 18 个过程域，52 个目标和 300 多个关键实践活动。

在软件外包发包中，对于很多较大项目的招标，都要求承包方具有 CMM 的认证，当然，认证的等级有所不同。国际大型软件公司的项目发包，有的要求承包方达到 CMM5 级的最高等级。也有的对承包方的质量保证体系进行实地考察和评估，满足发包方的要求后，才能作为软件外包提供商，承接项目。

1.5.7　项目交付与验收

软件外包的结果，是承包方向发包方提交开发完成的成果物。软件项目的成果物包括项目从开始到结束一系列过程中产生的各种需要提交的内容，包括各种技术文档、代码、测试文档和测试结果，还有客户提供的临时使用的设备等。

当项目到了结尾阶段，需要交付的成果分为两部分。

一部分是开发方需要自行保留的，包括从项目开始到结束的全部资料，既有项目管理方面的文档，也有项目工程方面的文档和代码，还有项目支持方面的相关文档及项目总结报告等内容。这部分成果物，应作为开发方的财产，进行完整的备份，纳入公司财富管理库中保存。历史信息和经验教训信息，也应该一并做好总结，移存到经验知识库里。

另一部分则是需要提交给客户的成果物，包括项目分析、设计、使用和维护等方面的文档，以及程序代码和相关的手册。还要包括提供给客户的附属设备、配套的使用环境资料。

项目的验收，是指客户方要按照合同的要求，逐项检查成果物是否达到了要求，是否符合质量标准，以及是否满足性能要求等工作。项目验收要检验成果物和附属的文档资料是否完整，对于今后的系统升级或维护，要有完整的系统资料说明。除了提交的可见成果物，有的验收过程还包括对服务性工作的检验。例如，对客户的系统使用培训，为客户提供的维护是否及时、有效等。

对客户方面的验收，最终需要客户出具正式的项目接受和验收文档。

在国际软件外包项目中，很多情况下，项目组的工作通过网络直接连接在客户的服务器上，或直接连接在存放在客户端的开发环境上。绝大多数的工作成果，如代码和技术文档，都是随时保存在客户服务器上，因此客户也会随时得到成果物，也有即时测试和验收的。这种情况，往往验收工作比较简单，当项目开发完毕，验收也很快就结束了。

思考题

1. 软件外包产生的背景和原因是什么？
2. 软件外包具有哪些特点？
3. 软件外包的一般流程是怎样的？
4. 如何提高软件外包在产业价值链中的地位？
5. 简要阐述软件外包的内涵。

第 2 章 软件外包商务活动及相关事务

【学习目标】
（1）了解软件外包的一般商务流程
（2）了解国际软件外包与服务市场格局和竞争态势
（3）熟悉软件外包业务决策中的关键评价指标
（4）掌握对日及对欧美软件外包的主要商务习惯

与传统贸易行为一样，软件外包的商务流程一般也分为发包方对外包需求的决策、发包意向的生成、候选供应商的选择、项目招标与议标、供应商确定、合同签订、合同执行及合同结束等过程，在实际的商务活动中，发包方与供应商会根据实际的业务需要和商务合作情况，对上述过程进行必要的裁剪。

2.1 发包方的外包驱动力

随着全球经济一体化的程度越来越高，产业分工在国家间、地区间的平衡与再平衡不断地深入发展，产业分工越来越细致，越来越专业化。同时，经济领域的竞争与合作，全球经济复苏进程的不确定和复杂多变，使得越来越多的企业，特别是跨国企业不断调整其业务的全球化部署策略，平衡和控制经营风险。包括软件外包在内的业务外包在这样的进程中得以产生和快速发展起来。从软件产业发展的历史和趋势上看，发包方业务外包的主要因素和驱动力来自以下几个方面。

（1）提高企业核心竞争能力。打造和保持企业的核心竞争能力，是当代各国企业界面对全球市场竞争的不二法则，因此将企业生产运营中的非核心环节外包给其他企业，企业自身专注于主营业务，可以将有限的资源集中投入到核心业务创新和能力培养，从而保持和提升竞争能力。

（2）增强企业的资源配置能力。对于发包企业来说，通常将向外部发包的资源视为自身业务发展的有效补充。在很多情况下，内部资源与业务机会无论是在数量上、技术要求上，还是业务经验上都存在不匹配的矛盾。利用外部发包构建的弹性资源池，可以帮助发包方有效配置资源，获得最大程度的业务支撑能力。例如，日本是一个信息化高度发达的社会，日本的软件企业长期以来都面临着软件技术人才短缺的难题，同时，大量以 Mainframe（大型机）等传统技术构建的业务系统还在使用，而掌握这些技术的人员已经接近退休年龄，因此，大量的软件项目被外包转移到境外实施（或者成立离岸交付中心，或者采用外包的业务模式，自 20 世纪 90 年代初开始，中国的软件企业是日本软件外包业务主要的承接方），从而有效补充了内部开发资源不足和技能不匹配的问题，推动了日本软件企业的快速发展。

（3）削减企业运营成本的需要。智力密集型是软件企业的一个显著特点，人力成本约占软件企业运营成本的 70%，因此如何有效控制人力成本是发包企业降低成本的关键要素，国际软件外包业务迅速崛起的一个重要动因是发展中国家和地区拥有大量成本相对低廉的软件技术人才。

（4）降低企业运营及业务风险。包括政府、金融、制造及商业等组织和行业本身并不具备充分的信息化建设能力，通过将信息化建设工作外包委托给专业的软件公司，可以有效转移系统建设风险；对本身软件开发能力很强的企业来说，包括软件企业和其他行业企业，通过外包同样可以与供应商进行风险共担（Risk Sharing）。因为软件开发是创造性很强的智力工作，同时软件技术和市场的变化非常快，导致软件开发过程中存在着各种风险。统计表明，超过半数的软件开发项目成本超支、延期交付和质量欠佳，有些甚至以失败告终。从企业运营的角度出发，当业务发展状况不理想的时候，可以收缩外包业务，从而避免裁撤内部资源对企业的伤害。

2.2 软件外包的商务流程

软件外包业务与传统贸易、服务等行业相似，从根据企业的经营策略，产生项目发包意向到与接包方签署合同，并进而执行合同到项目结束，具有完整的生命周期。图 2-1 所示为软件外包业务的一般商务流程。

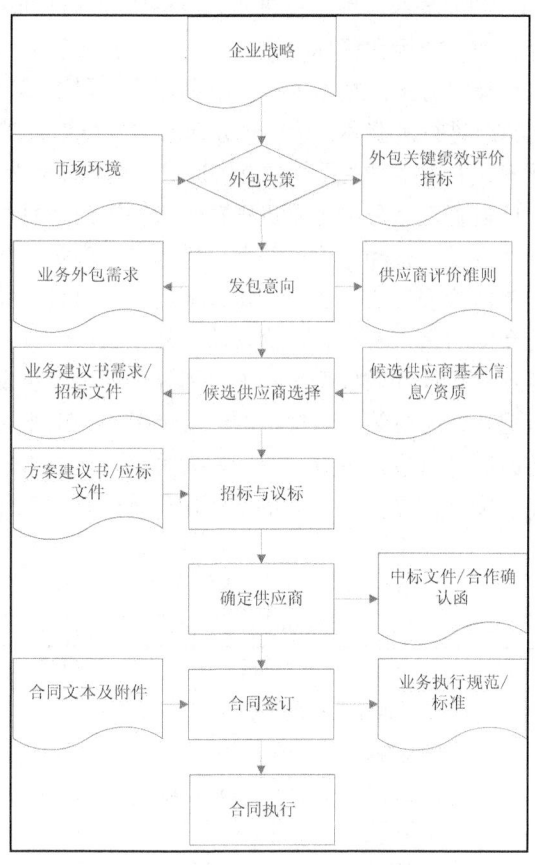

图 2-1　软件外包业务的一般商务流程

2.2.1 发包方策略的确定

首先,有意向进行软件外包的发包方需要根据自身战略及市场竞争环境,决定是否进行软件项目的外包。一般来说,发包方决定是否进行发包由企业关键绩效指标(Key Performance Indicator,KPI)决定:

发包决策的关键评估指标如下:
- 是否有助于节约开发成本?
- 是否有助于缩短产品上市或项目上线时间?
- 自身是否具备设计、开发能力及必要的资源?
- 发包对自身的核心能力是否构成风险?
- 发包对自身信息安全是否构成风险和能否有效控制?
- 发包后软件项目的质量能否得到有效的管理和保证?

由上述KPI指标不难看出,产生软件外包商业模式的驱动力归纳起来包括:

(1)发包方希望以更低的成本、更快的效率和更高的质量获取软件产品或服务;

(2)发包方将开发的管理和技术风险向供应商转移;

(3)供应商提供了更专业、更充足的软件开发资源,降低了发包方自身管理和用工风险。

其次,发包方确定进行软件外包的决策后,通常会组建一个由发包方的首席信息官(CIO)为组长,包括发包方信息部门、采购部门、财务部门、法务部门、项目管理办公室(Project Management Office,PMO)和业务部门等专业机构人员构成的软件外包工作组,完成外包商务活动中的候选供应商选择、项目招标和议标、供应商确定及合同签订的各流程。其中信息部门主要负责对候选供应商进行技术方案、技术人员考核和评价,财务部门主要完成预算编制及对候选供应商进行财务稳定状况进行考核和评价,法务部门主要负责对候选供应商进行合同和/或协议中涉及法律条款的评审,采购部门主要负责对候选供应商基本资质和条件的审核及合同和/或协议的制定、评审等,项目管理办公室主要负责对候选供应商项目管理方案和计划进行可行性、可实施性和可被管理性进行考核和评价,并考察候选供应商及其涉及的关键项目人员,如项目经理、测试经理等的项目管理资质和能力,业务部门主要负责对候选供应商在标的项目涉及的业务领域方面的经验和能力进行考核和评价。软件外包工作组各专业机构人员对候选供应商的考核和评价结果按照预先设计好的权重汇总为整体评价结果,供发包方决策层进行供应商最终选择的决策参考。根据发包方决策管理权限的设置情况,一般来说,发包可由发包方信息化建设最高负责人——首席信息官进行决策。对于重大关键外包决策,由发包方最高负责人决策直至发包方的董事会完成决策过程。表2-1的示例用于软件外包工作组在候选供应商时,作为考核和评价评分使用。

表2-1　　供应商选择考核及评价表示例

候选供应商评价维度	评价指标	发包方主导专业机构
基本状况	基本属性及发展历程	采购部门
	相关资质取得状况	
	供应商规模及研发、销售区域分布状态	
	主要客户的行业分布状态	

续表

候选供应商评价维度	评价指标	发包方主导专业机构
财务评价指标	最近三年的收入、现金流量、总资产、净资产、总负债等情况	财务部门
	最近三年的软件营业额及按区域、按行业分布情况	
管理体系评价指标	治理体系状况	采购部门
	财务管理体系	财务部门
	人力资源管理体系	人力资源部门
	软件过程管理体系	项目管理办公室
	项目管理体系	项目管理办公室
	信息安全管理体系	信息部门
技术评价指标	技术方案的可用性、可靠性、可维护性、可扩展性及开发效率	信息部门
	技术方案在类似业务场景中的应用情况	
	技术方案与发包方信息化战略的匹配程度	
行业经验评价指标	相关行业经验、典型客户及案例	信息部门、业务部门
	相关行业技术资源规模及按角色分布状态	
外包项目管理方案评价指标	项目实施计划	项目管理办公室
	项目管理体制及团队构成	
	项目风险管理计划	
	项目品质保证计划	
	项目监控计划	
外包项目财务评价指标	报价合理性	财务部门
	付款条件和付款节奏	
	免费维修及服务期	

当外包方确定供应商并与该供应商签订软件委托开发合同后,供需双方进入合同实施阶段,双方按照合同约定的条款开展相关的项目实施工作直至项目验收和维护结束,该标的外包的商务活动结束。

2.2.2 软件外包业务招标

软件外包作为一种发包方对软件产品、解决方案和/或服务的采购行为,随着中国市场经济体制和法制的不断健全和完善,越来越得以规范,特别是2003年1月起颁布实施的《中华人民共和国政府采购法》,规范了各级政府的采购行为,带动了各行业各企业规范化的采购行为,大大提高了采购过程的公平、公正和公开。软件外包通常有以下采购方式。

（1）公开招标（Public Tendering）：系指采购人在公开媒介上以招标公告的方式邀请非特定的法人或其他组织参与投标，并在满足条件的投标人中根据招标评价标准选择中标人的一种采购方式。公开招标的方式多见于政府采购行为，该方式需要满足以下两个条件。

① 投标人的非特定性：招标人应通过公众媒体平台发布其招标项目内容信息，向非特定法人或组织发出投标邀请，并不得以任何理由拒绝向符合标准的投标人出售招标文件。

② 招标要求的公开性：招标人应采取公告的方式，向公众明确其招标条件，保证潜在投标人获得明确、一致的招标信息。

公开招标的优点在于最大限度的选择最佳供应商，竞争性更强，择优率更高，在很大程度上能够避免招标过程中的不当或违法行为。公开招标的缺点是由于投标人数量众多，招标过程耗时较长，成本投入较大，对于标的较小或专业性较强或时间要求较紧急的采购招标，通常不采用这种方式。

（2）邀请招标（Invitational Tendering）：也称有限竞争性招标，系指招标人根据供应商或承包商的资质和业绩，选择不少于三家的供应商或承包商，向他们发出投标邀请，被邀请的供应商或承包商参与投标竞争，从中选定中标人的投标方式。邀请招标是目前软件外包市场上应用最为广泛的采购方式，对标的项目专业性较强、招标过程需要在较短时间完成采购任务及成本投入较经济的方面较公开招标有明显优势。邀请招标的缺点是被邀请的供应商不对外公开，容易产生"暗箱操作"，供应商的陪标串标情况时有发生。

（3）竞争性谈判（Competitive Negotiation）：系指采购人或其指定的代理人邀请候选供应商就采购事宜进行谈判的方式。竞争性谈判采购方式的特点是：一是可以缩短采购准备期；二是减少采购工作量，提高效率，降低采购成本；三是供需双方可以更灵活的方式进行商务谈判，有利于共赢的目标充分达成。在软件的国际外包业务中，竞争性谈判被广泛使用。

（4）询价采购（Shopping）：系指对几个供应商（通常为三家以上）的报价进行比较以获得有竞争性价格的一种采购方式。每个供应商只允许提出一个报价且不能提交后进行更改，不能与某一供应商就价格进行谈判。询价采购在软件外包业务中并不多见，通常这种方式仅存在于既存实际业务合作的供需方之间，在下一个合作周期开始前，发包方对几家供应商的服务价格进行调整的商务场景中。

2.2.3 国际软件外包业务采购流程

国际软件外包业务由于起步早，发包方技术和管理成熟度更高，在软件外包的采购过程中拥有比国内软件外包领域更规范、更有效的商务管理经验。国际软件外包业务的采购过程大体上分为以下3个阶段：

1. 基本信息收集阶段（Request For Information Phase）

在与先前没有合作或已有合作但需要更新信息的软件服务提供商建立合作意向或新的合作机会之前，对该供应商的基本信息进行收集和分析是发包方通常的做法。发包方通过自身的信息渠道初步了解不同的软件服务提供商，从而与他们最感兴趣的几家建立初步联系；或者，软件服务提供商的销售人员通过自身的信息渠道，与潜在发包方建立初步联系。

初步接触建立后，发包方会要求供应商提供必要的信息供其进一步分析和评价，这种交互的过程通常称为信息提供要求（Request For Information，RFI）。候选供应商提供的这类信息通常包括：供应商组织架构、研发及销售网络（国内、海外）、人员规模、教育背景及技能分布状态、财务状况、IT基础设施、主要客户及典型案例、相关管理体系及标准等。表2-2所示为国际软件外包业务中一个实际RFI的部分内容。

表 2-2　　　　　　　　　　　　　　　RFI 示例

信息类别	抽象要求	具体要求	供应商回答
1. 公司基本信息			
组织及联系信息	总部	母公司全球总部的名称及所在地	
		联系人名字、职务、电话、传真、邮箱地址	
		软件交付中心区域分布情况（中国、美国、日本）	
	主要的分支机构	具备软件交付功能的分支机构（含全资子公司、事业部等）分布状况	
组织结构	所有权结构	控股公司	
		股权结构	
	在日/美实体及资产	列示在日/美实体	
		在日/美资产	
财务状况及财务稳定性	2011 年财务状况	总资产	
		总负债	
		营运资本	
		对美软件出口额	
		对日软件出口额	
		总营业额	
		净收入	
		现金流量	
	2012 年财务状况	总资产	
		总负债	
		营运资本	
		对美软件出口额	
		对日软件出口额	
		总营业额	
		净收入	
		现金流量	
	2013 年财务状况	总资产	
		总负债	
		营运资本	
		对美软件出口额	
		对日软件出口额	
		总营业额	
		净收入	
		现金流量	

续表

信息类别	抽象要求	具体要求	供应商回答
破产	公司是否申请过破产保护	全球范围内全业务领域	
		全球范围内金融领域	
规模：雇员	员工总数	公司整体	
		常驻美国	
		常驻日本	
规模：客户	客户数量	美国财富500强	
		持续提供服务的客户百分比	
		客户流失数量	
2. 公司战略			
战略和愿景	公司愿景和业务战略	外包业务策略	
业务焦点	核心业务线	各主要业务线概要	
	主要业务线分布比例	按行业	
		按工程类别	
差别化优势	在相同的软件外包市场与其他供应商的差别化优势	成本、质量、交付周期	
业务模式	外包业务的运作模式	离岸外包	
		离岸+在岸外包	
		离岸+近岸+在岸外包	
语言能力	能使用英文进行口语交流、阅读及写作的员工数量	初级	
		中级	
		高级	
		完全流利	
	能使用日文进行口语交流、阅读及写作的员工数量	初级	
		中级	
		高级	
		完全流利	
3. 经验及能力			
经验及人数	服务	应用软件开发及维护	
		质量保证	
		基础设施外包	
		业务流程外包	
		产品开发	
		其他服务	

续表

信息类别	抽象要求	具体要求	供应商回答
经验及人数	平台	OS390	
		UNIX	
		OS400	
		Windows	
		iOS	
		Android	
		其他平台	
	质量保证	主机系统测试	
		分布式系统测试	
		测试自动化	
		性能测试	
		测试方法论	
		测试策略及规划	
	开发语言	COBOL，CICS	
		Messaging（MQ Series etc.）	
		Structured Query Language	
		.Net	
		Java，J2EE	
		Portal	
		C/C++	
		Lotus Notes	
		商业智能	
		面向对象框架	
		其他专项开发语言	
	数据库技术	DB/2	
		VSAM	
		QSAM	
		Sybase	
		SQL Server	
		Oracle	
		其他关系型数据库技术	
项目经验	总体概述	平均合同金额	
		平均项目人数	
		平均项目执行周期	
	金融领域	在建项目个数	
		平均项目人数	
		平均项目周期	
	项目经理	具备 PMP 认证的人数	
		其他项目管理资质认证的人数	

续表

信息类别	抽象要求	具体要求	供应商回答
在岸/离岸	在岸/离岸项目管理	离岸/在岸项目管理方法	
	地域人数比例	在美资源人数	
		平均在岸/离岸人数比例	
		在日资源人数	
		平均在岸/离岸人数比例	
4. 报价			
小时报价	开发	美国在岸项目经理	
		日本在岸项目经理	
		离岸项目经理	
		美国在岸资深工程师	
		日本在岸资深工程师	
		离岸资深工程师	
		……	
一次性费用		知识转移及培训	
		税	
		软件	
		硬件	
		系统	
		通信	
		网络	
		工具	
安全管理与基础设施			
安全与保护	描述员工安全检查流程	背景调查	
		无犯罪记录调查	
		无涉毒记录调查	
	描述包括知识产权在内的安全管理流程	内部知识产权保护流程	
		面向员工的安全及知识产权保护培训程序	
	描述数据安全管理流程	数据安全的各主要管理规约	
网络/可联接性	提供到客户端的网络联接方案和拓扑结构	用以培训、知识转移和试验性项目的短期基本网络连接	
		业务展开后的长期网络连接方案	
		防火墙环境	
5. 业务治理过程及工具			
度量及报告	报告	拟提供的质量度量和仪表盘主要内容	
		频度	
		按照客户要求定制报告内容的能力和可行性	
	工具	度量及报告工具	

续表

信息类别	抽象要求	具体要求	供应商回答
流程及质量	质量管理流程	描述总体质量管理方法	
	CMMI 等级	特定交付中心的 CMMI 评估等级状况	
	6-Sigma 方法论	实施状况	
变更管理	概要描述	是否有文档化的变更管理流程	
	工具	变更管理软件及工具	
客户满意度调查	简要描述	频度	
		主要部分/问题	
		后续改进措施	

2. 提案阶段（Request For Proposal Phase）

根据 RFI 提供的相关信息，发包方会按照初步的选择标准进行一轮筛选，形成正式的候选供应商列表并进入明确具体的提案阶段交互过程。在候选供应商列表的确认过程中，除了对供应商提供的 RFI 信息和邮件、电话会议及视频会议等方式进行了解确认外，通常还会派出相关人员构成的团队到候选供应商现场进行实地考察和评估（Site Assessment），实地考察和评估的重点是围绕 RFI 相关的内容进行逐项了解和确认，必要时，与候选供应商签订保密协议（Non-Disclosed Agreement，NDA）后可进入候选供应商可开放的开发和基础设施环境进行考察。在提案阶段，发包方会向候选供应商发出提案邀请文件，明确外包业务的具体需求及相关事项，根据文件中的要求，候选供应商进行提案编写反馈给发包方，根据发包方的实际需求和候选供应商的组织状况，可以采用以下不同的模式。

（1）固定价格模式（Fix Price Model）：候选供应商分析 RFP 的具体要求，对工作量和日程进行概算，根据概算的结果和成本情况，结合预期利润，提出项目执行的报价。除非发包方的需求发生变更，否则该报价是固定的，也就是说签订合同时会按照该价格形成标的金额。在外包项目执行过程中，如果实际工作量高于概算工作量，则供应商需自行消化多出工作量对应的成本，预期利润率降低，甚至可能出现亏损；如果实际工作量低于概算工作量，则供应商会取得高于预期的利润率水平。因此，在外包实务中，对于软件项目管理成熟度高的供应商来说，更倾向于采用固定价格模式来获得较高收益水平，而对成熟度水平较低的供应商来说，则意味着要担负较高的盈利风险。

（2）工料价格模式（Time & Material Model，T&M）：候选供应商根据 RFP 中对于资源（人员的角色和数量，软硬件及网络配置等）的要求，提出每类资源的单价，发包方根据单价和项目执行的实际工作量核定支付金额。T&M 模式较广泛运用于发包方建立了与供应商长期的固定包人员的合作体制中，目前大多数国内软件外包企业在承接日本、欧美外包业务时采用这种模式。采用 T&M 模式在固定周期内利润率相对稳定，主要影响的要素是人力成本和汇率的变化。近年来，由于软件从业人员的人力成本以每年 10%～15%的比例上升，同时人民币升值的速度加快，导致 T&M 模式的外包业务利润空间大幅收窄。

（3）混合模式（Mixed Model）：由于 Fix Price 模式在发包方需求不明确的情况下，即使成熟度很高的供应商也同样难以较准确的进行项目概算，因此在软件外包的实务中，针对此类项目，也经常采用 Mixed 模式，即在需求分析过程采用 T&M 模式，需求明确后的过程采用 Fix Price 模式。

国际软件外包业务的提案书是供需双方沟通业务需求和签订合同的关键载体，提案书的主要内容大纲如图 2-2 所示。

```
1. 提案摘要
    a) 提案背景
    b) 客户的业务目标和期望
    c) 我们的理解
2. 项目推进方法和策略
    a) 工作范围
    b) 业务及技术方法
        i. 业务架构
            1. 业务概述
            2. 业务架构描述
            3. 核心业务流程分析
        ii. 技术架构
            1. 技术概要
            2. 技术架构描述
            3. 关键技术解决方案
        iii. 非功能性的考虑
            1. 系统可用性、安全性、可靠性考虑
            2. 系统可扩展性、可维护性考虑
    c) 项目推进方法
        i. 推进模式的考虑（2-Tiers, 3-Tiers）
        ii. 项目沟通与项目治理模式
        iii. 项目生命周期管理
3. 项目的技术环境
    a) 开发环境
    b) 测试环境
    c) 生产环境
    d) 项目管理工具集
4. 项目概要计划
    a) 项目里程碑概述
    b) 建议日程表
5. 项目结构
    a) 项目团队组织结构
    b) 分工与责任
6. 交付成果物
7. 安全管理
8. 项目管理
    a) 项目沟通流程
    b) 项目控制流程
    c) 变更管理流程
9. 假设、依赖及风险管理
10. 项目概算和报价
    a) 项目工作量估算
    b) 资源投入计划
    c) 报价
        i. 报价方式
        ii. 其他一次性及持续性费用
11. 附件
    a) 详细估算表及功能列表
    b) 相关行业技术成功案例
```

图 2-2 国际软件外包项目提案书内容样例

3. 合同签订阶段（Contract Sign-off Phase）

发包方综合候选供应商提交的 RFI、现场考察和评估结果以及项目提案书提出的方案，最终选择一家（有时会有几家）供应商进入合同谈判和签订流程。合同是外包业务中关键法律文件，用来约束供需双方的所有业务关联行为。合同内容主要来自于经发包方认可的提案书，同时，在合同谈判过程中，会做适当的妥协和调整并且增加必要的法务及财务条款。一般情况下，对于长期合同或多项目合同，发包方与供应商先签订主服务协议（Master Service Agreement，MSA），约定合作中主要的合同条款，在 MSA 项下，根据每期或每个项目工作内容，订立个别合同或订单（Purchase Order，PO）。软件外包合同的主要条款内容如下。

（1）服务范围条款：说明供应商在本合同中，提供的主要软件服务范围，详细的工作范围在作为合同附件的工作陈述书（Statement Of Work，SOW）中描述。

（2）报价及付款条款：根据不同的报价模式描述本合同的报价，对付款节奏和付款条件进行约定。

（3）软硬件及相关设备条款：说明合同双方对业务相关的软件、硬件及关联设备的提供义务。

（4）保密条款：说明所有业务、人员及技术等由发包方提供给供应商的信息视为发包方资产，需要进行保密处理。

（5）里程碑交付及验收标准条款：说明供应商交付成果物的里程碑划分、交付方式及按何种准则进行成果物验收。

（6）权利义务条款：说明双方的责任、权利及义务，包括禁止招揽对方雇员条款，取得对方协助条款及违约处罚条款等。

（7）争议及不可抗力条款：说明在合同执行过程中发生争议的处置方式，以及当地震、战争等不可抗力发生时的处置方式和免责条款。

（8）质保期条款：约定供应商的质保期限，在质保期内供应商应免费对由其产生的系统缺陷进行修复。

（9）服务等级协议条款：在对生产环境的系统进行支持的业务中，通常供需双方需要签订服务等级协议（Service Level Agreement，SLA）。协议包括响应时间、不同程度的故障修复时间等主要服务指标。

2.3 软件外包的竞争格局

软件产业是信息产业的核心和基础，其高度标准化、通用性和全球化的特征是软件适合进行外包的必要条件，在社会分工不断细化、全球化的市场经济环境和信息技术的不断创新发展的推动下，软件外包已经成为全球产业分工和贸易的发展热点。历经30年的发展，软件外包产业形成了市场参与者越来越多，标准和规则越来越严格，竞争环境越来越复杂，竞争和合作的界限越来越模糊，商业模式越来越多样的总体格局。从全球软件外包的市场规模和分布情况看，以美国、欧洲和日本为代表的发达国家占据了发包总量的绝对主导地位，其中美国占50%以上，欧洲占20%左右，日本占10%左右，以印度、中国和巴西为代表的新兴经济体国家在接包市场中迅速崛起，成为主要的软件外包目的地，以爱尔兰为代表的传统软件外包强国地位下降。随着中国改革开放的进程不断深入，特别是加入世界贸易组织（WTO）之后，中国企业加快了以软件系统为必要基础的现代企业管理和运营的系统化建设进程，中国国内的软件外包市场空前发展并拥有巨大的发展潜力，涌现了大量提供国内行业软件解决方案和软件服务外包为主营业务的软件企业。

2.3.1 中国软件与服务外包市场格局

随着中国企业信息化过程和产业升级的不断加快，中国的软件外包有着巨大的内需市场潜力，因此大力发展国际和国内两个市场，推进离岸和在岸两种外包推进模式是国内软件外包企业的显著特色。2012年国内市场的业务总量已经超过600亿美元，预计至2015年，国内业务总量将突破1000亿美元。珠三角、长三角及环渤海等经济较活跃、发展程度较高，相关配套程度高的产业集群已经形成，因此目前软件外包产业集中于这3个地区的基本态势没有改变，而随着东部地区软件开发成本的快速升高以及人民币的持续升值，中西部地区凭借人力成本相对较低和丰富的人才储备优势，近年来外包产业得到快速发展，形成东部地区高基数，中西部地区高成长性的产业格局。西安、成都、重庆等成为中西部地区软件外包重镇。从软件外包产业的细分领域看，各主要服务外包产业区域形成了各具特色的发展格局，如大连利用地缘文化和日语人才的优势，使对日的软件外包和软件出口业务成为主要特点；北京、上海由于拥有软件产业发展必要的全部优势资源，软件外包业务已经处在价值链的上游，核心竞争能力突出。

从区域分布情况看，根据 CCID 的调研报告，2010—2011 年，中国软件与服务外包市场不同区域规模及增长数据如表 2-3 所示。

表 2-3   2010—2011 年中国软件与服务外包区域市场分布状态

区域	规模（亿美元）			市场份额比重	
	FY10	FY11	增长率	FY10	FY11
华北	19	27	42%	34%	34%
东北	11.6	16.4	41%	21%	21%
华东	10.5	15	43%	19%	19%
华南	8.5	12	41%	15%	15%
西南	2.4	3.2	33%	4%	4%
华中	2.3	3	30%	4%	4%
西北	1.7	2.4	41%	3%	3%
合计	56	79	41%	100%	100%

从发包来源看，规模依次为日本业务、欧美业务及其他区域业务；从离岸、在岸模式看，以从本地 MNC 接包的业务为主，但离岸接包模式从规模上已经接近本地 MNC 接包。表 2-4 所示为 CCID 对 2011 年的调研结果。

表 2-4   2010—2011 年中国软件与服务外包接包渠道分布状态

		市场规模（亿美元）			市场份额比重	
		FY10	FY11	增长率	FY10	FY11
离岸接包	欧美离岸接包	5.6	8.5	52%	10%	11%
	日本离岸接包	13.2	18.6	41%	24%	24%
	其他离岸接包	2.8	3.6	29%	5%	5%
本地 MNC 接包	本地欧美 MNC 接包	10.8	15.3	42%	19%	19%
	本地日本 MNC 接包	20.4	29.1	43%	36%	37%
	本地其他 MNC 接包	3.2	4	25%	6%	5%
合计		56	79	41%	100%	100%

从品牌市场竞争格局看，市场份额前十名的软件企业占中国软件外包市场份额的 30%左右，与全球业界相比明显偏低，这意味着中国软件外包产业呈现企业规模小、行业集中度低的特点，在参与国际市场竞争中处于不利地位，同时，国内各外包企业由于上述特点导致很多时候恶性竞争的出现。2010 年中国软件及服务外包市场厂商竞争格局如表 2-5 所示。

表 2-5   2010 年中国软件及服务市场厂商竞争格局

厂商	外包规模（百万美元）	市场占有率
东软	255	7.6%
文思	116.4	3.5%
海辉	107.9	3.2%
中软国际	106.8	3.2%
华信	104.8	3.1%

续表

厂商	外包规模（百万美元）	市场占有率
Insigma	87.4	2.6%
软通动力	86.9	2.6%
BeyondSoft	86.7	2.6%
Symbio	80.3	2.4%
SinoCom	77.5	2.3%

从成长性（包括技术、行业领域、人才、创新性等能力）和现有市场地位（包括品牌知名度、客户等）的角度，将中国主要的软件外包服务厂商的竞争位序进行比较如图 2-3 所示。

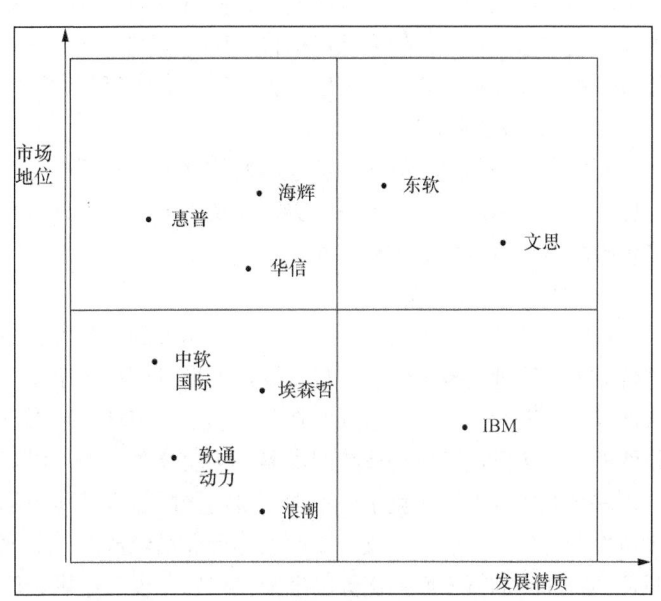

图 2-3 中国主要软件外包服务厂商竞争位序

2.3.2 国际软件外包与服务市场格局

软件产业作为最具创新性、技术发展最快和最依赖于智力的产业之一，自 20 世纪 80 年代信息化革命开始至今，成为全球产业分工和调整最为活跃和朝阳的产业。国际软件外包热点频现，国家和地区间及企业间的新陈代谢明显倍速于传统行业的速度，竞争与合作以前所未有的广度和深度快速发展，深刻影响着世界产业分工和技术进步。国际软件外包的市场竞争格局主要影响因素如下。

1. **政治与意识形态**

经济基础决定上层建筑，上层建筑反作用于经济基础，这是政治经济学的基本理论。在国际软件外包领域，国家间的政治关系和意识形态的异同，对外包的影响非常深刻。例如，印度软件外包产业的迅速发展使其成为当前全球软件外包第一大国的一个重要原因是由于发包国美国与接包国印度历史上形成良好的政治关系和相似的意识形态，美国作为全球发包规模最大的国家，其超过半数的业务规模由印度承接。接包国政治和社会的稳定性也是重要的竞争力指标，中国的软件外包迅猛发展得益于自改革开放以来非常稳定的政治和社会环境。

2. **地域与文化**

地理位置是否有利于交流沟通，思维方式是否相近相同，是软件外包效率和成败的重要因素。例如，中国软件与服务外包的最大来源地是日本市场，很重要的原因是中国与日本相邻，交通便利，沟通成本较低，又都有着东方文化的思维方式。

3. **接包国的产业政策和环境**

接包国在软件及服务外包产业的财税、进出口、投融资、人才及市场方面的政策和产业的软环境是吸引业务接包、增强发包信心的重要因素。例如，2011 年 2 月，中国国务院办公厅发布《国务院关于印发进一步鼓励软件产业和集成电路产业发展若干政策的通知》，将软件与集成电路产业上升为国家战略，对于软件产业和集成电路产业发展提供了巨大的政策支持和发展推动力，进一步提升了中国软件外包企业参与国际竞争的能力，取得十分明显的成效。

4．标准化、信息安全和知识产权保护

在业务的执行层面，发包方与接包方在项目技术、流程和管理是否遵循相同的规则和标准、软件作为海量业务信息和数据的载体是否安全、软件作为智力密集型工作的结果能否充分保护作者的权益，是软件外包项目成败和双方商业利益、法律安全的决定性因素。例如，CMM/CMMI作为软件外包领域事实上的国际通用软件过程能力成熟度标准，已经广泛用于考察评价供应商能力和发包方与接包方工作交互和衔接；ISO 27001 作为国际信息安全管理体系标准，也成为软件外包的重要标准管理体系约束发包方和接包方的流程和行为。

5．人力资源及外语

同样在业务的执行层面，接包国的软件人才是否充足、学习能力是否具备、人才的结构是否合理，人力资源成本是否具备优势，以及能与发包方进行直接沟通的项目管理和实施人才，也是接包国国际竞争能力的重要方面。

6．创新与附加价值

国际软件外包业务发展到今天，越来越多的发包方希望接包方利用自身的优势，协助发包方进行业务、管理及技术创新，帮助发包方提升市场竞争能力。同时，越来越多的发包方希望通过软件外包的方式，进入接包方所在国家和地区市场，拓展其业务的覆盖程度。在这个意义上说，软件外包业务已经不再是单纯的供需、买卖关系，而是联盟与合作的关系。

综合上述 6 个核心竞争要素看，目前国际软件外包市场竞争的基本格局是：软件外包的传统接包大国爱尔兰、澳大利亚、新西兰等行业已经成熟并形成一定的产业规模和优势，但在人力资源及创新和附加值方面的优势已经消失；以印度、中国、巴西为代表的新兴经济体国家，成为国际市场上重要的接包方，其中印度位列全球第一，中国位列第二，拉美、亚太地区成为全球最具吸引力的软件外包投资地；2008 年金融危机以来，由于美国、日本和欧洲的经济低迷，软件外包业务中发包方出于成本更低廉的考虑，正在努力发展包括菲律宾、越南等东南亚接包市场，国际软件外包中的低端业务有向该地区分流和部分转移的趋势,但总体上该地区的综合竞争能力不足。

2.4　承接方的关键市场竞争能力

软件外包产业在发展历程中，大体经历了 3 个阶段。

第一阶段：从中国软件外包的发展历程看，这个阶段大体上是从 20 世纪 90 年代初到 21 世纪初，历时 10 年左右。这个阶段的基本特征是以降低成本和人力资源补充为主要策略目标。因此承接方的关键市场竞争能力就表现在是否能提供充分的合适技术人才和报价是否有竞争能力两个方面。发包方委托的业务主要集中在软件工程的编码和测试两个阶段，业务层次低、技术含量不高。

第二阶段：随着软件外包业务的市场规模越来越大，越来越多的企业参与接包的市场竞争，单纯以价格和人力资源为主要目标的问题产生了，表现在失败项目的比例大幅增加、项目延期严重、质量下降，发包方不得不为此多付出成本。软件外包工程领域开始重视相关的管理体系建设，承接方是否具备有效的质量管理体系、软件开发过程体系和信息安全管理体系成为关键市场竞争能力的重要指标。在此过程中，大量的软件外包企业通过 ISO 9000 质量管理体系、CMM/CMMI 软件过程成熟度评估和 BS7799/ISO 27001 信息安全管理体系，增强了参与市场竞争的能力。包括

公司治理体系、人力资源管理体系和财务管理体系等承接方的综合管理能力也得到同步的重视成为竞争指标。由于综合能力的提升，软件外包的工程范围开始进一步延伸至设计和集成测试阶段。

第三阶段：2008年金融危机以后，软件外包产业再次迎来重大变化，由于主要发包国IT投入的减少，大量从事低端外包服务的承接方业务受到了严重冲击，客观上迫使承接方加强了上游工程的能力以强化与客户的黏性和提高盈利能力，而从发包方的需要角度，越来越多的发包方需要承接方能够提出项目的总体方案并实施（Total Solution），众多以"软件代工"为主的小规模承接方退出市场竞争。移动互联网和云计算时代的来临孕育了大量商业模式创新的机会，具备创新能力和解决方案提供能力的承接方将在市场竞争中获取优势。基于"人头"的盈利模式市场竞争空前激烈，服务模式（By Service）和许可模式（By License）成为竞争中新的"蓝海"。

2.4.1 公司规模、资质和治理体系

承接方的规模（包括人力资源规模、业务规模）、软件开发的相关资质以及内部治理体系是影响发包方供应商选择的基础条件，特别是以政府、世界500强等跨国公司为代表的发包方在选择长期稳定合作伙伴时，更加关注承接方的这些基础条件。

1. 规模

软件外包承接方的规模在很大程度上决定了企业的基本能力、交付水平、业务控制能力等，对于外包业务能否取得成功起到直接的作用。作为软件外包第一大承接国的印度，在软件业快速发展的过程中，软件企业的规模也在不断扩张，行业集中度逐渐提升。调查显示，印度前十名的服务商占据了市场60%的份额。这些服务商通过在各地建立分支机构和并购，逐渐成长为具有国际竞争力的软件外包公司。其中，印度塔塔咨询服务公司（TCS）是目前印度最大的软件外包公司，也是亚洲最大的独立软件和服务公司（ISP）。TCS目前在全球有100多个分支机构，服务于50多个国家和地区，员工近20万名，拥有近千名客户，2011财年营业收入为81.9亿美元。中国是软件外包第二大承接国，20年来取得长足的发展，但与印度相比仍有不小的差距，中国前十名的服务商仅占据了市场35%左右的份额，集中度远低于印度，大部分外包承接方限于规模的限制，只能承接中小规模委托业务，与发包方的合作难以建立长期稳定的关系。印度在参与国际软件外包业务竞争中，特别是美国业务优势仍然明显，承接长期重大项目的能力优于中国公司。

2. 资质

软件产业从小规模作坊式发展到如今规模化、标准化的新阶段，在发展的过程中，由过去强调技术进步、依赖个人能力，发展到依赖组织稳定的能力、依赖软件工程标准。软件产业长期的发展，逐渐形成了若干标准，成为发包方对于接包方能力判断的重要资质要求。接包方相关的资质主要有以下几个。

（1）质量管理体系。软件工业起步于20世纪60年代，在其之后的20年间，软件在质量管理系统中的作用越来越大，应用软件成为许多行业业务处理的核心，软件产业更多地强调新的技术方法和工具，虽然引入了软件工程方法学，但进步甚小，且缺乏通用的工程规范和原则，导致开发预算成倍增加、系统交付期严重滞后、交付质量难以预测。软件工业当时的状况，严重阻碍了软件工程作为一个产业的规模化发展，众多的软件企业开始借鉴制造业的国际标准——ISO 9000，建立了本企业符合ISO 9000标准的质量管理体系，解决了软件产业质量管理的基本标准化问题。但是，ISO 9000标准毕竟是以传统制造业为主的国际标准，软件企业在实施过程中有很多自身特有的状况难以被有效覆盖。为了有效解决软件工程领域的问题，美国国防部（DoD）于1984年在卡内基·梅隆大学（Carnegie Mellon University，CMU）设立软件工程研究所（Software Engineering

Institute，SEI），1987 年，SEI 发布了软件过程能力成熟度框架大纲和成熟度提问单，1991 年，SEI 正式推出软件过程能力成熟度模型 CMM1.1。2002 年，SEI 将 SW-CMM、SA-CMM 和 SE-CMM 等系列标准进行了整合和集成，推出 CMMI1.1。自此，在软件工程领域，CMM/CMMI 作为事实上国际通用的标准，用来对接包方的软件过程能力进行评估，从而确定其是否满足接包的必要成熟度。包含印度、中国在内的具备国际软件接包能力的优秀公司，都先后通过了 CMM/CMMI 5 级评估，而大多数国际软件外包业务的发包方，将取得 CMM/CMMI 3 级以上评估作为接包方入围的必要条件。

（2）信息安全管理体系。随着软件深入地进入社会生产、生活中各个环节，由软件系统作为载体的业务信息和数据（如金融数据、个人信息等）是否被安全地管理和控制，是否完整、机密和可用，成为业界高度关注的重要课题。伴随着软件产业的发展，信息安全事件也时有发生，有时甚至会导致严重的社会影响和相关企业破产。例如，由于软件服务中断而导致日本交易所宕机，产生巨额错账；银行卡系统公司 4000 万持卡人资料外泄；科技公司大量的 Know-How 被非法窃取等都是信息安全的典型事件。在互联网高速发展的今天，信息安全管理被提升到了前所未有的重视高度。美国"斯诺登"事件以后，信息安全管理更被很多国家上升为国家战略。在软件外包业务中，由于发包方和接包方在业务执行过程中，需要共享很多技术数据和业务信息，如何确保这些数据和信息被正确使用，是外包业务安全非常关键的考虑。因此，发包方对于接包方在信息安全管理体系建设方面尤为重视，将接包方是否通过 ISO 27001 信息安全管理体系标准作为入围的先决条件，同时约定了第三方审核和年度（有的甚至半年）审计的要求。

（3）人力资源管理体系。软件产业是知识密集型和人力资源密集型产业，软件企业间的竞争归根结底是所拥有的人力资本的竞争，人力资源能力是软件企业核心竞争力的源泉。因此，是否建立并有效实施了系统化的人力资源管理和发展体系，是发包方考察接包方综合能力和发展潜质的重要环节。CMU SEI 通过长期跟踪和分析业界大量公司的人力资源、知识管理和组织发展等管理实践，推出了人力资源能力成熟度模型 PCMM 管理框架，用以指导组织改善人力资本管理流程，提高人力资本成熟度，建立持续的人力资本发展规划，有效整合人力资本发展及业务流程，优化组织文化氛围。长期以来，作为知识和人力资源密集型的软件外包企业深受人才流失、人才发展前景不明朗和人力资源能力发展动力不足的困扰，也对软件外包业务产生了严重影响。例如，印度的软件外包企业在快速发展中，每年的人员流失率在 20%以上。因此，为了保持外包业务的团队稳定和交付能力的不断提升，发包方非常看重软件外包企业的人力资源管理成熟度水平。目前，很多的接包方通过了 PCMM 的等级评估，在参与市场竞争中获得了优势。

3. 治理体系

企业的内部控制结构和体系决定了企业长期战略和经营稳定性的核心，也是发包方在选择长期合作伙伴极为重视的评价指标。一个产权清晰、战略明确、组织灵活、执行力坚决、经营透明的企业，是发包方可以长期信赖的合作伙伴。公司治理体系包括以下几点。

（1）所有权结构及其影响：包括所有权的透明度、所有权的集中度和影响两个方面。公司的股权结构对公司治理的影响是最基本的，股权过于集中会导致一股独大，股权过于分散会影响公司决策效率。

（2）董事会结构和运行：董事会的结构和运行是通过董事会的职能实施和监督管理层行为表现的，独立董事对董事会治理功能起到补充和制衡作用。运作规范的董事会通常包括战略决策委员会、人力资源与薪酬委员会、技术与研发委员会及财务计划与管理委员会等专项委员会。

（3）透明度和信息披露：公司对有关运营情况、财务情况等方面是否公开、及时和适当地进行对外披露,好的透明度有助于客户、投资者清楚地了解公司业务发展状况、财务状况及公司策略、风险和问题等。

通常,发包方会在包括上述几个方面及组织机构设置、角色的职责和决策链条等方面对接包方进行考察。

2.4.2 技术能力及行业领域经验

接包方的技术能力、技术发展及创新能力,以及行业领域经验是发包方重点考察的方面,直接决定了接包方是否有充分的能力和经验承接委托的外包业务,也是接包方具体业务执行能力的直接体现。发包方根据发包总体策略、拟发包的业务需求、自身所处的市场环境以及自身的技术路线,对接包方进行匹配性选择。这个过程因为高度个性化,缺乏统一的技术性标准而显得十分复杂。根据上述发包方的主要发包要素,大体上对接包方的技术能力和行业经验考察和评价分为以下几类。

1. 接包方技术发展战略和技术管理体系框架

发包方在选择长期战略性外包合作伙伴时,会对接包方的整体技术发展战略和技术管理体系框架进行重点考察和评价。通常这种长期战略性考虑包括:接包方是否具备充分的技术发展能力成为自身业务长期发展的推动者?接包方是否具备有效补充自身技术短板的能力?接包方是否具备帮助自身进入新的竞争领域的实力?接包方的主技术路线、主技术架构及参考架构、主业务架构及参考架构、技术资产复用机制和可复用程度、软件开发方法学及实践方法、技术研发与技术/业务创新机制和能力、知识转移和传承、技术文化8个维度是发包方考察和评价整体技术能力和潜力的重点。

2. 接包方全生命周期实施能力

发包方在选择特定业务场景的软件解决方案承接时,对接包方在该业务领域的全生命周期解决方案能力和经验进行重点考察,包括业务建模、技术选型、数据建模、技术架构方案设计、网络拓扑规划、详细设计、编码、测试、维护等贯穿软件开发全过程的工程能力。由于发包方的目的简单明确,这时对接包方的能力考察相对简单,一般来说,发包方需要接受接包方相关技术和经验的介绍性说明、相关系统的演示、具备相关技术和业务经验的技术人员面谈等环节,必要时,发包方会要求接包方对一个实际在生产环境下的类似系统进行实地考察以确认其能力和经验程度。

3. 接包方技术资源储备和提供能力

发包方在选择以人力资源外包为主的业务时,对接包方在各技术方向上的人力资源及级别储备、人力资源技术培训流程、人力资源相关技术资质等进行重点考察,包括符合业务需要的软件工程各角色人员储备数量、可用时间、技术资质等。

2.4.3 财务状况分析

健全的财务管理制度和健康的企业财务状况,对于任何企业都是保持运营安全和业务可持续的核心要素,软件企业同样也不例外。承接方的财务状况安全稳健,对于发包方来说,是保证外包业务安全的重要环节,因为:①软件外包业务的合同中,约定违约的罚则是必要的条款,当承接方发生违约,而自身财务状况又不佳时,发包方面临难以追讨损失的风险,特别是合同标的金额很大的时候;②承接方由于自身财务状况恶化,导致投入必要的成本维系业务的正常开展而中断对发包方的软件开发服务,导致发包方业务和/或经济损失,甚至面临法律风险。

软件行业是一个轻资产的行业,一旦财务状况出现问题,对企业来说是灾难性的打击,在快速扩张时产生的过高资产负债率使得很多企业顷刻间消失。健康的财务状况是稳定从事软件外包业务的基本前提和保障。谨慎的发包方一般会对承接方连续3年的财务数据进行调查和考察,包括营业收入、营业利润、净资产、负债、资产负债率、现金流量等,形成能否构成发包的财务前提。

2.5 软件外包中的商务习惯

在软件外包业务的商务实践中,除了技术能力、行业经验及管理体系等刚性的条件外,反映承包方商务能力、商务习惯等的软实力始终贯穿于业务全过程,对于软件外包业务的成功起到非常关键的作用。在业务实践中,经常会出现比竞争对手在刚性条件方面稍弱的承接方中标获得发包方业务的情况,原因就在于该承接方比竞争对手在商务流程的理解、商务习惯的遵循方面表现出了更好的软实力,增强了发包方的信赖感。与传统货物贸易不同,软件外包是在一段时间内提供服务的贸易形态,因此在服务期间,需要大量的发包方与接包方互动活动,包括前期的商务洽谈、商务谈判、评审、商务互访等交流活动,双方共同理解的商务行为和习惯是主要的业务黏合剂,对于维护合作稳定和长期性起到重要作用。在软件外包的商务实践中,由于企业风格、个人风格的不同,存在高度的个性化商务操作技法,很难通过枚举的方法一一罗列,但以下几个方面是普遍使用的基本商务原则。

1. **客户至上原则**

几乎所有的公司理念中,都希望将客户至上根植于企业文化之中,因此看起来这个原则是现代企业竞争中放之四海而皆准的普适真理。但是,在实际业务执行层面,许多行为主观或客观上背离了这个原则,而绝大多数这些行为是日常工作和与客户交往过程中的细微之处。例如,在接待客户来访或拜访客户时,是否会考虑比客户提前到达地点?在安排电话沟通时,是否考虑时差对客户时间的影响而尽量安排在客户方便的时间段?是否考虑必要的机制保证客户在需要的时候随时可以找到承接方对应的人员?是否对于客户的需求给予了及时的反馈?是否在客户接待过程中,给予客户必要的旅行协助等等。这些看起来细微的小节,反映了承接方对待客户的一种态度。因此,商务礼仪、商务文化和实务是很多软件外包公司对员工的一个重要培训项目。印度的一些大型的软件外包企业,由于业务迅速发展,出现了很多不重视和怠慢中小发包方的情况,导致客户流失和满意度大幅下降。

2. **诚实信用原则**

诚实信用原则是一切商务活动中应该遵循的原则,现代企业商务活动对品牌商誉极为重视,而品牌商誉则意味着公司的市场竞争力和价值。即使在信用社会高度发达的美国,也发生过由于违反诚信原则而轰然破产的全球巨头。一个著名的案例就是安然倒闭案,位于美国德州的安然公司曾是世界上最大的电力、电信和天燃气公司之一,资产规模一度高达1000多亿美元,是美国最具创新精神的公司之一。然而,就是这样一家声名显赫的公司,由于财务造假和内幕交易而不得不申请破产保护。因此,企业只有不断扎实地提高自身实力和创新能力,才能在市场竞争中占据有利地位。在软件外包商务实践中,经常会出现接包方的商务人员夸大和过度包装自身的业务和技术能力、在商务洽谈过程中进行不当承诺或违反商业道德的行为,软件外包的业务及技术人员,隐瞒项目实际进展和质量问题等失信行为。这些不当行为的结果,要么失去发包方的信任而难以获得后续的外包业务机会,要么面临发包方的索赔。

除了上述商务活动必须遵循的基本原则外,在国际软件外包实践中,由于发包方所在的国家政治、经济及文化各有特点,也形成了一些较为明显的商务习惯差异,了解这些差异将会对推动外包业务的发展起到积极作用。

2.5.1 面向日本的软件外包商务习惯

谨慎刻板、注重细节、强调团队和不轻易更换承接方是众多日本本土发包企业的鲜明特征。一般来说，大型软件发包企业对承接方的选择要经历相当漫长的过程，大多数外包业务从初始商务接洽到签约执行至少要经历半年甚至更长的时间，对于接包方来说，要有充分的耐心与发包方进行一轮又一轮的沟通和谈判。在对日软件外包实务中，一定要注意各方面的细节，这是日本发包方考察的一个重要方面，包括与发包方往来的邮件、信函、会议日程、着装、商务宴请安排以及业务执行过程中的报告、交付物等，都需要确认细节的正确和妥当。承接方应更多地展现团队的整体合作能力，而不过多地强调团队中的个人能力。在商务实践中，通常会发现大多数日本发包方表达观点是非常含蓄隐晦的，几乎在正式的沟通场合听不到发包方明确的认可/不认可或满意/不满意的表态，只有在发包方对承接方充分熟悉和信任的情况下，在非正式沟通场合，承接方会得到比较明确的发包方信息，因此，对发包方相关人员特别是决策人员的细致观察和分析会最大程度地得到他们的真实意图。发包方一旦决定将业务外包给承接方，除非承接方在业务运行过程中出现重大问题，否则发包方不会轻易地更换承接方，在合作过程中，发包方将会比较耐心地要求和帮助接包方在各方面能力的改善和提升。

在对日软件外包的商务实践中，需要十分注重商务礼仪。在多数情况下，接待发包方或拜访发包方需要着正装，严格遵守约定的时间和接待及拜访日程安排。初次拜访或接待时，应注意交换名片等商务礼仪。商务交往中，对日软件外包习惯于互相馈赠一些小礼品，通常，日本发包方会赠送些日本糕点类的礼品，接包方需注意礼品的回赠，以中国茶叶、小工艺品及带有公司标记的纪念册等为多见。拜访发包方结束后，应在第一时间给发包方发致谢信，感谢在拜访期间发包方给予的接待和关照等。

2.5.2 面向欧美的软件外包商务习惯

面向欧美的软件外包与对日软件外包的商务习惯有着比较大的差异。在商务实践中，欧美发包方通常更加自由些，通过很多开放式的商务互动了解彼此。相较于日本发包方，欧美发包方的决策效率更高，由于他们发包的业务形态以包含系统设计等上游工程在内的全生命周期项目为主，因此他们更愿意在较高的抽象层次上考察和评估接包方的能力和潜力，尤其是高端技能及技术创造性的能力考察，而对于软件外包实践中的细节则不予过多评估。欧美发包方表达需求和意见会更明确和直接，他们会关注接包方在同类业务方面的能力和经验，以及从事该类业务的技术资源个体的能力。与面向日本的软件外包业务中通常发包方可以理解和适应通过翻译来解决沟通中可能的语言障碍不同，面向欧美的软件外包业务中，采用英语进行直接交流是实践中必要的沟通方式，发包方通常不能接受通过翻译来衔接沟通的方式，因此，在面向欧美业务中，要特别关注这一点。

思考题

1. 请简述发包方在发包决策时需要考虑的主要因素。
2. 什么是公开招标和邀请招标？两者有何区别？
3. 软件外包的报价模式主要有哪些？简要进行各种模式的说明。
4. 请概要描述对日软件外包和对欧美软件外包在商务习惯方面的异同点。

第 3 章 软件外包项目管理

【学习目标】
(1) 了解项目管理的基本概念
(2) 了解软件外包项目管理的概况、特点和内涵
(3) 熟悉软件外包项目管理的管理过程组
(4) 熟悉软件外包项目管理的知识领域

项目是指在一定的时间段内为创造具有一定特性的产品、服务或达到某一目标而进行的临时性的行为。之所以定义它是临时性的行为，主要是因为项目有明确的起点和终点。当项目达到项目当初制订的目标或者项目由于一些特殊的原因没有达到当初制订的既定目标而被人为中途终止时，该项目就结束了。我们可以把项目归结为具备以下的特征：临时性、独特性、确定性。软件外包项目本身也是一种特殊的项目类型，那么它一定具备项目的特征，这也是我们在这里所要强调和明确的。项目的例子包括（但不限于）：

- 开发一款新的 3D 打印机；
- 通过提供咨询服务来改变某一个公司的经营状况；
- 为一家企业建造一座有标志的建筑；
- 举办一次成功的联欢会；
- 为企业提供全天候的信息系统维护服务（硬件或软件）。

那么，对于项目我们是如何管理的？对于软件外包的项目管理我们又是如何理解的？它有哪些特点和内涵？项目管理过程是什么样的？它又有哪些知识领域？我们应该注意些什么？关于这些疑问，本章将重点介绍项目管理以及软件外包项目管理的基本概念，以及相关的一些知识领域和方法论。

3.1 项目管理的基本概念

项目管理是管理学的一个分支学科，对项目管理的定义是指在项目活动中运用专门的知识、技能、工具和方法，使项目能够在有限资源限定条件下，实现或超过设定的目标和期望的过程。项目管理是对一系列目标相关的活动（譬如任务）的整体监测和管控，这些相关的过程组包括项目的启动、规划、执行、监控与收尾等周期性的活动。项目管理实施是由项目团队来进行的，项目团队包括项目经理、项目管理人员、项目经理助理、项目组负责人、质量管理负责人等。

项目管理具备以下几个特性。

（1）目的性：项目管理的目的是要通过开展项目管理活动去保证满足或超越项目有关各方面明确提出的项目目标或指标和满足项目有关各方未明确规定的潜在需求和追求。

（2）独特性：项目管理的独特性是项目管理不同于一般的企业生产运营管理，也不同于常规的政府和独特的管理内容，是一种特殊的管理活动。

（3）普遍性：项目管理作为一种一次性和独特性的社会活动而普遍存在于人类社会的各项活动之中，因为现有各种运营所依靠的设施与条件最初都是靠项目活动建设或开发的。

3.2 软件外包项目管理的概况、特点和内涵

对于软件外包项目管理来说，外包项目管理本身也是项目管理的一个分支，属于项目管理的一个子集，因此很多对于通用项目管理的一些理论和方法以及体系对于软件外包项目来说也是适用的。但对于发包方（甲方客户）来说，在其看来，委托给接包方（乙方）的项目本身在很多场合都是其项目整体的一部分，在大多数场合下，乙方所能够承接的项目都可以认为是甲方的一个项目的子集，并且同时作为受托方的乙方个数可能是两个或两个以上，因此在乙方的项目管理过程中，更多的时候会由于甲方的原因以及其所处的立场而受到或多或少的影响。例如，发包方所在的国家、所处的行业，以及对方所能提供的资源等。

另外，从软件工程的角度来说，某些软件外包项目可能会管理涵盖软件生命周期中的所有的过程，如国内的一些带有解决方案性质的外包项目，也有的项目如某些国外软件外包的项目只覆盖了整个软件生命周期其中的一部分，如日本、美国以及欧洲的一些相对发达国家。

无论是上述哪种软件外包项目，从管理的角度上，任何一个软件外包项目管理都会涉及需求管理、风险管理、时间管理、成本管理、项目质量管理、项目资源管理以及干系人管理等内容。对于发包方来说，协同管理各个外包过程的实施，软件发包机构才能够有效地管理与控制他们的业务分包过程，取得整个软件的成功。

软件外包行业的项目管理与传统的项目管理就开发模式、管理成本、交付质量3个方面有着其特殊的特点。

1. 开发模式

软件外包的目的在于降低客户方的成本，提高其生产率，使其在市场竞争中处于更加有利的位置。为此，客户越来越偏向于在短时期内看到立竿见影的效果，这使得传统的软件开发模式，如瀑布型的开发模式受到了比较大的挑战，基于迭代和敏捷为特色的新的项目交付模式被越来越多的企业所广泛使用。另外，为了沟通及时以及高效，国外软件外包项目在人员配置以及作业地域方面都会配置一些语言能力和沟通能力强的人员，采取离岸、在岸以及离岸在岸混合的模式来管理外包项目。软件外包目前在中国还属于新兴产业，各个公司都在前进中摸索一条适合自己的道路。

2. 管理成本

管理成本对于外包项目管理来说是非常重要的。作为一个项目经理，不仅需要对内部项目资源和进度进行统筹调节，同时要更加侧重于客户方的进度和安排。通常，外包项目的交付物会作为客户整个产品的一部分，在项目后期进行整合。因此，为了确保交付物的质量能100%满足客户需要，必须时刻监控项目状况，并根据具体出现的问题和情况进行调整。

3. 交付质量

软件产品的交付质量一直都是外包项目管理的重中之重。在项目交付时，客户通常会按双方

达成的交付质量指标进行严格的验收，并通过一定时间段的试运行来确认最终交付。如今，更多客户希望看到的是将软件外包团队作为其软件开发的合作伙伴来对待，期待其交付的软件是基本不存在缺陷的，这对软件的交付质量不能不说是一个挑战。打个比方，如果把交付的软件看作一封信，客户是收信人，而外包软件公司是邮局的话。以前，有信总是让收信人自己来取的，而现在邮局要将信完整、及时、准确地提送到收信人手里，并为其提供更多的产品附加服务，以提升服务质量和客户满意度。

软件外包项目管理侧重于简单、高效。能解决客户开发、管理成本的有效控制，达成其经营目标是其首要目的。现在软件外包项目管理随着行业的细分和发展，模式已经变得更加复杂，而且外包的层次也不同，其管理的复杂度也不同。从实际的效果来看，项目管理是双向有利的管理，对于一个软件外包项目来说，甲方和乙方的目标实际是一致的。甲方通过外包项目解决了企业自身的需求，实现更大的商业价值。乙方则通过提供专业的服务而取得了项目的盈利并且锻炼了队伍，提升了自身的项目经验和竞争力。

3.3 项目启动

项目启动是指组织正式开始一个项目，或继续到项目的下一个阶段，通过发布项目章程正式地启动确定这个项目。项目章程是一个非常重要的文件，该文件正式确认项目的存在并对项目提供简要的概述。主要利益相关者要在项目章程上签字，以表示承认在项目需求和目的上达成一致。同时重要的是要确认项目经理并进行授权。

项目正式启动有两个明确的标志，一是任命项目经理、建立项目管理班子，二是制定项目章程。项目经理的选择和核心项目组的组建是项目启动的关键环节，强有力的领导是优秀项目管理的必要组成部分。项目经理必须领导项目成员，处理好与关键项目干系人的关系，理解项目的商业需求，准备可行的项目计划。

制定项目章程是编写一份正式批准项目并授权项目经理在项目活动中使用组织资源的文件的过程。本过程的主要作用是，明确定义项目开始和项目边界，确立项目的正式地位，以及高级管理层直述他们对项目的支持。具体包括以下内容。

（1）制定项目的目标；
（2）项目的合理性说明，具体解释为什么开展本项目是解决问题或者是满足某种需求的最佳方案；
（3）项目范围的初步说明；
（4）确定项目的可交付成果；
（5）预计项目的持续时间及所需要的资源；
（6）确定高层管理者在项目中的角色和义务。

项目由项目以外的实体来启动，项目的启动者或发起人在不同的组织里可能会有所不同，管理者可以是公司的总经理、副总经理，也可以是项目总监、开发部长或项目管理办公室（PMO）职员，或由相关人或组织授权的代表。项目启动者或发起人应该具有一定的职权，能为项目获取资金并提供资源。项目可能因内部经营需要或外部影响而启动，故通常需要编制需求分析、可行性研究、商业论证或有待项目处理的情况的描述。通过编制项目章程，来确认项目符合组织战略和日常运营的需要。不要把项目章程看作合同，因为其中未承诺报酬或金钱或用于交换的对价承诺等。

3.3.1 制定项目章程

制定项目章程需要以下必要的输入条件。

1. 项目工作说明书（Statement of Work，SOW）

项目工作说明书是对项目需交付的产品、服务或成果的叙述性说明。对于内部项目，项目启动者或发起人根据业务需要及对产品或服务的需求，来提供工作说明书。对于外部项目，项目工作说明书则由客户提供，在软件外包项目中，项目工作说明书一般由发包方，即甲方提供，其形式可以是招标文件（如建议邀请书、信息邀请书、投标邀请书等）的一部分，或合同的一部分。有些外包项目，特别是维护性质的项目会在合同签署的第一个周期之后，在下一个周期的启动前更新项目工作说明书，这个项目工作说明书的签署可以基本认为是与合同等价的。项目工作说明书应包括以下内容。

（1）业务需要。组织的业务需要可基于市场需求、技术进步、法律要求、政府法规或环境考虑。通常是在商业论证中，进行业务需要和成本效益分析，对项目进行论证。

（2）产品范围描述。记录项目所需产出的产品、服务或成果的特征，以及这些产品、服务或成果与项目所对应的业务需要之间的关系。外包项目中的工作说明书中会标明甲乙双方主体信息、双方合意的项目名称、项目目标和范围、资源和技能的具体需求、各阶段的里程碑、验收条款、服务等级约定以及服务价格等。

（3）战略计划。战略计划文件记录了客户或组织的战略愿景、目的和目标，也可包括高层级的使命阐述。所有项目都应该支持客户或组织的战略计划。确认项目符合战略计划，才能确保每个项目都能为客户或组织的整体目标做贡献。

2. 商业论证（市场调研）

商业论证或类似文件能从商业角度提供必要的信息，决定项目是否值得启动以及投资。高于项目级别的经理和高管们往往使用该文件作为决策的依据。在商业论证中，开展业务需要和成本效益分析，论证项目的合理性，并确定项目边界。通常由市场团队根据各干系人提供的输入信息，完成这些分析。发起人应该认可商业论证的范围和局限。商业论证的编制可能基于以下一个或多个原因。

（1）市场需求。例如，在外包项目中，国外的客户会基于成本因素的考虑，将企业自身的IT系统的一部分或最终客户"依赖"（日语：委托的意思）给甲方的一部分工作发包给乙方。乙方则需在此基础上完成和完善自身的商业论证，确保企业本身的商业价值或企业战略价值能够得以实现。对于国内的客户则有可能将其全部的企业解决方案整体打包发包给乙方，换取更专业和更全面的服务。商业论证对于甲乙双方来说，都是对项目需求本身的再确认过程，以保证双方都能够实现自身的目标和商业价值。

（2）组织需要。例如，因为管理费用太高，某公司决定合并一些职能并优化流程以降低成本。外包项目中，客户会将一部分企业流程部分外包给一些能够提供专业服务的公司，如呼叫中心、远程教育等。

（3）技术进步。例如，基于技术进步，越来越多的无纸化办公以及移动办公设备会大量应用于企业的业务发展，客户会希望一些原来在PC端的业务功能在移动端也能实现方便的操作，那么企业会寻求这样的机会将其外包给乙方来实现其需求。

（4）法律要求。法律法规的变更也是能够促使需求的产生，如银行业务领域的利率变更、保险业务领域的保险法变更、税率的改变都会涉及企业需求的产生。

（5）生态影响以及社会需要。随着社会的进步，企业可能会考虑自身在对外部生态环境以及社会环境的需要而产生需求。例如，水泥企业需要一个自动控制系统来进行过剩产能的监控，或需要一个对于废物排放来进行合理治理的自动控制系统。

以上的例子都是在商业论证阶段，需要对其中包含的风险因素加以考虑的。在项目生命周期的早期阶段，发起组织对商业论证的定期审核，有助于确认项目仍然与商业论证保持一致。项目经理的重要的任务之一就是负责确保项目有效地满足在商业论证中规定的组织目的和广大干系人的需求，以确保项目的目标能够清晰可靠地得以实现。

3. 组织过程资产库（OPAL）

组织级别的过程资产对于制定项目章程有着极其重要的参考和指导价值。其主要包括：

（1）组织的标准过程、政策和过程定义；

（2）模板（如项目章程模板）。

制定项目章程的过程是一个反复探讨、反复推敲的过程。项目章程是由项目启动者或发起人发布的，正式批准项目成立，并授权项目经理可以组织并利用其被授权资源开展项目活动的文件。在项目章程中记录业务需要、假设条件、制约因素、对各层面的干系人需求的理解，以及需要交付的新产品、服务或成果，例如：

- 项目目标或者项目被批准的原因；
- 项目目标达成的明确定义或标准；
- 委派的项目经理及其各干系人的需求；
- 项目制约的因素和前提；
- 项目明确的范围和边界定义；
- 风险描述；
- 项目总体的里程碑和进度定义；
- 项目总体的预算；
- 干系人的清单；
- 发起人或其他批准项目章程的人员的姓名和职权。

对于外包项目章程来说，以上内容都会以某种形式直接或者间接的体现在书面的章程中。图 3-1 所示为一个简单的软件项目章程的目录结构，供读者参考。

软件项目章程	文件编号：

目 录

1 概要	**3**
1.1 项目背景	3
1.2 项目名称	3
1.3 项目目的	3
2 项目组织	**3**
2.1 项目经理	3
2.2 项目成员	3
2.3 项目组织机构	3
3 项目范围	**4**
4 项目总体计划	**4**
4.1 预计开始日期	4
4.2 预计结束日期	4
4.3 项目阶段交付成果	4
5 项目主要干系人	**4**
5.1 项目用户方简介	4
5.2 项目开发方简介	4
6 项目假设、约束条件	**5**
7 其他	**5**
8 审批意见	**5**
8.1 审批意见表	5

图 3-1 软件项目章程的目录结构图例

3.3.2 识别干系人

项目干系人的管理在项目管理体系中的作用已经越来越重要，对于项目干系人的管理可以包括识别关系人、规划干系人管理、管理干系人参与、控制干系人参与等。每个项目都有干系人，他们都直接或间接地对项目产生积极或消极的影响，或者被项目的结果所影响。有些项目干系人对项目的影响有限，而有些干系人对项目的结果有着非常重大的影响。可以毫不夸张地说，项目经理对于项目干系人是否能够正确地识别并管理，将对项目的成败起着非常重大的影响。

首先，尽早地识别出项目干系人并对他们的利益层次、个人希望、重要性和影响力来进行识别和管理，对于项目的成功非常重要。由于项目的规模、类型和复杂程度不尽相同，大多数项目会有形形色色且数量不等的干系人。由于项目经理的时间有限，必须尽可能有效利用，因此应该按干系人的利益、影响力和参与项目的程度对其进行分类，并注意到有些干系人可能直到项目或阶段的较晚时期才对项目产生影响或显著影响。通过分类，项目经理就能够专注于那些与项目成功密切相关的重要关系。

其次，对于干系人的识别是建立在以下条件的基础上来进行的。

- 项目章程（如前所述）；
- 合同（如某个已签订的合同，那么合同各方都是关键的项目干系人）；
- 行业标准；
- 组织过程资产。

1. 干系人分析

干系人分析是系统地收集和分析各种定量与定性信息，以便确定在整个项目中应该考虑哪些人的利益。通过干系人分析，识别出干系人的利益、期望和影响，并把他们与项目的目的联系起来。干系人分析也有助于了解干系人之间的关系（包括干系人与项目的关系，干系人相互之间的关系），以便利用这些关系来建立联盟和伙伴合作，从而提高项目成功的可能性。在项目或阶段的不同时期，应该对干系人之间的关系施加不同的影响。

2. 干系人分析通常应遵循的步骤

识别全部潜在项目干系人，列出项目所有的直接或间接的项目干系人。对于软件外包项目来说，很多公司都有机会成为项目接包方，也就是乙方。对于乙方的项目经理来说，接到项目后，马上就会着手开展一系列的工作：启动项目，识别干系人。

（1）关键的干系人通常很容易识别，包括所有受项目结果影响的决策者或管理者，如项目发起人、项目经理和主要客户。通常可对已识别的干系人进行访谈，来识别其他干系人，扩充干系人名单，直至列出全部潜在干系人。

（2）分析每个干系人可能的影响或支持，并把他们分类，以便制定管理策略。在干系人很多的情况下，就必须对干系人进行排序，以便有效分配精力，来了解和管理干系人的期望。

（3）评估关键干系人对不同情况可能做出的反应或应对，以便策划如何对他们施加影响，提高他们对项目的支持，减轻他们的潜在负面影响。

（4）有多种分类模型可用于干系人分析，干系人登记册是识别干系人过程的主要输出，用于记录已识别的干系人的所有详细信息，包括（但不限于）：

- 基本信息：姓名、职位、地点、项目角色、联系方式。
- 评估信息：主要需求、主要期望、对项目的潜在影响、与生命周期的哪个阶段最密切相关。
- 干系人分类：内部/外部，支持者/中立者/反对者等。

应定期查看并更新干系人登记册，因为在整个项目生命周期中干系人可能发生变化，也可能识别出新的干系人。表 3-1 所示为一部分干系人登记信息的例子。

表 3-1　　　　　　　　　　　　干系人登记信息例子

类别	角色	职责	姓名	地址	联系方式
甲方客户	项目投资方法人代表	XX 公司信息中心主任	尚冬	XX 市 YY 路	1399876XXXX
供应商	服务器提供商销售总监	负责 XX 系列服务器的销售	王庙岭	XX 市 YY 路	1301765XXXX
合作方	XX 信息服务公司	负责 XX 信息服务公司的业务承接	朱云	AA 市 YY 街道	1351643XXXX
乙方控股总部	总部项目总监	负责总公司项目审核与监管	李东	CC 市 DD 路	010-0876XXXX
乙方分公司	项目经理	负责本项目的交付	冯克清	BB 市 CY 路	010-1876XXXX
乙方分公司	架构师	负责本项目的架构设计	于芳	BB 市 CY 路	010-7896XXXX

3.4　项目计划

在软件项目管理过程组中，一个非常关键的过程域就是制定项目计划。它实际是软件开发过程中一个关键的里程碑。项目计划实际上是项目负责人制定的一个规约，项目章程中明确定义了项目清晰的边界和范围，项目负责人通过阅读项目章程编制正式的项目计划。项目计划是描述包括项目策划、执行、监控、改善的一份正式的文件。项目计划详细说明了项目工作的实现内容，它定义了项目的目标，并估算了为实现项目目标所需要的时间和资源，同时又为管理层提供了一个评估和控制的框架。项目计划也提供了一种很有效的基准参照，管理者可以看到当初他们的估算误差，从而为后继的项目提供参考。影响项目计划的因素有很多，对于项目规模的估算是尤其重要的，很多低质量的项目规模估算是造成很多软件外包项目出现问题的根本原因之一。

软件项目计划编制的目的是制定一个合理的实施软件工程及管理软件项目的计划。软件项目计划编制着重于对要实施的工作进行估计，建立必要的承诺并定义工作计划。

项目计划一定是在项目开始的初期制定的，它不是一成不变的，随着项目的进展将进行不断的调整和细化。由于软件项目的特殊性，在项目的初始阶段，很多软件开发的需求都不是清晰和完整的，我们的工作重点是要明确项目需要哪些领域的知识以及如何获取和定义这些知识。一个完整的项目计划至少要包括但不限于如下的知识领域内容。

- 项目范围管理计划；
- 项目进度管理计划；
- 项目成本管理计划；
- 项目质量管理计划；
- 项目资源管理计划；
- 项目沟通管理计划；
- 项目采购管理计划；
- 项目风险管理计划。

3.4.1 项目范围管理计划

项目范围管理计划包括为成功完成项目所需要的一系列过程，以确保项目包含且仅仅只包含项目所必须完成的工作。范围管理首先要定义和控制在项目内包括什么、不包括什么。通常包括制定一个项目范围管理计划，以规定如何被定义、检验、控制范围、创建与定义工作分解结构（WBS）；编制一个详细的项目范围说明书作为将来项目决策的基础；将项目的主要可交付成果和项目工作细分为更小、更易于管理的部分；其次是进行范围确认，正式接受可以完成的项目范围；最后还需要考虑的是控制项目范围的变更。项目范围管理计划的主要内容如下。

- 项目范围计划编制：创建范围管理计划，书面描述将如何定义、确认和控制项目范围的过程。
- 需求分析：为实现项目目标而确定、记录并管理分析需求的过程。
- 项目范围定义：制定项目和产品详细描述的过程。
- 创建工作分解结构（WBS）：将项目的主要可交互成果和项目工作分为更小、更易于管理的部分。

1. 项目范围管理计划编制

项目范围管理计划编制是项目管理计划的组成部分，描述将如何定义、制定、监督、控制和确认项目范围。项目团队可以参加项目会议来制定范围管理计划，与会人员包括项目经理、项目发起人、选定的项目团队成员、选定的干系人、范围管理各过程的负责人，以及其他必要人员。范围管理计划编制要对需求如何收集、确定项目范围以及创建工作分解结构进行明确的定义。

2. 收集需求

- 业务需求：反映了组织机构或客户对系统、产品高层次的目标要求，通常在项目定义与范围文档中予以说明。
- 用户需求：描述了用户使用产品必须要完成的任务，这在使用实例或方案脚本中予以说明。
- 功能需求：定义了开发人员必须实现的软件功能，使用户利用系统能够完成他们的任务，从而满足了业务需求。
- 非功能性的需求：描述了系统展现给用户的行为和执行的操作等，它包括产品必须遵从的标准、规范和约束，操作接口的具体细节和构造上的限制。
- 需求分析报告：报告所说明的功能需求充分描述了软件系统所应具有的外部行为。"需求分析报告"在开发、测试、质量保证、项目管理以及相关项目功能中起着重要作用。

客户项目经理通常阐明产品的高层次概念和主要业务内容，为后继工作建立了一个指导性的框架。其他任何说明都应遵循"业务需求"的规定，然而"业务需求"并不能为开发人员提供开发所需的许多细节说明。

下一层次需求——用户需求，必须从使用产品的用户处收集。因此，这些用户构成了另一种软件客户，他们清楚要使用该产品完成什么任务和一些非功能性的特性需求。例如，程序的易用性、健壮性和可靠性，而这些特性将会使用户很好地接受具有该特点的软件或软件产品。经理层有时试图代替实际用户说话，但通常他们无法准确说明"用户需求"。用户需求来自产品的真正使用者，必须让实际用户参与到收集需求的过程中。如果不这样做，产品很可能会因缺乏足够的信息而遗留不少隐患。

在实际需求分析过程中，以上两种客户可能都觉得没有时间与需求分析人员讨论，有时客户还希望分析人员无须讨论和编写需求说明就能说出用户的需求。除非遇到的需求极为简单，否则不能这样做。如果您的组织希望软件成功,那么必须要花上数天时间来消除需求中模糊不清的地方和一些使开发者感到困惑的方面。优秀的软件产品建立在优秀的需求基础之上,而优秀的需求源于客户与开发人员之间有效的交流和合作。只有双方参与者都明白自己需要什么、成功的合作需要什么时,才能建立起一种良好的合作关系。由于项目的压力与日俱增,所有项目风险承担者有着一个共同目标,那就是大家都想开发出一个既能实现商业价值又能满足用户要求,还能使开发者感到满足的优秀软件或软件产品。客户与开发人员交流需要好的方法,下面建议一些法则,客户和开发人员可以通过评审以下内容并达成共识。如果遇到分歧,将通过协商达成对各自义务的相互理解,以便减少以后的磨擦(如一方要求而另一方不愿意或不能够满足要求)。

(1)分析人员要使用双方共同理解的语言,由于需求讨论是集中于业务需求和任务,因此双方对于一些专业术语要有一些明确可查的书面资料进行说明和指导。技术人员能够尽可能使用一些业界的专业术语和分析方法,如图表,符号或者 UML 等。

(2)分析人员要能够充分了解客户的业务目标,这样开发出来的产品或者服务才能够满足客户的所有需求。有些软件外包项目中的需求不是简单的业务开发,而是如维护、版本升级或者平台移植等形式的项目,那么对于之前系统的业务就要更好地了解,才能够开发出更好地产品或者服务。

(3)分析人员要尊重客户的意见,如果用户和分析人员之间不能够互相理解,那么需求的讨论就会有障碍,客户有权要求参与分析的人员尊重他们的合理意见和建议,分析人员也要在保证客户合理的意见和建议的前提下,尽可能满足客户的期望。

(4)分析人员要对于客户提出的需求能够提出充分的实施建议和解决方案,分析人员不是被动去执行客户的要求,而是通过专业性的分析,能够提出相当好的解决方案和有价值的提案。

(5)对于需求的变更部分提供真实可靠的评估,需求变更发生时,分析人员要给出一个真实可信的评估,包括影响范围、成本和得失等。分析人员不能因为不想实施变更而夸大其词。

(6)划分需求的优先级别,通过需求管理文档来和客户进行协商,因为绝大多数项目没有足够的时间或者资源能够实现每个功能的细节,决定哪些优先的特性是尤其必要的,这需要和客户进行合理的沟通而征得客户的理解。

(7)需求分析报告的签订,双方建立了以一个协议的需求基线。以某一些前提为基础,双方对需求达成一致。

3. 项目范围定义

项目范围的定义是:项目所涉及的所有工作的集合。项目范围的概念很容易被人误解为"项目所涉及的所有成果物的集合",然而这个概念是不准确的。构成项目范围的不是成果物的汇总,而是这些成果物所引发的所有工作任务的汇总。所有成果物的产出必定会引发一系列直接或者间接的相关活动和工作,项目范围说明书详细描述了项目的可交付物和产生这些可交付物所必须做的项目工作。

项目范围管理失败案例分析:

某公司签订了某省档案局一个项目,主要是为该用户开发一套档案管理系统和门户网站,该公司为了拿到该项目,在价格上作了大量的让步,而公司没有对项目的范围进行确定,也没有对项目的成本进行估算,就与用户签订了合同。

结果:

在项目启动后,由于对项目的范围没有确定,导致项目的需求总是变化,项目周期一再延期,用户也不满意,公司项目小组也很累,成本也很难控制!

4. 创建工作分解结构(WBS)

工作分解结构 WBS(Work Breakdown Structure)是面向可交付物的项目元素的层次分解,它组织并定义了整个项目范围。它是一个详细的项目范围说明的表示法，详细描述了项目所要完成的工作。WBS 的组成元素有助于项目干系人检查项目的最终产品，WBS 的最底层元素是能够被评估的、安排进度的和被跟踪的。

工作分解结构是组织管理工作的主要依据，是项目管理工作的基础。工作结构分解的过程就是为项目搭建管理骨架的过程，这些管理工作主要包括：

- 定义工作范围；
- 定义项目组织；
- 设定项目产品的质量和规格；
- 估算和控制费用；
- 估算时间周期和安排进度。

工作分解结构一般用图表形式表达，其形式是工作分解结构的具体表现，是实施项目、实现最终产品或服务所必须进行的全部活动的一张清单，也是进度计划、人员分配、预算计划的基础。较为常用的工作分解结构表示形式主要有：分级的树型结构类似于结构图，表格形式类似于分级的图书目录。

创建工作分解结构的主要工具有工作分解结构模板和分解技术。在进行项目工作分解时一般遵从的主要步骤如下。

（1）识别和确认项目的主要组成部分。
（2）分解并确认每一组成部分是否分解得足够详细。
（3）确认项目主要交付成果的组成要素。
（4）核实分解的正确性。

工作分解结构应该把握的原则如下。

（1）在各层次上保持项目的完整性，避免遗漏必要的组成部分。
（2）一个工作单元只能从属于某个上层单元，避免交叉从属。
（3）工作单元应能分开不同责任者和不同工作内容。
（4）便于项目计划、控制的管理需求。
（5）最低层工作应该具有可比性，是可管理的，可定量检查的。
（6）应包括项目管理工作，包括分包出去的工作。

图 3-2 所示为 WBS 工作分解结构在 Project 工具中的一个例子。

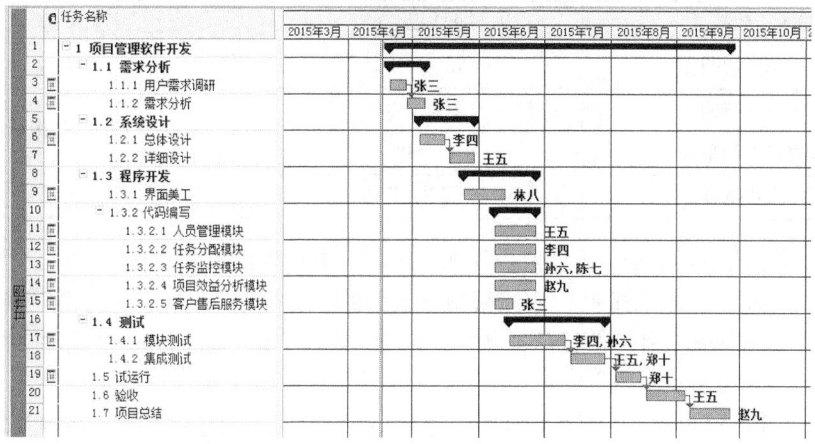

图 3-2　WBS 工作分解结构图例

3.4.2 项目进度管理计划

项目进度管理计划是为规划、编制、管理和执行项目进度而制定政策、程序和文档的过程。本过程的主要作用是为如何在整个项目过程中管理项目进度提供指南和方向。进度管理计划是项目管理计划的组成部分,为编制、监督和控制项目进度建立准则和明确活动。而这一切都是为后续的进度控制打造一把衡量绩效的尺度。

项目进度模型的制定,需要规定用于制定项目进度模型的进度规划方法论和工具。项目进度计划的准确度和合理性需要明确,需要规定每种资源的计量单位,如用于测量时间的人时数、人天数或人月数;用于计量费用的单位如人民币、美元或者日元。工作分解结构为进度管理计划提供了框架,保证了与估算及相应进度计划的协调性。在项目进度模型的维护中,需要规定在项目执行期间,如何在进度模型中更新项目状态,记录项目进展。某些项目可能需要规定偏差临界值,用于监督进度绩效。它是在需要采取某种措施前,允许出现的最大偏差。通常用偏离基准计划中的参数的某个百分数来表示。绩效测量规则通常需要规定用于绩效测量的挣值管理(EVM)规则或其他测量规则。例如,进度管理计划可能规定:

- 明确完成各项成果的百分比的规则;
- 挣值测量技术,如公式法、完成百分比法等;
- 进度绩效测量指标,一般采取进度偏差(SV)和进度绩效指数(SPI)等指标来评价偏离计划进度的程度。

具体项目计划制定应包括以下内容。

1. 活动排序和工时估算

这是编制项目进度计划的两个不可缺少的活动。它确定了各项任务的工时和它们之间横向的并列关系以及纵向的彼此衔接关系。

(1)活动排序:在项目管理中,活动排序是最能体现管理者决策水平的活动。在管理决策过程中,我们面临最多的问题不是二者之中进行二选一,而是二者中孰先孰后的问题。例如,在软件开发的过程中,每个不同的业务模块都是需要实现的,但是谁先被实现,谁后被实现,在每个项目团队的管理者和项目组成员之间的看法是不同的。那么实际上在实现的顺序上,谁先要被实现往往决定项目的成败,多快好省的完成项目才是成功的。进度管理计划的编制如表 3-2 所示。

表 3-2 进度管理计划编制

通过输入(依据)→	工具以及方法→	输出(结果)
项目范围说明	Word、Excel	项目活动顺序网络图
工作分解结构	Project	
里程碑的清单	Word	
范围变更批准	其他工具	

① 活动排序的输入依据。项目范围说明、WBS、里程碑清单和变更申请都是活动排序的输入,只有充分分析这些输入条件,才能编制出最优的活动排序。每一个活动都有其属性,其包含可交付成果物的描述、各种假设前提和约束条件。里程碑是一个标志性的事件,包含一系列活动的集合。

② 活动排序的输出依据。项目活动网络图就是项目活动及其逻辑关系(依赖关系)的图解表示。网络图对于一个项目管理者来说非常重要。在软件外包项目中,一张结构严谨、幅面漂亮的

网络图能够充分展示出一个公司的外包管理水平和企业形象,因为外包项目往往都是依赖甲方提供的"依赖"条件来制定相应的活动顺序网络图。项目的进度计划意味着明确定义项目活动的开始和结束日期,这是一个反复确认的过程。进度表的确定应根据项目网络图、估算的活动工期、资源需求、资源共享情况、项目执行的工作日历、进度限制、最早和最晚时间、计划、活动特征等统一考虑。图 3-3 所示为一个项目活动网络图的例子。

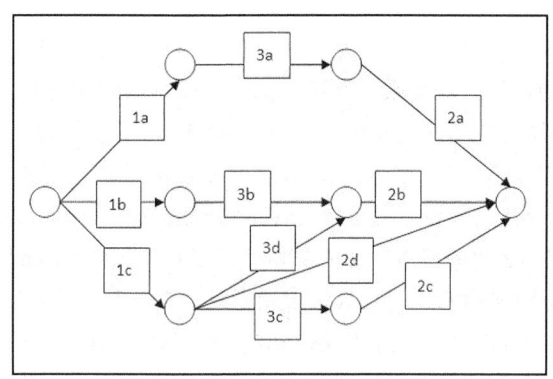

图 3-3　项目活动网络图

③ 项目活动排序的工具与方法。

项目活动排序主要分为 3 个步骤进行:活动分析、确定关系、制定顺序。

- 活动分析的核心内容是活动属性的定义,主要是每一项活动属性和时间以及约束的关系。活动属性主要包括活动的描述,对于外包项目来说可以是提供一个服务,也可以是一个软件设计书、一个模块的程序开发或者做一次集成测试等。活动约束主要是指对于项目活动在法律法规以及公司政策如信息安全、竞争对手、知识产品保护等方面的一个行为约束。我们所指定的活动不可以违反上述的约定。另外,分析一个外包项目的活动时,首先要考虑的前提就是要盈利。一般情况下,没有一个项目活动是为了亏本而制定的。同样,任何人员都不能违反这些常规的约束活动。

- 确定关系就是确定各项活动的因果关系。因果关系决定了活动的先后顺序,一般情况下,相关活动之间的逻辑关系可以分为以下 3 类。

第一,客观依存关系,也就是遵循常识的依存逻辑关系。这往往是很简单的事情,比如在开发的项目活动中,业务需求的分析一定是在设计活动之前完成,软件设计和编码活动一定是在测试活动之前完成等。

第二,主观依存关系,又称软逻辑关系,指的是那些可以由主观意识来决定的先后依存关系,如外包项目中,是先做哪个业务模块的开发完全取决于项目经理或项目负责人的主观判断,先做什么、后做什么完全取决于经验者的判断,这些人可以凭借着自己丰富的经验来主观判断哪一个活动先做,哪一个活动后做。主观依存关系的判断往往能考验一个管理者真正的管理水平。

第三,间接依存关系,又叫作第三方的依存关系。在做服务外包项目的过程中,很多的情况既不是客观规律所影响,也不是主观判断来决定的,往往是由第三方活动的结果所影响的,如我们在做开发环境构筑的过程,由于第三方的原因造成我们在机器购买过程中延迟了交货的情况,这样会导致在开发环境构筑的过程中受到影响,耽误了整个项目的进展。间接依存关系往往是导致项目成功或失败的关键性因素,所以我们要特别留意。

- 制定的顺序。前面所提到的项目活动关系确定后,就可以为活动制定相对应的顺序了。我们在工作中最常用的表达方法是网络图法,可以用以下 3 种基本的逻辑关系来表达;完成—开始、开始—开始、结束—结束。我们经常使用的制定工具为微软的 Project 2010，它能够提供一整套简单高效的解决方案。

完成—开始（Finish-Start，FS），A 活动结束后 B 活动才能开始。例如，我们在做软件开发的过程中要遵循逻辑，在代码编写还没有完成的时候，单元测试是无法进行的。那么我们就一定会等到代码编写完成后才进行单元测试的活动称之为完成—开始。A 活动和 B 活动之间的关系有很强的依赖关系。

开始—开始（Start-Start，SS），A 活动开始时 B 活动可以同时开始，但是不要求同时结束，A 活动和 B 活动之间呈现弱的依赖关系。例如，我们在项目前期准备开发环境的同时，可以并行进行准备项目组培训的事情，两者之间虽然并不是完全没有关系，但彼此依赖的关系是不明显的。

结束—结束（Finish-Finish，FF），A 活动结束时 B 活动需要同时结束。例如，单元测试结束后，集成测试的机器和环境必须准备就绪，这样才能保证集成测试能够按照计划马上开始而不必等待，否则就会由于等待而造成不必要的浪费。A 活动和 B 活动彼此之间呈现的也是弱的依赖关系。

还有两类虽然不是特别常用的，但是我们也要在这里简单提一下。

提前（Leading），A 活动结束之前，B 活动就要求开始。具体提前的时间需要指定，通常用负号（−）来明确指明。在软件开发过程中，这样的例子也不少，比如说要求人员的招聘就要在项目启动前期提前完成，人员虽然到位但还有需要办理的一些相关的手续等事项需要考虑，因此人员招聘必须要在项目启动前提前结束。

滞后（Lag）和提前相反，A 活动结束之后，要留有一定的时间空间，B 活动才能够被要求开始。在软件领域这样的例子不多，但在工程领域，比如说在建筑行业里用的比较广泛，在这里就不多赘述了。

（2）工时估算：对于每一项活动它所持续的时间就是该活动的工时。而对于整个项目而言，这些活动的集合所花费的所有时间，也就是工时。工时估算是一个时间上的积累。它和工期有显著的区别，工期是完成整个项目所经历的物理时间，而工时是每一项活动所积累的时间的总和。工时的单位可以是人月、人天、人时。人月即完成一项特定的活动所使用一个人需要几个月的时间才能完成的工作量的单位。同理，人天和人时也依此类推。比如在软件开发过程中，对于完成一个程序 A 在编码活动上需要使用 4 个小时，那么它的工时数就是 4 人时。再比如，两个同事要测试一个软件的业务机能模块，假设每人每天工作 8 小时，测试整个机能业务模块所花费的时间是 80 小时（即工时）才能完成，问两个人同事从周一开始测试，需要的工期是多少？如果从周二开始呢？

每天所投入的工时=2 人×8 小时=16 小时

完成 80 小时的工作量需要的净单位期间是：80/16=5 天

任务的总工期如果从周一开始，那么需要的工期=5 天+公休日，即周五下班就可以完成。

任务的总工期如果从周二开始，那么需要的工期=5 天+公休日，即下周一下班就可以完成。

从这个例子我们可以看出，开始时间不同会导致任务的工期不同，这一点请务必留意。

对于工时估算的方法和技术，在项目管理业界最常使用的方法有以下 5 种。

① 专家估算法。即召集行业专家，让他们根据自己的经验和知识估算项目工作所需的工时。

② 类比估算法。顾名思义，就是参考别人或者前人相同或者相似的经验作出的判断。

③ 三点估算法。这是一种利用专家判断来估算时间的简易方法，这里提供一个简易的公式：

$$E = (X + 4Y + Z)/6$$

其中：

E——最后估算出的工时；

X——最乐观估算出的工时；

Y——最可能实现的工时；

Z——最悲观估算出的工时。

④ 参数估算法。就是根据经验值设定标准单位参数，然后用单位参数乘上工作量，求出整个活动的持续时间。

⑤ PERT估算法。计划评审技术，是国外的一种常用的项目评估工具，后来逐渐被国内的项目中所使用的一种评估手段，其具体体现为一套在概率统计学基础之上的量化评估手段。

2. 编制进度计划

进度计划主要是计算整个工期的长度，确定起始及结束时间，设置阶段性里程碑，建立时间储备库，找出项目工期的关键路径。进度计划是在活动排序和总工时估算的基础上制定的实施计划，它包括制定工作日历、如何分阶段设置里程碑、如何设置时间缓冲区、如何设定关键路径等。

（1）甘特图。甘特图是管理进度计划最有效的工具之一，它最大的特点是提供了一个多维管理的途径，使得任务、工期、成本以及资源计划在同一个界面上彼此互相衔接。在软件外包项目中最常使用的管理工具是微软的 Project，它使用起来非常的方便，当然如果条件不允许，也可以通过其他的工具或者手工的方式来制作甘特图。

（2）里程碑。关于里程碑的概念有多种解释，通常我们把完成一个阶段性的标志叫作一个里程碑，里程碑在 WBS 里面通常指的是某个阶段的概括性任务，类似于一个任务的集合。这个集合里面的任务有一定的逻辑关系。比如在产品开发的项目中，我们可以将某一个产品的版本发布作为一个里程碑，特别是在迭代开发过程中，里程碑通常不占用时间，只是一个概念性的标志。

（3）时间储备。时间储备也叫时间缓冲（buffer），它在做外包项目中也是经常被提及的，特别是一些有经验的项目经理在做项目计划的时候，在一些特定的里程碑中叠加一些有一定目的的时间储备，它的目的只有一个，那就是为了确保项目的里程碑顺利达成，预留了一些时间来保证项目的成功。

（4）关键路径。对于关键路径的定义有很多种，最简单的定义就是在项目各项任务中累计时间最长的路径，关键路径的长度构成了项目的总工期。识别关键路径并压缩关键路径是项目进度计划制定的核心之一，我们所有保证工期的调整措施都是围绕着关键路径的资源配置在进行的。在非关键路径上节约时间对于缩短总工期是毫无意义的，只有压缩了关键路径上的时间才能达到最终缩短工期。因此作为一个项目经理，最重要的是要在关键路径上保证资源的供给，从而达到缩短工期、事半功倍的效果。工时估算可以用在 Project 工具制作的甘特图中来进行，如图3-4所示。

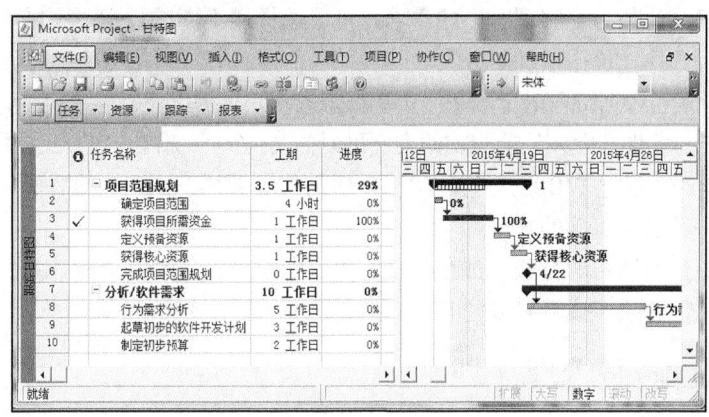

图3-4 甘特图

3.4.3 项目成本管理计划

项目成本管理是指项目承包人为使项目成本控制在计划目标之内所作的预测、计划、控制、调整、核算、分析和考核等管理工作。项目成本管理就是要确保在批准的预算内完成项目，具体项目要依靠制定资源计划、成本估算、成本预算、成本控制4个过程来完成。项目成本管理是在整个项目的实施过程中，为确保项目在已批准的成本预算内尽可能好地完成而对所需的各个过程进行管理。

项目成本管理计划由资源计划、成本估算、成本预算3部分构成。

第一步是制订资源计划，即根据项目的工作分解结构，列出所有任务需要使用的资源，包括有形的和无形的资源，如人力资源、设备、硬件、软件、场地、通信线路等，最后组合成为项目资源计划清单；

第二步是进行成本估算，最简单的方法就是把第一步资源计划清单上列出的所有资源都乘上各自的个数以及价格，然后汇总成为整个项目的成本估算和；

第三步是编制成本预算，是在成本估算的基础上，按照WBS的工作清单所示将成本金额分配上去。

资源计划是比较容易理解的，关键是要区别成本估算和成本预算的关系，主要是从甲乙方的角度上来区分。成本估算是乙方给甲方算的账，而成本预算是乙方给乙方的领导算的账。成本估算通常是向你的客户要钱，软件公司通常是向你的项目发包方要钱，那么当然是在合理的范围内越宽松越好，而成本预算是要考虑到如何能够赚取更多的效益，那么当然是需要精打细算的，并且是越节省越好。成本估算和成本预算的差就是公司可以增加的利润。那么对于承包方来说，这个差越大，承包方就越有利润，效果可能就越理想。

在项目管理中，成本估算就是项目的目标成本，成本预算就是项目的计划投入成本，而成本核算就是项目的实际发生的成本，目标成本与计划成本之间的偏差就是计划偏差，计划成本与实际成本之间的偏差就是实际偏差，实际成本与目标成本之间的偏差就是目标偏差。

资源计划制定的方法有以下几种。

（1）专家评估法：邀请行业专家和顾问一起来统一评估资源计划。在软件行业中有很多类似的案例，专家可以借鉴其中类似的部分作为参考和复用。特别是在软件外包项目中，最主要的资源就是人，可以投入多少人员，可以投入什么样的人员这些都是可以通过专家的评估来得出的。

（2）多方案备选法：实现一个项目的目标可以有多种方法，在制定资源计划的时候，可以准备多种不同的方案，比如为了实现客户的需求，可以选择用不同的技术、不同的硬件来实现。我们可以通过对比，选择性价比最优的方案。

（3）资料统计法：根据行业的标准和历史数据来推算出资源需求总量。例如，同样是实现一套人力资源管理系统的软件开发，先前成功的案例可以为类似的系统再一次开发提供数据上的支持。

（4）自下而上法：依据WBS，将每一项工作所需的资源详细列出，然后汇集成为整个项目的资源计划，这是一种简单直接的方法。

以上4种资源计划制定的方法，都有各自的优点和缺点。在制定资源计划的时候，要选择最适合项目自身的评估方法，或者可以同时选择使用这些方法。

3.4.4 项目质量管理计划

在讨论项目质量保证计划之前，我们先要了解一下什么是质量和质量管理。国际标准化组织

（ISO）对质量的定义是：质量是反映实体能满足明确和隐含需求的能力之总和。可以设想，生活中质量无处不在，没有质量就没有人类的进步。

具体来说，软件的质量就是指软件符合明确叙述的功能和性能需求、文档中明确描述的开发标准，以及所有专业开发的软件都应具有的隐含特征的程度。影响软件质量的主要因素，从管理角度对软件质量的度量，可划分为3组，分别反映用户在使用软件产品时的3种观点。正确性、健壮性、效率、完整性、可用性、风险（产品运行）；可理解性、可维修性、灵活性、可测试性（产品修改）；可移植性、可再用性、互运行性（产品转移）。

项目质量管理计划就是识别项目及其可交付成果的质量要求目标和标准，并书面描述项目将如何证明符合质量要求的过程，本过程的主要作用是为整个项目中如何管理和确认质量提供了指南和方向。质量规划应与其他规划过程并行开展。例如，为满足既定的质量标准而对可交付成果提出变更建议，就可能导致成本或进度计划调整，并需要就该变更对相关计划的影响进行详细的风险分析。

质量管理计划的编制过程如下。

1. 质量管理计划策划

要想制订一个完美的质量管理计划，首先要确定由谁来主导质量管理计划。按照 ISO-9000 的质量管理体系认证，质量管理由谁去具体实施，质量管理计划就应该由谁来主导制定。因此，质量计划的策划应该由项目组的最高领导直接牵头来制定，动员项目团队的全员进行参与，而不仅仅是由质量管理专家或顾问来直接制定，或由专职的质量管理专员来执行，后者只是作为提供组织专业的协助和指导。实践也充分证明，领导关注越多的项目，全员参与的程度也越高，质量管理计划制定得也更可行，效果也越好。

- 首先要确定质量管理目标；
- 目标确定后，下一步需要在实现上寻找突破口。

2. 确立质量管理目标

在讨论如何确立质量管理目标的时候，大多数人会把项目管理目标与质量目标混在一起理解，质量管理计划所确立的目标首先是管理目标，然后才是质量目标。管理目标是引导质量管理的行为，而质量目标是规范产品质量的标准。两者的着眼点不同，质量目标是一个结果指标，而质量管理目标是行为指标。质量管理目标确立后，可在其目标的指导下设定具体产品或者服务的目标。质量目标要体现在客户的满意度上，客户的满意度也不是一成不变的，随着客户的期望值的提升，质量目标也要与时俱进。软件外包服务中尤其能够体现出客户满意度这一目标的重要性，识别客户的期望值可以说是质量管理计划中重要一环。

3. 质量管理计划的输出结果

（1）质量管理计划。具体体现为一套质量计划文件，其中包括项目的质量目标、为达到项目质量目标的管理流程图、工作操作规范以及实施细则说明、项目成果物标准和用于检验目标标准的质量检验相关表格。

（2）过程优化方案。方案将包括在项目实施过程当中识别各个岗位的职责和内容，如何制定优化资源配置方针，制定绩效改进目标和测量指标等。

（3）项目管理计划更新。质量管理计划的编制以及过程优化都可能会引起其他管理计划的更新，这些都需要在评估后进行更新。

4. 质量管理计划制定方法

（1）成本收益分析法。就是计算出投入的每单位成本所能得到的质量收益，从而建立一个确定的模型,这个模型是一个最佳性价比的模型。我们可以看一下下面这个简单的例子(见表 3-3)。

表 3-3 成本收益分析法

方案	检验产品投入测试的用例密度	质量指标达成率
A	35 个测试用例/千行代码	95%
B	40 个测试用例/千行代码	97%
C	45 个测试用例/千行代码	98%
D	55 个测试用例/千行代码	98.5%

从表 3-3 这组数据可以看出,最佳的性价比的模型应该是方案 C 这个案例。从 B 方案到 C 方案,检验产品所投入的测试用例增加了 5 个,但却可以提升 1 个百分点的质量指标。而从 C 方案到 D 方案,虽然检验产品所投入的测试用例增加了 10 个,是 B 方案到 C 方案检验产品所投入的测试用例数的 2 倍,但质量指标达成率仅提升了 0.5 个百分点,因此 C 方案是成本收益置换率最高的边际效益拐点,C 方案就是可以投入最小的成本获得最大质量效果的最佳性价比。不过,这里只是举例说明成本收益分析法的模型,现实中我们不但要考虑经济效益,还要考虑其他综合性的因素。成本收益分析法只是项目质量管理计划的一种常用方法。

(2)质量管理流程图法。质量管理流程图在表达方式上和我们常用的流程管理图非常相似,既然是流程图的一种,那么在流程图中主要靠检验判断节点来控制流程的走向选择,管理流程图往往是用于分析项目的工作程序,表达项目实施过程中各个工作环节之间的相关性,同时给出各种偏差所要纠正的路径及解决方案,可以为编制质量管理计划提供一套框架式的模型。图 3-5 所示为测试质量管理流程图,我们可以从图中清楚地追踪整个测试相关的质量管理流程。

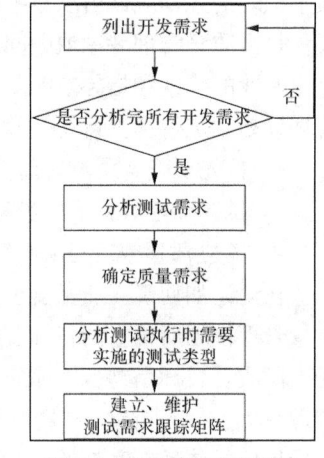

图 3-5 质量管理流程图法

(3)与标杆对比法。与同行业标杆企业的经验对比,是一个简单有效的制定质量管理计划的方法。通过对标杆企业质量管理体系的研究,找到自身与标杆企业之间的差距、列出为达到这个标杆指标而需要的努力,将其分阶段纳入项目质量管理计划的实施步骤中。这个标杆企业可以是自己的竞争对手,因此该方法也叫作竞争激励法。

(4)实验设计操作法。实验设计法是由日本质量管理大师田口宏一创见的质量优化工具。他用于测定影响产品功能质量的各种变量要素的比值,并识别出对于项目质量影响最大的变量,从而找出关键因素以指导项目质量计划的编制,其操作原理如下:

- 首先在产品质量要求和约束条件的基础上建立一个数量模型;
- 罗列出所有影响产品质量的变量因素,按照经验值输入模型;
- 依次上下调整相关变量的因素,同时对照项目的质量要求,对输出的结果给予充分的评估,一直到变量要素达到最佳比例组合,从而产生最优化的效果值为止。

(5)质量功能开发模型。质量功能开发模型又被叫作 QFD 矩阵(Quality & Function Development)。顾名思义,它是一种用于开发产品功能和质量的量化工具。QFD 矩阵模型的工作原理主要就是通过目标优化矩阵,了解和筛选客户的需求倾向,根据调查表的得分对客户主要的需求进行排序,算出每项的权重,然后将各项需求的权重值输入到 QFD 矩阵,按照权重序列将各项功能的重要性进行排列，最后输出管理计划。

3.4.5 项目资源管理计划

项目资源管理主要是指规划项目人力资源管理，是识别和记录项目角色、职责、所需技能、报告关系，并编制人员配备管理计划的过程。本过程的主要作用是建立项目角色与职责、项目组织图，以及包含人员招募和遣散时间表的人员配备管理计划。通过人力资源规划，明确和识别具备所需技能的人力资源，保证项目成功。人力资源管理计划描述如何安排项目的角色与职责、报告关系和人员配备管理。它还包括人员管理计划（列有人员招募和遣散时间表）、培训需求、团队建设策略、认可与奖励计划、合规性考虑、安全问题及人员配备管理计划对组织的影响等。需要考虑稀缺资源的可用性或对稀缺资源的竞争，并编制相应的计划，保证人力资源规划的有效性。可按团队或团队成员分派项目角色。这些团队或团队成员可来自项目执行组织的内部或外部。其他项目可能也在争夺具有相同能力或技能的人力资源。这些因素可能对项目成本、进度、风险、质量及其他领域有显著影响。软件外包项目管理中，项目的主体就是围绕着人力资源来进行的，所以对于人的管理是重中之重。

1. 工具与技术

（1）组织图和职位描述。

组织图可以采取多种格式来记录团队成员的角色与职责，一般常用的有以下3种，即层级型、矩阵型和文本型。此外，有些项目人员安排可以在子计划（如风险、质量或沟通计划）中列出。无论使用什么方法，目的只有一个，就是要确保每个工作任务都有明确的责任人，确保全体团队成员都清楚地理解其角色和职责。例如，层级型可用于规定高层级角色，而文本型更适合用于记录详细的职责。

① 层级型。可以采用传统的组织结构图，自上而下地显示各种职位及其相互关系（见图3-6）。工作分解结构（WBS）用来显示如何把项目可交付成果分解为工作包，有助于明确高层级的职责。WBS显示项目可交付成果的分解，而组织分解结构（OBS）则按照组织现有的部门、单元或团队排列，并在每个部门下列出项目活动或工作包。相关部门（如市场部或开发部）只需要找到其所在的OBS位置，就能看到自己的全部项目职责。资源分解结构（RBS）是按资源类别和类

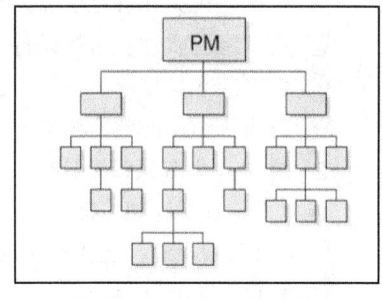

图3-6 组织图（层级型）

型，对资源的层级列表，有利于规划和控制项目工作。每向下一个层次都代表对资源的更详细描述，直到可以与工作分解结构（WBS）相结合，用来规划和监控项目工作。资源分解结构对追踪项目成本很有用，并可与组织的会计系统对接。它可包含人力资源以外的其他各类资源。

② 矩阵型。责任分配矩阵（RAM）是用来显示分配给每个工作包的项目资源的表格。它显示工作包或活动与项目团队成员之间的关系。在大型项目中，可以制定多个层次的RAM。例如，高层次RAM可定义项目团队中的各小组分别负责WBS中的哪部分工作，而低层次RAM则可在各小组内为具体活动分配角色、职责和职权。矩阵图能反映与每个人相关的所有活动，以及与每项活动相关的所有人员。它也可确保任何一项任务都只有一个人负责，从而避免职责不清。RAM的一个例子是RACI（执行、负责、咨询和知情）矩阵，如表3-4所示。图中最左边的一列表示有待完成的工作（活动）。分配给每项工作的资源可以是个人或小组。项目经理也可根据项目需要，选择"领导"、"资源"或其他适用词汇，来分配项目责任。如果团队是由内部和外部人员组成，

RACI 矩阵对明确划分角色和期望特别有用。

表 3-4 职责图（矩阵型）

RACI 图	人员				
活动	张三	李四	王五	赵六	孙七
制订计划	A	R	I	I	I
需求搜集	I	A	R	C	C
提交变更	I	A	R	R	C
测试执行	A	C	I	I	R

注：R=执行；A=负责；C=咨询；I=知情。

③文本型。如果需要详细描述团队成员的职责，就可以采用文本型（见图 3-7）。文本型文件通常以概述的形式，提供诸如职责、职权、能力和资格等方面的信息。这种文件有多种名称，如职位描述、角色—职责—职权表。该文件可作为未来项目的模板，特别是在根据当前项目的经验教训对其内容进行更新之后。

（2）制定方法与原则。

① 列出对人力资源的初步要求；

② 根据组织的标准化角色描述，分析项目所需的角色；

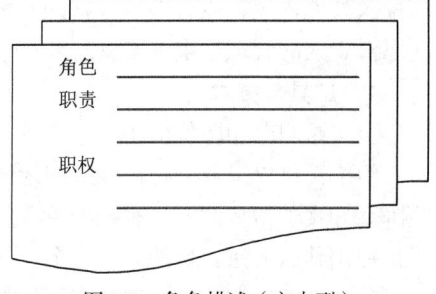

图 3-7 角色描述（文本型）

③ 确定项目所需的初步投入水平和资源数量；

④ 根据组织文化确定所需的报告关系；

⑤ 根据经验教训和市场条件，指导提前配备人员；

⑥ 识别与人员招募、留用和遣散有关的风险；

⑦ 为遵守适用的政府法规和工会合同，制定并推荐工作程序。

2. 输出人力资源管理计划

人力资源管理计划包括（但不限于）以下内容。

（1）角色和职责。在罗列完成项目所需的角色和职责时，需要考虑下述各项内容。

① 角色。在项目中，某人承担的职务或分配给某人的职务，如软件工程师、业务分析师和测试工程师等。还应该明确和记录各角色的职权、职责和边界。

② 职权。使用项目资源、做出决策、签字批准、验收可交付成果并影响他人开展项目工作的权力。例如，下列事项都需要由具有明确职权的人来做决策：选择活动的实施方法，质量验收，以及如何应对项目偏差等。当个人的职权水平与职责相匹配时，团队成员就能最好地开展工作。

③ 职责。为完成项目活动，项目团队成员必须履行的职责和工作。

④ 能力。为完成项目活动，项目团队成员需具备的技能和才干。如果项目团队成员不具备所需的能力，就不能有效地履行职责。一旦发现成员的能力与职责不匹配，就应主动采取措施，如安排培训、招募新成员、调整进度计划或工作范围。

（2）项目组织图。项目组织图以图形方式展示项目团队成员及其报告关系。基于项目的需要，项目组织图可以是正式或非正式的，非常详细或高度概括的。例如，一个 3000 人的大型软件外包项目的组织图要比仅有 20 人的内部项目的组织图详尽得多。

（3）人员配备管理计划。人员配备管理计划是人力资源管理计划的组成部分，说明将在何时、以何种方式获得项目团队成员,以及他们需要在项目中工作多久。它描述了如何满足项目对人力资源的需求。基于项目的需要,人员配备管理计划可以是正式或非正式的,非常详细或高度概括的。应该在项目期间不断更新人员配备管理计划,以指导持续进行的团队成员招募和发展活动。人员配备管理计划的内容因应用领域和项目规模而异,但都应包括以下内容。

① 人员招募。在规划项目团队成员招募工作时,需要考虑一系列问题。例如,从组织内部招募,还是从组织外部的签约供应商招募;团队成员必须集中在一起工作还是可以远距离分散办公;项目所需各级技术人员的成本;组织的人力资源部门和职能经理们能为项目管理团队提供的协助。

② 资源日历。表明每种具体资源的可用工作日和工作班次的日历。在人员配备管理计划中,需要规定项目团队成员个人或小组的工作时间框架,并说明招募活动何时开始。项目管理团队可用资源直方图向所有干系人直观地展示人力资源分配情况。资源直方图显示在整个项目期间每周(或每月)需要某人、某部门或整个项目团队的工作人月数,如计划调整,就表示需要采用资源优化策略(见图3-8),如增加资源或修改进度计划。

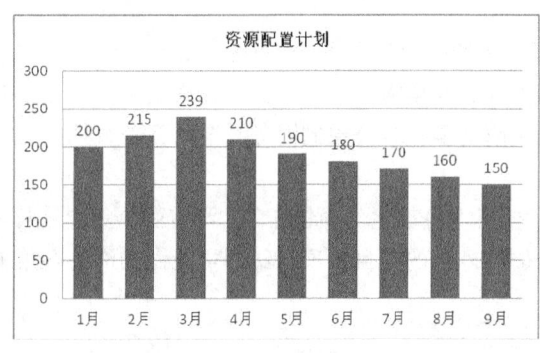

图3-8 人力资源配置计划

③ 人员遣散计划。事先确定遣散团队成员的方法与时间,对项目和团队成员都有好处。一旦把团队成员从项目中遣散出去,项目就不再负担与这些成员相关的成本,从而节约项目成本。如果已经为员工安排好向新项目的平滑过渡,则可以提高士气。人员遣散计划也有助于减轻项目过程中或项目结束时可能发生的人力资源风险。

④ 培训需要。如果预计配给的团队成员不具备所要求的能力,则要制定一个培训计划,将培训作为项目的组成部分。培训计划中也可说明应该如何帮助团队成员获得相关证书,以提高他们的工作能力,从而使项目从中受益。

⑤ 认可与奖励。需要用明确的奖励标准和事先确定的奖励制度来促进并加强团队成员的优良行为。应该针对团队成员可以控制的活动和绩效进行认可与奖励。例如,因实现成本目标而获奖的团队成员,就应该对费用开支有适当的决定权。在奖励计划中规定发放奖励的时间,可以确保奖励能适时兑现而不被遗忘。认可与奖励是建设项目团队过程的一部分。

⑥ 合规性。人员配备管理计划中可包含一些策略,以遵循适用的政府法规、工会合同和其他现行的人力资源政策。

⑦ 安全。应该在人员配备管理计划和风险登记册中规定一些政策和程序,使团队成员远离安全隐患。

3.4.6 项目沟通管理计划

项目沟通管理包括为确保项目信息及时且恰当地规划、收集、生成、发布、存储、检索、管理、控制、监督和最终处置所需的各个过程。项目经理的绝大多数时间都用于与团队成员和其他干系人的沟通，无论这些成员或干系人是来自组织内部（位于组织的各个层级上）还是组织外部。有效的沟通在项目干系人之间架起一座桥梁，把具有不同文化和组织背景、不同技能水平、不同观点和利益的各类干系人联系起来。这些干系人能影响项目的执行或结果。

1．项目沟通管理计划的定义

规划沟通管理是根据干系人的信息需要和要求及组织的可用资产情况，制订合适的项目沟通方式和计划的过程。本过程的主要作用是，识别和记录与干系人相关的最有效率且最有效果的沟通方式。

作为一个项目的项目经理，如何才能制订好一个行之有效的项目沟通计划？需要的依据是什么？

- 确定沟通的干系人。沟通的对象是首先需要确定的。是客户还是下属？是老板还是合作伙伴？与谁沟通是项目沟通计划的首要问题，沟通首先确定了对象，后面的一系列的计划才能随之可行。
- 确定沟通的时效性。沟通的项目干系人确定后，那么与干系人之间沟通的信息是多种多样的，一方面是你的沟通对象什么时候需要信息，另一方面是你需要什么时候从沟通的对象那里获得信息。例如，客户需要了解受委托方公司的财务状况的截止日期，或者你要求合作伙伴准备人员资源的最后期限等。
- 项目本身的特点。项目本身都是各种各样的，没有两个完全一样的项目，那么这就需要因材施教，如果项目是一个软件外包的项目，项目经理可能做的沟通在很大程度上依赖于基于网络的通信或者电子文件。

2．沟通计划的输出

- 需要沟通的信息，包括语言、格式、内容、详细程度；
- 为沟通活动分配的资源，包括时间和预算；
- 发布信息及告知收悉或做出回应（如适用）的时限和频率；
- 项目信息流向图、工作流程（兼有授权顺序）、报告清单、会议计划等。

沟通管理计划中还可包括关于项目状态会议、项目团队会议、网络会议和电子邮件信息等的指南和模板。沟通管理计划中也应包含对项目所用网站和项目管理软件的使用说明。图 3-9 所示为项目沟通的一个管理计划表模板。

项目沟通管理计划表

项目名称：________　　项目经理：________　　计划制定日期：________

项目编号：________　　项目发起人：________　　最新更新日期：________

客户名称：________　　项目小组成员：________

信息来源		沟通要求					信息接受者												
内部	外部	沟通的内容	发布频率	发布方法	发布形式	发布人	项目发起人	项目经理	客户	工程部	销售部	生产部	采购部	人力资源部	技术中心	供应商	合同管理部	法律部	其他

图 3-9　项目沟通管理计划表模板

3.4.7 项目采购管理计划

项目采购管理计划的目标是及时、经济、稳定地保障项目的资源供应。这里我们所指的采购是一种广义范围的定义，在项目所获得资源中，单纯的采购只是其中的方式之一，还有很多的资源不是通过采购获得的，如租赁、外包、客户提供等，这些都在我们所定义的采购管理计划的范围之内。

项目所需的资源基本上可以归纳为两大类，一类是物质资源，另一类是人力资源，其获得的方式可以归纳为以下3种。

（1）外部采购。即以货币等价交换的形式获得资源，对于人力资源，采购即相当于招聘。比如客户需要把自身ERP系统外包由乙方来完成，那么乙方就需要根据项目的需要去采购一些开发设备、基础设施等软硬件，另外由于人员的需求不足，可能还要从外部招聘一些人员来进行系统的开发和维护作业等。

（2）外包。又称为转包或分包，即委托分包商代为完成或加工全部或部分项目的内容，如乙方把自身承包的ERP系统中一个模块外包给第三方的合作公司来完成。

（3）外租。即租借外部的资源在特定时期的使用权，如在软件服务中从外部租赁一部分的测试设备或借用一部分的外部人员来一同参与到整个服务项目。

1. 如何编制项目采购计划

一般地讲，首先是从识别项目组织需要从外部采购哪一些产品和劳务开始，随后制定出能够最好地满足项目需求的采购工作计划，安排合理的管理流程。规划采购管理是记录项目采购决策、明确采购方法、识别潜在卖方的过程。本过程的主要作用在于确定是否需要外部支持，如果需要，则还要决定采购什么、如何采购、采购多少，以及何时采购。

规划采购管理识别哪些项目需求最好或应该通过从项目组织外部采购产品、服务或成果来实现，哪些项目需求可由项目团队自行完成。如果项目需要从执行组织外部取得所需的产品、服务和成果，则每次采购都要经历从规划采购管理到结束采购的各个过程。规划采购管理还包括评估潜在卖方，特别是如果买方希望对采购决策施加一定影响或控制。还应考虑谁将负责获得或持有相关许可证或专业执照。这些许可证和执照可能是法律、法规或组织政策对项目执行的要求。

项目进度计划对规划采购管理过程中的采购策略制定有重要影响。制订采购管理计划时所做出的决定，又会影响项目进度计划。应该把这些决定与制订进度计划、估算活动资源和自制或外购分析的决策整合起来。规划采购管理过程包括评估与每项自制或外购决策有关的风险，还包括审查拟使用的合同类型，以便规避或减轻风险，或者向卖方转移风险。

在软件外包服务项目合同中，通常把合同分为两大类。

（1）固定价格合同（Fix Price）。

大多数买方都喜欢这种合同，因为采购的价格在一开始就确定，并且不允许改变（除非工作范围发生变更）。卖方有义务完成工作，并且承担因不良绩效导致的任何成本增加。在FP合同下，买方应该准确定义拟采购的产品和服务，对采购规范的任何变更都会增加买方的成本。

（2）工料合同（T&M）。

工料合同是兼具成本补偿合同和总价合同的某些特点的混合型合同。在不能很快编写出准确工作说明书的情况下，经常使用工料合同来增加人员、聘请专家和寻求其他外部支持。这类合同与成本补偿合同的相似之处在于，它们都是开口合同，合同价随成本增加而变化。在授予合同时，买方可能并未确定合同的总价值和采购的准确数量。因此，如同成本补偿合同，工料合同的合同价值可以增加。很多组织要求在工料合同中规定最高价值和时间限制,以防止成本无限增加。另外,由于合同中确定了一些参数,工料合同又与固定单价合同相似。当买卖双方就特定资源的价格(如高级工程师的小时费率或某种材料的单位费率)达成一致意见时,买方和卖方也就预先设定了单位人力或材料费率(包含卖方利润)。

2. 编制项目采购计划的方法

(1)组织分析。

组织分析是一种通用的管理技术,用来确定某项工作最好由项目团队自行完成,还是应该从外部采购。有时,虽然项目组织内部具备相应的能力,但由于相关资源正在从事其他项目,为满足进度要求,也需要从组织外部进行采购。

(2)专家判断。

专家判断常用来评估本过程的输入和输出。专家的采购判断也可用来制定或修改卖方建议书评价标准。专家的法律判断可以是法律工作者所提供的相关服务,用来协助处理一些特殊的采购事项、条款和条件。专家判断(包括商务和技术判断)不仅适用于拟采购产品、服务或成果的技术细节,而且也适用于采购管理过程的各个方面。

(3)市场调研。

市场调研包括考察行业情况和供应商能力。采购团队可以综合考虑从研讨会、在线评论和各种其他渠道得到的信息,来了解市场情况。采购团队可能也需要考虑有能力提供所需材料或服务的供应商的范围,权衡与之有关的风险,并优化具体的采购目标,以便利用成熟技术。

(4)会议。

不借助与潜在投标人的信息交流会,仅靠调研,也许还不能获得制定采购决策所需的明确信息。与潜在投标人合作,有利于供应商开发互惠的方案或产品,从而有益于材料或服务的买方。

3. 项目采购计划的输出

在项目采购计划的输出中,需要说明项目团队将如何从执行组织外部获取货物和服务,以及如何管理从编制采购文件到合同收尾的各个采购过程。采购管理计划包括如外包采购的合同类型、风险管理事项、标准化的采购文件、管理多个供应商以及可能影响采购工作的制约因素和假设件等。

(1)采购工作说明书。

依据项目范围基准,为每次采购编制工作说明书(SOW),对将要包含在相关合同中的那一部分项目范围进行定义。采购 SOW 应该详细描述拟采购的产品、服务或成果,工作说明书中可包括规格、数量、质量、性能参数、履约期限、工作地点和其他需求。

(2)采购文件。

采购文件是用于征求潜在卖方的建议书。通常就使用标书、投标或报价等术语。如果主要依据其他考虑(如技术能力或技术方法)来选择卖方,通常就使用诸如建议书的术语,可能包括信息邀请书(RFI)、投标邀标书(IFB)、建议邀请书(RFP)、报价邀请书(RFQ)、投标通知、谈判邀请书及卖方初始应答邀请书等。

(3)供方选择标准。

供方选择标准通常是采购文件的一部分。制定这些标准是为了对卖方建议书进行评级或打分。标准可以是客观或主观的。如果很容易从许多合格卖方获得采购品,则选择标准可仅限于购买价格。

(4)自制或外购决策。

通过自制或外购分析,做出某项特定工作最好由项目团队自己完成还是需要外购的决策。如果决定自制，那么可能要在采购计划中规定组织内部的流程和协议。如果决定外购，那么要在采购计划中规定与产品或服务供应商签订协议的流程。

表 3-5 所示为一份比较完整的采购合同条款。

表 3-5 采购合同条款列表

No.	采购合同包含的内容	No.	采购合同包含的内容
1	采购的软硬件、服务等资源的名称，型号等	8	各项费用的负担情况等
2	采购的数量、金额、时间等	9	结算方式以及期限等
3	交货形式和方式等	10	违约责任以及补偿条款等
4	质量要求、技术标准等	11	纠纷的解决形式等
5	交货地点、交货方式等	12	合同的生效条件等
6	验收人、验收地点等	13	合同修改条件以及程序等
7	验收的标准以及方法等	14	其他约定事项

3.4.8 项目风险管理计划

项目风险管理是指对项目风险从识别到分析乃至采取应对措施等一系列过程，它包括将积极因素所产生项目风险管理流程的影响最大化和使消极因素产生的影响最小化两方面内容。

项目风险是一种不确定的事件或条件，一旦发生，就会对一个或多个项目目标造成积极或消极的影响，如范围、进度、成本和质量。风险可能有一种或多种起因，一旦发生就可能造成一项或多项影响。风险的起因可以是已知或潜在的需求、假设条件、制约因素或某种状况，可能引起消极或积极结果。例如，项目需要从境外购买一些硬件产品，或者需要一些懂 ERP 业务的设计人员，都可能成为风险起因。与之相对应的风险是，从境外购买设备在购买手续上或入境过程中可能延误；或者，可能获得懂 ERP 的开发人员的数量有限。这两个不确定性事件中，无论发生哪一个，都可能对项目的范围、成本、进度、质量或绩效产生影响。

风险管理计划是项目管理计划的组成部分，描述将如何安排与实施风险管理活动。风险管理计划包括以下内容。

（1）确定风险管理计划中每个活动的负责人及风险管理团队的成员，并明确其职责，也就是要明确风险管理的负责人和团队。

（2）规定对潜在风险成因的分类方法，如基于项目目标的分类方法。风险分解结构（Risk Breakdown Structure，RBS）有助于项目团队在识别风险的过程中发现有可能引起风险的多种原因，如项目技术实施方面是否有性能或安全性的风险等。

（3）为了确保风险分析的质量和可信度，需要对项目环境中特定的风险概率和影响进行量化的定义。例如，不同的风险发生的概率和影响度是不同的，那么对于每一项风险在质量、进度以及成本方面的影响度要进行明确。

（4）确定在项目生命周期中实施风险管理过程的时间和频率，制定进度应急储备的使用方案，确定风险管理活动并纳入项目进度计划中，如每月或每两周实施定期的风险管理评估等。

（5）预留一部分风险管理基金，并将其纳入成本基准，制定应急风险使用方案。

（6）规定风险管理过程中的报告形式，如如何记录风险管理过程的结果，规定风险登记册及其他风险报告的内容和格式。

（7）如何跟踪和审计风险管理的过程等。

关于项目风险的管理，我们将在本书的第八章进行详细的阐述。

3.5 项目执行

在软件项目管理过程组中，当一个项目计划被正式颁布后，项目便进入到项目执行阶段。项目执行是指正式开始为完成项目计划而进行的活动或努力的工作过程。由于项目产品（最终可交付成果）是在这个过程中产生的，所以该过程是项目管理应用领域中最为重要的环节。在这个过程中，项目经理要协调和管理项目中存在的各种技术和组织等方面的问题。在执行一个项目之前，项目经理必须事先做好一系列的准备工作，以便为后续的项目执行工作创造有利的环境。一般来讲，项目执行需准备的工作内容有：

（1）项目团队组建；
（2）培训；
（3）管理沟通；
（4）BSE 的作用；
（5）配置管理；
（6）实施质量保证。

3.5.1 项目团队组建

组建项目团队是确认人力资源的可用情况，并为开展项目活动而组建团队的过程。本过程的主要作用是，执行团队选择和职责分配，组建一个成功的团队。我们已经知道，在项目资源管理计划中，我们已经对以下内容进行了规划。

- 项目的角色、职责，如项目软件经理、架构师等。
- 项目组织图，如制定了层级型的组织图。
- 人员配备管理计划，如制定了层级型的组织图。

但在组建项目团队过程中，客观环境中往往会有一些因素影响，从而导致在项目团队的组建过程中产生以下问题。

（1）现有人力资源情况。包括可用性、能力水平、以往经验、对本项目工作的兴趣和成本费率等。这是一个不用过多解释就可以理解的事情，俗话说计划没有变化快，如先前计划的人员由于其他原因无法按时到位，那么问题就来了。

（2）人事管理政策。比如有一些项目由于信息安全的原因无法进行转包，那么就需要改变一些应对的策略。

（3）组织结构。大部分项目团队的成员是全职参加项目工作，但还有一些项目成员是临时的兼职团队来进行参与。

（4）集中办公或多个工作地点。很多项目在执行过程中的办公地点是分散的，这就给项目团队的组建又带来了一定的问题。

组建项目团队有如下几个步骤。

① 提前指派。如果项目团队成员是事先选定的，他们就是提前分派的。提前指派可在下列情况下发生：在竞标过程中决策层承诺分派特定人员进行项目工作；项目取决于特定人员的专有技

能，或者项目章程中指定了某些人员的工作分派。

② 沟通谈判。选定外部组织、卖方、供应商、承包商等，获取合适的、稀缺的、特殊的、合格的、经认证的或其他诸如此类的特殊人力资源。需要注意外部人事管理政策，特别是法律及外包策略等其他标准。

③ 招聘。如果执行组织不能提供为完成项目所需的人员，就需要从外部获得所需的资源，这可能包括雇佣一定的人员。

④ 综合决策分析。团队成员选择标准有很多，我们需要根据项目具体要求，在软件外包项目中特别需要考虑人员的可用性、具体人员成本、人员的经验、技术业务能力、工作态度以及外语能力等。

通过以上的方法来决定最后项目组成员的具体分配，记录每个项目团队成员在项目上的工作时间段即资源日历。图 3-10 所示是一个通用软件项目人员组建的流程。

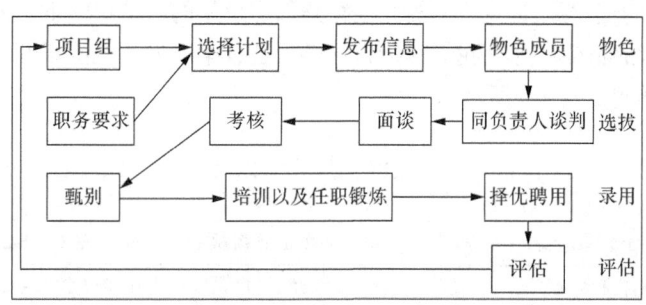

图 3-10 项目人员组建的流程

3.5.2 培训

当项目团队组建后，需要尽快做的一项工作就是培训。如果把组建项目团队比作一架飞机，那么一个好的培训机制就是这架飞机的引擎。培训对于团队建设的意义体现在以下 4 个方面。

- 增加员工的知识技能。通过传授专业知识、解决问题的方法，以及工具与组织管理流程，提高整个团队成员的业务能力和技术能力，这是培训机制的主要功能。
- 提高团队的合作能力。通过对团队在统一的项目价值观层面的培训，来提升团队之间沟通的有效性、合作的默契性，提升团队的凝聚力。
- 提升人员的参与感。我们推崇每个人都是讲师、每个人都是学员的这种模式，提升每个团队成员的参与感，使得每个人都把项目当作自己的团队，增进项目团队的工作热情。
- 降低人员的流动性。人员的流动是不可避免的，通过培训可以让大家获得更多提升自己能力的机会，使得团队成员能够自身感受到能力的提升，才不致使成员因为学不到新的东西而感到迷茫。事实证明能够给人提供更多学习机会的项目，往往人员的稳定性是非常高的。

培训的内容基本上可以分为两个层次。

1. 基础型培训

基础型培训往往针对新员工进行，具体形式如岗前培训、在职技能培训，目的是让新员工尽快掌握基本的工作技能，了解组织的规章制度和作业流程，尽快成为一个符合项目要求的工作人员。这类基础培训对于每个项目组织都是必不可少的。

2. 提高型培训

提高型培训往往针对项目骨干和有丰富经验的员工进行，具体形式如专业技术培训、行业业务技能培训，目的是让员工尽快掌握在项目中所使用的高级技术技能以及行业业务知识，从而在项目的需求分析阶段以及架构设计层面能够符合项目的要求。这类培训的对象是小范围的、有针对性的，培训的形式上可以归纳为3类。

（1）内部培训。由组织内部的高层管理者和资深的技术人员或顾问来进行授课，现场教学或者师傅带徒弟都属于内部培训模式。内部培训的优势是可以紧密地结合实际工作，有针对性地进行培训。

（2）外部培训。外聘专家或客户方来授课，或者将人员送到外部培训基地去观摩学习，目的是为了让队伍里面在某一方面整体偏弱的前提下，通过外部力量来提升。例如，某一个项目需要一些银行业的业务背景知识，那么高层管理者可能会出面聘请金融专家来给整个组织进行充电。

（3）自我学习。自我学习可能不是一种最快获取知识提升能力的方式，但绝对是一种最好的学习方式。特别是对于个人综合能力的提升往往是最有效的。试想一下，公司不可能为了培养一个员工而放弃经营的目标，那么我们对于自我学习这种学习方法就能很好理解了。

项目培训计划样例如表3-6所示。

表 3-6　　　　　　　　　　　　项目培训计划样例

No.	培训分类	培训科目	讲师	培训内容	时间	相关教材和资料
1	内部培训	ERP 简要介绍	李刚	SAP System 系统概要	6/1-6/8	SAP 系统相关资料
		整体业务流程	王韵	项目开发流程介绍	6/10-6/21	CMM 精通
2	外部培训	财务基础知识	常风	基础会计	7/15-7/31	会计大全
				财务管理		
				审计学	8/1-8/15	
		信息安全培训	杜刚	OSSP 安全体系	6/22-6/31	国标安全体系简介
3	自我学习	开发语言	N/A	Java 语言基础	7/1-8/31	精通 Java 语言
				Oracle 数据库基础		Oracle 实践与应用

3.5.3　沟通管理

项目沟通管理（Project Communication Management），就是为了确保项目信息合理收集和传输，以及最终处理所需实施的一系列过程，包括为了确保项目信息及时适当的产生、收集、传播、保存和最终配置所必须的过程。项目沟通管理为成功所必需的因素——人、想法和信息之间提供了一个关键连接。涉及项目的任何人都应准备以项目"语言"发送和接收信息，并且必须理解他们以个人身份参与的沟通会怎样影响整个项目。沟通就是信息交流。组织之间的沟通是指组织之间的信息传递。对于项目来说，要科学地组织、指挥、协调和控制项目的实施过程，就必须进行项目的信息沟通。好的信息沟通对项目的发展和人际关系的改善都有促进作用。

项目沟通管理具有复杂和系统的特征。著名组织管理学家巴纳德认为"沟通是把一个组织中的成员联系在一起，以实现共同目标的手段"。没有沟通，就没有管理。沟通不良几乎是每个项目都存在的老毛病，组织结构越是复杂，其沟通越是困难。

我们认为在项目沟通的管理中，一个项目经理需要扮演多样的角色。他既是沟通推进计划的制定者和实施者，通过倾听去了解各方干系人的想法，同时清晰地将项目的目标、计划、进展等情况做出说明。他还要与客户和合作伙伴进行沟通，同时协调、平衡各方干系人相互的利益，通过判断来裁决团队中成员之间的矛盾以及不同声音。

1. 沟通应具备哪些基本素质

（1）准确定位。把握自己在沟通中扮演的角色，一个人的角色在不同的干系人之间是不同的，在老板面前你是下级，在员工面前你是领导，在客户面前你是服务生，而在供应商面前你就是上帝。因此，我们在沟通中必须准确定位自己的角色。

（2）清晰阐述。一个人是否有资格作为一个管理者的基础，不是他的专业能力，而是他的表达能力，如果一个管理者无法清楚地对项目的目标和计划进行说明，他的团队怎么可能会取得成功呢。

（3）有效倾听。倾听别人是最好的获取信息的手段，沟通的本质是互相倾听，倾听是沟通的前提。

（4）应对冲突。这也是管理者必备的能力，在很多问题、矛盾发生的时候，管理者必须要及时准确地进行抉择。不是要制造矛盾，而是要解决冲突。

2. 沟通的途径

沟通的渠道有很多种，哪种是最好的沟通渠道呢？我们认为最有效的沟通方式就是最好的。在软件外包项目中，可以通过口头和书面两种途径来进行沟通。

（1）口头方式。这是一种最快的沟通方式，它的优点就是迅速、高效、直接。例如，我们可以定期地与客户方举行例行会议，通过面对面会议、电话会议、网络会议、视频会议等，通过汇报、建议和请示等方式达到其沟通的目的。虽然口头的方式具有迅速、高效、直接的优势，但俗话说口说无凭，在某些时候，特别是重大决议的场合，在口头沟通双方合意的前提下，还需要一些非语言信息的辅助等方式进行明确，如邮件、文件等。

（2）书面方式。书面方式也是一种常用的沟通方式，我们所说的书面不仅仅局限于纸张，还包括电子邮件、传真、短信，以及形成档案等。另外，根据表现形式的不同，也分为以文字为主的文稿形式、以数字为主的报表形式、以图文并茂的图形形式，如微软的 Office 工具 Word、Excel、PowerPoint 等。与口头方式相比，由于不能及时地得到反馈，所以它的反馈性相对就比较差，因此建议在沟通中，通过书面与口头方式的结合，来达到沟通的目的。

3.5.4 BSE 的作用

在软件外包项目中，特别是国际软件服务外包服务项目中，有一个角色是必须要提的，即 BSE。

BSE（Bridge Senior Engineer）即桥梁高级工程师。在应对国际软件外包服务的项目过程中，BSE 的作用是非常重要的。

众所周知，国际外包项目中，由于语言沟通问题，很多的外包项目都需要进行不同语言之间的转换工作，原有模式下，普通翻译承担不了这个角色，因为他们不懂得底层的专业技术，而且常常有太多的技术术语、太多的沟通场合及交流内容无法准确地翻译。BSE 是一个复合型的角色，他既是一个起到沟通作用的高级技术人员，又是一个能辅助项目经理的管理人员。一般业界能满足 BSE 标准的人员基本上大多由具备海外留学经验，在计算机以及相关专业毕业，具备 5 年以上开发经验以及相对应的管理经验的人员来担任。在现代国际软件服务外包项目的大环境下，BSE 发挥着功不可没的作用，拥有合格 BSE 的多少往往也是一个国际外包服务公司实力的体现。

BSE 在需求理解、项目管理、技术探讨、业务分析、问题解析等诸多沟通管理层面都发挥着积极的作用。业界通常会根据 BSE 工作地点的不同，将 BSE 的工作分为在岸模式、离岸模式和混合模式 3 种作业模式。

1．在岸模式

BSE 的工作场所通常在客户现场，一方面由于具有外语方面的优势，可以和客户无障碍地、非常及时地沟通业务上和技术上的需求，另一方面由于信息获得的便利性，对于在商业层面的推动也是非常巨大的。大部分国际软件外包业务由于大部分人员还是在客户现场以外的地点办公，及时快速地了解客户方的信息显然是非常重要的。在岸 BSE 模式的这种方式在外包业务中是非常普遍的。

2．离岸模式

与在岸模式相对而言，BSE 的工作场所通常在客户现场以外的地点，常见的是与接包方的项目组团队在一起提供远程服务。在此情况下，BSE 可以与项目团队在业务分析和技术实现方面有更加充分的交流，使得项目组提供的解决方案能更加准确高效。这种模式在交流层面上，往往采取口头和书面两种混合的方式与最终客户进行联系。同时，由于节省了差旅等费用的支出，对于项目成本的节约是有利的，但另一方面，由于当事人不在客户现场，对于客户方面的信息，特别是客户的一些突发变化无法在第一时间获得，对商务层面的推动上，则表现的力度有限。

3．混合模式

通过上面在岸和离岸两种模式的对比，我们发现这两种模式都有各自的优缺点，项目采取哪种模式应对往往取决于客户、干系人以及项目团队自身的主观要求和客观条件。

所谓混合模式，其实就是在岸和离岸模式的混合，在岸和离岸都保留一定数量的 BSE 人员，这样在项目沟通和交流方面，比单纯的一种模式更加灵活、方便，由于沟通的便利和顺畅，在项目交流方面，更加准确及及时，能充分保障项目的正常进行，因此混合模式是比较理想的 BSE 安排模式。但是，由于 BSE 的增加，势必增加项目的支出，造成人力资源成本的增加。这是需要充分考量项目的综合因素后才能做出最后的决定。

在实际的国际服务外包项目中，项目经理会根据项目计划中制定的内容，在充分考虑成本、进度以及质量指标的前提下，选择一种最适合项目的 BSE 工作模式。因为 BSE 是一个复合型的人才，在市场上这样的人员是非常紧俏的、难以短期培养成才的，相对于普通的管理人员以及开发人员，BSE 的收入也是非常可观的。

3.5.5　配置管理

配置管理（Configuration Management，CM）是通过技术和过程手段对软件服务或产品的开发过程和生命周期进行控制、规范的一系列措施。配置管理的目标是记录和管理软件服务产品的执行过程，确保软件开发者在软件生命周期中各个阶段都能得到精确的产品配置。

配置管理的执行一般都是由项目的配置管理员（SCM）来执行的。配置管理员主要执行以下活动来保证配置管理的顺利实施。

1．制订配置管理计划

配置管理员制定《配置管理计划》，主要内容包括配置管理软硬件资源、配置项计划、基线计划、交付计划、备份计划等。

2. 配置库管理

配置管理员为项目创建配置库，并给每个项目成员分配权限。各项目成员根据自己的权限操作配置库。配置管理员定期维护配置库，如清除垃圾文件、备份配置库等。表 3-7 所示为一个配置库权限分配的例子。

表 3-7　　　　　　　　　　　　　　配置库权限分配

配置库	角色	读取	创建、修改	删除
开发库	项目组成员、QA	YES	YES	NO
	高级管理者、项目经理	YES	YES	NO
	SCM	YES	YES	YES
基线库	项目组成员、QA	YES	NO	NO
	高级管理者、项目经理	YES	NO	NO
	SCM	YES	YES	YES

3. 版本控制

在项目开发过程中，绝大部分的配置项都要经过多次的修改才能最终确定下来。对配置项的任何修改都将产生新的版本。由于我们不能保证新版本一定比老版本"好"，所以不能抛弃老版本。版本控制的目的是按照一定的规则保存配置项的所有版本，避免发生版本丢失或混淆等现象，并且可以快速准确地查找到配置项的任何版本。配置项的状态有 3 种："草稿"、"正式发布"和"正在修改"，版本控制规程制定了配置项状态变迁与版本号的规则。

4. 变更控制

在项目开发过程中，配置项发生变更几乎是不可避免的。变更控制的目的就是为了防止配置项被随意修改而导致混乱。当配置项的状态成为"正式发布"，或者被"冻结"后，此时任何人都不能随意修改，必须依据"申请—审批—执行变更—再评审—结束"的规则执行。

在以上活动的执行过程当中，为了保证所有人员（包括项目成员、配置管理员和项目经理）都遵守配置管理规范，质量保证人员要定期审计配置管理工作。配置审计是一种"过程质量检查"活动，是质量保证人员的工作职责之一。

配置管理员通常需要使用配置管理工具来实施配置管理，在这里我们简单介绍一下目前比较流行的几种主要的配置管理工具。

（1）VSS（Visual Source Safe）是微软公司的一个产品，当然只能用在 Windows 平台并与微软的开发工具无缝集成。该工具简单易用、方便高效。其 checkin、checkout、get 以及权限管理、新建代码库等功能的操作都非常方便。VSS 的 label 功能非常强，可以非常方便高效地给每次发布的众多文件以 label 的标注。VSS 是 VC 自带的，可以免费使用。但 VSS 有一个最大的缺点是其不支持并行开发和远程开发，因此也就决定了 VSS 使用的局限性，它通常应用于规模比较小的组织和项目中。图 3-11 所示为一个用 VSS 来管理配置库的例子。

（2）Clearcase 是 IBM 公司的一个产品，是支持并行开发、分布式操作的功能非常强大的配置管理工具。Clearcase 适用于大型软件组织或异地开发的软件组织。但 ClearCase 使用中一个较大的问题是其使用成本比较高。按照 IBM 公司的产品策略，使用其产品必须按照用户数购买其产品的 licence，综合起来购买成本非常高。图 3-12 所示为一个用 Clearcase 来管理配置库的例子。

（3）SVN（Subversion）是一个自由/开源版本控制系统。它支持并行开发，其分支以及合并功能都是比较强大而且易用的。SVN 具有抽象的档案库存取概念，可以让使用者较容易地实行新的网络机制。SVN "先进"的网络服务器是 Apache 网页服务器的一个模块。所以 SVN 对于一般的软件开发类项目来说是非常合适的配置管理工具。而且 SVN 是免费的，这个特点是大家踊跃使用它的另一个原因。图 3-13 所示为一个用 SVN 来管理配置库的例子。

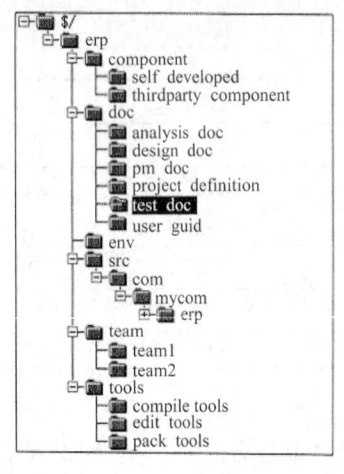

图 3-11　VSS 配置项目目录结构

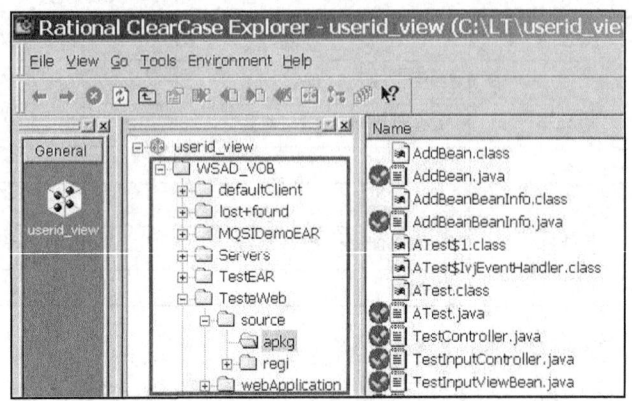

图 3-12　Clearcase 配置项目目录结构

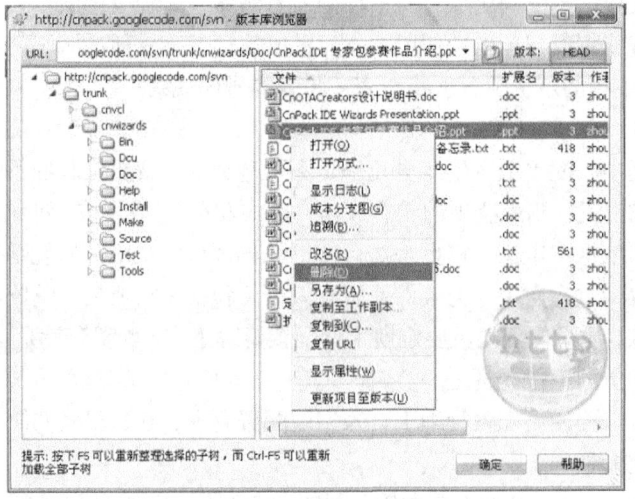

图 3-13　SVN 配置项目目录结构

总而言之，配置管理工具各有自己的特点，根据公司所从事行业及其软件开发的具体特点，来选取合适的配置管理工具，使配置管理工具更好地为开发提供支持，这是最重要的考虑因素。

3.5.6　实施质量保证

实施质量保证是审核质量要求和测量质量结果，确保采用合理的质量指标和操作性定义的过程。该过程的主要作用是，促进质量过程改进。实施质量保证过程就是执行在项目质量管理计划中所定义的一系列有计划、有系统的行动和过程。质量保证通过使用规划过程来预防缺陷，或者在执行阶段对正在进行的工作检查出缺陷，来保证质量的确定性。实施质量保证是一个执行过程，使用规划质量管理和控制质量过程所产生的数据。在项目管理中，质量保证所开展的预防和检查，应该对项目有明显的影响。质量保证工作属于质量成本框架中的一致性工作。

质量保证部门或类似承担质量保证的部门经常要对质量保证活动进行监督。软件质量保证的目标是以独立审查方式，从第三方的角度监控软件开发任务的执行，就软件项目是否正在遵循已制定的计划、标准和规程给开发人员和管理层提供反映产品和过程质量的信息和数据，提高项目透明度，同时辅助软件工程组取得高质量的软件产品。无论其名称是什么，该部门都可能要向项目团队、执行组织管理层，以及项目工作的干系人提供质量保证支持。在软件外包项目中，通常会通过第三方的质量保证部门来实施我们的质量保证。

质量保证人员（Quality Assurance，QA）在项目执行阶段主要关注以下内容的实施。

（1）按项目计划开展具体的质量活动，把项目过程及产品做得符合质量要求。

（2）设法提高项目干系人对项目将要满足质量要求的信心，以便减少来自干系人的干扰，扩大他们的支持。

（3）按照过程改进计划，进行过程改进，使项目过程更加稳定，并减少非增值环节。

（4）根据过去的质量控制测量结果（质量偏差），对质量标准（要求）进行重新评价，确保所采用的质量标准（要求）是合理的、可操作的。

3.6 项目监控

项目监控是围绕项目实施计划，跟踪进度、成本、质量、变更，掌握各项工作现状，以便进行适当的资源调配和进度调整，确定活动的开始和结束时间，并记录实际的进度情况，在一定情况下进行路径、决策、度量、量化管理、风险等方面的分析。在实施项目的过程中，要随时对项目进行跟踪监控，以使项目按计划规定的进度、技术指标完成，并提供现阶段工作的反馈信息，以利后续阶段的顺利开展和整个项目的完成。

3.6.1 进度控制

在项目监控过程中，对于进度控制的定义是非常容易理解的，即进度控制就是针对项目计划与实际执行状况的偏差进行的一系列的活动。偏差是必然存在的，所以调整就不可避免。在进度控制阶段有可能出现下面两种结果。

第一种输出结果是需要采取纠偏措施，这说明原来的项目进度计划是可行的，但由于计划在实施的过程中出现了问题，因此需要对照之前制定的项目计划去纠正实际操作过程中出现的问题。例如，在项目执行中，由于一些订购的设备没有按期到位，导致按时到位的人员由于没有设备而处于空闲等待的事件发生，这种场合需要进行纠偏。

第二种输出结果是需要修改进度计划。在项目计划执行的过程中，由于客户的需求发生了一些变化，从而导致项目必须要针对需求变更采取必要的应对措施，如此我们就需要对原有的进度进行修改。这种事例在国际软件外包的项目中非常常见，由于外包服务项目中发包方的项目进度也经常发生变化，所以导致接包方的计划会因此经常受到影响。

项目负责人会根据项目计划中定义的管理进度的方针，去管理和跟踪项目的进度。对于多长时间进行一次进度的跟踪报告和考核，每个项目都是不同的。进度跟踪的时间跨度太长，容易造成进度控制的操作失控，但时间跨度太密，又会增加项目成本和团队负担。因此，需要对项目的进度进行科学的统筹规划管理。在软件外包项目中，通常会采取定期和不定期两种方式来管理项目进度。

- 定期方式：每周项目经理会发起一次进度例会报告，每个进度相关者都要通过书面和口头两种方式进行进度的汇报，每个月汇总一次项目进度的绩效报告，每个季度汇总一次项目的季报，根据需要向项目的客户或公司的高级管理者进行报告会议等。另外，在项目的每个里程碑处也都会定期地进行汇报。
- 不定期方式：项目经理根据实际需要随时不定期的发起有关进度控制的会议，通常在进度实际进度和计划偏差较大的期间，这种不定期的汇报往往会更频繁，项目负责人通过频繁的监控项目进度的方式来得到项目计划追赶和跟进的趋势状态。当项目进度的趋势状态好转后，这种不定期的汇报频率一般会降低。

当项目进度处于第一种状态，即需要采取纠偏措施来追赶项目进度的时候，通常会采取以下措施。

第一种就是赶工，如让软件开发人员通过加班的方式，每天在正常的 8 小时工作时间的前提下，延长 3 小时工作时间，这样通过一段时间的赶工，进度是可以追赶上的。

第二种是快速跟进，如在原来 10 个人的资源计划的基础上追加两名人员同时进行进度的追赶。请注意第一种赶工的方式中我们并没有追加新的资源，这种方式可能会比赶工更有效，但由于追加了新的资源，可能在经营的层面上代价也许会更大。

无论是赶工还是快速跟进，只有在项目计划执行的关键路径上采取实施才有意义，在非关键路径上进行赶工和快速跟进都是没有意义的。项目经理在整个项目的实施和控制中，关键路径上的控制才是能体现项目经理能力的关键。

另外，在进度的控制中，对人员在每个阶段的需求是不同的。项目管理中常用削峰填谷的手段来进行资源的平衡，我们总是希望在不追加工期的情况下进行资源平衡操作。无论通过压缩工期还是平衡资源，对于进度的控制，需要牢记以下两个原则。

- 由进及远：即纠偏的活动要保证及时进行，不要拖沓。在项目前期对于进度的控制，要尽可能早地去发现问题，宁可在前期解决一些小的风险，也不要等到问题积压到后期去做大手术。
- 从长计议：即纠偏的活动要从工期较长的任务着手，工期长的大任务往往有动手术的回旋余地，可以将其拆分为若干小的任务并行进行实施，快速跟进。

3.6.2 需求变更管理

项目在执行的过程中由于客户的一些需求发生了变化，从而导致项目必须要针对于需求变更采取必要的应对措施。需求变更往往都会涉及项目进度、成本以及质量等相关的内容。在软件项目特别是外包项目中，需求变更的事情是经常发生的，我们在遇到客户提出需求变更的时候，不要一味地去抱怨，也不是要一味地去迎合客户的"新需求"，首先要做的就是做好需求变更管理。

1. 分级管理客户的需求

在已签订的项目合同中，任何的需求变更都会影响到项目的正常进行，还会影响到客户的投入收益，有的时候项目经理也要站在客户的角度去为客户着想。对于项目中的需求，可以实施分级管理，以达到需求变更的控制和管理。

- 一级需求变更（Urgent）：这种变更是关键性的需求，这种需求变更如果不得到满足，意味着整个项目无法正常交付，这个级别的需求变更是必须要满足的，所以定义它为"Urgent"，比如国家法律或者政策发生变更等。
- 二级需求变更（Necessary）：这种变更是后继关键性需求，它不影响目前的工作内容以及交付，但是如果不加以满足，后继的工作会受到影响，所以定义它为 Necessary，比如在业务分析阶段，某一个通用技术的采用由于客户的要求而发生的变更。
- 三级需求变更（Needed）：这种变更是后继重要的需求，它不影响目前的工作内容以及交付，但是如果不加以满足，后继的业务会受到影响，所以定义它为 Needed，比如某一个业务模块的变更。
- 四级需求变更（Better）：这种变更是改良性的需求，属于非功能性的需求变更，在没有满足这类需求变更的情况下系统往往并不影响正常的使用，但如果实现了会更好，所以定义它为 Better。如某一用户界面的布局或使用风格等。
- 五级需求变更（Maybe）：这种变更是客户的一个设想，有的时候可能只是客户的一个喜好，但如果实现了会更好，所以定义它为 Maybe。正如对它所描述那样，做与不做都是可以的。

我们对于一、二、三级的需求，通常是必须要满足的。对于四级的需求，如果在时间和资源都满足的前提下也是可以满足的。对于五级需求，则不作为必要条件去满足。需求变更可能发生在项目的启动、计划、执行以及收尾的各个阶段，不要认为需求变更只发生在项目的执行阶段。我们需要站在全局的角度上去管理变更，需要采取综合的变更管理方法，建立生命周期的需求变更管理体制。

需求变更管理流程如图 3-14 所示。

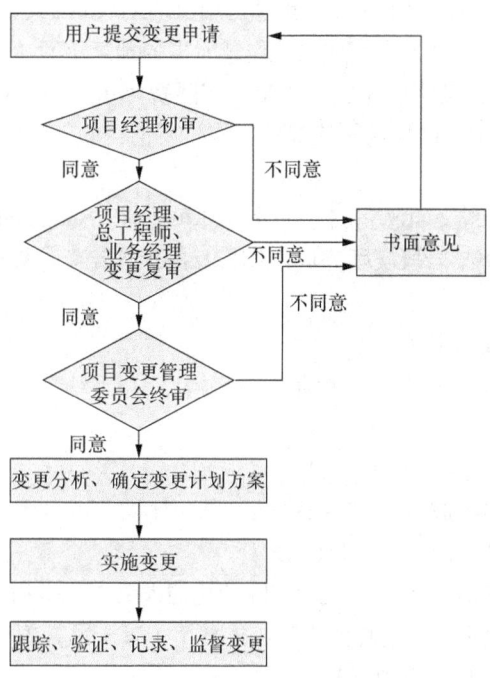

图 3-14　需求变更管理流程示例

2. 需求变更管理的原则

虽然需求变更的内容和类型各种各样，但需求变更能管理的原则却万变不离其宗。实施需求变更管理需要遵循如下原则。

- 建立需求基线。需求基线是需求变更的依据。需求确定并经过评审后，可以建立第一个需求基线。此后每次变更并经过评审后，都要确定新的需求基线。
- 制定简单、高效的需求管理变更流程，并形成文档。在建立需求基线后所有的变更都需要遵循这个变更流程，同时这个流程要具有一定的普遍性。

- 成立需求变更控制委员会,负责裁定接受哪些变更。变更委员会的干系人应包括项目决策人以及客户。
- 需求变更经过审批后,对于项目计划变更的执行时点要经过项目决策层进行评估与确认。

3.6.3 成本控制

成本控制是整个项目管理体系中的核心内容。对进度的管理虽然很困难,而对成本的控制则是更加难上加难。因为成本控制本身没有多大的弹性,一个项目从启动开始,它的成本就是一天一天累计增加的。成本涉及的主要是费用相关的问题。成本预算与实际开支之间的偏差直接体现在项目成功与否。成本控制的方法有很多,目前比较流行的、也是被业界普遍认可的一种管理方法是被称为挣值管理的方法(Earned Value Management,EVM)。下面我们简单阐述一下它的管理机制。

挣值管理是使用与进度计划、成本预算和实际成本相联系的3个独立的变量,进行项目绩效测量的一种方法。它将对计划工作量、WBS的实际完成量(挣得)与实际成本花费进行比较,以决定成本和进度绩效是否符合原定计划。

在挣值管理中,涉及3个重要的变量:

- PV(Plan Value),又叫计划工作量的预算费用(Budgeted Cost for Work Scheduled,BCWS),是指项目实施过程中某阶段计划要求完成的工作量所需的预算工时(或费用)。
- AC(Actual Cost),又叫已完成工作量的实际费用(Actual Cost for Work Performed,ACWP),指项目实施过程中某阶段实际完成的工作量所消耗的工时(或费用),主要反映项目执行的实际消耗指标。
- EV(Earned Value),又叫已完成工作量的预算成本(Budgeted Cost for Work Performed,BCWP)。指项目实施过程中某阶段实际完成工作量及按预算定额计算出来的工时(或费用)之积。计算公式为:

EV=已完成工作量×预算定额

下面给出常用的两个偏差公式和两个绩效公式:

成本偏差=挣值-实际成本:CV=EV−AC

进度偏差=挣值-预算成本:SV=EV−PV

成本绩效指标=挣值/实际成本:CPI=EV/AC

进度绩效指标=挣值/预算成本:SPI=EV/PV

我们可以看到,当CV为正值时,表示实际消耗的人工(或费用)低于预算值,即有结余或效率高;CV等于零时,表示实际消耗的人工(或费用)等于预算值;当CV为负值时,表示实际消耗的人工(或费用)超出预算值或超支。

当SV为正值时,表示进度提前;

当SV等于零时,表示实际与计划相符;

当SV为负值时,表示进度延误。

当CPI>1时,表示低于预算,即实际费用低于预算费用;

当CPI=1时,表示实际费用与预算费用吻合;

当CPI<1时,表示超出预算,即实际费用高于预算费用。

CPI的值越大,说明项目的实际成本相对于预算会越发节省。

当SPI>1时,表示进度超前;

当 SPI=1 时，表示实际进度与计划进度相同；

当 SPI<1 时，表示进度延误。

SPI 的值越大，说明项目的实际进度越发会相对提前于计划进度。

下面通过一个实例来进一步理解挣值管理方法。

例如：某项目计划工期为 4 年，预算总成本为 800 万元。在项目的实施过程中，通过对成本的核算和有关成本与进度或记录得知，在开工后第二年年末的实际情况是：开工后两年末实际成本发生额为 200 万元，所完成工作的计划预算成本额为 100 万元。

与项目预算成本进行比较可知：当工期过半时，项目的计划成本发生额应该为 400 万元。试分析项目的成本执行情况和计划完工情况。

由已知条件可知：PV=400 万元，AC=200 万元，EV=100 万元。

CV=EV−AC=100-200= −100，成本超支 100 万元。

SV=EV−PV=100-400= −300，进度落后 300 万元。

SPI=EV/PV=100/400=25%，两年只完成了两年工期的 25%，相当于只完成了总任务的 1/4。

CPI=EV/AC=100/200=50%，完成同样的工作量实际发生成本是预算成本的 2 倍。

从以上这个实例可以看出，无论是在成本偏差（CV）还是在进度偏差（SV）都是负值，也就是说实际的成本以及进度都严重超支。

挣值管理 EVM 在国外成熟的软件公司，如惠普、IBM 中都得到了广泛的应用，近年来随着国内软件公司管理成熟度的提升，在国内的大型软件公司中也得到了一定的推广，但在中小软件公司中应用可能还需要一定的时日。通过本节的学习，我们对成本控制有一个大体上的了解。无论是哪种管理方法，成本控制的核心目标是不会变的，也就是要把项目成本尽可能控制在计划的范围之内。

3.6.4 控制质量

项目质量控制的工作原理就是将项目实施的质量结果与预定的质量标准进行对比，找出偏差，分析偏差形成的原因，然后采取有效的措施去改善过程。

目前，在项目管理实践中得到最广泛应用的质量管理的控制流程，是质量管理大师菲根堡姆首创的 PDCA 流程法。PDCA 是 4 个英文单词的缩写，分别代表质量控制过程中的 4 个环节：

- Plan 是计划，是制定质量管理的目标；
- Do 是执行，实施质量管理计划；
- Check 是检验，对照计划检查实施结果，发现缺陷以及偏差并找到原因；
- Action 是处理，对照缺陷和偏差进行规范化处理，对于无法进行规范化处理的，需要对流程及计划进行调整。然后调整措施又被纳入下一轮的计划，形成一个循环往复的闭路流程。

质量控制的 PDCA 流程贯穿了质量管理中 4 个最重要的概念：预防、保证、检验、纠偏。

预防和保证是为了将缺陷排除在过程之外，检查和纠偏是为了将缺陷排除在送达客户之前，PD 着眼于预防保证，CA 着眼于检查和纠偏。PDCA 流程法在之前的顺序是 CAPD，后来在 ISO 9000 体系诞生后，才将计划环节改为起始环节，成为 PDCA，由此可见一个明显的趋势：在项目质量管理中，预防为主的概念越来越重要了。具体的实施方法如下。

- 首先通过取样检验收集数据信息；
- 然后在数据统计的基础上发现偏差和异动；
- 分析偏差和异动的数据，找出其原因；

- 对于这些偏差和异动数据进行量化描述,通过沟通取得共识,以便采纳措施。

通常质量控制用图表数据来展示相应的一些指标和趋势,我们在这里不做过多的介绍,需要记住的一点,就是无论用什么图表,一定要选择最适合自己项目的。

3.6.5 其他监控过程组

以上章节中,通过对进度、成本、质量以及需求范围的指标监控,项目经理和管理层可以大致对项目的状态有一个很好的掌控。除了以上4项,一般的项目还要对沟通、风险、采购以及干系人制定一些监控的过程和控制域。软件外包项目中,更需强调项目监控的重要性,因为项目监控在项目的启动、计划、执行以及收尾等整个生命周期中都要发挥着作用,所以,一定要予以充分的重视。对于风险等重要的控制域,我们还将在后面的章节中进行详细的说明,在这里不做过多的阐述。

3.7 项目交付管理

在项目管理中,始终都特别关注交付成果(Deliverable)。完成全部交付成果,就意味着覆盖了全部的项目范围,所有的项目活动、项目资源,都是为了有效完成这些交付成果而发生的,交付成果在很大程度上反映了项目目标的要求。

3.7.1 项目成果交付

在软件外包项目中,首先要了解什么是交付成果,交付成果的定义是什么。

软件项目的交付成果可以是有形的产品,也可以是无形的服务。这个成果的定义是广义的。无论是哪一种,它的前提都是基于用户早前的需求来产生的。所以交付的成果一定是和需求相呼应的。另外,成果交付不一定是在整个项目最后,之前我们介绍过,每个项目都可以被划分为不同的子项目,子项目里又可以划分为多个里程碑,每个里程碑都可以有若干个交付成果。在做软件项目成果交付时,不仅有程序代码,还要有一系列的文档和数据等,同时还要提供交付成果的清单。需要着重指出的是,软件外包项目和普通软件产品开发相比,更加注重项目成果物交付的及时性、文档说明书模板格式的统一性以及语言风格的一致性。由于大型的软件外包项目通常由多个公司承接并按照确定的计划进度实施和交付,那么对于甲方来说,各承包商的交付时间保证、交付成果的完整性及风格一致性则显得更加重要。下面以一般的软件外包开发项目为例,列出一些比较常见的交付成果。在后面各章的学习中,我们还可以看到这些交付成果的实例。

- 需求规格说明书,包括业务用例、词汇表、非功能性需求;
- 数据模型;
- 用户界面模型;
- 软件架构文档;
- 软件设计说明书,包括概要设计模型、详细设计,数据库设计;
- 测试包;
- 变更记录;
- 测试概要;
- 软件安装包、安装维护手册、使用手册等。

3.7.2 项目验收

项目成果交付时,需要遵循软件项目验收和交付的流程,保证项目在交付阶段,采取适当的措施,防止项目的交付风险,保护项目的完整性,保证提交的产品数量和质量均符合要求。

1. 制订验收交付计划

项目经理在项目启动计划阶段,制定了验收交付计划,此后直至交付前,验收交付计划应不断的完善,在交付前最终形成,作为验收交付申请书的附件提交。

2. 验收交付的申请和确认

项目经理根据客户的要求,提交验收交付申请书,申请书应包括以下内容:

- 项目说明书;
- 验收交付时间;
- 验收交付地点;
- 验收交付内容(含交付清单);
- 验收交付步骤;
- 验收交付方式。

在清单中需要清楚地记录交付的每一项内容的名称、规格、数量等。交付方式可以选择直接交付、邮寄或者电子网络传输交付。验收交付申请书需要经过技术质量部门负责人或其授权人审核并得到批准。

3. 验收测试

客户代表在收到正式的验收交付申请单后,可以执行验收测试。验收时重点检查其开发过程中的质量记录,符合质量管理体系的要求,达到要求则可以验收;在必要时,由验收小组组织专门的验收测试,通过测试,就可以验收。

4. 产品交付结束

按验收交付申请书,项目经理将所交付的内容交付并验收完毕后,项目的交付即结束。项目经理需要负责把项目相关的代码、文档进行归档操作,必要时还需要对维护人员进行专门的培训,项目进入维护阶段。

3.7.3 维护期工作

项目维护期是指营销体系中一切与系统后期运作有关的维护工作,与其他系统一样,需要经常性地更新维护才会起到既定的商业效果。因此运营维护的好坏在很大程度上会直接影响到客户是否会对企业产生良好的印象,从而成为企业的客户之一,此举具有非常重大的意义。在国内外大中型企业中,大多数的企业软件系统正式上线并进入维护期后,通常都是通过软件外包的模式来进行的,将这部分的工作外包给相对专业的运维商,或者采取混合的模式,将一部分的维护工作进行外包。

软件项目维护阶段一般都会签订有明确里程碑的维护合同,包括维护工作的内容、工作形式、工作点以及人员配置情况等。软件运维归属于 IT 运维服务的范畴,在后面的章节将有更加详细的阐述。

在这里我们特别要提醒一点,对于进入维护期的软件项目,重点工作主要体现在几个方面:

1. 版本分支管理

软件进入维护期后,核心代码已经基本稳定,增加功能、修复 Bug 等任何变更都可能引入新的 Bug。要提高维护期软件的质量，就必须尽可能的减少变更或者提高变更代码的质量。对策之一就是引入新功能的版本分支管理：对于一个新功能，不是直接在主版本上开发，而是先分支出一个子版本。新功能基于子版本开发，经过若干个"试验局"版本，待新功能基本稳定后再合入主版本。这样的好处是：产品始终有一个相对稳定的基线版本；新功能前期尽可能在"试验局"暴露问题，减小问题的影响范围。目前版本管理常见的工具包括 VSS、Clear Case 等。Clear Case 在分支管理方面的功能比较不错。

2. 文档管理

维护期的软件产品，在文档管理方面要进行严格的版本管理。有些人认为软件进入维护期后就没有必要写设计文档了。其实恰恰相反，对于维护期的软件新增功能、千行以上的程序缺陷修复等都应当走设计评审流程：维护期的软件外部缺陷成本大大增加，而内部缺陷成本相对较低，加强设计文档的审核，从而降低项目维护期的风险。

3. 人员管理

项目进入维护期后，由于项目规模有所收敛，时间周期可能会比较长，那么人员流动风险相应的就会显现出来。维护期软件人员流动性一般较大，需要加强对核心骨干员工的激励，适当地采取转、培、升等措施，为他们创造新的发展空间，并通过加强文档建设、人员交叉备份等措施规避人员流动风险。

思考题

1. 什么是软件外包项目管理？软件外包项目管理有哪些特点？
2. 软件外包项目管理涉及哪些知识领域？
3. 软件外包项目管理中项目正式启动的要素有哪些？
4. 软件外包项目管理计划中有多少子计划？分别是什么？
5. 软件外包项目在项目执行的过程中需要做哪些具体的行动？
6. 软件外包项目如何监控？需要在哪几个维度上进行监控？
7. 软件外包项目在做交付的过程中，需要注意哪些问题？

第 4 章
软件外包工程管理

【学习目标】
(1) 了解软件外包的项目、行业及技术类型
(2) 了解软件项目的主要工程阶段及对应主要任务
(3) 了解需求分析方法及流程
(4) 熟悉软件设计、编码及单元测试的基本方法
(5) 熟悉缺陷管理流程
(6) 掌握主流开发语言的编码规范

理解什么是软件工程是软件外包工程管理的基础。

在软件工程学术界和产业界，不同的组织有不同的定义，目前比较受到认可的定义认为：软件工程是研究和应用以系统性的、规范化的、可定量的过程化方法去开发和维护软件，以及如何把经过实践检验而证明正确的管理技术和当前能够得到的最好的技术方法结合起来。因此，软件工程管理是一组利用现有的资源、采用合理的技术和遵循必要的过程将用户的业务需求作为输入转化为软件系统，作为输出的实践活动。软件外包作为软件工程全生命周期的一个子集，从根本上仍然遵循软件工程管理的一般方法，只是由于在工程实践中，软件外包是发包方将软件工程生命周期中的部分或全部阶段委托给接包方实施的，从软件工程的整体视角看，用以合作双方完成各自工程阶段成果物衔接的接口节点，比单纯由一方完成全生命周期的场景更具有管理难度。从软件工程生命周期的角度，无论采用传统的生命周期模型如瀑布型、增量型，还是采用迭代型、螺旋型等面向大型复杂系统开发的软件工程生命周期模型，均需要遵循需求分析、系统设计、详细设计、编码、测试及运维等软件工程主要活动。在软件外包发展的初期，出于控制风险的需求，大多数发包方只是将编码和单元测试等在软件工程中相对低端的工作委托给接包方，而需求分析及设计等上游工程控制在发包方自己手中，接包方根据发包方提供的详细设计说明书进行代码编制和单元测试；随着软件外包业务的发展和不断成熟，接包方的工作范围进一步延伸至从设计到集成测试的软件工程过程，部分业界领先的接包厂商拥有了为发包方提供整体解决方案的能力。在市场竞争压力下和外包产业逐渐成熟的过程中，接包方需要不断向软件工程价值链的高端进行移动，目前中国的软件外包业务中，以详细设计至集成测试阶段为代表的中低端业务仍然占据了主流，这也是制约中国软件外包接包方市场竞争能力的关键要素。

需要指出的是，由于软件外包本质上是软件工程在不同组织间的分工与协作形式，因此从软件工程的角度看，软件外包中涉及的软件工程过程与传统软件项目对应的软件工程过程在工程方法上并没有差别。但由于软件外包跨地域、跨文化及多组织协同等特点，使得软件外包项目中涉及的工程过程在标准化、规范性和细致程度方面的要求更为严格，以确保项目质量。

4.1 软件外包业务形态

在软件及服务外包业务实践过程中,业务形态根据业务内涵、项目组织形式、行业属性和应用技术类型等特征,可以进一步进行细分,不同特点的软件及服务外包业务会产生各有侧重的工程管理重点。其中由于软件外包是中国软件及服务外包市场中最主要的业务类型,是本书论述的重点,而业务流程外包和信息技术外包业务不作为本书论述的主要内容。

(1)软件外包:指为客户进行的软件开发及服务,包括覆盖软件全生命周期的需求分析、概要设计、详细设计、代码实现、单元测试、集成测试、系统测试、实施及支持维护服务,还包括软件多语言化(如国际化、本地化等)。

(2)业务流程外包(Business Process Outsourcing,BPO):指以降低成本和聚焦提升业务能力为目的,将部分或全部支持性工作职能或业务流程中的某些活动的执行和管理转移给外包服务提供商的一种业务运营模式。其主要形式包括呼叫中心(Call Center)、数据处理(Data Handling)和信息管理等。

(3)信息技术外包(Information Technology Outsourcing,ITO):指企业将自己的整体或部分IT系统委托给信息技术服务商,由其按照双方共同确定的服务水平承诺协议(Service Level Agreement,SLA)进行运营、维护和管理被委托的IT系统的服务过程,保证IT系统的可靠性和可用性。按照IT系统的不同层次,ITO可以分为IT基础设施外包和应用系统外包。目前ISO20000和IBM ITIL IT服务管理标准被业界广泛采用作为ITO的管理准则。

① IT基础设施外包:指基于IT基础设施和IT后台服务器系统的外包服务,包括服务器、数据中心、网络设备运维、信息安全和环境安全管理、桌面系统管理等。

② 应用系统外包:指基于IT基础平台上的各种应用系统(如ERP、CRM、财务系统、决策支持系统、办公自动化系统等)的后期维护和升级服务及依据客户需求的二次开发(Add-On)服务。

(4)知识流程外包(Knowledge Process Outsourcing,KPO):指企业将部分基于知识型的、侧重流程再造与创新、市场研发和业务分析等的高端业务流程委托给提供商的业务形态。这种外包业务是以BPO业务为基础的,倾向于信息集成、判断、解释、建议和结论,是BPO业务向价值链高端延伸的阶段,在这个意义上说,KPO可以视为BPO的高阶阶段。

4.1.1 软件外包的项目类型

软件外包按照项目组织方式、发包方与接包方的工作职责及工程范围的不同,一般分为以下几种项目类型。

1. 人员外包

这种项目类型是业务发包方根据自身的项目建设计划和资源状态,从接包方以人员租赁的方式获得一定数量内的相应技术人员,这些技术人员整体上服从发包方统一的业务管理和工作安排,完成对应的工作任务。在这种模式下,发包方承担整体项目计划策划、技术方案确定、项目质量和进度控制等职责,接包方负责按照发包方对人员的数量、时间和能力标准提供符合条件的技术人员,并实施日常工作管理和接包方承接部分的任务管理、质量与进度控制等职责。人员外包项目通常会采用每个周期内固定人员数量的方式开展,发包方根据自身的业务计划,在业务周期开始前，与接包方就人员数量、结构、能力标准和价格进行讨论确定，接包方按照确定的结果匹配对应的技术资源以有效实施下一期业务。软件运维、测试、本地化和低端的设计开发等业务通常会采用人员外包的模式进行，发包方的业务周期通常会采用年度（如果是发包方的核心业务系统运维通常会与接包方洽谈一个多年的人员外包合同）的方式进行。在人员外包模式下，项目报价采用每个角色固定人月单价的方式，结算方式通常为每月结算一次。接包方在制定报价方案时，通常需要考虑人月成本（包括工资及工资附加等直接成本、企业承担的"五险一金"等间接成本、人员空闲期成本及占用的办公资源等成本）、预期利润率、合作规模、合同周期及业务发展潜质等因素。目前，人员外包模式是软件外包业务中比重最大的一种项目类型，基本特点是业务层次较低、执行风险较小、利润率低和客户黏度低。

2. 项目外包

这种项目类型是业务发包方将软件生命周期中部分阶段的工程委托给接包方，接包方按照上游工程输出的工作结果完成委托范围内的工程作业并将成果物提交给发包方进行验收。随着软件外包业务在工程管理规范和能力方面逐渐走向成熟，以项目外包形态越来越多地被发包方和接包方采用。在此种模式下，接包方被要求依据发包方提供的工程范围和输入的上游工程成果物进行项目工作量、进度和成本评估，形成报价和项目计划，发包方确认后开始实施项目。接包方实际能够取得的利润和项目是否能够按计划顺利完成取决于自身的生产效率和上游工程输入成果物的稳定性和质量，对于成熟的接包方软件组织来说，承接项目外包业务会获得比承接人员外包业务获得更大的利润和对资源控制的自主权。在项目外包的模式下，有效管理和控制变更是软件工程管理的核心和关键，当上游工程成果物发生变更时，要准确和量化评估对下游工程活动和项目计划的影响，及时反馈给发包方用以确认是否实施变更，特别是应对变更需要追加较大的成本（通常情况下，当变更的成本累积影响超过报价工作量10%时，即被视为较大影响，需要追加预算）和消耗更多时间的场景下，需要得到发包方追加预算和调整日程的承诺。目前，项目外包模式是软件外包业务中增长最快的一种项目类型，相较于人员外包，项目外包具有业务层次相对较高、项目管理自主性强、预期可实现利润较高等特点。

3. 联合研发

随着软件工程技术和方法的快速发展和企业市场竞争的不断加剧，众多企业试图采用新的技术方法解决业务的问题或业务创新来提升自身经营竞争力。在这种情况下，发包方充分利用自身的业务经验并结合接包方的技术实力进行联合研发。这是软件外包业务发展的高级层次，合作双方共同投入，对研发的成果共享知识产权，共享收益。由于合作双方在联合研发中面临新的技术方法、商业模式等的不确定性，因此这种模式预期的高收益与现实的高风险同时并存。

4. 众包模式

随着互联网特别是移动互联网技术的飞速发展，出现了以应用商店为特征的新的软件应用模式，也因此带动了应用于应用商店的新的软件开发外包模式逐渐成为热点。所谓众包，是指一个公司或机构把过去由员工执行的工作任务，以自由自愿的形式外包给非特定的（而且通常是大型的）大众网络的做法。众包的任务通常由个人来承担，但如果涉及需要多人协作完成的任务，也有可能以依靠开源的个体生产的形式出现。软件众包模式下，众多自由开发者基于标准的平台构件应用，以应用商店的形式提供给消费者下载使用，与应用商店平台商分享利益。传统外包强调的是高度专业化，而众包则正好相反。传统外包是社会专业化分工的必然结果，是专业化作用下规模经济的产物，专业化的信息技术公司成为其他公司外包的选择对象；而众包，则受益于社会差异化、多样化带来的创新潜力，是更加个体的行为。众多的软件开源项目证明，由网民协作网络写出的程序，质量并不低于微软等大公司的程序员开发的产品。

软件外包采用何种项目推进方式，取决于发包方对软件外包的战略定位、接包方自身对软件外包的策略以及接包方的软件工程能力、软件过程成熟度等。表 4-1 中分析了对接包方来说除高度个性化的软件众包模式之外各种项目模式在不同维度的评价。

表 4-1　　　　　　　　　　　软件外包项目模式的对比分析

评价指标（KPI）	人员外包	项目外包	联合研发
长期发展战略	不利	中性	有利
盈利预期	较低	中等	高
成熟度要求	较低	较高	高
自主掌控能力	弱	较高	高
业务稳定性	较高	较低	低
短期业务风险	低	中性	高
议价能力	弱	较高	高
市场竞争力	弱	中性	高

4.1.2　软件外包的行业类别

中国的软件外包业务经历二十多年的持续发展，已经由最初以企业管理系统的软件代工（即软件的编码和单元测试）为主，逐渐覆盖到包括金融、制造、通信、公共事业、航空、消费电子、商业流通业等在内的各垂直行业运营管理及各垂直行业的核心业务系统。表 4-2 所示为对垂直行业划分的一般性归类定义。

表 4-2　　　　　　　　　　垂直行业分类及国际软件外包行业范围

行业类别	细分行业类别	国际软件外包范围
金融	银行、保险、证券、基金、信托	涵盖广泛
制造	冶金、机械、电子、化工、汽车、航空航天	电子与汽车涵盖较广
通信	电信运营与电信服务	涵盖广泛
医疗卫生	医疗机构、健康管理机构、医药	涵盖较少
交通	海运、公路、铁路、航空、管道运输	航空与铁路涵盖较多
教育	学前教育、小初高教育、学历教育、职业教育、培训机构	涵盖较少
政府	公共服务提供机构	涵盖较少
物流	运输、储存、装卸、搬运、包装、配送等物资流通企业	涵盖较多
流通	商业百货、零售业及其他物流之外的商品流通渠道	涵盖较多
能源	电力、石油、煤炭、水力、核能	涵盖较少

同时，就软件产业自身来说，由于新 IT 技术和方法的快速发展，产生了众多创新性的商业模式，使得软件产业的发展产生了新的特征。

（1）软件即服务进程加快，面向服务的商业模式创新成为产业亮点。

以云计算为代表的新的 IT 架构规划策略使面向服务的商业模式创新成为可能。云计算是使用互联网技术,以"服务"的方式向外部用户提供可扩展和可伸缩的 IT 服务模式。云计算改变了 IT 资源交付和使用模式,用户能够通过网络随时随地获得所需要的服务。基于云计算的硬件基础设施、基础系统软件、开发工具、应用软件等新业态不断涌现,产业格局正在发生革命性的变化。商业模式是企业创造价值和获得竞争优势的基本方式,由云计算带来的商业模式创新是推动软件产业甚至影响其他产业格局重塑的重要因素。

(2)产业链再造和整合加快,产业形态推陈出新。

"平台+内容+终端"的产业链再造与整合日益显现并形成新的产业形态,将产业的竞争由企业间的竞争演化至产业链的竞争,使原本清晰的产业边界变得越来越模糊。产业链整合将传统的终端设备制造、软件开发、数字内容提供等产业环节进行重新组织和再造,构建纵向一体化的产业链体系,向消费者提供基于智能终端的娱乐、消费、社交、资讯等服务。苹果公司创新性地开创了这一商业模式,并取得了巨大成功。其推出的智能终端产品,实现了"智能终端+内容推送分发渠道+应用商店服务"的产业链整合,锁定了消费者、聚集了开发者、抑制了竞争对手,获得压倒性优势。

垂直化的产业链整合模式正在取代传统的以平行化模式为主的产业链分工体系,通过产业链整合,提高企业运营效能,主导产业发展分享,提升企业竞争优势。

(3)跨终端操作系统平台正成为新的产业发展制高点。

操作系统是软件和信息技术的基础和核心,因此也位于产业发展价值链的最顶层,自 20 世纪 80 年代初至 21 世纪前 10 年间,在长达 30 年之久的时间里,微软与英特尔通过核心中央处理器芯片和操作系统主导了全球信息产业。

随着互联网,特别是移动互联网时代的来临,传统的操作系统市场格局发生了根本的变化。智能手机、平板电脑和互联网电视等新型设备呈现爆发式增长和普及,以谷歌的安卓(Android)和苹果的 iOS 为代表的操作系统广泛应用于智能手机和平板电脑,在操作系统领域呈现多元化竞合的新态势。

根据各垂直行业发展的成熟度、信息化推动竞争能力的需求及 IT 可投入的资源来看,金融、制造、通信服务业占据了软件外包业务的大部分比例,图 4-1 所示为全球 2009—2014 年主要行业的 IT 支出对比。

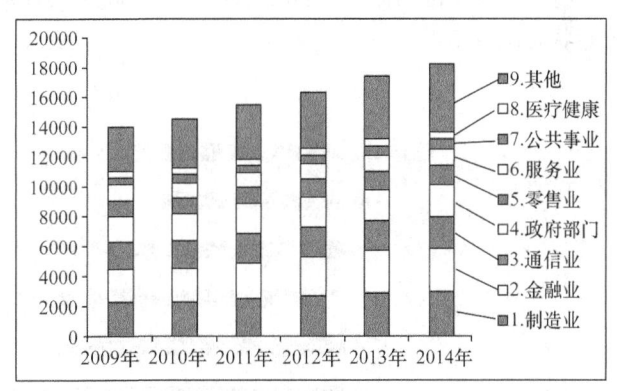

图 4-1 全球主要行业 IT 支出对比

由于软件外包行业基本上覆盖了当今全部的垂直行业,限于篇幅,不能一一赘述,本章选取了金融业和移动互联网业两个垂直行业的信息化现状和趋势作为阐述的重点。

1. 金融行业

金融行业分为银行、保险和证券 3 个细分行业,从图 4-1 可以看出,银行证券业的 IT 投入要大于保险业投入,但保险业近几年的发展速度快于银行及证券行业,因此保险业的 IT 投入占营业额的比重也快于银行及证券行业。图 4-2 所示为调查机构对全球保险业市场 2010—2015 年度的市场规模预测。

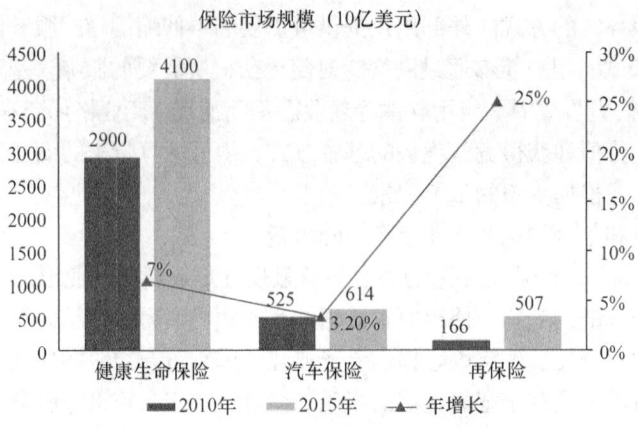

图 4-2　2010—2015 年全球保险业市场规模预测

从调查机构预测情况看，至 2015 年全球保险业务市场规模将达到 5.1 万亿美元，其中生命保险占 58%左右的市场份额，全球保险业 IT 预算投入的标杆比例为年营业额的 7%左右。从区域市场看，发达经济体如北美，由于长期储蓄市场不稳定及面向高收入人群的金融服务萎缩，保险业增长相对缓慢。而根据 Global Industry Analysis 的报告，日本保险市场由于金融改革而强劲得多，保险公司保持向新兴经济体如中国业务延伸策略。亚太地区保险公司受益于汇率升高而提升了投资收益，但是，可能的通货膨胀将成为市场增长阻力。根据 Global Industry Analysis，由于生命保险行业具备十分活跃的创新和流程改善的驱动力，因此全球保险业对生命保险的发展寄予厚望。企业间的整合和并购将持续在保险市场发生，从而推动企业运营能力的提升和市场份额，如日本损保（Sompo）和兴亚（Nipponkoa）于 2014 年 9 月合并，AIU 和 Fuji 保险也将于 2015 年下半年合并。市场竞争将进一步加剧，保险公司通过金融创新、增加投资和风险管理实践稳定和获得更多客户，同时通过提供更加弹性和便利的服务增强客户体现。而在市场竞争方面，信息化的改善和投入将是十分关键的抓手。图 4-3 所示为以欧洲为例对欧洲保险公司 CIO 进行的保险 IT 投资方向分布状态调查结果。

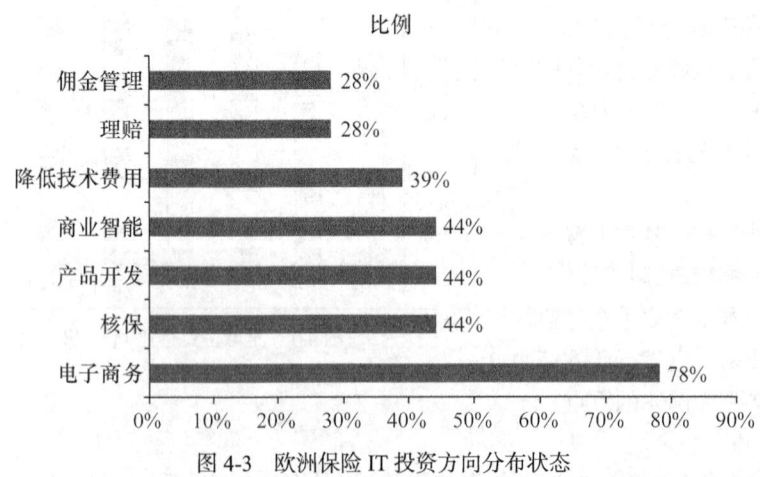

图 4-3　欧洲保险 IT 投资方向分布状态

根据对 CIO 的调查，保险信息化呈现如下的几个主要特点。
（1）电子商务、核保、新产品研发和主数据管理是受到关注的保险信息化业务场景。
（2）诸如保单管理和理赔等核心业务系统的改造升级和既存系统的现代化是核心关注领域。

(3)满足欧盟偿付能力 II（Solvency II）改革要求推动了数据仓库和商业智能的发展，借助智能化的核保决策提升保险盈利能力。

(4)在诸如系统集成及 B2B/B2C 门户等分布式渠道建设方面增加投资。

(5)云计算、移动端末及社交网络成为新的关注点。

(6)在降低技术投入费用方面，强调数据中心、虚拟化及集中化的 IT 基础设施。

(7)IT 外包策略没有发生大的变化，现有外包格局大体稳定。

与其他行业对比不难发现，保险行业信息化在系统现代化、客户保有及社交网络等利用新技术等方面存在明显差距，如图 4-4 所示。

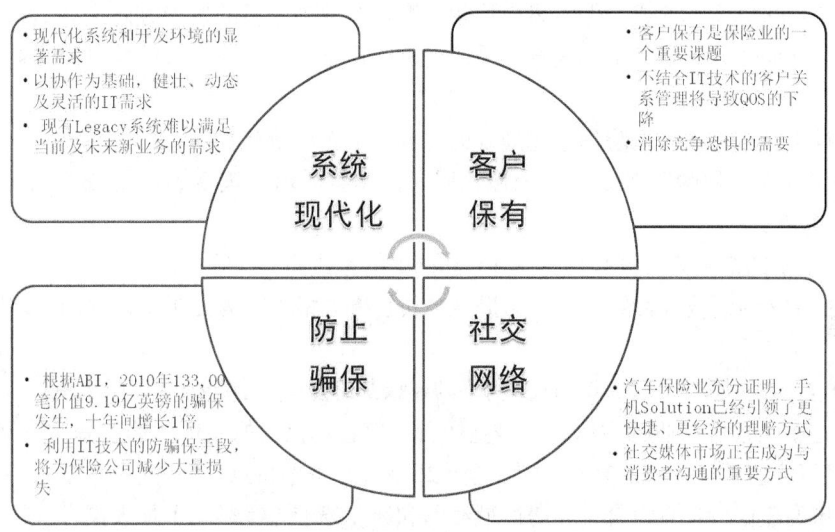

图 4-4 保险信息化的薄弱环节分析

分析各行业相关领域的信息化建设实践，保险行业的相关薄弱环节可以从中获得有益的借鉴，如图 4-5 所示。

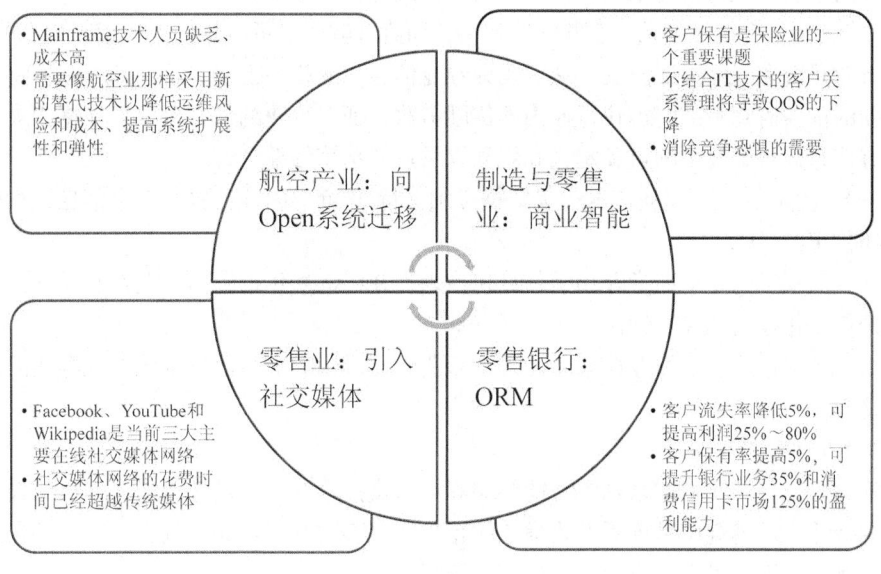

图 4-5 其他行业相关领域信息化的借鉴分析

从全球保险行业信息化的现状看，相关软件外包依然存在着很好的发展机会。其中，在核心业务系统方面，大量以 Mainframe 为基础的业务系统产品存在，新兴保险公司的核心业务系统越来越多地采用基于浏览器/服务器（B/S）架构模式的应用系统，而 Mainframe+Web 的架构方式也在既存系统现代化的过程中被大量采用；为提升竞争力而为外围系统（如销售、CRM、Call Center 等）的投入加大，相关业务发展迅速；保险企业内部的应用组合由于开发的时间跨度大，缺乏顶层设计而导致数量众多、结构复杂，越来越难以适应企业业务发展变化的要求。

从保险行业信息化建设的发展趋势上看，软件外包企业需要做好如下的相关准备。

（1）围绕海量数据（结构化、半结构化和非结构化）、移动互联网及物联网（主要针对财产保险行业）的信息化应用逐渐成为保险风险控制、客户及营销分析的发展方向。

（2）保险业的兼并重组将带动信息化系统的进一步整合，企业内部的信息系统整合也将进一步加快。

（3）云计算应用将成为保险信息化规划的主要技术发展策略。

（4）消费者对于保险服务质量及个性化服务的期望激增，表现为传统 B2B 的营销方式向 B2B2C 的方式转变。

① 大约 71%的消费者打算采用在线（Online）的方式购买保险产品。

② 大约 54%的消费者希望保险公司提供推演解决方案（行为分析）以帮助管理风险和降低保费。

③ 大约 48%的消费者认为基于社交网络的建议最终影响了保险产品购买决策。

银行业是中国金融行业的主体，也是金融行业信息化投入的主体（约占总体投资规模的 2/3 左右），从银行业信息化投入的趋势上看，呈现以下几个基本特点。

（1）城市商业银行在重组合并、跨区域经营和新业务准入等影响下加大投入。

（2）全国性股份制银行的信息化投资稳定增加，邮储银行成为信息化投入新的增长点，农村信用社信息化潜力在股份制改造的引领下逐渐释放。

（3）总体上，包括容灾备灾、呼叫中心等的应用整合，业务系统升级、区域扩张、业务范围扩张等引发的应用开发和设备采购是银行机构在信息化投入方面的主要驱动力。

（4）风险控制、合规性经营、业务创新和整合和监管应用也将给软件投入带来更多的增长点。

证券行业是金融业的重要分支，从中国证券业信息化的趋势上看，呈现如下基本特征。

（1）新的证券监管标准将加快行业内的优胜劣汰，证券行业的兼并重组正在逐步展开，从而引发对现有信息化基础设施的重新定义和规划以及业务系统的整合升级。

（2）基于监管法规要求，所有的交易数据必须保持 20 年，因此证券业对于信息化存储设备的采购是长期稳定的目标。

（3）证券监管机构要求证券业加强信息化治理，并将信息化投资与营业额联动挂钩，保证了证券业机构信息化投资的稳定性。

（4）新业务的拓展、证券业信息化治理、营业分支机构的扩容改造都将对证券业的信息化投入产生推动力。

2. 移动互联网行业

移动互联网行业结合了互联网和智能终端等信息化技术发展的最新成果，是目前最具活力和创新能力的行业，市场规模呈现爆发式增长的趋势，在移动互联网的大潮中，软件外包产业也将迎来重大转型和升级的机会，呈现如下的基本特征。

（1）移动终端和手机操作系统的竞争加剧，进一步加快了智能手机的普及程度，带动了整个移动互联网市场迅速增长。

（2）传统互联网企业纷纷加大移动互联网的投入，新应用的不断出现和商业模式的不断创新吸引了大量产业进入者，推动了各细分行业的快速成长。

（3）手机电子商务规模快速扩大，手机广告市场增长明显。以2011年第三季度为例，当季手机电子商务交易规模达到37.7亿元，环比增长90%，同比增长500%，成为移动互联网市场规模增长的主要驱动力，手机广告市场规模达到11.2亿元，环比增长51%，同比增长260%。传统电商网站加大移动客户端的研发及投入，并加大其客户端的营销力度，吸引了大量用户并产生购买行为；基于NFC（近场通信）技术逐渐成熟，大型B2C网站支持移动支付，从而使用户的支付更加便捷和安全；移动电商应用商店模式更有效地提升了用户体验，增强了客户的忠诚度和黏度；随着手机4G时代的到来，手机广告作为新的营销方式，在形式和内容上不断地快速发展；传统互联网企业向移动互联网的扩展带来新的营销需求，同时众多免费的手机应用开始依托广告平台实现盈利，这些都在促使手机广告市场规模快速增长。

（4）移动增值和游戏市场平稳增长。移动增长市场的平稳发展得益于移动运营商加强了增值业务的发展和注重产品的整合，同时，各种新的应用形式快速发展，如手机阅读、移动IM、LBS等。目前移动互联网中新的应用发展很快，用户普及速度迅速，新的商业模式和生态系统不断出现并处在探索发展时期。

（5）智能终端发展迅猛。以三星、苹果为代表的智能手机厂商销售量占市场份额的绝对主要地位。Android、iOS、WP及BlackBerry是典型的智能手机操作系统，其中Android市场占有量排名第一，iOS紧随其后。

近几年来，以推动宽带网络建设，推动融合型技术和业务创新发展，促进产业升级和打造经济结构升级为目标的国家移动互联网产业政策不断推出，进一步引导和推动了移动互联网产业快速健康发展。

（1）准确认识和把握移动互联网的全球发展趋势，推动产业健康发展。移动互联网正在成为互联网发展的主流发展趋势，与此同时，伴随移动用户高速增长和市场规模不断扩大，移动互联网日益深入日常的生产、经营和生活，带动信息通信、商务金融、交通旅游及文化娱乐等各个行业的业务应用和创新，推动相关产业的持续发展和升级，市场前景广阔，发展机遇空前。

（2）推动传统通信业向综合信息业转型，包括进入内容服务领域，加快移动互联网业务应用开发，提升业务应用水平，向信息服务业转型；加强与各行业解决方案深度融合，通过互联网加速社会信息化发展，带动包括教育、交通、智慧城市、文化、旅游等各垂直行业全面升级和可持续发展；通过与物联网、云计算等战略新兴产业的融合发展，向工业等领域深度渗透，促进产业结构的调整；将互联网技术应用于社会管理的各方面，增强公共服务能力和国民信息技术应用能力；随着新型移动平台和智能型的终端快速发展，新型的信息化产品和商业业态和服务模式将发生颠覆性的变化。

全球产业格局不断进化，产业竞争日趋激烈，新的业态日新月异，在这个进程中，信息技术成为越来越关键的推动因素。在中国新型工业化发展的过程中，两化融合为软件产业和软件外包行业提供更为广阔的发展空间。两化深度融合客观上要求信息化在研发设计、生产、流通、管理和人力资源开发等企业运营的关键环节深度应用，从而促进信息技术的综合集成应用，基本发展趋势和特征是：

（1）随着工业制造业产业升级，产生了大量覆盖生产经营全生命周期的数字化、网络化、智能化、计算机辅助设计、计算机辅助制造、工业控制及综合管理软件等市场需求；

（2）随着物联网等新兴技术的发展和应用，产生了快速增长的面向制造、能源、金融、通信及物流等行业的信息化解决方案需求；

（3）随着基础设施智能化转型的加快，智能电网、智能交通及智慧城市等的大规模建设将为软件服务业创造广阔的市场空间；

（4）伴随着制造业和服务业信息化进程加快，软件外包业务正不断进行扩展。技术的深度融合，使得软件服务业不断深入地渗透到客户的核心业务流程，推动了软件服务业整体竞争力的提升和向价值链的高端移动。

4.1.3 软件外包的应用技术类型

软件外包行业经过20多年的持续发展和进步，已经逐渐覆盖了各个垂直行业领域的信息化建设和解决方案。由于各个行业领域的业务特点有着非常大的差异，同时各行业信息系统建设的发展阶段和面临的挑战也各有不同，因此，在不同行业的信息化技术策略、技术路线和技术解决方案方面既有共性，也有着明显的行业差异。软件外包作为信息产业的一个子集，在外包的应用技术类型方面也同样表现为复杂的多元化和多样性。软件外包应用技术的分类方式有很多，比如按照通用软件体系架构层次划分，按照应用软件开发维护和嵌入式软件开发划分，按照软件生命周期不同阶段采用的技术划分等。

表4-3所示为一般通用软件体系的逻辑分层架构，包括软件架构基础设施（操作系统、数据库、网络）、应用框架及中间件、开发语言及工具和用户界面技术等。

表4-3 通用软件体系的逻辑分层架构

用户界面技术		
开发语言、开发工具		
应用框架、中间件		
操作系统	数据库	网络

从通用软件体系的逻辑分层架构看，软件外包基本覆盖了分层架构中涉及的全部技术。从软件技术的发展历程上看，大体经历了集中式软件架构模式、客户端/服务器软件架构模式（包括客户端/服务器模式和基于浏览器/服务器模式）的分布式软件架构以及基于虚拟化的遍在计算（云计算）的架构体系模式等几个发展阶段。而目前发包方的信息化建设阶段和现状，以及技术路线的侧重点差异较大，因此软件外包业务所涉及的应用技术贯穿了上述几个不同发展阶段。

1. 集中式软件架构模式所涉及的应用技术

以IBM大型主机及小型机为代表的集中式软件架构模式的应用系统直到今天仍然比较广泛地应用于银行、保险、证券等金融行业。因此，IBM大型主机及小型机相关技术的应用在软件外包行业占据了相当的比例。表4-4所示为软件外包业务涉及的IBM大型主机及小型机相关具体技术。

表4-4 IBM大型主机及小型机相关技术

技术类别	技术
UI技术	字符界面
开发语言	Cobol、RPG、Assembler
作业控制语言	JCL、CL
中间件	CICS、IMS TM
数据库	IMS DB、DB2
操作系统	OS390、OS400、AIX

2. 客户端/服务器架构模式所涉及的应用技术

随着计算机网络技术的发展，传统集中式的软件架构模式越来越暴露出技术封闭、用户体验差、维护困难和可用性不高的弊端，以客户端/服务器架构模式的分布式体系应运而生并成为目前行业解决方案的主流技术路线。客户端/服务器架构模式经历了两个阶段的发展，在发展初期，将软件系统的部分业务功能分发部署在客户端，其余部分部署在服务器端，这种模式对集中式软件架构进行了有效改进，但是因为需要进行客户端软件的分发和安装，在部署和升级维护等方面问题并未进行彻底地解决，随着浏览器技术的发展，以浏览器/服务器架构模式的行业解决方案逐渐成为主流，也是目前大部分软件外包业务所采用的应用技术组合。表 4-5 所示为软件外包业务涉及的客户端/服务器架构模式的相关主要技术。

表 4-5　　　　　　　　　　　　客户端/服务器架构模式的相关技术

技术类别	技术
UI 技术	JS、HTML、HTML5、Ajax、Jquery
开发语言	Java、C#、VB.NET、PHP
应用框架	J2EE（Struts、Spring） .NET Framework
应用服务器	Jboss、Tomcat、Weblogic、Websphere、IIS
数据库	SQL Server、Oracle、MySQL
操作系统	Windows、Unix、Linux

3. 云计算架构体系模式的相关技术

事实上，云计算并非一种具体的技术，而是一种新的系统架构方法论。云计算的演变大体可以追溯到 1990 年左右，经历了网格计算、效用计算及软件即服务（SaaS）几个阶段。云计算可以这样定义：云计算是一种计算模式，在这种模式下，应用、数据和 IT 资源以服务的方式通过网络提供给用户使用。云计算是一种基础架构管理的方法论，大量的计算资源组成 IT 资源池，用于动态创建高度虚拟化的资源提供给用户使用。云计算的服务模型可以划分为基础设施即服务（IaaS）、平台即服务（PaaS）和软件即服务（SaaS）3 个层次。

（1）IaaS：IaaS 向用户提供计算资源、存储资源和网络资源，其业务模式为以服务的形式提供虚拟主机、存储、网络及安全资源，通过互联网租赁即可使用基础设施资源并按照使用量进行计费。

（2）PaaS：PaaS 向用户提供运行环境、开发环境和开发支持环境，其业务模式为将运行平台、开发接口等以服务的形式提供给用户并根据平台的使用情况进行计费。

（3）SaaS：SaaS 向用户提供应用软件，这也是软件外包云计算相关业务中非常主要的部分。其业务模式为通过浏览器使用应用软件并根据软件的使用情况进行计费。

云计算按照运营模式可以分为以下 3 种。

（1）公有云：以 Google、Amazon 为代表，通过自己的基础架构直接向用户提供服务。用户通过互联网访问服务，并不拥有云计算资源。

（2）私有云：企业自己搭建云计算基础架构，面向内部用户或外部客户提供云计算服务。企业拥有基础架构的自主权，并且可以基于自己的需求改进服务和自主创新。

（3）混合云：既有自己的云计算基础架构，也使用外部公有云提供的服务。

从应用的角度，在云计算的具体使用技术类型上，除了客户端/服务器模式涉及的部分外，动态虚拟化、分布式事务处理、多租户管理及弹性部署等成为新的技术课题。图 4-6 所示为一种典型的云计算参考应用架构。

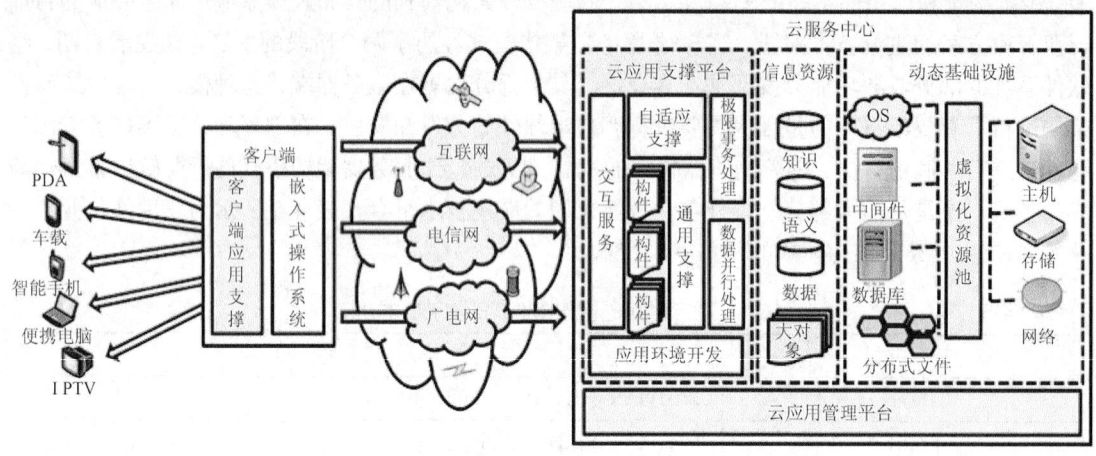

图 4-6　云计算参考应用架构

4.2　需求分析

需求分析是软件生命周期的第一个阶段，需求分析的核心任务是确切地澄清用户对软件系统的要求，将其作为软件系统业务及技术架构设计的输入条件。一般来说，遵循瀑布型或增量型生命周期模型的软件工程项目，其需求分析的输出结果是形式化的软件需求规格说明书（Software Requirement Specification，SRS）。需求分析人员就需求规格说明书与用户达成一致的、无歧义的理解和进行确认。对于采用演化型或迭代型等生命周期模型的软件工程项目，由于需求难以准确表达，需要通过前期粗略的、有限的要求，进行系统原型设计开发，并就系统原型进一步确认和挖掘用户的需求，因此在这种情形下，需求规格说明书通常会随着分析和设计阶段的不断进展而得到细化和形式化。软件需求分析及规格说明书的质量对项目是否能够取得成功至关重要，软件工程领域大量的工程实践表明，在系统验收测试阶段修复由于需求分析阶段引入的缺陷所消耗的成本大约百倍于在需求分析阶段解决这些缺陷。因此软件需求分析过程是软件工程中最为关键的环节，它解决了"要什么"的问题。

需求分析过程聚焦于问题域分析和系统描述两个关键领域。在整个需求分析流程中，问题域分析活动划分为 3 个阶段：准备阶段、需求收集阶段和需求理解分析阶段；系统描述活动也划分为 3 个阶段：准备需求规格说明书阶段、评审阶段和签字确认阶段。图 4-7 描述了需求分析过程的流程。

上述各个阶段的活动并非完全顺序地执行关系，特别是在收集需求、需求分析和 SRS 编制过程中通常会由于不断与用户进行交互确认而呈现迭代往复。需求分析各主要阶段的工作内容如下。

1．准备阶段

这个阶段对需求收集和引出进行策划，包括确定进行需求调研的人员和调研可能涉及的系统用户或受到系统影响的人等相关干系人范围，并且确定需求调研的范围和日程计划。调研范围的确定需要考虑系统所处的业务环境，判断哪些是系统确定覆盖的范围，哪些是潜在的、模糊的范围,系统可能覆盖也可能不覆盖。在进行需求收集和调研前,调研方式也需要进行策划和确定,常用的需求收集和调研方式包括现场访谈、观摩用户实际工作流程、用户相关文档化的作业流程和制度研究、问卷调查、原型演示、用例分析及头脑风暴等。由于需求的调研和收集对于准确了解和把握用户对系统的要求至关重要,因此在准备阶段需要对拟建设系统的业务场景和流程进行必要的学习和培训,使需求收集和调研人员能够与调研干系人在专业的业务层面保持有效沟通。在准备阶段,需要确定需求收集和调研纲要以及用例规约模板(如果采用用例分析的话),后续的收集分析将以此为基准工具进行。表4-6所示为需求收集及调研大纲示例,图4-8所示为用例说明示例。

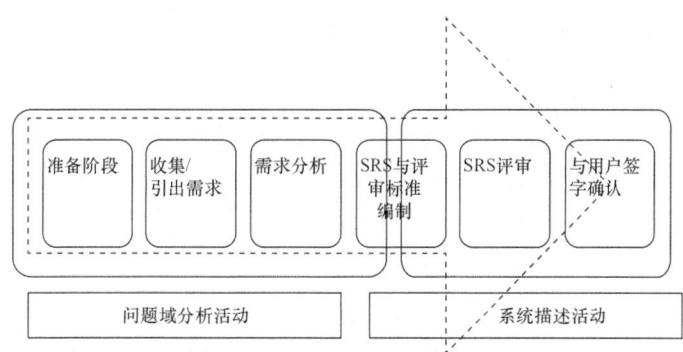

图 4-7 需求分析的流程

表 4-6 需求收集及调研纲要示例

分类	主要调研问题	项目干系人	调研结果
组织与权限	1. 现有组织结构及岗位职责 2. 组织中使用目标系统涉及哪些组织单元及角色 3. 各角色使用目标系统的权限		
系统业务目标	1. 对不同干系人,目标系统给用户产生的价值和管理提升是哪些 2. 在系统涉及的各种业务场景下,希望解决的主要业务问题是哪些		
系统范围	1. 与其他系统是否有交互,如何交互(数据、流程等) 2. 系统覆盖的业务范围是什么		
系统主要功能和流程	1. 不同角色涉及的业务流程有哪些 2. 不同角色各自需要哪些数据、流程		
系统环境要求	1. 现有软件/硬件的基础设施及环境 2. 现有软件开发环境及工具 3. 是否有特殊技术选型和技术组合要求		
系统非功能性要求	1. 安全性要求 2. 可靠性要求 3. 实时性要求 4. 容量及并发要求 5. 可移植性、可用性要求		
其他要求	1. 是否有 VI 标准要求 2. 系统培训要求		

```
1. 用例（use case）结构
1.1 用例包（use case package）结构
[一般以树状图的方式描述用例(包)的结构]
1.2 用例列表
[对具体用例要按照统一的编号和命名规则以列表形式对所有用例进行概要说明。]

| 用例编号/名称 | 所属用例包 | 说明 |
| --- | --- | --- |
|  |  |  |

2. 用例规约1（编号/名称）
2.1 概述
[对具体用例的作用、目的及优先级进行概要描述。]
2.2 用例事件流程
[从需求分析的角度，描述目标系统在此用例下的事件流程是做什么的。对于新系统开发，在描述用例时，应避免设计和实现细节；对系统改造项目，为了清晰方便地描述用例实现和接口，可以加入必要的设计或实现元素。]
2.2.1 事件基本流程
本用例开始于…

| 参与者（actor）动作 | 系统响应 |
| --- | --- |
|  |  |
|  |  |
|  |  |

2.2.2 备选流程
[在事件流程条件不满足（如校验等触发条件）时，描述系统需要执行的备选流程。]
〈备选流程1〉
〈备选流程2〉
2.3 特殊要求
[特殊需求通常是非功能性需求，它为一个用例所专有，但很难用文字性的用例事件流中表达。特殊需求包括法律或法规方面的需求、应用程序标准和所构建系统的非功能属性（包括可用性、可靠性、性能或支持性需求及系统其他需求（如操作系统及环境、兼容性需求和设计约束）。]
2.4 用例前置条件
[前置条件是开始用例前所必需的系统及其环境的状态。]
2.5 用例后置条件
[后置条件是用例结束后系统可能具备的状态。]
2.6 用例数据实体
[说明用例中数据实体的数据结构及校验逻辑。]
2.7 用例扩展点
[定义在基本用例的哪些位置插入扩展用例。]
2.8 用例界面原型
[描述用例涉及的用户界面。]
2.9 其他说明
[描述与此用例相关的其他的说明。]
```

图 4-8 用例说明示例

2. 收集/引出需求阶段

这个阶段使用在准备阶段确定的方法和工具，收集用户能够明确表达的需求，澄清用户含糊和不确定的需求以及引出用户潜在的需求，将用户的需求按照调研纲要及用例说明的形式进行描述并按照功能需求、非功能需求、接口需求、环境需求及操作需求等属性进行归类整理，明确系统目标和范围。在这个阶段，原型方法通常是用来与用户收集/引出需求的有效手段，用户可以据此进行有效的需求反馈，特别适用于用户难以明确地或完整地提出需求的情况。原型法的基本思路是：首先建立一个能够反映用户主要需求的静态原型，让用户根据原型展现的目标系统概貌，判断哪些功能是符合需要的，哪些需要补充及改进以完整和准确地得到用户的需求。因此，原型是针对目标系统的有限仿真和模拟以给用户关于目标系统的直观感觉和认识，原型系统仅包括目标系统的主要功能及接口抽象而不包括系统的细节和非功能性需求，在绝大多数的软件工程实践中，原型系统在系统设计和开发实施阶段是被废弃的，仅仅作为需求收集的一种工具和手段。

3. 需求分析、需求规格说明书编写及评审标准编制阶段

需求分析人员依据需求调研和收集的结果，进行需求分析，包括系统目标定位、系统边界和范围、系统组织架构/用户/角色信息、系统业务流程和功能描述、系统运行和操作环境、系统约束性条件、目标系统与外部系统的接口规约等内容，并将分析结果以"需求规格说明书"的方式进行文档化。通常，在软件需求分析过程中，要借助于必要的建模工具对系统进行描述，如数据流图用来对系统功能进行建模，实体-关系图用来对系统数据进行建模，状态迁移图用来对系统行为进行建模等。在软件工程的实践发展过程中，随着各行业商业行为的日益复杂和计算机技术的日益发展，应用软件需求也不断地表现出大型化和复杂化的特点。因此，在软件需求的分析方法选择上，实践中更多的是将诸如面向数据流的结构化分析方法、面向数据结构的分析方法和面向对象的分析方法组合地加以应用。

需求规格说明书是整个需求分析阶段最重要的工程文件，是后续全部工程阶段的核心输入条件，对软件项目的成败起到至关重要的作用。图4-9所示为一个需求规格说明书内容大纲的参考样例。

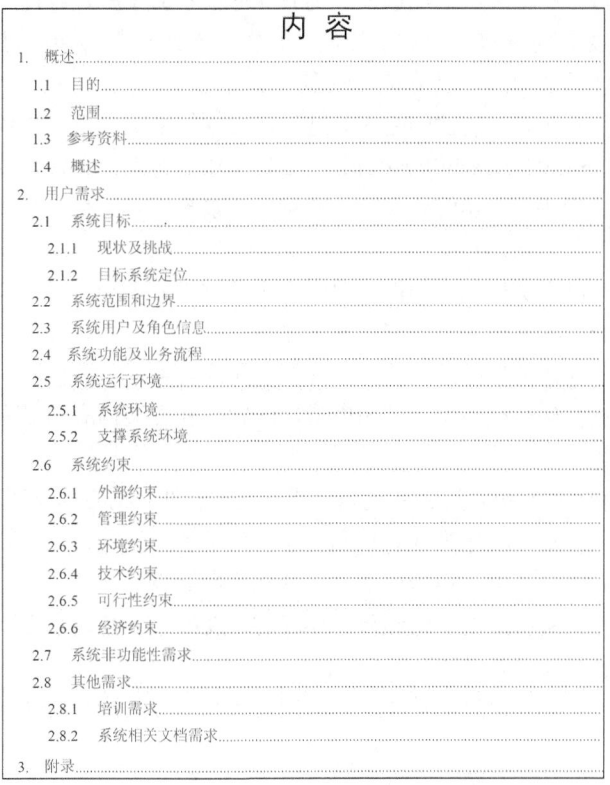

图4-9 需求规格说明书参考样例大纲

软件的需求分析过程是用户高度参与的工程过程，作为软件生命周期中最重要的工程，输入工作产品的需求规格说明书必须得到用户的评审和确认。需求规格说明书评审标准是用户参与评

审和确认的重要依据，在评审标准中，要确定评审主要内容、评审检查项、评审评分办法及评审通过的判定条件等。需求规格说明书及其评审标准编制完成后，进入评审阶段，分析人员与用户对应人员就需求规格说明书及评审标准进行逐项澄清和确认，达成对需求共同的、一致的理解。在此基础上，用户以正式签字确认的方式，承认对目标系统需求的分析结果。

需要特别说明的是，即使已经做了非常充分的需求分析，用户对于软件系统的需求多数情况下是随着软件项目的执行过程而会发生一定的变化，包括需求的增加、变更及减少等，因此，在项目开发过程中，需要关注和记录用户需求的这些变更，当需求发生变更时，要对变更进行必要的分析，包括技术实现的分析和依据变更引入的阶段分析对项目范围、成本和工期的影响，并与用户达成一致。

4.3 概要设计

概要设计是软件生命周期中关键的技术性阶段，如果说需求分析是问题域的范畴，解决了系统"做什么"的问题，那么系统设计则是解决域的范畴，解决了系统"怎么做"的问题，概要设计也称为系统设计或架构设计。系统设计是通过合理的技术方案来制订解决客户商业问题的过程，这个方案通过系统管理架构的方式来展示和描述，包括系统、应用和应用子系统/模块之间的流程。软件架构设计以需求分析阶段产生的需求规格说明书为主要依据，但在软件工程实践中，通常对软件架构的设计在需求分析阶段就已经进入。随着软件技术的发展，软件工程方法也由传统面向过程的设计开发逐渐发展到目前面向对象的设计开发。而无论采用面向过程还是面向对象的方法，软件系统架构设计都必须遵循以下基本原则。

（1）满足系统功能性和非功能性的需求。这是作为软件系统最根本和核心的要求，通常采用需求跟踪矩阵（Requirement Traceability Matrix，RTM）作为管理工具将需求要素与设计元素进行映射关联，保证所有功能性及非功能性需求均被设计要素覆盖和满足，并保持需求变更时的双向可追溯性。

（2）系统架构设计以可实现的实用性为原则，避免过于复杂和过度设计。

（3）复用原则以最大程度地提升系统实现的效率。

一个系统化、完备的系统架构设计从以下几个视角或观点入手进行。

（1）逻辑架构观点：从系统使用者的角度考虑问题，软件架构应满足实际业务逻辑的要求，并适应业务流程的变化。

（2）开发架构观点：从系统开发者的视角考虑问题，软件架构应易于理解，易于实现和测试。

（3）运行架构观点：从系统运维的质量和可靠性角度考虑问题，软件架构的设计应关注系统运行时故障易诊断、易修复等可靠性指标及并发处理等性能指标。

（4）物理环境观点：从系统的运行和部署环境的角度考虑问题，软件架构的设计应考虑在当前环境下最优的技术选型及组合方式。

（5）数据架构观点：架构设计应关注业务数据设计和建模，将面向开发的数据有效映射为用户易懂的业务数据。

4.3.1 面向过程的概要设计

面向过程的概要设计也称为结构化系统设计，是基于数据流的设计方法。在面向过程的系统需求分析阶段会产生以数据字典为核心，包括数据流图、状态转换图、实体关系图及控制规约、处理流程规约等重要输出，概要设计即是将这些需求分析阶段的输出对应映射到不同的设计模型中。例如，由数据字典和实体关系图映射为设计模型的数据设计，由数据流图映射为体系结构设计，由数据流图映射为接口设计，由状态转换图、控制规约及处理流程规约映射为过程设计。在这一系列的映射过程中，数据流图是最为重要的输入。

结构化设计的一般步骤如下。

（1）评审和细化数据流图。

（2）确定数据流图的类型。

（3）进行数据流图的映射，设计上层的系统结构。

（4）对系统结构/模块结构进行优化，得到更合理的软件结构。

（5）确定模块间接口规格。

（6）迭代上述过程。

结构化系统设计的一般原则如下。

（1）"高内聚、低耦合"，即将相同或相近的功能放入尽量少的模块中，模块间的依赖尽量少。

（2）接口简单，即模块间的交互动作和参数少而简单。

（3）自顶向下，即自系统的最顶层设计开始逐渐下移设计层次。

在目前以大型基于复杂异构网络的应用系统为主的软件开发项目中，面向过程的设计已经被面向对象的设计取代。在工程实践中，结构化的设计方法很少被采用。

4.3.2 面向对象的概要设计

面向对象的概要设计是将面向对象需求分析过程产生的用例模型、对象关系模型、对象行为模型转化为消息设计、类及对象设计及子系统设计的过程。从设计思路上，结构化设计以对数据的流向为主要线索和路径，而面向对象设计则将系统中涉及的每个实体（包括人员、时间、温度等）均视为一个对象，系统的行为就是这些对象之间的互动活动的集合。因此，面向对象的设计思路更加贴近于自然的现实应用场景，也更容易被理解。比较典型的 Coad 和 Yourdon 面向对象设计过程如下。

（1）问题域部分：对所有特定域所属的类进行组合，形成包（Package）；设计应用类适当的抽象层次；对继承关系进行简化处理；设计构件接口。

（2）GUI 部分：定义人员参与者（Actor）；设计并适当集成 GUI 类；简化用户交互序列；设计用户动作层次。

（3）事务（Transaction）处理部分：对事务类型进行标识（如事件驱动、时间驱动等）；建立事务优先级；标识事务协调者的动作；设计对应每个事务的对象。

（4）数据管理部分：对数据结构进行设计；设计用于数据管理的服务（Service）；设计适当类度和层次的数据管理类。

为了对面向对象的分析和设计过程产生的输出结果进行标准化的描述，在长时间的工程实践过程中总结和形成了一套建模语言——UML（Unified Modeling Language，统一建模语言）。目前，绝大多数面向对象的软件工程项目，其分析和设计的过程采用了 UML。UML 的目标是：

（1）建模过程可视化，易于理解；

（2）实现无关，可应用于任何面向对象的语言平台和架构平台；

（3）具备扩展和专有化机制而不改变核心概念；

（4）支持对象协作、框架、设计模式和组件/构件及其复用；

（5）吸收并集成软件工程实践经验。

在系统分析和建模过程中，经常使用 UML 中的用例图、类图、序列图、部署图等。

（1）用例图（Use Case Diagram）：用于显示角色（Actor）以及这些角色与系统提供的用例（系统提供的功能）之间的连接关系，如图 4-10 所示。

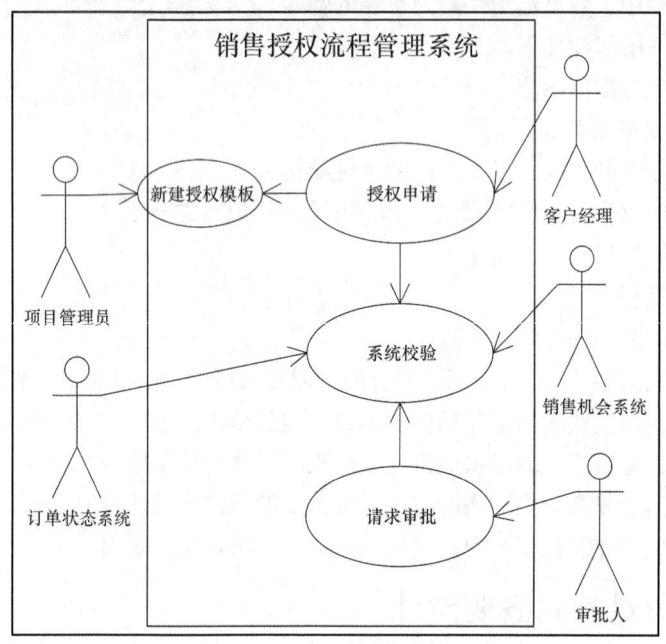

图 4-10　用例图

（2）类图（Class Diagram）：用来标识系统中类与类之间的关系，是对系统静态结构的描述。类之间的关系又划分为关联关系、依赖关系、泛化关系及聚合关系，这些关系通过类的属性和方法进行连接，如图 4-11 所示。

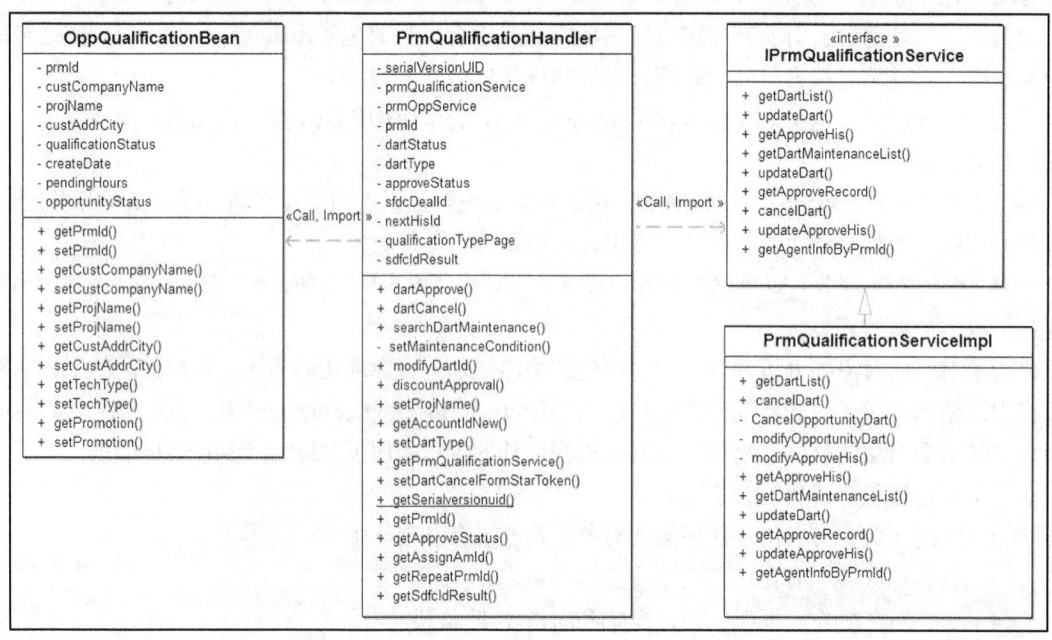

图 4-11　类图示例

（3）序列图（Sequence Diagram）：用来描述若干个对象之间的动态协作关系，并在对象生命周期内，对象间如何交互，如图 4-12 所示。

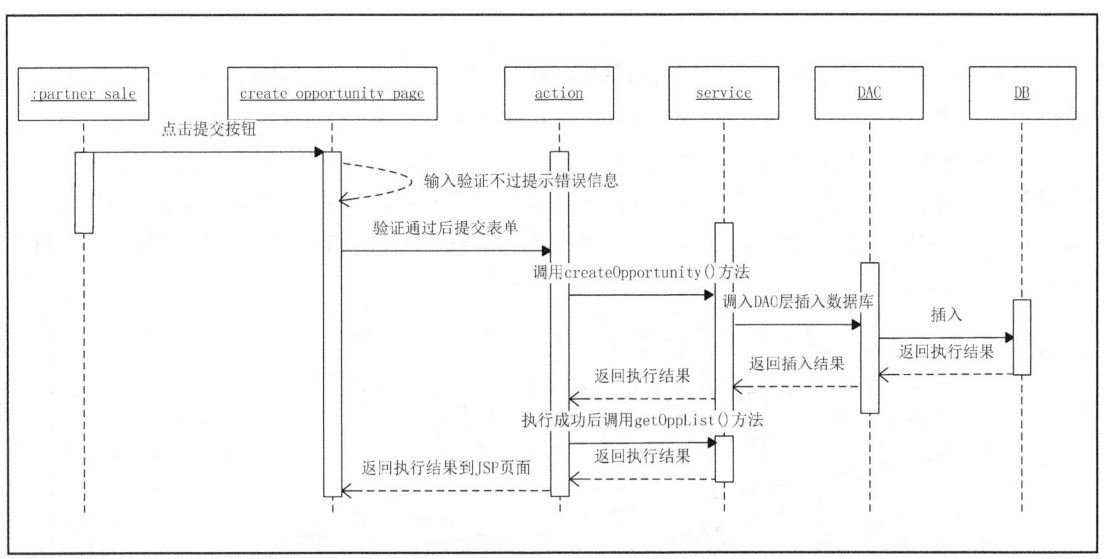

图 4-12　序列图示例

（4）部署图（Deployment Diagram）：用来描述系统中软件和硬件的物理架构以及架构中各节点包含的组件，如图 4-13 所示。

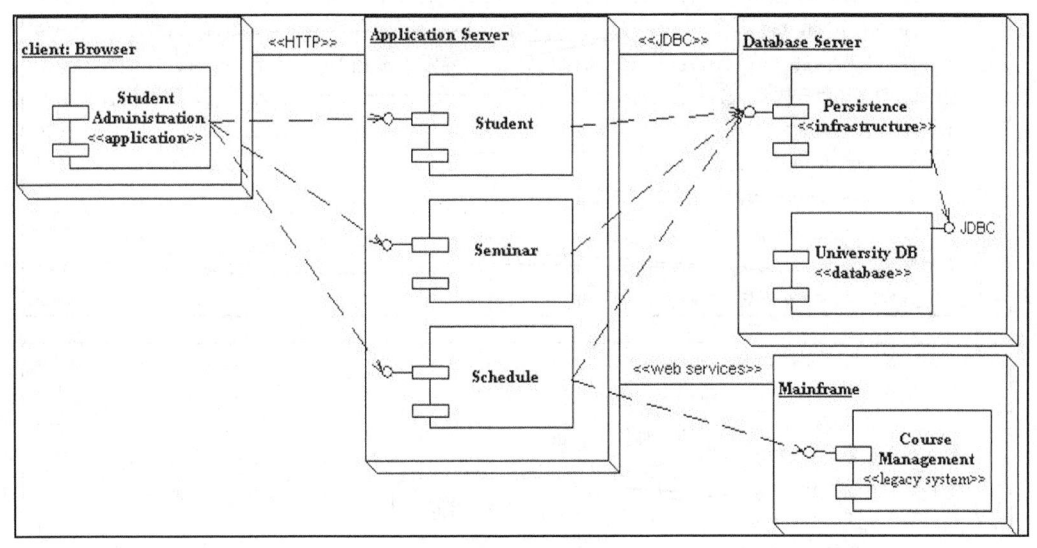

图 4-13　部署图示例

基于面向对象的设计思想，在软件工程实践中形成了若干开发框架，典型的有 Java Struts 框架、Spring 框架和 Microsoft 的.NET Framework。在进行系统概要设计时，结合选定的技术框架采用 UML 建模方法进行抽象、细化和迭代的设计。

4.4 详细设计

详细设计也称为代码级设计,是面向编码的设计细化过程,有时详细设计会具体到重要方法的伪代码级别。如果说概要设计回答了系统"怎么做"的问题,那么详细设计则需要回答系统"怎么实现"的问题。在面向对象的详细设计过程中,设计人员将依据概要设计阶段产生的系统类图、序列图等将每个类的属性和操作流程,何时实例化类成为对象以及对象之间如何通过操作进行沟通和协作进行描述。图 4-14 和图 4-15 分别为一个对日软件外包业务项目中面向对象详细设计报告大纲及正文片段。

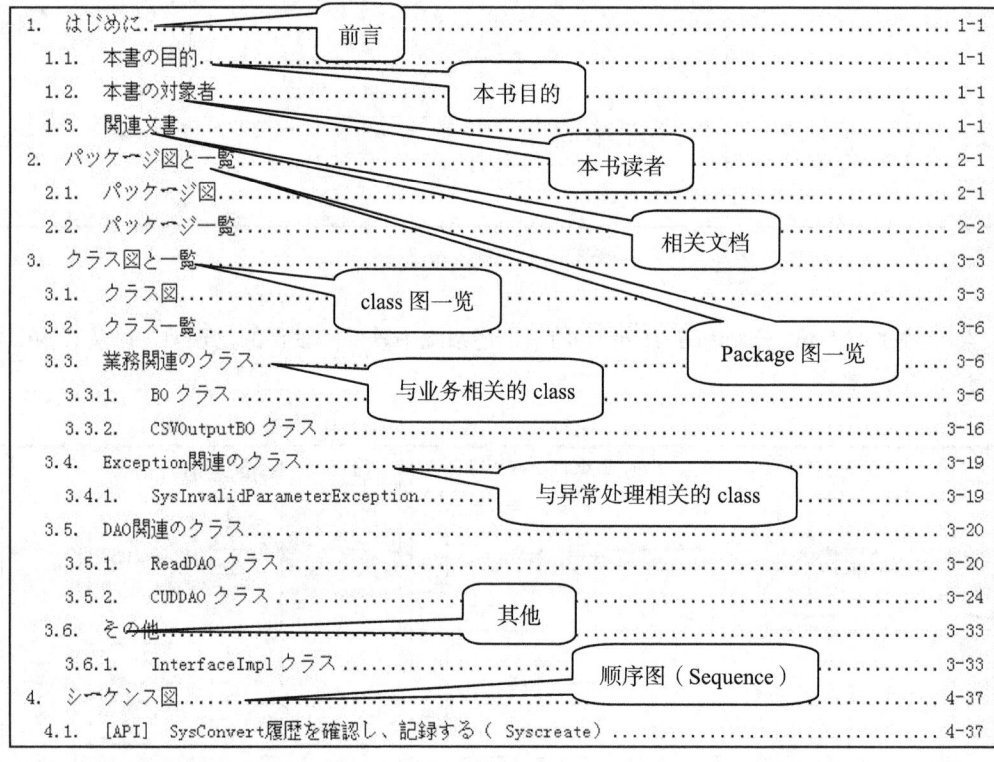

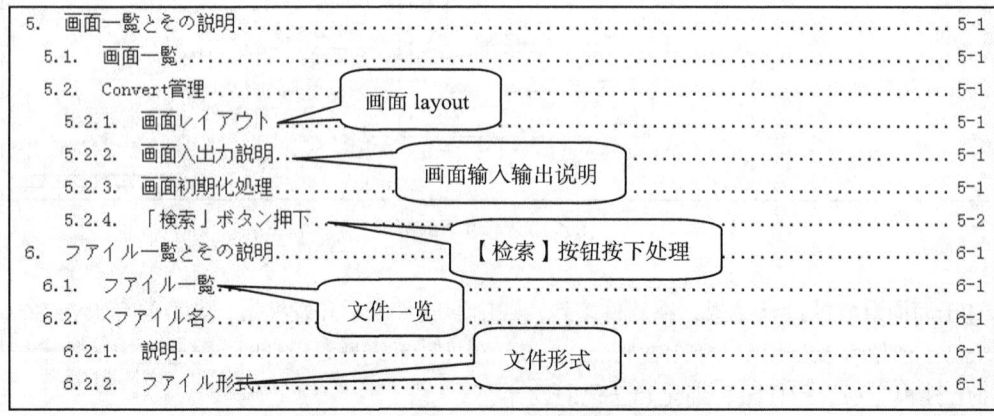

图 4-14 面向对象详细设计报告大纲

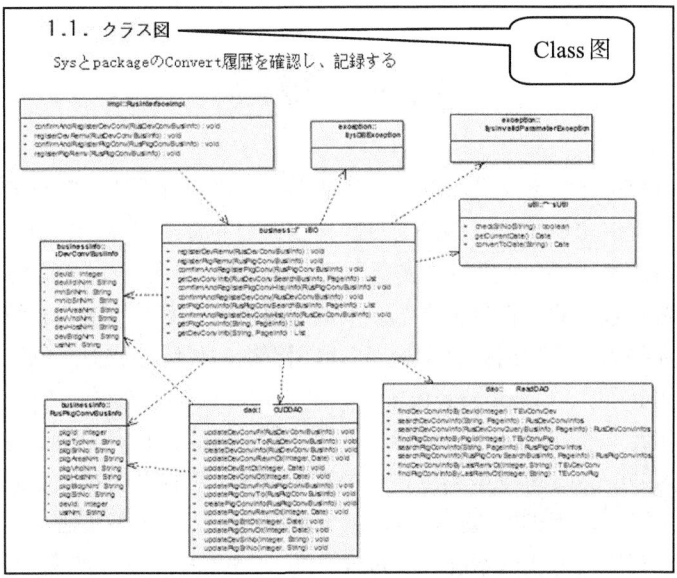
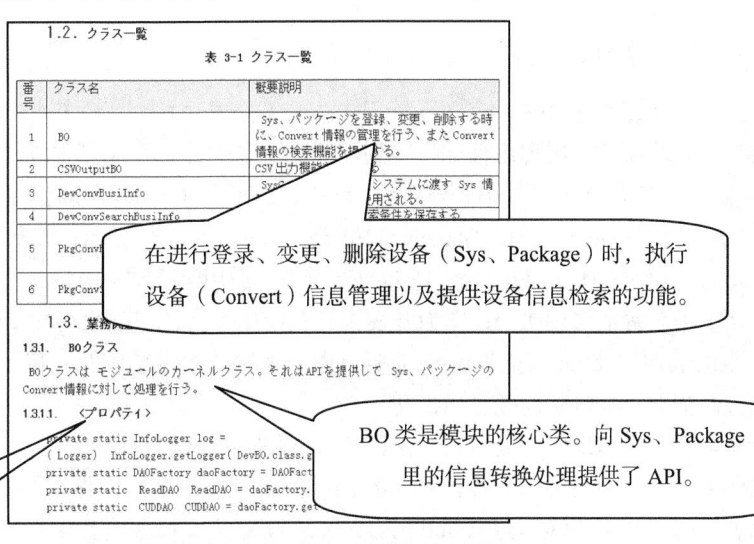
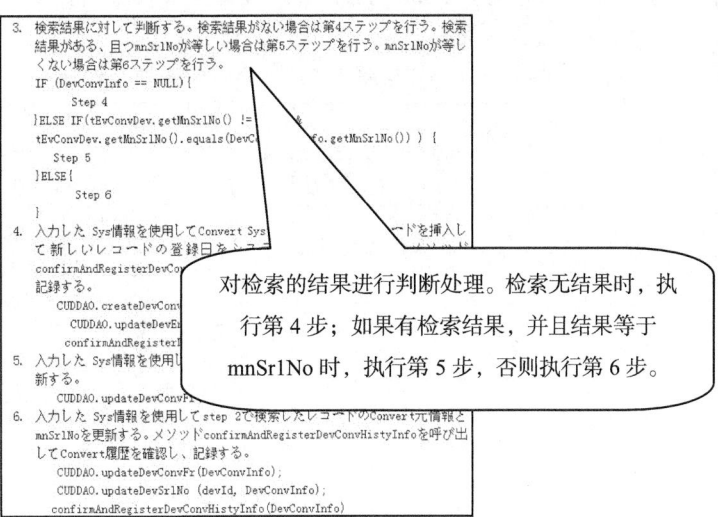

图 4-15 类图示例

4.5 编码

软件开发的最终目标是将系统分析和设计的蓝图,通过在计算机上执行的程序实现出来。因此,编码阶段也称为系统实现阶段。编码的目的是用选定的合适程序开发语言将程序设计的描述翻译为用该语言编写的源代码。编码的依据是详细设计规格,编码产生的源程序应该是正确可靠、清晰易理解和具有较高效率的。在过去半个多世纪的编程语言发展历史中,编程语言的抽象级别不断提高,人们都在努力让编程语言更有表现力以用更少的代码完成更多的工作。从汇编语言到面向过程的语言(如 Pascal、Cobol、Fortran 和 C),然后到面向对象语言(如 C++),随后便进入了托管时代,语言运行于受托管的执行环境上(如 C#,Java),它们的主要特性有自动的垃圾收集,类型安全等。.NET,Java 等框架的重要性提高了许多,编程语言往往都倾向于构建于现有的工具上,而不会从头写起。"声明式编程风格"、"动态语言"及"并发编程"称为编程语言发展的主要趋势。从目前工程应用的实践情况看,Java、C#、C/C++、Object-C 等成为主流。

4.5.1 Java 语言

Java 语言诞生于 1995 年,是由当时的 Sun 公司开发的,以其"一次编译、到处运行"的特性被称之为革命性的编程语言并一直到今天仍然是软件工程业界主流的开发技术。Java 语言经过发展,版本不断升级并在 2001 年形成了 J2SE、J2ME 和 J2EE 3 个独立的体系。J2SE 的全称为 Java2 Software Development Kit,Standard Edition,是 Java 标准版;J2ME 全称为 Java2 Software Development Kit,Micro Edition,是 Java 精简版,适用于移动商务应用,在无线通信、手机及 PDA 等小型电子装置上采用 J2ME 作为开发工具及应用平台;J2EE 全称为 Java2 Software Development Kit,Enterprise Edition,是 Java 企业版,由于其优越的跨平台能力和开放的标准,广泛应用于企业级应用框架,如电子商务、ERP 等。

所谓"一次编译、到处运行"是因为 Java 提供了虚拟机技术将 Java 经编译的字节码根据底层操作系统的不同而解释为各自不同的 Java 字节码得以在跨操作系统平台可运行、可移植和分布式部署。图 4-16 所示对比了 Windows 下 C 语言编程和 Java 语言编程。

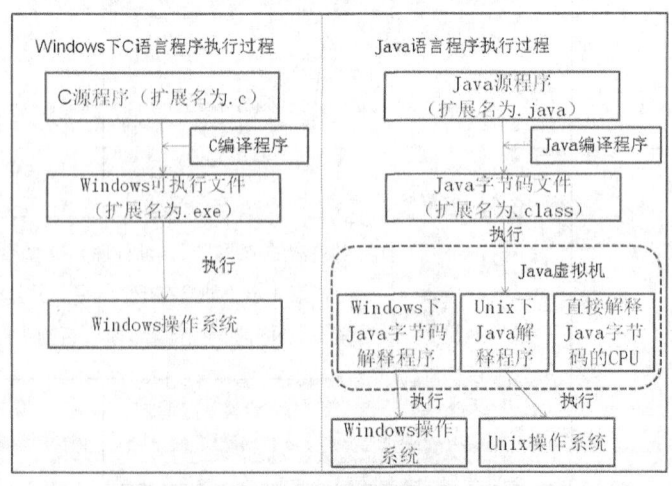

图 4-16 "一次编译、到处运行"的原理

Java 虚拟机（Java Virtual Machine，JVM）类似于 Windows 操作系统，将字节码转换为机器语言。根据应用场景的不同，Java 虚拟机既可以是硬件，也可以是软件。Java 是一个纯的面向对象的程序开发语言，它的编程风格与 C++语言很接近，继承了 C++语言面向对象技术的核心，舍弃了 C++语言中效率很高但又特别容易出错的指针、多重继承等特性，通过垃圾回收器机制将内存管理自动化。同时，Java 建立在扩展 TCP/IP 网络平台上，Java 类库提供了用 HTTP 和 FTP 协议传输信息的方法，因此 Java 对分布式软件开发和部署的支持能力很强。Java JDK 提供了丰富的类库（包），这些预先编写的对象使得软件工程师可以快速地基于这些类库编写和运行 Java 程序，如包 Java.net 提供了一组功能丰富的用于网络、URL 及客户机/服务器套接字的类，包 Java.io 提供了各种输入输出的类，包 Java.lang 提供了用于各种数据类型、运行进程、字符串及线程等方面的类等。需要注意的是，Java 语言是严格区分大小写的，同时 Java 中的包、类、方法、参数和变量的标识符，可以由任意顺序的大小写字母、数字、下画线和美元符号组成，但标识符不能以数字开头，不能是关键字。表 4-7 所示为 Java 中的关键字。

表 4-7　　　　　　　　　　　　　　Java 的关键字

Abstract	do	implement	private	this
boolean	double	import	protected	throw
break	else	instanceof	public	throws
byte	extend	int	return	transient
case	false	interface	short	true
catch	final	long	static	try
char	finally	native	strictfp	void
class	float	new	super	volatile
continue	for	null	switch	while
default	if	package	synchronized	

在软件工程实践中，为了统一程序的风格，提高可读性和可维护性，在同一项目中共享源代码和对代码的回顾，需要对编码进行规范。这也是软件外包项目团队能力和成熟度的直接体现。以下示例了一个 Java 语言编码规范要求大纲及部分具体规范，根据发包方的要求和实际项目的需要，不同的业务会形成各自不同的规范性要求。

---（Java 语言编码规范要求示例）

1. 概述（Overview）

    1.1 为什么要有编码规范（Why Have Code Conventions）

2. 命名规范（Naming Conventions）

3. 文件组织（File Organization）

    3.1 Java 源文件（Java Source Files）

4. 缩进排版（Indentation）

    4.1 行长度（Line Length）

    4.2 换行（Wrapping Lines）

5. 注释（Comments）

    5.1 实现注释的格式（Implementation Comment Formats）

    5.2 文档注释（Documentation Comments）

6. 声明（Declarations）

    6.1 每行声明变量的格式（Implementation Comment Formats）

6.2 初始化（Initialization）

6.3 布局（Placement）

6.4 类和接口的声明（Class and Interface Declarations）

7. 语句（Statements）

7.1 简单语句（Simple Statements）

7.2 复合语句（Compound Statements）

7.3 返回语句（Return Statements）

7.4 if，if-else，if else-if else 语句（if，if-else，if else-if else Statements）

7.5 for 语句 （for Statements）

7.6 while 语句（while Statements）

7.7 do-while 语句（do-while Statements）

7.8 switch 语句（switch Statements）

7.9 try-catch 语句（try-catch Statements）

8. 空白（White Space）

8.1 空行（Blank Lines）

8.2 空格（Blank Spaces）

9. 编程惯例（Programming Practices）

9.1 提供对实例以及类变量的访问控制（Providing Access to Instance and Class）

9.2 引用类变量和类方法（Referring to Class Variables and Methods）

9.3 常量（Constants）

9.4 变量赋值（Variables Assignments）

9.5 其他惯例（Miscellaneous Practices）

---（Java 语言编码规范要求示例结束）

在 Java 编码命名方面的规则如表 4-8 所示。

命名规则使程序更易读，从而更易于理解。它们也可以提供一些有关标识符功能的信息，以助于理解代码，例如，不论它是一个常量、包、还是类。

表 4-8　　　　　　　　　　　　　　Java 编码命名规则

标识符类型	命名规则	例子
包（Packages）	采用完整的英文描述符，应该都是由小写字母组成。包名的前缀通常是 com，edu，gov，mil，net，org，或 1981 年 ISO 3166 标准所指定的标识国家的英文双字符代码。包名的后续部分根据不同机构各自内部的命名规范而不尽相同。这类命名规范可能以特定目录名的组成来区分部门（department），项目（project），机器（machine），或注册名（login names）	Com.sun.eng com.apple.quicktime.v2 edu.cmu.cs.bovik.cheese

续表

标识符类型	命名规则	例子
类（Classes）	命名规则：类名建议使用名词或名词短语，采用大小写混合的方式，每个单词的首字母大写。尽量使你的类名简洁而富于描述。使用完整单词，避免缩写词（除非该缩写词被更广泛使用，像URL、HTML）	class Raster; class ImageSprite;
接口（Interfaces）	命名规则：大小写规则与类名相似	interface RasterDelegate; interface Storing;

方法（Methods）	方法的命名应该能描绘出方法的作用和功能，建议使用动词或动词短语。采用大小写混合的方式，第一个单词的首字母小写，其后单词的首字母大写，不要使用下画线分隔单词	run();
		runFast();
		getBackground();

变量（Variables）	采用大小写混合的方式，第一个单词的首字母小写，其后单词的首字母大写。变量名不应以下画线或美元符号开头，尽管这在语法上是允许的 变量名应简短且富于描述。变量名的选用应该易于记忆，即能够指出其用途。尽量避免单个字符的变量名，除非是一次性的临时变量。临时变量通常被取名为 i, j, k, m 和 n, 它们一般用于整型；c, d, e, 它们一般用于字符型	char c; int i; float myWidth;
常量（Constants）	类常量应该全部大写，单词间用下画线隔开	static final int MIN_WIDTH = 4; static final int MAX_WIDTH = 999;

在Java编码注释方面的规范如下。

Java程序有两类注释:实现注释(implementation comments)和文档注释(document comments)。实现注释与C++语言中的注释一致，使用/*...*/和//界定的注释。文档注释（被称为"doc comments"）是Java语言特有的,并由/**...*/界定。文档注释可以通过javadoc工具转换成HTML文件。

实现注释用来注释代码或者实现细节，文档注释从实现的角度对代码的规范进行描述，它可以被那些手头没有源码的开发人员读懂。注释应该能够帮助读者理解代码的功能和作用，应该有利于理解程序的流程，在软件外包项目中，特别是在系统改造、维护及升级类型的项目中，这一点至关重要，因为在此类项目中，通常需要在对原有的代码进行精确理解的基础上，进行代码重构、改造和调试。经验表明，高质量代码中，大约有接近 1/3 为注释行，尽管注释行不影响代码运行，但注释的质量同样是代码质量的重要组成部分，错误的注释在某些情况下会导致致命的影响。

4.5.2　C# 语言

C#是专门为与.NET Framework 一起使用而设计的面向对象编程语言,因此 C#的结构和方法论反映了.NET 基础性方法论,其特定语言特性也依赖于.NET 提供的基类。.NET Framework 的核心是其运行时的执行环境,称为公共语言运行时(Common Language Realtime,CLR),在 CLR 的控制下运行的代码称为托管代码。因此,以 C#编写的源代码到真正被执行分为两个步骤:把源代码编译为 Microsoft 中间语言(MS-IL),CLR 把 IL 编译为平台专用的可执行代码。Microsoft 将 C#描述为一种简单、现代、面向对象、类型安全的编程语言,在.NET 运行库的支持下,.NET 框架的各种优点在 C#中得以充分体现,包括语法简洁、完全面向对象、与 Web 结合紧密、安全性与异常处理机制完备及较高的灵活性和兼容性等。C#派生于 C++,并对 C++进行了在.NET Framework 环境下的多项改进,包括由直接编译为本地可执行代码改变为先编译为中间代码,再通过 JIT 编译为本地代码;通过垃圾回收机制管理内存而不需要显式地编写内存管理代码;通过类引用机制替代指针提高代码安全性;通过接口实现类的多继承等。C#语言结构由命名空间、类、Main 方法、语句/语句块及注释构成。与前述 Java 语言编码规范一样,在实际工程实践中,也必须确保项目开发团队遵循统一的 C#规范进行编码工作,其示例如图 4-17 所示。

```
1.  文档介绍
    1.1  文档目的与背景
    1.2  文档范围
    1.3  参考文献
    1.4  术语与缩写解释
2.  可读性规范
3.  结构化要求
4.  正确性与容错性要求
5.  用户提示消息规范
6.  排版规范
7.  注释规范
8.  命名规范
    8.1  变量(VARIABLE)命名规范
    8.2  控件命名规则
    8.3  常量命名规范
    8.4  类(CLASS)命名规范
    8.5  接口(INTERFACE)命名规范
    8.6  方法(METHOD)命名规范
    8.7  命名空间(NAMESPACE)命名规范
```

图 4-17　C#编码规范

在 C#编码结构性、正确性与容错性规范如图 4-18 所示。

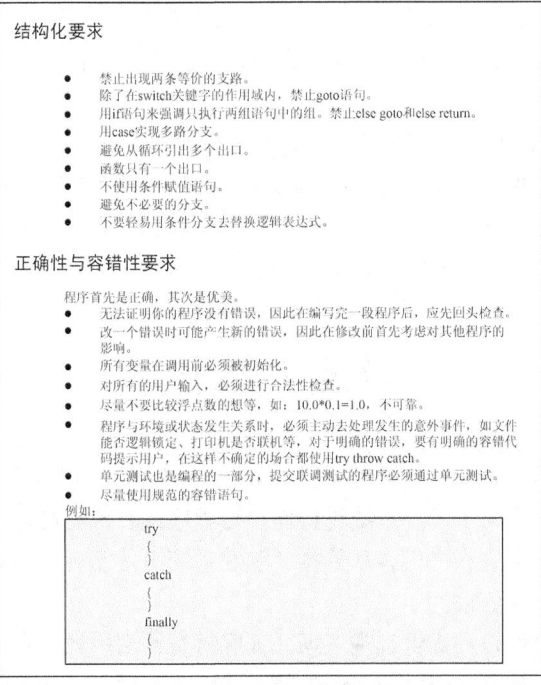

图 4-18　C#编码结构性、正确性与容错性规范

4.5.3　C 和 C++语言

C 语言是贝尔实验室 Dennis Ritchie 于 1973 年设计的一种程序语言，其目的是用于写操作系统和系统程序，如著名的 UNIX 操作系统就是采用 C 语言作为标准程序语言开发的。尽管当前以 Java、C#等面向对象的软件开发语言占据了商业应用软件系统的主流，但由于 C 语言对计算机底层高效地操作性及计算机资源高效率地利用，使 C 语言仍然广泛应用于系统软件、工业控制软件、嵌入式软件及移动终端设备开发领域。C 语言有如下几个特点：

（1）C 语言是一个比较轻量级的语言，其提供的标准函数库使语言本身比较简单，实现编译也相对容易；

（2）C 语言提供了包括各种控制机制和数据定义机制等丰富的程序机制，能够满足构造复杂程序的需求；

（3）C 语言提供了一套预处理命令，支持程序或软件的分块开发；

（4）C 语言提供了一组比较接近硬件的低级操作，可用于写较低级、需要直接与硬件通信的程序，大大提高了开发底层程序的效率。这也是 C 语言区别于其他高级语言的本质特征。随着软件设计和编程思想由面向过程向面向对象的发展，在 C 语言基础上，逐渐进化以封装、继承和多态为典型面向对象特征的 C++语言，而又保持了 C 语言的其他优良特性。

C 语言是一种格式自由的语言，除了若干简单限制外，软件工程师可以根据个人的想法和需要选择程序格式，而这更加凸显了在软件工程项目中，严格通过编码规约的方式进行 C 语言开发标准化的重要性。

4.5.4　其他程序开发语言

随着互联网技术特别是移动互联网技术的发展，不断出现适应于互联网/移动互联网应用场景的新的程序开发语言，比如 Web 前台开发语言 HTML/HTML5，基于 iOS 平台的 Object-C 语言及大量其他的解释性脚本语言，不断推动了基于浏览器/服务器、智能终端应用软件开发效率的提升和可用性的提升。

而与此同时，由于金融及制造等行业信息化起步较早，使用了大量早期技术构建信息化系统，如 IBM Mainframe 及 AS400 等，因此，直至今天这些技术仍然被广泛使用着。COBOL 及 PLI 等主机编程语言仍然是市场上比较活跃和需求量较大的技术。在 MIS 领域，还存在数量较多的使用 Power Builder、Delphi 及 VB 等开发语言构建的应用系统。

4.6 测试

软件测试是关键的软件系统质量保证手段，Myers 对广义的软件测试作了如下的定义。

（1）软件测试：是一个为了发现系统错误而执行程序或系统的过程。

（2）系统验证：通过检查和提供客观依据，确定系统满足已规定的规格要求的程度，目的是证实过程输出满足过程输入要求。

（3）系统确认：通过检查和提供客观依据，证实特定预期用途的要求被满足。

（4）系统调试：用以诊断一个已知错误的精确特性，然后在保证关联功能正确的情况下，纠正这个错误。

软件测试按照软件工程不同阶段可以划分为以下测试类型。

（1）单元测试：在工程实践中，单元测试通常不是由独立的测试人员而是由开发人员完成，用以验证单独的程序或者模块。这种测试通常应用于孤立的或特殊的测试环境中。单元测试可测试界面、局部数据结构、边界条件、程序中正常及异常逻辑处理路径，以采用"白盒测试"为主要测试方法。

（2）集成测试：集成测试通常采用"黑盒测试"的方法，用来验证系统各部分间的接口（模块、组件及子系统）规格、数据及调用逻辑是否正确，同时对系统性能和可用性进行初步测试。

（3）系统测试：验证并确认系统满足需求规格说明书的要求，包括功能测试、性能测试、可用性测试、可靠性测试及可恢复性测试。在实际软件工程中，系统测试通常会搭建一个与系统运行相同或者至少相近的环境中进行，以便尽可能在逼近真实的环境中检出系统错误或非功能性需求不满足。

（4）验收测试：在真实的运行环境下确认系统达到用户的需求，对功能的完整性、可用性、系统配置和系统性能进行最后的验证。

（5）安装测试：系统上线前的最后测试环节，进行系统可安装性和可操作性确认。

需要指出的是，在工程实践中，无论多么严密的测试设计和测试执行，都不可能达到全部逻辑路径 100%的覆盖程度，尽管理论上是可行的。因此，软件测试进行到何种程度实际上是一个经济性的问题，在可接受的测试密度与可接受的系统质量间进行平衡是一个工程界始终面临的两难选择，著名的"质量是有成本的"代表的正是这样的观点。Myers 在测试公理中论述的测试观点被广泛地应用于软件工程实践中，包括：

- 好的测试用例具有很高的缺陷检出概率，而非用来展示系统是正确运行的；
- 测试中最困难的问题是判断何时应该停止测试；
- 测试自己编写的程序通常是无效的；
- 被检出缺陷数目较多的程序，检出更多缺陷的可能性也较高；
- 避免不可重复的测试或没有进行仔细策划的测试；

- 记下有效和无效输入条件下的测试用例；
- 测试必须以目标为导向并始于目标。

测试的基本方法可以划分为"白盒测试"和"黑盒测试"两种。其中，"白盒测试"是基于源代码的测试方法，是基于全面理解程序内部逻辑结构而对逻辑路径进行测试的方法；"黑盒测试"也称为功能测试，通过测试来检测预期功能是否实现。"黑盒测试"将程序看作一个不能打开的黑盒，在不考虑程序内部结构和特性的情况下，针对程序接口进行测试以确定功能是否满足需求规格说明书的要求。无论采用何种测试方法，测试用例设计的质量将决定测试最终的质量。设计测试用例时应重点考虑以下问题：

（1）界面：内界面主要检查参数个数及类型匹配，外界面主要检查 I/O 文件、数据格式和类型匹配；

（2）模块的数据结构：类型是否正确和一致，初始化、缺省值使用情况，上下边界是否溢出等数据异常，测试能否正确处理等；

（3）边界条件：保证在边界值情况下模块可以正确操作，值越界时系统应有正确处理逻辑；

（4）独立路径：保证至少所有语句被执行一次，主要条件分支被执行一次；

（5）异常处理路径：测试程序的异常处理逻辑路径。

4.6.1 黑盒测试

在工程实践中，常用的"黑盒测试"的测试用例设计会组合使用包括等价类划分、边界值分析及决策表/树驱动等方法。

1. 等价类划分

等价类划分的方法将程序的输入域划分为若干子集，然后从每个子集中选取一定代表性的数据作为测试用例，每一类的代表性数据在测试中的作用等价于该类的其他值。按照数据属性，等价类分为有效等价类和无效等价类，有效等价类系指对于程序的规格来说是正常逻辑处理的数据集，而无效等价类则相反。设计测试用例时，必须同时考虑这两种等价类以验证程序在正常逻辑处理的正确性和异常逻辑处理的健壮性。确定等价类可以按照以下基本原则进行：

（1）在输入条件规定了取值范围或值的个数情况下，可以设计一个有效等价类和两个无效等价类；

（2）在输入条件规定了输入值的集合或诸如布尔值时，可以设计一个有效等价类和一个无效等价类；

（3）在规定了输入数据个数为 N 的一组值并对每个输入值分别进行处理时，可以设计 N 个有效等价类和一个无效等价类；

（4）在规定输入数据必须遵守的规则时，可以设计符合规则的一个有效等价类和几个违反规则的无效等价类。

2. 边界值分析

边界值分析法是通过选择等价类边界（包括输入条件边界和输出域边界）的测试用例设计方法。在软件工程实践中，大量的测试结果表明，在程序输入或输出范围的边界上检测出的程序错误比例最高，因此在边界处设计更多的测试用例并执行将有效降低程序错误率，提高系统质量。使用边界值分析进行测试用例的设计，应在确定输入及输出边界的情况下，选择最接近（等于、刚好大于、刚好小于）边界值作为测试数据。

测试用例是测试过程中最重要的设计文档，其是否规范和有效决定了测试过程的质量。表 4-9 所示为部分测试类型的测试用例参考描述，表 4-10 所示为测试用例样例。

表 4-9　　部分测试类型的测试用例描述

	测试类型
接口测试用例	输入/动作
	示例：典型值…
	示例：边界值…
	示例：异常值…
功能测试用例	输入/动作
	示例：典型值…
	示例：边界值…
	示例：异常值…
容错能力/恢复能力测试用例	异常输入/动作
	示例：错误的数据类型…
	示例：定义域外的值…
	示例：错误的操作顺序…
	示例：异常中断通信…
	示例：异常关闭某个功能…
	示例：负荷超出了极限…
性能测试用例	输入数据
压力测试用例	输入/动作
	例如规定的并发用户数量边界值上的并发操作

表 4-10　　测试用例样例

检查点	用例描述	测试方法	前置条件	输入测试数据	期望输出	需求标识号	测试日期	测试结果
no search term	non-data input	clich the look up without input any term	N/A	N/A	prompt:No search terms provided	E-02-01	11/27/2012	OK
one condition search	normal (one condition	Choose one condition to fill individually to search the employees below: First Name, Last Name,Title, Mail Zone,Site, Phone, Business Unit,Business Center,Street Address,CC Name, City,State/Province (U.S.and Canada) and Country	N/A	Fi*, La*, Title1, MZ1, Site001, 8-555-1212, Business Unit 1, Business Group 1, Division 1, CC001, No 01 Software Park Road East, CC Name,Loc_city, Loc_country2, Loc_localitydesc1, Loc_Country1	the results satisfy all the choosen search conditions, and shown belw; if there is no result prompu:No matches found	E-02-01	11/27/2012	OK

续表

检查点	用例描述	测试方法	前置条件	输入测试数据	期望输出	需求标识号	测试日期	测试结果
one condition search	illegal data(one condition)	choose one condition to fill individually to search the employees below: First Name, Last Name, Title, Mail Zone, Site, Phone, Business Unit, Business Group, Division, Cost Center,Street Address, CC Name, City, State / Province (U.S. and Canada) and Country	N/A	F&i*, L^a*, Title 1MZ1, Si&te001, 8-55&5-1212, Business Gr&oup 1, Divi&sion 1, CC0&01, No 01 Software Park Road East, C&C Name, Loc&_city, Loc_cou&ntry2, Loc_localityde&sc1, Loc_C&ountry2	Prompt:No matches found	E-02-01	11/27/2012	OK
combine conditions search	Normal (more than one condition)	choose more than one conditions to fill to search the employees below: First Name, Last Name, Title, Mail Zone, Site, Phone, Business Unit, Business Group, Division, Cost Center, Street Address, CC Name, City, State / Province (U.S. and Canada) and Country	N/A	Fi*, La*, Ti&tle1, M$Z1, Site00 1,8-555-1212, Business Unit1, Business Group 1, Division 1, CC001, No 01 Software Park Road East, CC Name, Loc_city, Loc_country2, Loc_localityde sc1, Loc_Country1	the results satisfy all the search conditions, and shown below; if there is no result prompt:No matches found	E-02-01	11/28/2012	OK

在软件工程实践中，为提高基于"黑盒"方法的功能及性能测试工作效率和质量，通常会使用自动化的测试工具。其中，WinRunner 被广泛应用于自动化功能测试，LoadRunner 在自动化性能测试中应用普遍。

（1）WinRunner：WinRunner 是一款对诸如 Web 应用、ERP、CRM、HR 等企业级软件功能测试自动化商业软件。通过录制和编写脚本（Script）自动模拟、捕获和检测 UI 交互操作来识别软件功能缺陷，并对回归测试进行屏幕操作回放支持。WinRunner 提供了大量丰富和高效的自动化测试功能，包括通过记录 UI 操作生成测试脚本代码及修改测试脚本的方式创建测试满足测试的要求；在记录测试的过程中，进行检查点（CheckPoint）的插入，以检测应用程序在某个时刻/事件/状态下运行的阶段性结果；在对数据库进行插入/更新/删除操作时，比对数据库中实际值和预期值，检测交易型操作的正确性；自动化的运行测试操作而不必人工干预，通常的做法是在晚上等非工作时间启动自动运行测试，第二天早上上班时分析测试结果以提高项目工作效率；提供包括测试内容、位置、检查点等详细测试报告信息，提高测试结果分析效率。

（2）LoadRunner：LoadRunner 是一款对系统行为进行预测和系统负载进行测试的商业化自动测试软件。在当前大型复杂应用系统日益增多的情况下，大多数应用系统都对并发、计算资源消耗等性能指标提出了更高的要求，其中典型的是银行交易系统、电子商务系统等，而在实际的项目开发中，通过人工的方式模拟这些实际的使用场景是难以想象的。LoadRunner 正是通过模拟一定数量用户实施并发负载及实时性能检测的方式来评估系统的性能，确认和定位性能问题，缩短测试时间，增强性能可靠性。LoadRunner 提供了优秀的性能测试解决方案，包括通过虚拟用户引擎（Virtual User Generator）生成虚拟用户模拟真实用户的业务操作行为来创建系统负载；通过控制器（Controller）设定、管理和驱动多用户的负载测试方案；通过实时性能监测器（Real Time Monitor）在负载测试的任意时刻，观察和评估系统的运行性能；通过 Web 事务监测器（Transaction Monitor）提供所有测试数据的分析和报告工具，以快速定位和追溯问题。

4.6.2 白盒测试

"白盒测试"的目的是通过检查程序内部的逻辑结构，对程序中的逻辑路径进行覆盖测试，在程序不同地方设立检查点，检查程序运行的状态以确定实际状态与预期状态是否一致。静态分析和动态分析是"白盒测试"通常使用的两种测试方法。所谓静态分析是通过检查程序的表示和描述是否一致、无冲突和无歧义而进行测试的技术，静态分析不执行程序。所谓动态分析是程序在模拟或真实的环境中通过对程序执行过程进行分析的测试技术，"白盒测试"的依据是详细设计说明书（或程序设计说明书）而不是源代码。"白盒测试"需要对程序逻辑覆盖、循环覆盖及基本路径覆盖进行测试，包括语句覆盖、判断覆盖、条件覆盖、判定/条件覆盖、条件组合覆盖及路径覆盖等标准。语句覆盖系指通过设计若干测试用例并运行待测程序，使得程序中每一行可执行语句至少被执行一次，覆盖率计算公式为：语句测试覆盖率＝测试执行代码行/程序可执行代码行总数×100%；判断覆盖系指设计的测试用例保证待测程序中每个判断的取值分支（True 或 False）至少经历一次；条件覆盖是指设计的测试用例使得程序判定中每个条件的所有可能结果至少出现一次；判定/条件覆盖是指设计的测试用例，使得判断中每个条件的所有可能取值至少被执行一次，同时每个判断的所有可能判定结果至少被执行一次；路径覆盖系指程序中每条可能执行到的路径至少被执行一次。

在以"白盒测试"方法进行代码的单元测试时，通常会借助于自动测试工具进行，如 Java 中的 JUnit，C#中的 Nunit 等。以一个简单的 Java 程序"Hello World"为例，早期的单元测试方式如下：

```java
class HelloWorldBad
{
    /* get"Hello World" */
    public String sayHello()
    {
        return"Hello World";
    }
    /* Test */
    public static void main(String[] args)
    {
        HelloWorldBad world = new HelloWorldBad();
        System.out.println(world.sayHello());
    }
}
```

从上述代码中不难发现，由于加入了测试代码导致代码膨胀，而测试代码并非是需要交付的，因此在项目进入下一工程阶段时清理这些测试代码的工作量很大而且容易误操作而导致有效代码错误，同时，由于 main()函数是代码的一部分，拥有对其他开发者通过类接口无法访问的私有成员和方法的访问控制权,因此这种测试可靠性较差。针对传统单元测试的问题,由极限编程初始人设计并实现了测试 Java 代码的开源测试框架 Junit。表 4-11 所示为 Junit 框架的技术定位。

表 4-11　　　　　　　　　　　　Junit 框架的技术定位

	Junit 覆盖	Junit 不覆盖
作用范围	单元测试	集成测试
系统结构	框架、架构	完整系统
使用等级	工具	方法论
测试用例	手动产生	自动产生
测试实现代码	部分首先	全自动

图 4-19 所示为 Junit 的技术架构。

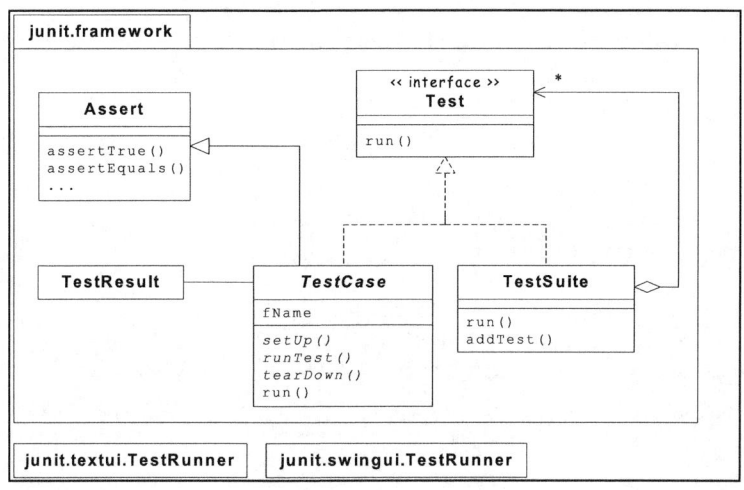

图 4-19　Junit 的技术架构

同样针对"Hello World"的 Java 程序代码,采用 Junit 构建的测试用例如下:

```
package com.company;
import junit.framework.TestCase;
public class HelloWorldTest extends TestCase
{
   public static void main(String[] args)
   {
      junit.swingui.TestRunner.run(helloWorldTest.class);
   }

   public HelloWorldTest(String name)
   {
      super(name);
   }

   protected void setup() throws Exception
   {
      super.setUp();
   }
```

```
        protected void  eardown() throws Exception
        {
            super.tearDown();
        }

        /*
         * Test method for 'com.company.HelloWorld.sayHello()'
         */
        public void testSayHello()
        {
        }

    }
```

测试代码实现为：

```
package com.company;
import junit.framework.*;
public class HelloWorldTest extends TestCase
{
    public HelloWorldTest(String name)
    {
        super(name);
    }

    public void testSayHello()
    {
        String expectedReturn = "Hello World";
        String actualReturn = helloWorld.sayHello();
        assertEquals("return value",expectedReturn,actualReturn);
    }

}
```

使用 Junit 框架进行复杂程序的单元测试，解决了传统单元测试技术的问题，被广泛应用于基于 Java/J2EE 技术的工程实践中。表 4-12 所示为一个面向欧美软件外包项目的基于 Junit 的单元测试用例示例。

表 4-12　　　　　　　　　　　基于 JUnit 的单元测试用例

优先级	Class 名称	Case 名	开始时间	结束时间	方法名	Junit 方法名	检查点	内容	Case 类型	测试结果
A	Lnk Exec BO	execBBConRegisterLnk_001	6/8/2014	6/8/2014	execBBConRegisterLnk	testExecBBConRegisterLnk_OK0	BB 连携执行成功(只登录一条 BB 接续情报)	确认 BB 连携状况为"已登录"	正常逻辑	OK
		execBBConRegisterLnk_002				testExecBBConRegisterLnk_OK1	BB 连携执行成功(登录两条 BB 接续情报)	确认 BB 连携状况为"已登录"	正常逻辑	OK
A		execBBConRegisterLnk_003				testExecBBConRegisterLnk_ParaError0	BB 连携执行失败(传入的两个 list 均为空)	确认抛出"EsmSysParaException"	异常逻辑	OK
A		execBBConRegisterLnk_004				testExecBBConRegisterLnk_ParaError1	BB 连携执行失败(传入的两个 list 长度均为 0)	确认抛出"EsmSysParaException"	异常逻辑	OK

续表

先级	Class 名称	Case 名	开始时间	结束时间	方法名	Junit 方法名	检查点	内容	Case 类型	测试结果
A		execBBConRegisterLnk_005				testExecBBConRegisterLnk_ParaError2	BB 连携执行失败(传入的两个 list 长度不相等)	确认抛出"EsmSysParaException"	异常逻辑	OK
A		execBBConRegisterLnk_006				testExecBBConRegisterLnk_ParaError3	BB 连携执行失败(传入的 2 条 BB 接续情报中,第二条的 BRAS 装置的 BRAS 装置的 Host 名为空)	确认抛出"EsmSysParaException"	异常逻辑	OK

4.6.3 软件调试

软件调试是在程序自我测试发现错误后排除错误的过程,调试是软件开发过程中十分艰苦的脑力过程。在调试过程中遇到的错误表现各异,特别是调试过程中不能再现或不规则出现的错误,查找原因的压力非常大,在这种情况下,软件工程师经常会在压力面前产生焦灼的情绪而导致修正一个错误带来更多的其他错误。经验表明,软件调试应遵循的基本心理学启发性原则包括:多思考,避免盲目地修改程序而产生更多的错误;避免在头脑不清楚的情况下调试程序以防止陷入困境;向有经验的同事寻求帮助是有效的;谨慎使用试验法,避免在没有清楚了解原因的情况下修改程序。

在软件调试时,经常采用的调试策略包括以下几项。

(1)试探法:大体分析、估计错误产生的位置。

(2)对比查找法:若已知程序中若干个关键点的正确值,然后用调试工具在关键点附近处输入正确值;若输出正确,则故障在前半部分;否则,再查后半部分。

(3)追溯法:确定最先出现错误现象的位置,然后沿程序的控制流程往回追踪源程序,直到找出错误源为止。

(4)归纳法:从线索出发,通过分析线索之间的关系而找出故障。主要步骤为:收集有关数据,组织数据,导出假设,证明假设。

在程序中增加日志(Log)输出语句和使用调试工具是软件调试通常使用的技术。

4.7 缺陷管理

软件的缺陷是软件生产过程中十分重要的质量属性,有效地进行软件缺陷管理是软件组织积累知识资产、提升软件交付质量和人才培养的重要途径。在软件成熟度水平较高的软件组织,通常会充分利用量化的缺陷管理建立组织的过程能力基准,并以此为依据实现持续改进和有效的缺陷预防。缺陷既可以产生于项目内部测试过程(如单元测试、集成测试及系统测试等),也可以来源于项目外部的测试活动(如验收测试、安装与运行测试等)。软件项目中的缺陷管理一般是借助于工具进行,如 JIRA、Bugzilla 及 QTP 等均是在工程实践中经常被采用的。对于缺陷的管理一般划分为录入缺陷、分配缺陷、修改缺陷及再测试确认 4 个环节,缺陷在经过这 4 个环节的生命周期经历了"开立"、"分配"、"修正"、"关闭"等状态,有时由于不可再现或可接受,缺陷也会有"遗留"状态。缺陷的严重程度和修复优先级一般定义如下。

1. 缺陷严重等级一般定义

(1)轻微:诸如拼写错误或界面格式等问题,不影响系统功能。

(2)适中:易被误解的或带有小的但可测量的对系统有影响的冗余输出。

(3)严重:重要功能不可用或性能严重不达标。

(4)极严重:严重缺陷频繁且任意地发生。

(5)灾难:系统完全不可用。

2. 缺陷优先级一般定义

(1)高优先级:该缺陷严重影响对该功能域或相关功能域的后续测试工作。

(2)优先级:错误的功能操作对后续的某项功能测试产生不能避免的重大影响。后续测试可进行,但代价很高。

(3)一般优先级:与功能规格要求存在需要引起注意的不一致。后续测试可进行。

(4)低优先级:系统操作不完全满足功能规格要求,但该错误不影响系统可用性。

依据上述4个环节,缺陷管理的一般流程如下。

(1)测试人员经测试发现缺陷后,及时将缺陷的信息(包括对应 Case 代码、缺陷现象、缺陷等级及必要的屏幕截图等)录入到缺陷管理工具中。

(2)测试负责人对测试人员录入的缺陷确认内容是否无误、表述是否清楚、是否是重复缺陷以及是否是缺陷,如果确认是非重复缺陷,则进一步提交至对应开发负责人进行缺陷分析。

(3)对应开发负责人对缺陷原因和范围进行初步分析,确定修正优先级,根据产生缺陷的模块进行缺陷分配,指定开发人员在预计修正时间内进行缺陷修复。

(4)开发人员根据开发负责人分配的缺陷及其优先级,对缺陷进行详细分析,确定修复方案并进行修改后提交开发负责人进行确认。

(5)开发负责人确认缺陷已修复后,由测试人员在修复后的软件版本上,对缺陷进行确认并根据回归测试策略,对修改该缺陷可能影响的其他功能进行回归测试。

(6)如果测试确认通过,则将缺陷状态置为"关闭"状态,测试结束,否则由开发人员重新进行修改。对于开发负责人确认可以遗留的缺陷,则予以保留。

对缺陷进行统计和分析是软件项目管理中一个非常重要的质量活动环节,对于全面准确及量化的掌握项目质量、积累项目资产至关重要。图 4-20 所示为一个缺陷统计分析的示例,通常在大型项目开发中,缺陷统计分析包括很多维度,如缺陷趋势图、缺陷收束趋势、缺陷等级分布状态、缺陷类型分布状态等,基于多维度统计的结果进行系统的分析和总结。

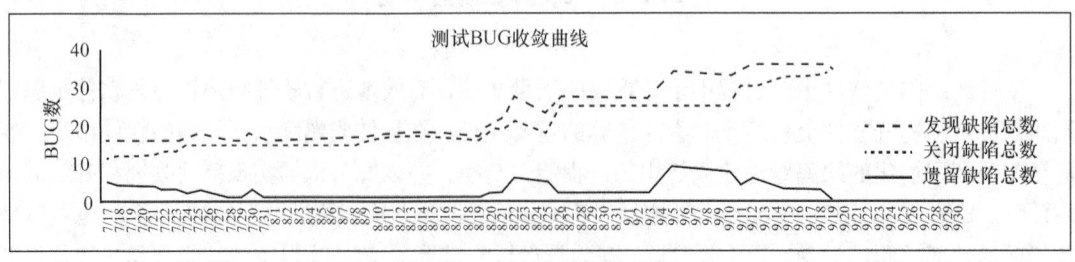

图 4-20 缺陷趋势图示例

4.8 协同开发模式及管理

传统软件外包中项目工程阶段分工通常仅涉及发包方和一个接包方两个协作对象，沟通链路相对单纯和简单，这种分工方式下的项目执行效率也较高。近些年来，以互联网技术为核心的信息技术飞速发展正深刻影响和改变着传统软件外包分工作业模式，在产业发展的今天，出现更多的"多国多点"（Multi-Coutry，Multi-Site）协同开发模式以追求最大限度地利用外包目的国或目的地的优势资源。表 4-13 所示为一个典型的项目干系人分布在"多国多点"的软件外包实例。

表 4-13　　　　　　　　　　"多国多点"协作开发模式

项目干系人	实施国/实施地	工程范围
发包方	美国	需求提出/验收测试
接包方 1	中国	设计开发
接包方 2	爱尔兰	集成/系统测试

尽管"多国多点"部署的协作开发模式有效利用了各地优势资源，但这种多团队分布在多国多地必然使得项目团队的离散化程度增加和沟通链路复杂化，增加了项目执行风险和降低了项目执行效率。软件开发项目是一个高度依赖团队的生产活动，如何有效地进行团队协作是软件工程管理的重要课题，特别是针对多团队多地部署的协作开发模式，实践中通常采用协作开发平台等软件工具将软件工程的关键流程如需求管理、源代码管理、变更控制、测试、构建和发布等进行有效集成并自动化，以形成一个统一的协作平台供项目参与方使用。近些年来，由于软件系统的业务复杂程度越来越高，交付周期的要求越来越短及应对业务场景变化的需求稳定性越来越弱化，出现了轻量级的敏捷开发软件工程管理的方法论，其核心原则是：

（1）尽早地、持续地和采用增量的方式交付有价值的软件功能以满足客户需求；

（2）适应需求在项目开发的全过程进行变更的客观状况，为客户创造竞争力优势；

（3）项目周期内，项目所有干系人能够方便地参与项目各阶段活动；

（4）在项目团队内部与外部准确、高效地传递项目信息。

实践表明，采用协作开发平台等软件工程管理工具对于"多国多点"模式和敏捷开发模式的工程管理不仅是有效的，而且是必要的。主流的协作开发平台包括开源软件版本控制系统 SVN（Subversion）、IBM Rational Team Concert（Rational RTC）和 Microsoft Team Foundation System（Microsoft TFS）等。

1. Subversion

Subversion 是一个开源的基于文件仓库的版本控制系统，这个文件仓库可以通过网络进行访问，从而通过架设 VPN 或专线的网络，将软件项目涉及的管理及工程文件纳入版本库进行管理，使分布在不同地点的使用者根据各自工作范围在一个共同的基准上协同工作以共同完成软件项目。与传统版本控制系统如 CVS 等相比，Subversion 具有以下几个特点。

（1）目录控制：CVS 可以实现对单个文件历史的跟踪，而 Subversion 可以实现对整个目录的变更进行跟踪。

（2）原子化提交：与程序的事务处理机制相同，Subversion 对于一个变更集合的处理是该变更集要么完整地被提交到文件仓库，要么不做任何变更而保持修改前的文件状态，从而避免发生不完整地提交变更的状况。

（3）分支和标记：Subversion 在创建分支和标记时使用类似与"链接"的方式进行项目复制，使其相同开销与项目规模不发生直接的关系。

（4）记录版本历史：除了记录文件的版本信息外，Subversion 还可以添加、删除、复制和修改文件和目录。

Subversion 使用基于 HTTP 的 WebDAB/DeltaV 协议进行网络通信，并通过 Apache Web 服务器对版本库进行访问操作，使多地部署的开发团队可以方便地进行分布式开发和工作协同（分支及主线可以根据项目需要分布在不同地点）。图 4-21 所示为以软件开发中重要的代码集成发布流程为例，说明使用 Subversion 进行分布式开发的项目流程。

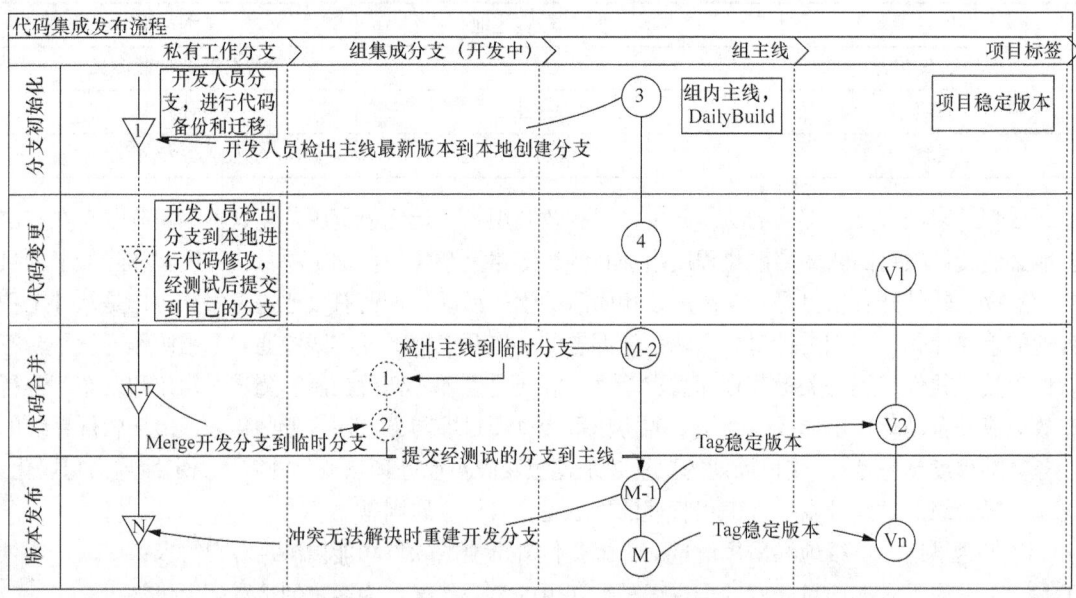

图 4-21 基于 Subversion 的代码集成发布流程

图 4-22 所示为一个项目实践中典型的 Subversion 分支策略。

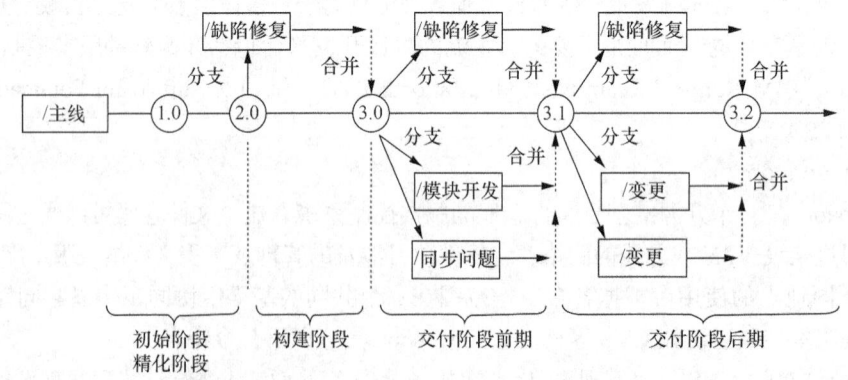

图 4-22 Subversion 分支策略示例

2. Rational Team Concert

IBM Rational Team Concert（RTC）是基于敏捷开发模式的适用于分布式团队部署的协同开发管理解决方案，其核心是可扩展的协同平台 Jazz。RTC 从设计上提供了既支持传统工程实践流程，又支持敏捷开发最佳实践的软件工程生命周期工程管理能力，包括计划管理、任务管理、文档及源代码控制、系统构建（Build）管理和发布管理等。与 Subversion 等开源工具相比，RTC 在对敏捷开发、基于上下文的分布式协作、项目可视化管理及与其他工具集成能力等方面有更优秀的表现，而由于其商业化软件的属性导致目前在软件工程业界还没有得到大范围的普及和应用。

思考题

1. 请简述软件外包的主要应用技术类型。
2. 请概要描述软件需求分析的主要流程。
3. 什么是 UML？概要描述使用 UML 的主要目的及 UML 主要的表达方式。
4. 请简述在编写代码时主要从哪些方面进行规范。
5. 请简述软件测试的主要类型及主要的测试技术。
6. 缺陷在其生命周期内有哪几种状态？请概述缺陷管理的一般流程。

第 5 章 软件外包质量管理

【学习目标】
（1）了解软件项目质量管理的基本概念
（2）了解软件外包项目质量管理的概况、特点和内涵
（3）熟悉和掌握质量管理领域中目前比较成熟的质量理论体系以及它们各自的特点
（4）理解和掌握 SQA 在软件外包项目质量管理体系中的作用

海尔总裁张瑞敏曾经说过："有缺陷的产品等于废品"。的确，产品质量是企业生存的根本。当前，软件企业越来越重视软件项目的质量，而质量管理对软件项目成败又有着直接的影响。因此，研究软件项目质量管理，探索提升软件项目质量的途径成为一个热门课题。本章将探讨软件外包项目质量的管理与控制问题。

5.1 软件质量概述

概括地说，软件质量就是"软件与明确的和隐含的定义的需求相一致的程度"。具体地说，软件质量是软件符合明确叙述的功能和性能需求、文档中明确描述的开发标准，以及所有专业开发的软件都应具有的隐含特征的程度。从管理角度看，影响软件质量的主要因素可划分为 3 个维度，分别反映用户在使用软件产品时的 3 种观点，包括正确性、健壮性、效率、完整性、可用性及风险（产品运行）观点；可理解性、可维修性、灵活性和可测试性（产品修改）观点；可移植性、可再用性与互运行性（产品转移）观点。如何做出高质量的软件以及提供高质量的软件服务，是我们本章所要研究的课题。

5.2 软件外包质量管理体系

要保证开发出的软件产品是高质量的，首先要在开发过程上有好的管理方法。没有严格的质量控制，生产的软件产品质量是什么样的，能达到什么质量指标，我们无从知晓。在前面我们初步介绍了在软件项目管理中关于质量管理的一些概念和方法，本节将针对软件项目管理以及软件外包管理中的质量管理知识做进一步的阐述。

5.2.1 软件质量管理的定义

质量管理是确定质量目标，并在质量管理体系中通过诸如制订质量计划、实施质量保证以及

做好质量监控和质量改进行动,使得质量得以实现的全部管理活动。在软件行业中,特别是在软件外包行业中,软件质量管理的定义可以理解为,以确定一个软件产品或软件服务的质量目标为前提,在软件产品开发或服务的活动中制定相应的质量计划,如为达成项目质量目标所做的管理流程图、工作操作规范以及实施细则、项目成果物标准和用于检验目标标准的质量检验相关表格等,通过审核质量要求和测量质量结果,确保采用合理的质量指标和操作,在此基础上将项目实施的质量结果与预定的质量标准进行对比,找出偏差,分析偏差形成的原因,然后持续有效地采取措施去改善管理的一系列活动。

早期的软件项目由于缺乏相对成熟的质量管理体系,导致相当数量的项目或工作产品质量偏低、产品纳期(纳期:日语交货日期的意思,在此用"纳期"一词,是借用了对日软件外包的习惯)和成本得不到有效的控制,从而导致项目的失败。

既然软件质量如此重要,我们如何才能将质量做好呢?业界通过大量的事例发现,软件产品和服务的质量在很大程度上取决于开发、维护该产品以及服务的过程的质量。

很多软件公司都存在下面一些问题。
- 公司的产品质量很难稳定,到了客户那里总是出现很多问题,他们的高手经常去客户那里现场救火。
- 产品的质量问题总是重复出现。这个版本已经解决,到了下个新版本可能又出现。开发人员总是抱怨没有时间把问题一次解决好,但是却有时间把反复出现的问题解决很多次。
- 产品上市时间总是一拖再拖,很难按时推出新产品或新版本。产品推出之后也不能适应市场需求。
- 公司的人员总是加班加点工作,还是有解决不完的问题。

这一切都是什么原因造成的?根本原因在于对软件的质量管理没有做好。那怎样才能做好质量管理呢?

在质量管理领域,已经有很多比较成熟的质量理论体系,目前普遍被软件领域认可和采用的,是国际标准化组织 ISO 的 ISO 9000 系列标准和美国卡内基梅隆大学软件工程研究院(SEI)制定的软件能力成熟度模型 CMM,它们都是质量管理工作中可以参考的重要标准规范。下面我们就来详细地介绍这两种质量管理体系。

5.2.2 ISO 9000 和 CMM

1. ISO 9000

国际标准化组织(International Organization for Standardization,ISO)设在瑞士日内瓦,是一个约 100 个工业国家参加的国际协会。国际标准化组织的前身是国家标准化协会国际联合会和联合国标准协调委员会。1946 年 10 月,25 个国家标准化机构的代表在伦敦召开大会,决定成立新的国际标准化机构,定名为 ISO。大会起草了 ISO 的第一个章程和议事规则,并认可通过了该章程草案。1947 年 2 月 23 日,国际标准化组织正式成立。自从 1987 年公布 ISO 9000 族标准以来,ISO 9000 族标准已经成为全球最有影响的质量管理和质量保证标准。ISO 9000 族标准的制定和实施反映了市场经济条件下供需双方在进行交易活动中的要求。供方只要按 ISO 9000 族标准组织产品的开发和生产,并通过权威机构的认证,在产品质量方面就会赢得顾客的充分信任。另一方面,顾客在市场上选购产品时,更愿意选择通过质量认证的企业所生产的产品,从而减少一部分多余的或力不从心的烦琐的质量检验活动。ISO 9000 标准族建立在"所有工作都是通过过程来完成的"这样一个认识基础之上。

目前大家普遍实行的是 2000 版的 ISO 9000 系列标准，是对企业产品的质量各环节规定的标准，所谓系列标准或标准族，是指这个标准里包含了很多条文，每个条文可以取个名字，如 ISO 9002、ISO 9003、ISO 9004 等。例如 ISO9001:2000，基本上已经是国际通用了。

具体来说，ISO 9000 系列包括了若干部分/层次内容。第一，ISO 9000 是一个总的概括、说明以及使用向导；第二，ISO 9001 是针对产品的研发设计、生产、检验等标准。老版的 ISO 9002、ISO 9003、ISO 9004 等都归入到了新版的 ISO 9001 里面了；第三，其他 ISO 标准。软件企业使用最普遍的是 ISO 9001。ISO 9001 属于 ISO 9000 系列标准中专门面向软件企业的。软件企业贯彻实施 ISO 9000 质量管理体系认证，应当选择质量保证模型标准 ISO 9001。软件企业实施 ISO 9001 质量保证模型，通过对软件产品从市场调查、需求分析、软件设计、编码、测试等开发工作，直到作为商品软件销售、安装及维护整个过程进行控制，来保障软件产品的质量。

作为质量管理理论发展的里程碑，ISO 9000 质量管理体系把狭义的质量管理体系变成了广义的质量管理体系。质量管理是项目管理的核心，软件外包项目中质量管理更是重中之重，所有的服务和产品都是必须在确保质量的基础上进行的。

（1）质量管理的发展经历了 3 个阶段。

① 自我管理阶段。自我管理阶段发生在手工业产品的初期，那时候产品的生产效率很低，大多数的产品都是供不应求，质量都是由生产者自己控制，而质量的控制结果都是由客户来进行检验，质量的标准都是由客户的感觉和口碑来评价，衡量质量的高低就是购买的价格。

② 检验管理阶段。检验管理阶段发生在工业和规模经济时期，那时候的产品已经开始批量化生产，产品的质量在产品出厂之前已经由生产者自身来控制，生产者有统一的技术标准，这个标准最后有可能成为行业标准。检验管理阶段的核心就是对产品的结果来进行管理而不是过程，但它比自我管理阶段已经有了很大一步提升。

③ 过程管理阶段。过程管理阶段是随着生产的发展，随着产品的日益复杂化，专业分工也越来越细，几乎每一个产品都要由诸多的配件和设备来组成，在这个组成过程中，任何一个环节的失误都会造成产品质量的缺陷。于是，我们不得不从产品生产的一开始，就对整个流程来进行严格的标准化管理，通过对过程的监控和评审来保证产品的质量，并能降低成本，此时单纯的质量标准变成了性价比的优化标准。

（2）ISO 9000 质量管理体系包含了以下八项原则。

① 客户为要。客户为要就是以客户为中心，把客户满意度作为质量标准的最重要的核心。这也是 ISO 9000 质量管理体系的首要原则，客户就是上帝，因此我们不但应该了解顾客当前的需求，而且要了解未来潜在的客户需求；不但要去满足客户的现有需求，还要争取超越客户的期望值，从而赢得客户。

② 领导主导。质量管理在整个项目中的地位是不言而喻的，项目的质量好坏在很大程度上取决于高层领导的重视程度。领导对于决定项目的质量方针，制订质量计划并确保计划的落实起着不可或缺的作用，具有无以伦比的地位。由其动员全员参与，才能调动并配置资源，定期评审质量管理体系，及时发现问题、解决问题才能驱动质量的持续改进。

③ 全员参与。项目的质量不是某个人的职责，而是项目组成员每个人的职责。团队的每个成员都要把质量放在第一位。加强内部沟通、识别容易出现质量风险的职责边界，把质量职责落实到每个人的身上，通过质量培训的手段把质量提升当作一种自觉的行为。

④ 过程控制。就是将质量管理的关注点从关注结果检验变为过程监控，这种过程监控通常体

现在时间和空间两个方面：

• 在时间上，将整个项目实施看作是一个工作任务彼此衔接的流程，通过对工作流程的分析，把那些和项目不尽适用的工作环节进行识别和精简，减少损耗，提升效率，在流程上建立相互监督的机制，提升质量；

• 在空间上，将整个项目所有的资源进行统一分析，通过对彼此之间相互依存关系的分析和组合管理，进行识别并优化，在过程节点相关的接口处严格把关，项目成员之间彼此加强沟通，分享信息和技术资源，确保最终产品的质量标准。

⑤ 数据说话。质量管理体系中，质量的可控性一直都是核心的核心，在质量保证流程的执行过程中，不但要对质量指标数据及时地收集、归纳和整理筛选，还要对这些指标数据进行有效的分析，项目的决策者不能凭着主观的意念和假设来做决策，而是必须以事实为依据，必须建立在量化分析的基础上来进行决策。需要强调一点，所有分析工作的前提是采集的数据必须是可靠的、真实的。数据采集过程也是质量保证计划体系中非常重要的一环，如果项目的数据采集的过程本身就有问题，那么所进行的数据分析的可靠性也就无从谈起。

⑥ 双赢互利。与客户建立长期互利的合作关系，站在客户的角度去想问题，放弃短视的、一槌子买卖的短期获利的服务模式，采取开放的、与客户相互信任、相互沟通的合作模式，联手进行质量的改善活动，在合作双赢的基础之上谋求双方长远利益的最大化。

⑦ 持续改进。把追求质量精益求精作为组织永恒的目标，不断识别与改善，不断提高质量目标，不断采取改进措施，从而实现质量的持续提升。

⑧ 过程方法。将相关的资源和活动作为过程进行管理，可以更高效地取得预期结果。

（3）ISO 9000 在软件企业实施重点。

第一步，对软件企业建模，建模方法是，以用户满意为目的，分解软件企业在生产以及提供服务活动中的关键过程。然后，对每个局部分解的过程进行建模。例如，在开发某一个软件产品过程中，承担产品测试工序的部门就是承担产品开发部门的用户，开发部门的所有活动，都应使得测试部门检查出的缺陷越少越好。

第二步，建立标准文件体系。标准文件体系中包括质量目标，也就是与客户达成的软件品质目标是多少。质量方针，就是制定用来实现这个质量目标的一些规则和细化要求。过程制定，就是每个执行过程的标准程序，包含必须的以及可选的执行步骤。评价体系，就是按照既定的执行过程，量化执行过程的评价方法、记录形式及内容。

第三步，就是对上述的评价记录数据进行科学的分析，依据评估的结果来进行后续合理化改善的过程。

ISO 9000 的精髓部分总结起来就是制度的建立要合理化，富有弹性，更具有可操作性，制度的实施必须有法可依、有法必依、执法必严、违法必究、有据可查。对于执行的决策，预防胜于事后纠正。

2. CMM 是什么

CMM 描述了一个有效的软件过程中的关键要素，讨论了不成熟的软件机构发展成为有规律的、成熟的软件机构的改进过程。CMM 涉及对软件开发规划、软件过程工程化和对软件过程管理的实践活动。通过这些实践活动，提高软件机构满足成本、进度、功能和质量要求的能力。CMM 的核心是把软件开发视为一个过程，并根据这一原则对软件开发和维护进行过程监控和研究，以使其更加科学化、标准化。

CMM 可分为 5 个等级：一级为初始级，二级为可重复级，三级为已定义级，四级为已管理级，五级为优化级。级别越高表明该企业在提供合格软件产品方面的能力越强。5 个等级的关键过程域（KPA），共计 18 个过程域如下。

- 初级（initial）：描述了不成熟的，或者说是未定义过程的组织。
- 可重复级（repeatable）：需求管理，项目策划，项目监督和控制，供方协定管理，测量和分析，过程和产品质量保证，配置管理等过程。
- 已定义级（defined）：需求开发，技术解决，产品集成、验证、确认，组织级过程焦点，组织级过程定义，组织培训，集成项目管理，风险管理以及决策分析和决定。
- 管理级（managed）：定量过程管理，软件质量管理。
- 优化级（optimizing）：组织革新和部署，原因分析和决定。

表 5-1 所示为各个等级的特点和关键过程域。

表 5-1　　　　　　　　　　　　　　CMM 等级及 KPA

能力等级	特点	关键过程
第一级 初始级（最低级）	软件工程管理制度缺乏，过程缺乏定义、混乱无序。成功依靠的是个人的才能和经验，经常由于缺乏管理和计划导致时间、费用超支。管理方式属于反应式，主要用来应付危机。过程不可预测，难以重复	无
第二级 可重复级	基于类似项目中的经验，建立了基本的项目管理制度，采取了一定的措施控制费用和时间。管理人员可及时发现问题，采取措施。一定程度上可重复类似项目的软件开发	需求管理，项目计划，项目跟踪和监控，软件子合同管理，软件配置管理，软件质量保障
第三级 已定义级	已将软件过程文档化、标准化，可按需要改进开发过程，采用评审方法保证软件质量。可借助 CASE 工具提高质量和效率	组织过程定义，组织过程焦点，培训大纲，软件集成管理，软件产品工程，组织协调，专家审评
第四级 已管理级	针对制定质量、效率目标，并收集、测量相应指标。利用统计工具分析并采取改进措施。对软件过程和产品质量有定量的理解和控制	定量的软件过程管理和产品质量管理
第五级 优化级（最高级）	基于统计质量和过程控制工具，持续改进软件过程。质量和效率稳步改进	缺陷预防，过程变更管理和技术变更管理

一个组织只要开始从事软件开发，即自动处于第一级，要通过其他等级，就需要达到统一的标准，即上述相对应等级中的各个区域过程。

其中任何软件企业都可以认为是成熟度级别为一级的组织。换句话说，一级的企业在软件过程中是有很多问题的，但随着成熟度级别的升高，企业软件过程的能力也会越来越强。目前，CMM 模式已被公认为是当前最好的软件过程管理模式，它已成为业界事实上的软件过程的工业标准。但是需要提醒的是，并不是实施了 CMM，软件项目的质量就一定有了保障。因为按照 CMM 思想进行管理与通过 CMM 认证并不能画上等号。

目前，许多软件企业在开发管理上存在的问题是没有统一的规范标准，质量把控也不够理想。因此，许多企业的软件开发项目都要求承包商有一定的 CMM 级别或 ISO 9000 认证作为参加投标的资格，特别是国外的一些企业在做项目软件项目发包时，非常看重质量保证体系的资质认证，因此国内软件开发企业更加重视这方面的因素。

5.2.3　ISO 9000 与 CMM 的比较

ISO 9000 和 CMM 都是国际上通用的软件质量评估和管理方法。二者有很多相似之处，它们的实施都可以改变软件开发不规范、文档不齐、维护跟不上、质量漏洞多等诸多弊病。因此，尽管 ISO 9000 标准的一些要求在 CMM 中不存在，而 CMM 的一些要求在 ISO 9000 标准中也不存在，但两者之间都受到类似的关系驱动，有着相似之处。它们的核心思想都涉及质量管理和过程管理。

1. 两者的共同点

两者最大的相似点是都强调规范化和文档化的过程管理。在基本原理方面，ISO 9000 和 CMM 都十分关注软件产品质量和过程改进。尤其是 ISO 9000:2000 版标准增加持续改进、质量目标的量化等方面的要求后，在基本思路上和 CMM 更加接近。

它们的共同点都是认为：过程管理的核心是使过程状态可见并使过程可控。也就是说，如果组织还没有一个规范化的开发过程，则首要任务是对当前的开发过程进行分析、整理并文档化，制定出一个符合本组织实际开发过程的规范，并从制度上确保开发过程规范的执行。如果已经具备了相对规范的开发过程，则需要对这个开发过程的规范表现进行持续的评估，找出问题，然后进行补充修订。这就是我们通常所说的持续改进。

2. CMM 和 ISO 的区别

一般来说，ISO 9001 会被认为是适用于所有领域的一种质量保证模式。针对质量管理而言，ISO 可以看作是一个浓缩的管理学框架。它是一个大而全的系统，几乎覆盖了公司管理的各个方面。它对于一个尚无完整质量管理体系和规范的公司来说，是一个很好的快速建立公司系统化管理框架的参照体系。通过这个体系的建立，可把公司的各个部门的业务流程、接口关系、人员岗位、部门职能界定及各种公司管理制度有机整合起来。

而 CMM 主要是对软件开发实践所涉及的整个开发流程的规定和分析，它的体系既包括软件工程过程本身，也包括对这一过程的管理。它更多的是提示组织所处于各个成熟度等级的阶段目标，以及为了达到这些特定的阶段目标而需要的具体活动。对于一个具有一定管理基础的组织，引入 CMM 会对其持续提高过程能力、持续改进过程质量将起到极大的推动作用。

CMM 与 ISO 9000 的区别主要有以下几点。

（1）ISO 9000 的通用性太强，针对性太弱。ISO 9000 适用范围是所有设计、制造、开发及服务的行业，是一个标准，虽然其中的 ISO 9001 是针对于软件行业而订制的，但其对软件质量管理体系的要求是偏低的，通过 ISO 9000 认证的企业只相当于 CMM 的二级或三级，而且要求不是很具体。

（2）CMM 是专门针对软件开发及服务的，它提出的是对软件开发过程改善的全程指导。它的每一级对所要实现的关键过程都有详细的要求，关键实现的说明就有 500 页之多，这对于推动软件企业自身质量管理素质是非常有利的。

（3）CMM 强调软件开发过程的成熟度，即不断改进和提高开发过程，而 ISO 9000 仅是描述了可接受的最低标准。就软件过程来说，CMM 三级的覆盖范围是要大于 ISO 9000 的覆盖范围的。

（4）ISO 认证过程只有两种结果：要么通过认证，要么不通过认证。CMM 则给出一个过程改善的框架，它将成熟度分为五个级别。

简单地说，不同点在于 CMM 是把焦点严格对准软件开发，ISO 9000 则是包括硬件、软件、流程性材料和服务。尽管 ISO 9001 面向软件行业，但不乏二者所限定的界限不同。因此，尽管两者在涉及质量管理和软件过程中有着相似之处，但也存在很大差别。

3. 选择两种质量体系的策略和建议

对软件企业来说，两者在质量管理指导原则上的要求是差不多的，只是在实现和表述方面有所不同，但不能笼统地说谁比谁好。如此，对于软件过程改进应该是基于 CMM 模型还是 ISO 9001，明智的回答是应该同时考虑两者，虽然两者有很大程度的重叠。那么，到底是先选择 CMM 还是 ISO 呢？我们应从以下几个方面进行考虑。

（1）从软件企业的业务特点考虑。

一般来说，ISO 9000 是全面规范企业的质量管理，而解决软件过程问题则 CMM 模型有很好的优势。也就是说，如果企业只希望提高自己在项目管理、开发活动或者过程管理等方面中的某些能力，那么就可以应用 CMM 方法来增强自己的过程控制能力。而如果软件企业希望全面提高质量管理，那么就可以先选择 ISO 9000。所以，当企业的规模不是很大，业务又主要集中在软件开发为主的话，应是 CMM 比较适用。但如果企业的规模比较大，并且业务不仅仅集中在软件开发，还包括硬件开发、硬件代理（采购）和其他服务，则可以考虑先实施 ISO 9000 体系。

（2）软件企业对质量过程改进的熟悉程度。

对这一点的考虑，主要是因为很多软件企业长期以来形成的管理陋习和企业文化与 CMM 制度化的管理理念存在一些相冲突的地方。因此，在打破旧体制建立新体制时，就必然会带来软件企业的阵痛。此外，由于 CMM 是强调逐步改进，而非突变，故很难在短时间内看到显著的效果，这样直接实施 CMM 的话会打击大家对 CMM 的信心。因此，可以借助 ISO 9000 质量体系先建立规范化的软件过程，熟悉质量管理内容和建立质量管理体系。也就是说，如果过去没有接触过类似的规范化质量管理，那么最好先从 ISO 9000 开始，首先建立持续过程改进的思想。因为 ISO 9000 的要求比 CMM 要稍低一些，可以适当的降低实施难度。如果企业已经实施过 ISO 9000 了，并且取得了较好的效果，这时再考虑实施 CMM 就会顺利得多了。

（3）软件企业对开发过程改进的预算。

不论怎样，几乎可以肯定地说实施 CMM 的费用肯定要比实施 ISO 9000 的高出一些。据有关方面的统计，通过 CMM 四级以上的直接和间接的投入会是超过百万元级的。因此，如果企业的预算不多的话，我们立足于"少花钱、多办事"的原则，可以采用 ISO 9000 的实施和评估方法，先建立规范化的质量控制过程。这样不但经济很多，而且效果还不错。在预算充足的时候，再上 CMM 就也会事半功倍了。通常来说，单纯比较软件过程的话，CMM 的价值会更大些。但总的来说 CMM 和 ISO 没有孰轻孰重之分，而是可以互相结合的。例如，ISO 的质量目标是非常好的思想，CMM 管控软件开发过程则相对比较细致。

总之，单纯实施 CMM，难以在短期内快速大幅提升能力成熟度，只有将实施 CMM 与实施 ISO 9000 有机地结合起来，才能发挥最大的效力。因此，软件公司通常采取先基于 ISO 9000 建立起质量管理体系框架，培养质量意识。然后在此基础上再选择若干开发过程进行重点监控，以逐步达到 CMM 成熟度等级的要求。

5.3　SQA 角色与职责

软件质量保证（Software Quality Assurance，SQA）是要建立一套有计划、有系统的方法，来向管理层保证拟定出的标准、步骤、实践和方法能够正确地被所有项目所采用。软件质量保证的目的是使软件过程对于管理人员来说是可见的。它通过对软件产品和活动进行评审和审计来验证软件是否合乎标准。软件质量保证组在项目开始时就一起参与建立计划、标准和过程。这些将使软件项目满足机构方针的要求。软件质量保证的基本目标是：

- 软件质量保证工作是有计划进行的；
- 客观地验证软件项目产品和工作是否遵循恰当的标准、步骤和需求；
- 将软件质量保证工作及结果通知给相关组别和个人；
- 高级管理层能接触到在项目内部不能解决的不符合类问题。

我们知道，早期在国外很多的大公司里，在没有实施正式的质量管理体系之前，SQA 是属于项目组自己的成员，其主要职责就是测试（主要是系统测试），包括一些比较知名的大型软件公司在内。其实在较早的时期，几乎所有的公司都是这样的。后来，由于缺乏有效的项目计划和项目管理，留给系统测试的时间很少（笔者以前做的一个项目，项目经理就明确告诉 SQA 由于项目开发占用了大部分的时间和花费，留给系统测试的时间就只有 3 天，没得商量）。另外，由于需求变化太快，没有完整的需求文档，测试人员就只能根据自己的想象来测试。这样一来，测试就很难保障产品的质量，最终，项目必然是错误多多，难以成功。如何才能避免这种状况，我们需要从质量保证的设立和职责等方面来加以阐述。

随着软件产业的发展，越来越多的企业认为，企业的项目需要有一个独立的团队来担当质量保证的角色，这个团队是不应该受到项目组的束缚，但又不应该是游离在项目组之外的。CMM模型就要求建立 SQA 角色。这里的 SQA 类似于过程警察，主要职责有两大方面，一是日常的作业活动，二是参与质量改善活动。随着实施 CMM 的企业越来越多，SQA 角色越来越普及，SQA 的作用也越来越得到普遍的认可和重视。SQA 的职责主要如下。

（1）日常活动。
- 协助项目经理定义项目开发过程和项目目标；
- 对项目各个角色实施培训和咨询；
- 制定 SQA 计划；
- 对项目成果物进行审计和对各个开发过程进行评审；
- 报告检查的结果。

（2）参与质量改善，协助 SPEG 改善项目以及组织的开发过程，丰富过程财富。

① 协助项目经理定义项目目标和项目开发过程。

我们知道项目策划的好坏是项目成功的关键，而策划的首要工作是定义项目目标，制定项目的开发过程，明确项目的规范和标准。SQA 可以根据检查众多项目的实践经验协助项目经理裁剪组织标准软件过程（OSSP），形成项目定义软件过程（PDSP）。SQA 必须掌握裁减的原则，对过程的裁减一是基于项目的风险因素的考虑，要准确地判定裁减的过程和活动是否对项目带来风险，二是从项目的特点来考虑，如根据项目的规模、人员的能力、产品的复杂度、组织与客户的要求等。SQA 在项目策划阶段往往要协助项目经理制定项目的各项目标，一般项目目标主要从质量（Quality）、成本（Cost）、交付（Delivery）3 个方面考虑。不同公司的业务范围和成熟度以及其战略目标不同，QCD 考察的指标可能会有所差异，但是基本的量化目标需要明确地制定出来，这样便于项目经理跟踪。质量目标可以从 4 个方面考虑，如发布前缺陷密度、发布后缺陷密度、系统测试缺陷密度、客户发现缺陷密度等；成本主要从两个方面考虑，如生产率和质量成本；交付纳期从里程碑责任延期和项目最终的责任延期天数来考虑。另外，为了强化项目前期缺陷的检出能力，减少后期的返工，可以增加评审发现缺陷占总缺陷的比率这一目标，旨在强化评审活动。

在一个管理过程比较成熟的软件公司中，SEPG、SQA 分别各尽职责。SEPG 制定组织的标准软件过程，分析各类项目的数据，形成组织的过程数据库和财富库并实施过程改进，SEPG 还有一个职责是组织全员的项目过程规范的培训，一般 SEPG 主要进行大范围的培训，主要针对组织级的培训，这种培训的次数是有限的，而在项目执行中或执行前往往由 SQA 对项目组的成员进行单独的培训或辅导，这样可以更有的放矢。另外，在项目的执行中项目组成员提出有关规程、模板等问题，SQA 随时提供解答。培训可以涵盖项目执行过程中的所有过程域，一般重点在项目策划、项目管理、项目配置、同行评审和缺陷预防、定量管理等过程中。

② 制定 SQA 计划。

SQA 的工作是一个有计划性的工作，SQA 的检查和审计贯穿了项目开发的全过程，从项目立项到项目结束各个过程或活动都要进行监控，为了保证 SQA 工作的实施必须先制定 SQA 计划并得到项目经理的评审。

制定 SQA 计划的时机其实与项目策划的时间是密切关联的，一般来说，大的项目往往在系统设计之后才能准确地进行规模、工作量、质量的估计，完成开发计划。当然在系统设计之前也要对需求开发的理解和系统设计进行估计并完成这段时间的计划和进度表，通常可以把 fix 版的开发计划制定这段时间的工作归入到启动计划中，因此 SQA 计划一般涵盖启动阶段和正常阶段的工作计划。

SQA 计划是 SQA 人员以第三者的身份进行该项目检查的工作安排，需要对整个项目过程中的工作责任人、使用的设备、需要的时间、评审和审计的对象、工作方式、工作进度、报告途径等进行描述。由于项目开发规模不同，所选择的生命周期模型不同，过程和人员的成熟度等不同，SQA 检查的工作重点也应该有所侧重，这些重点体现在 SQA 计划中并应进行原因说明。我们已经知道了 SQA 计划分为启动阶段和正常实施阶段，下面对评审和审计的对象、检查方式进行说明。一般来说，在项目启动阶段，SQA 人员需要对包括项目启动的策划、开发计划的制定及开发基准的建立等进行过程评审；对包括项目启动计划、项目开发计划及相关评审记录等项目成果物进行工作产品审计。在项目实施阶段，SQA 评审的对象包括软件工程流程（从需求、设计、编码、测试）、同行评审流程、缺陷预防流程、里程碑总结阶段移行判定流程及配置管理活动等主要工程过程及管理过程；SQA 审计的项目成果物包括需求分析报告、设计报告、源代码、测试用例、测试报告、变更记录、评审记录、里程碑总结报告及项目总结报告等。SQA 工作方式可以通过检查成果物，参加项目的各项评审活动，另外和项目人员进行交流也是一项非常重要而有效的方式。SQA 计划完成后和开发计划一样也需要进行评审，一般是项目经理参加就可以了，主要是对计划的合理性、工作重点和检查的时机以及可实施性进行评审。按照 SQA 计划进行 SQA 审计和评审工作，确认项目是否按照过程要求执行了相应的活动，是否按照过程要求生产了相应的产品。

③ 对项目成果物进行审计和对各个开发过程进行评审。

按照 SQA 计划进行 SQA 审计和评审工作，确认项目是否按照过程要求执行了相应的活动，是否按照过程要求生产了相应的产品。必须检查每个阶段活动的开始和结束点，特别要关注开始点，要尽早发现问题，把问题控制在最小的范围内。对于项目周期很长的项目，只在阶段的开始和结束点进行检查，往往很难发现过程中的问题，这时需要根据项目的特点，需要在过程中再设置几个小的跟踪点。

④ 报告检查的结果。

- 项目检查报告。SQA 检查的结果都要记录在该项目的 SQA 工作表中，表中记录检查人、检查的时间、检查的项目、检查的结果、责任人，SQA 要判定不符合项对 QCD（Quality Cost Delivery）的影响，提出修改和改进的建议；SQA 要与被检查人协商不符合项预计解决、修正的日期，对不符合项进行跟踪，直至解决为止。SQA 检查的结果反馈给项目经理和项目的开发人员。

- 由于 SQA 人员具有组织上独立于项目的属性，当 SQA 人员在评审和审计时发现项目出现的不符合问题，需要与项目组进行充分沟通和协调以取得一致的理解。在软件外包工程实践中，经常会出现 SQA 人员与项目组难以就某些问题取得共识情况，当这些状况发生时（特别是 SQA 人员认为这些不符合问题将对项目 QCD 产生重大影响时），SQA 人员有独立向高级管理者报告的渠道，由高级管理者进行决策。
- SQA 周报和月报。SQA 每周对若干个项目的检查结果进行报告，报告各项目的执行状态，检查出的不符合项和已经解决的不符合项数目等，SQA 周报要报送给高级管理者、SQA 同行和 SEPG。SQA 要每月编写月报，报告本月各个项目的检查结果和项目的质量状况、质量数据，问题和风险。项目的质量状况不一定是由 SQA 来编写的，在不同公司里规定的可能是不一样，各公司可以根据实际管理机制来制定。

⑤ 参与质量改善。SQA 有机会直接接触各个项目，同时参加管理者的评审会议，甚至还能直接接触到客户的反馈和抱怨，他能够从很多项目管理的优缺点中发现各个过程里较好的工作方法，将发现的组织规程中定义含糊的地方反馈给 SEPG，协助 SEPG 改善项目及组织的开发过程，丰富过程财富库。同时 SQA 可以将来自各类客户的质量管理好方法和好习惯在项目间传播，这对改善企业的质量文化意识能起到很好的催化作用。另外 SQA 在项目结束时，会对提交的各项目的数据进行确认并提交给 SEPG，为组织的数据库留下经验数据，协助改善软件过程。

SQA 的工作对软件质量的重要性是毋庸置疑的，主动地去推进好的过程方法和习惯，赢得项目成功，赢得团队的认可，才能实现 SQA 真正的价值。

5.4 客户满意度调查

客户满意度（Consumer Satisfaction Research，CSR），也叫客户满意指数，是指对顾客满意度调查系统的简称，是一个相对的概念，是客户期望值与客户体验的匹配程度。换言之，就是客户通过对一种产品可感知的效果与其期望值相比较后得出的指数。

通过满意度调查，了解客户的需求、企业内部存在的问题以及与竞争对手之间的差异，从而有针对性地改进服务工作，这是一项极其重要的事项。测评客户满意度的作用是：掌握满意度现状，帮助客户把有限的资源集中到客户最看重的方面，从而达到建立和提升顾客忠诚度并保留顾客；按品牌和客户群类别调研，为分层、分流和差异化服务提供依据，了解并衡量客户需求；分析顾客价值，实现有限资源优先分配给最有价值的顾客；研究服务标准、服务流程及服务传递与客户期望之间的差距，找到客户关注点和服务短板，提出相应改善建议。

客户满意度调查近年来在国内外得到了普遍重视，特别是软件外包行业的客户满意度调查已经成为软件企业发现问题、改进服务的重要手段之一。国内的满意度调查是在最近几年才迅速发展起来的，但已经引起越来越多企业的重视。

如何测评客户满意度？有权威机构投入数百名调查研究人员，用近 10 年的时间对 14 个行业的近万名客服人员进行了细致深入的调查研究，发现了一个可以有效衡量客户服务质量的 RATER 指数。RATER 指数是 5 个英文单词的缩写，分别代表 reliability（信赖度）、assurance（专业度）、tangibles（有形度）、empathy（同理度）、responsiveness（反应度）。而客户对于企业的满意程度直接取决于 RATER 指数的高低。

（1）信赖度：是指一个企业是否能够始终如一地履行自己对客户所做出的承诺，当这个企业真正做到这一点的时候，就会拥有良好的口碑，赢得客户的信赖。

（2）专业度：是指企业的服务人员所具备的专业知识、技能和职业素质，包括提供优质服务的能力、对客户的礼貌和尊敬、与客户有效沟通的技巧。

（3）有形度：是指有形的服务设施、环境、服务人员的仪表以及服务对客户的帮助和关怀的有形表现。

（4）同理度：是指服务人员能够随时设身处地地为客户着想，真正地同情理解客户的处境、了解客户的需求。

（5）反应度：是指服务人员对于客户的需求给予及时回应并能迅速提供服务的愿望。当服务出现问题时，马上回应、迅速解决能够给服务质量带来积极的影响。作为客户，需要的是积极主动的服务态度。

按照如上介绍的 RATER 指数的含义，可以设计对客户满意度调查的测试办法，实现具体的调查。对于软件外包企业，常见的调查内容如下。

- 质量：客户对交付的产品验收和测试的质量数据，如 bug 率、稳定性、响应率等；
- 成本：客户对所提供的产品或服务在收费方面的意见；
- 产品交付：产品是否按时交付，产品及其所属附件是否完整等；
- 管理：项目管理是否规范、有效，过程是否透明、可度量，有前瞻性；
- 沟通：沟通手段是否适当，沟通频率、沟通效率和效果如何；
- 其他：团队合作、文化融合、协作效果等。

常有的调查方法如下。

- 电话访谈：通过电话与客户沟通，了解客户满意度情况，按客户的回答填写"客户满意度调查表"；
- 发放调查问卷：通过电子邮件向客户发放电子或寄送纸质的调查表格，收集客户的意见；
- 走访客户：定期或不定期走访客户，直接向客户了解客户意见，并填写客户满意度调查表，请客户签字；
- 调查反馈：对收集到客户满意度调查，要做认真细致地分析，对于采取的改进措施，可以向客户进行反馈，并征询客户意见，直至最终建立了新的工作方法，改善了客户满意度。

5.5 项目总结

项目结束后，需要对项目进行总结。项目总结主要是以编写总结文档的形式来进行。项目开发总结文档的编写不仅仅对参加项目的人有价值，对未实际参加到项目中的人更是一份宝贵的财富。

总结是对成功的经验和失败的教训做认真的记录和分析，将分散的、不系统的、无逻辑关系各种问题及解决办法进行整理，形成系统的、完整的过程改善路径。总结应该采用特殊方法或工具，便于积累知识和经验。在项目过程中会发生许多错误，通过总结出现的错误及其采用的改善措施，作为改进流程和改进项目管理的依据，防止错误再次发生。项目组成员需要了解并量化地知晓自己在项目中干得如何。在项目启动时就应该确定项目需总结的内容，包括项目评价的标准、所采用的方式以及参加评价的人。其中应包括项目组成员绩效的评价，只要评价是公正、公平、公开的,就会激励项目组成员更加积极地努力工作。另外,有时候客户(包括公司内部客户)在选择项目承包方时,需要参考相关项目成功实践的记录,这时候项目总结报告将成为重要证据。

项目总结文档编写过程中应该注意的几点。

- 在项目开发阶段,可以将一些确定的项目内容提前记入总结内容中,这样做的目的是让大家明白一些考核的标准,激励大家努力工作。
- 让所有人都参与进来。不能认为项目总结只是项目负责人的任务,项目总结文档应该由项目负责人整理,但其中一些内容关键点的细化工作可以交由其他人负责,这样可以使成员都有参与感和成就感。
- 一些关键点的细化工作要做好。不能奢望一个文档就能体现所有的经验、教训,关键点的细化文档可能更有参考价值,甚至可以做一些专题讨论。
- 客观、公正、务实。经验和教训同等重要,应该客观、公正地予以记录和表述。只写成就,忽视错误和失败,将丢失大量的有用信息,因为很多成功的经验,是在经历了多次失败后才发现和获得的,如果不写明失败的经历,今后可能重蹈覆辙,造成更多的浪费。同样,也不能只写教训,除了跟前面所述的丢失信息外,更多的是这样做还会形成对参与人员的一种否定,打击了项目人员的积极性。总结文档的整理一定要公平,同时更需讲究务实,不能总是讲一些空洞的东西,这在给其他开发人员做介绍时,很容易带来反感,使总结流于形式。

思考题

1. 软件外包项目质量管理中,经常出现哪些质量问题?
2. 国际上比较成熟的质量管理体系有哪些?
3. 在质量管理领域,ISO 9000 和 CMM 有哪些差异?
4. ISO 9000 质量管理体系有哪些执行原则?
5. CMM 有几个等级以及它们各自有哪些关键过程域?
6. SQA 在软件外包项目质量管理体系中有哪些作用?

第 6 章 软件外包的风险管理

【学习目标】
（1）了解软件项目风险的基本概念
（2）了解软件外包项目风险管理的分类以及方法
（3）掌握软件外包项目风险管理中风险如何识别和分析
（4）掌握软件外包项目风险管理中风险预防与措施

在日益复杂的现代软件生产活动中，风险无处不在。软件外包作为近些年来软件生产活动新的组织方式，由于人员部署在不同地域、拥有不同的文化背景和语言等原因，面临的项目风险要素更为复杂和多样。实践表明，没有不存在风险的外包项目，通过系统化的风险管理措施，建立充分的风险意识和利用规避风险的手段，仔细分析风险的来源和特征，在软件外包的全过程实行动态和连续的跟踪控制，可以防患于未然，有效规避软件外包风险。风险是一种不确定的事件或条件，一旦发生，就会对一个或多个项目目标造成消极的影响，如范围、进度、成本和质量。风险可能有一种或多种起因，风险的起因可以是已知或潜在的需求、假设条件、制约因素或某种主观或者客观的状况。

软件项目风险管理是软件项目管理的重要内容。在进行软件项目风险管理时，要识别风险，评估它们出现的概率及产生的影响，然后建立一个规划来管理风险。风险管理的主要目标是预防风险。

6.1 风险简介

软件项目风险是指在软件开发过程中遇到的预算和进度等方面的问题以及这些问题对软件项目的影响。软件项目风险会影响项目计划的实现，如果项目风险变成现实，就有可能影响项目的进度，增加项目的成本，甚至使软件项目不能实现。对项目进行有效的风险管理，就可以最大限度地减少风险的发生。但是，在软件外包的工程实践中，还有相当数量的软件外包企业对软件项目的风险管理缺乏足够的认识和重视，导致当项目风险发生时，因缺少足够的化解措施而造成软件项目经常性延期、超过预算，甚至项目完全失败。因此，任何一个软件开发项目都应将风险管理作为软件项目管理的重要内容。既然软件外包面临着以上各种风险，必须对此进行有效管理。通过建立风险管理模型，分阶段进行风险分析与管理是值得借鉴的方法。风险管理模型包括风险分类、风险识别、风险分析评估和风险控制等一系列过程。

在项目风险管理中，存在多种风险管理方法与工具，软件项目管理只有找出最适合自己的方法与工具并应用到风险管理中，才能有效控制和化解软件项目风险，促进项目的成功。

风险管理的主要目标是预防风险。本书探讨了风险管理的主要内容和方法，介绍了风险管理的经典理论，比较了几种主流的风险管理策略和模型。

近几年来软件开发技术、工具都有了很大的进步，但是软件项目开发超时、超支、甚至不能满足用户需求而没有得到实际使用的情况仍然比比皆是。软件项目开发和管理中一直存在着种种不确定性，严重影响着项目的顺利完成和提交。但这些软件风险并未得到充分的重视和系统的研究。直到 20 世纪 80 年代，Boehm 比较详细地对软件开发中的风险进行了论述，并提出了软件风险管理的方法。Boehm 认为，软件风险管理指的是"试图以一种可行的原则和实践，规范化地控制影响项目成功的风险"，其目的是"辨识、描述和消除风险因素，以免它们威胁软件的成功运作"。

在此基础上，业界对软件风险管理的研究开始慢慢丰富起来，理论上对风险进行了一些分类，提出了风险管理的思路，实践上也出现了一些定量管理风险的方法和风险管理的软件工具。虽然业界对风险管理表现了极大的兴趣，做出了不少努力，但似乎很少有软件组织真正积极地在软件开发过程中使用风险管理的方法。1995 年 IWSED（International Workshop on Software Engineering Data）会议做出的调查显示：风险管理技术没有得到广泛应用的原因并不是大家不相信这种技术的实效性，而是对风险管理的技术和实践缺乏了解。

6.2　风险分类

我们对于软件外包项目中风险的认知是一个渐进的过程，这个认识过程可以分为 3 个渐进的阶段：完全没有掌握信息的状态、部分掌握信息的状态以及完全掌握信息的状态。这 3 个阶段对应的就是不可能预见的风险、难以准确预测的风险以及可准确预测的风险。

在完全没有信息的状态下，风险几乎是不能预见的。例如，2011 年日本 3·11 大地震导致的核泄漏给很多面向日本的软件外包业务带来了意想不到的损失，很多外包项目在这种状况下不得不取消或者中止，由于之前从来没有发生过这样的事情，因此谁也无法事前预见。与之类似，很多项目风险在第一次发生的时候都属于这种情况。

在部分掌握信息的状态下，风险可能预见，但是还是难以准确地预测。人们往往用已知的部分信息去推断未知的部分信息。这种推断有一定的根据，但是难以保证其推断结果完全正确。如上面谈到到日本 3·11 大地震，虽然地震之前发生过一次后，人们对地震的风险有着可预见性。但是何时会发生、后果怎么样还都无法准确地预测，因此属于难以准确预测的风险。

在完全掌握信息的状态下，风险就可以准确地加以预测。比如，软件外包项目中人员的流动性问题及计算机的损坏问题等。

在软件项目风险管理中，完全不能预测的风险和可以准确预测的风险都属于极端的现象，对前者的管理由于其完全不可预测而无从着手，对后者的管理由于其准确预测性而成为项目管理的规范。介于两者之间的第二种类型风险是项目风险管理的主要关注点。

首先我们需要从客观的角度上将项目风险进行分类，项目的风险可以横向划分为内外两个范畴：

- 项目所处的外部环境产生的风险，被称为系统风险。系统风险是项目组织无法回避的也是无法控制的，只能被动应对，力求减少损失。
- 项目内部原因产生的风险，被称为非系统风险。非系统风险是项目组织有可能主动预防和控制的，这取决于组织风险管理的水平。

非系统性风险由内部因素原因产生，纵向可以划分为需求、技术、成本和进度等几个方面，软件项目开发中常见的风险有如下几类。

1. 需求风险

（1）需求已经成为项目基准，但需求还在继续变化。
（2）需求定义欠佳，而进一步的定义会扩展项目范围。
（3）添加额外的需求。
（4）需求定义不清楚的部分比预期需要更多的时间。
（5）在需求定义时客户没有有效参与。
（6）缺少有效的需求变化管理过程。

2. 计划编制风险

（1）计划、资源和产品定义全凭客户或上层领导口头指令，并且不完全一致。
（2）计划过于理想化，是"最佳状态"，但计划和现实严重脱节，只能算是"期望状态"。
（3）计划是基于使用特定的小组成员而制定的，但那个或那些特定的小组成员实际并未使用。
（4）工作量也就是规模（代码行数、功能点、与前一阶段规模的百分比）比估计的要大。
（5）完成目标日期提前，但没有相应地调整项目范围或可用资源。
（6）涉足不熟悉的业务领域，花费在设计和实现上的时间比预期的要多。

3. 组织和管理风险

（1）仅由管理层或市场人员进行技术决策，导致计划进度缓慢，计划时间延长。
（2）低效的项目组结构降低生产率。
（3）管理层审查决策的周期比预期的时间长。
（4）预算削减，打乱项目计划。
（5）管理层作出了打击项目组织积极性的决定。
（6）缺乏必要的规范，导至工作失误与重复工作。
（7）非技术的第三方工作（预算批准、设备采购批准、法律方面的审查、安全保证等）时间比预期的延长。

4. 人员风险

（1）作为先决条件的任务（如培训及其他项目）不能按时完成。
（2）开发人员和管理层之间关系不佳，导致决策缓慢，影响全局。
（3）缺乏激励措施而导致士气低下，降低了生产能力。
（4）某些人员需要更多的时间适应还不熟悉的软件工具和环境。
（5）项目人员异动，后期加入新的开发人员，需进行培训并逐渐与现有成员沟通，从而使现有成员的工作效率降低。
（6）由于项目组成员之间发生冲突，导致沟通不畅、设计欠佳、接口出现错误和额外的重复工作。
（7）不适应项目工作的成员没有调离项目组，影响了项目组其他成员的积极性。
（8）没有找到项目急需的具有特定技能的人。

5. 开发环境风险

（1）设施未及时到位。
（2）设施虽到位但不配套，如没有电话、网线、办公用品等。
（3）设施拥挤、杂乱或者破损。
（4）开发工具未及时到位。

（5）开发工具不如期望的那样有效，开发人员需要时间创建工作环境或者切换新的工具。
（6）新的开发工具的学习期比预期的长，内容繁多。

6. 客户风险

（1）客户对于最后交付的产品不满意，要求重新设计和重做。
（2）客户的意见未被采纳，造成产品最终无法满足用户的审核。
（3）决策周期比预期的要长。
（4）客户没有或不能参与规划、原型和规格阶段的审核，导致需求不稳定和产品生产周期的变更。
（5）客户答复的时间（如回答或澄清与需求相关问题的时间）比预期长。
（6）客户提供的组件质量欠佳，导致额外的测试、设计和集成工作以及额外的客户关系管理工作。

7. 成果交付风险

（1）修正质量低下的不可接受的产品需要比预期更多的测试、设计和实现工作。
（2）开发额外的不需要的功能，延长了计划进度。
（3）严格要求与现有系统兼容，需要进行比预期更多的测试、设计和实现工作。
（4）要求与其他系统或不受本项目组控制的系统相联，导致无法预料的设计、实现和测试工作。
（5）在不熟悉或未经检验的软件和硬件环境中运行所产生的未预料到的问题。
（6）开发一种全新的模块将比预期花费更长的时间。
（7）依赖正在开发中的技术将延长计划进度。

8. 设计和实现风险

（1）设计质量低下，导致重复设计。
（2）一些必要的功能无法使用现有的代码和库实现，开发人员必须使用新的库或者自行开发新的功能。
（3）代码库质量低下，导致需要进行额外的测试、修正错误或重新开发。
（4）过高估计了增强型工具对计划进度的节省程度。
（5）分别开发的模块无法有效集成，需要重新设计或开发。

9. 过程风险

（1）大量的手工作业导致进程比预期的慢。
（2）前期的质量保证活动失真，导致后期的重复工作。
（3）缺乏对软件开发策略和标准的遵循导致沟通不足，质量欠佳甚至需重新开发。
（4）教条地坚持软件开发策略和标准，导致过多耗时于无用的工作。
（5）向管理层撰写进程报告占用开发人员的时间比预期的多。
（6）风险管理粗心，导致未能发现重大的项目风险。

值得注意的是，尽管可以将风险进行分类，但风险之间总是互相关联的，单独的风险很少发生，因此不能孤立地考虑单一风险要素，应系统地考虑和评估各种风险类别下的各种风险要素以及要素间的逻辑关系。

6.3 风险识别

识别风险是系统化地识别已知的和可预测的风险，在可能时避免这些风险，必要时控制这些风险。风险识别过程的活动是将项目实施中的不确定性转变为明确的风险陈述。系统地识别风险是这个过程的关键，识别风险不仅要确定风险来源，还要确定何时发生、风险产生的条件，并描述其风险特征和确定哪些风险事件有可能影响本项目。风险识别不是一次性的活动，应当在项目执行过程中自始至终定期进行。我们在做风险识别之前，首先要搞清楚作为风险识别的依据有哪些以及风险识别有哪些常用的方法和工具。

1. 风险识别的依据

从项目管理角度讲，风险识别依据有合同、项目计划、工作任务分解（Work Breakdown Structure，WBS）、各种历史参考资料（类似项目的资料）、项目的各种假设、前提条件和约束条件等。从软件开发的生命周期看，每个阶段的输出（各种文档）都是下一阶段进行风险识别的依据，许多技术风险都可据此来分析。

2. 风险识别方法和工具

风险识别的方法很多，不同的方法适用于不同的场合。表 6-1 所示为常用的方法的适用情况。

表 6-1　　　　　　　　　　　　风险识别方法和工具

识别方法	适用情况
专家访谈法（Delphi）	从定性方面出发进行初步风险识别
历史记录统计法	从定性方面对新项目的风险进行预测
现场调查法	对一些动态风险因素进行识别与预测
故障树分析法	直接经验较少的风险识别
聚类分析法	具有相同或相似属性的风险识别

在软件开发项目中，特别是软件外包项目中通常采取风险识别的工具如下。

（1）风险核对清单：将可能出现的问题列出清单，然后对照检查潜在的风险。

（2）头脑风暴法：项目成员、外聘专家、客户等各方人员组成小组，根据经验列出所有可能的风险。

（3）专家访谈：向该领域的专家或有经验人员了解项目中会遇到哪些困难。

（4）风险数据库：一个已知风险和相关的信息仓库，它将风险输入计算机，并分配下一个连续的号码给这个风险，同时维持所有已经识别的风险历史记录，它在整个风险管理过程中都起着很重要的作用。

在实际应用中，风险核对清单是一种最常用的工具，它是建立在以前的项目中曾遇到的风险的基础上。该工具的优点是简单快捷，缺点是容易限制使用者的思路。

6.4　风险分析

风险分析是在风险识别的基础上估计风险的可能性及后果，并在所有已识别的风险中评估这些风险价值的过程。这个过程的目的是将风险按优先级别进行等级划分，以便制定风险管理计划，因为不同级别的风险要区别对待，以使风险管理的效益最大化。

6.4.1　风险分析流程

根据风险分析的内容，可将风险分析过程细分为两个活动：风险估计和风险评价。通常项目策划人员与管理人员、技术人员一起进行风险分析，该过程是一个不断重复的过程，在整个生命周期都要有计划、有规律地进行风险分析，分析流程如图6-1所示。

图6-1 风险分析流程图

6.4.2 风险的估计

风险估计是对已识别风险的发生可能性和风险出现后将会产生的后果进行估计，并描述风险对项目潜在影响的风险管理活动。风险估计有以下4个环节。

1. 定义风险评估准则

评估准则是事先确定的一个基准，作为风险估计的参照依据。准则分为定性和定量两种，定性估计将可能性分成等级，如很大、大、中、小和很小5个等级，一般以不超过9级为宜。定量估计则是给出一个具体的发生概率，如0.7表示风险发生的可能性为70%等，定量估计还有包括用模糊数表示风险可能性等其他方法。表6-2所示为一个评估准则的例子。

表6-2 可能性的评估准则

可能性	说明	等级
>80%（0.8）	非常有可能性，几乎肯定	很大
60%～80%（0.6～0.8）	很有可能性，比较确信	大
40%～60%（0.4～0.6）	有时发生	中
20%～40%（0.2～0.4）	不易发生，但有理由可预期能发生	小
1%～20%（0.01～0.2）	几乎不可能，但有发生的可能性	很小

有时候也直接根据损失的大小来进行评价，但因为软件项目的评价具有多目标性，成本、进度、性能，可靠性和维护性都是典型的评判目标，所以风险评判标准就是这些单一目标的组合，不同的组合就构成了一个参照区域，而某个组合就是其中的一个参照点。表6-3所示为风险损失

的评估准则。

表 6-3　　　　　　　　　　　　　风险损失的评估准则

损失	成本	进度	性能	等级
>0.8	成本增加>20%	项目延迟>20%	性能不能满足用户要求	很大
0.4~0.8	成本增>10%~20%	项目延迟 10%~20%	性能有较严重的缺陷	大
0.2~0.8	成本增加>5%~10%	项目延迟 5%~10%	主要方面的性能不足	中
0.1~0.2	成本增加>1%~5%	项目延迟 5%~10%	性能有缺陷，但基本满足用户的要求	小
<0.1	成本增加>1%~5%	项目延迟 5%~10%	性能有缺陷，但基本满足用户的要求	很小

2. 估计风险事件发生的可能性

根据评估准则对每个风险发生的可能性进行预测，预测的值应该是多人预测的综合结果。

3. 估计风险事件发生的损失

风险对项目的影响是多方面的，因此损失的估计也应从多方面分别进行估计，通常对 3 个方面进行估计，即进度、成本、性能。

4. 计算风险值

根据估计出来的风险的可能性和损失，计算风险值 $R=f(p,c)$。式中，p 是风险事件发生的可能性，c 是风险事件发生的损失。

评估者可根据自身的情况选择相应的风险计算方法计算风险值。

表 6-4 所示为风险评估的例子。

表 6-4　　　　　　　　　　　　　风险评估影响值

风险	可能性	对进度的影响	对成本的影响	对性能的影响	影响值
需求不明确	0.5	0.3	0.3	0.4	0.5
需求变动	0.9	0.5	0.4	0.2	0.99
关键人员离职	0.2	0.4	0.2	0.3	0.18
公司资源对项目产生了限制	0.6	0.4	0.2	0.3	0.54
缺少严格的变更控制和版本的控制	0.2	0.5	0.3	0.3	0.22

从表 6-4 中可以看出，需求变动的风险很高，需求不明确和公司资源对项目产生了限制这两个风险属于高风险，缺少严格的变更控制和版本控制属于中等风险，关键人员的离职属于中等风险，前 3 个风险必须采取措施应对，最后一个可根据项目具体情况而定。

影响值=可能性×（对进度的影响+对成本的影响+对性能的影响）

对项目风险进行分析是处置风险的前提，是制定和实施风险计划的科学根据，因此，一定要对风险发生的可能性及其后果做出尽量准确的估计。但在软件项目中，要准确地进行估计十分困难，主要有以下几个原因。

（1）依赖主观估计。由于软件项目的历史资料通常不完整，因此，多数情况下是根据风险评估者的主观经验进行估计，而且主观估计常常存在着相互矛盾的问题。例如，某专家对一个特定风险发生的概率估计为 0.6，然而，当问及不发生的概率时，回答可能性是 0.5。因此许多学者将模糊数学理论引入到风险预测中，以解决预测的可能性和准确性问题。

（2）人们认知的局限。由于人类自身认知客观事物的能力有限，所以不能准确地预知未来事物的发展变化，这也是导致风险估计主观性的主要原因。

（3）项目环境多变。项目的一次性特征使其不确定性比其他经济活动更大，因此，其预测的难度也较其他经济活动大。同时，风险要素随着项目的进展也会发生不规则的变化，因此，风险管理应该贯穿整个项目周期。

6.4.3 风险评价

风险评价是根据给定的风险评判标准（也称风险评价基准），判断项目是继续执行还是终止（出现的问题太大）。对于继续执行的项目，要进一步给出各个风险的优先排序，确定哪些是必须控制的风险。

在做风险评价时，评判标准的设定应依据前面所确定的风险可能性和损失的评估准则而不能随意评判和任意发挥。表 6-5 所示为依据风险可能性、损失及影响值而得到的风险评判标准。

表 6-5   风险评判标准

风险值	等级	将要采取的应对策略
≥0.9	很高	重点控制
[0.5, 0.9]	高	应对
[0.2, 0.5]	中	应对
[0.1, 0.2]	低	视成本损失严重程度等因素，决定是否应对
<0.1	很低	接受

风险评判标准与风险承受能力有关，如有人认为成本超出 10% 属于中等风险，可以承受，而有的人认为是高风险，不能承受。个人的风险偏好是风险承受能力的主要影响因素。

风险是项目固有的特性，如何及早发现风险、评价风险的大小，确定可接受风险和不可接受风险，是风险管理者主要关注和解决的问题。

6.5 风险预防及措施

风险控制包括对策制定、风险缓解、风险监控和风险跟踪等内容。

所有风险分析活动都是为辅助项目组建立处理风险策略而服务的。对不同的风险要素要建立不同的风险控制和监控的策略。比如，对于开发人员离职的风险要素，可以采取的控制措施包括项目开始时应做好人员流动的准备而采取一些措施确保人员一旦离开时项目仍能继续，制定文档标准并建立一种机制保证文档及时产生及对每个关键性技术岗位要培养后备人员等。对于技术风险，可以采用的策略包括对采用的关键技术进行预研和开发原型以验证技术可行性和可实现性，在项目开发过程中保持对风险因素相关信息的收集工作，减少对合作公司的依赖尤其是对延续性强的项目应该尽可能地吸收合作公司的技术并变为自己的技术，避免因为可能发生的与合作公司合作的终止带来的影响和风险降低投入成本。

有效的风险管理策略必须考虑风险避免、风险监控及意外事件处置计划这3个问题。风险的管理策略可以包含在软件项目计划中，也可以组成一个独立的风险缓解、监控和管理计划（RMMM计划）。RMMM计划将所有风险分析工作文档化，并且由项目管理者作为整个项目计划的一部分来使用，RMMM计划的大纲主要包括：主要风险，风险管理者，项目风险清单，风险缓解的一般策略、特定步骤，监控的因素和方法，意外事件和特殊考虑的风险管理等。一旦建立了RMMM计划，我们就开始了风险缓解及监控，风险缓解是一种避免问题的活动，风险监控则是跟踪项目风险的活动。风险监控的目的主要包括评估一个被预测的风险是否真的发生了，保证为风险而定义的缓解步骤被正确地实施以及收集能够用于未来的风险分析信息。具体内容包括：

- 实施对重要风险的跟踪；
- 定期（根据项目的实际情况预先定义跟踪周期，如每周、每月等）或事件驱动的（当重要风险要素的条件发生变化时）对风险进行跟踪；
- 风险跟踪应与项目管理中的整体跟踪管理相一致；
- 风险要素应随着时间的不同而相应地变化。

通过风险跟踪，进一步对风险进行管理，从而保证项目计划如期完成。

总之，在软件项目开发过程中，对项目风险进行分析、预测、评估及监控等风险管理是项目执行过程中的重要管理活动。通过风险管理可以使项目进程更加平稳和可控，并且可以增强项目组成员对项目如期高质量完成的信心。有效地实施软件风险管理是软件项目开发工作顺利完成的保证。

思考题

1. 软件外包项目中系统性风险和非系统性风险的区别是什么？
2. 软件外包项目中非系统性风险有哪些？
3. 常用的风险识别方法有哪些？
4. 风险评估的准则如何制定？
5. 软件外包项目中风险如何评价？
6. 风险预防采取的措施有哪些？

第7章
知识产权及信息安全

【学习目标】
（1）了解知识产权的基本概念
（2）了解软件项目中的知识产权事项及其归属
（3）了解软件项目中的信息安全概念
（4）熟悉信息安全管理体系
（5）熟悉信息安全管理体系的主要控制域
（6）了解信息安全的违规处理事项

软件外包是信息行业的一个普遍、普通的常态服务活动，也是世界软件产业发展的一个重要趋势。近几年全球应用软件外包业务产值平均每年以近30%的速度增长着。在软件外包项目中，软件的开发者不一定使用其开发的产品，软件的使用者，不一定参与软件的全部开发，但是通常都是提供项目开发所需的资金和设备，并作为发包方来参与管理的。软件外包的一个成果之一就是可以运行的软件产品及其相关的技术资料。这些智力劳动的产品，具有知识产权的属性，能给所有者带来社会和经济上的效益。因此，软件外包过程中，必然涉及知识产权的归属问题。

7.1 项目成果物的知识产权归属

在软件外包过程中形成的软件产品，所有权到底归属于谁，不同国家的知识产权制度有不同的规定，在国际上还没有形成统一的标准。按照我国的知识产权制度，软件的所有权由《中华人民共和国著作权法》（以下简称《著作法》）来规定和协调。《著作权法》第十一条规定，著作权属于作者所有。如果由法人或者其他组织主持开发，代表该法人或组织的意志进行创作，并由法人或其他组织承担责任的作品，法人或者其他组织视为作者。同时，又在第十三条规定，两人以上合作创作的作品，著作权由合作者共同享有。对于委托作品，《著作权法》第十七条规定，著作权由委托人和受委托人签署的合同约定。合同未作明确规定或者没有订立合同的，著作权属于受托人。

通过软件外包加工的软件产品，是一种典型的委托生产方式，发包方可能提出软件的具体需求，提供功能要求和说明，承包方根据发包方的要求负责开发。发包方有时参与项目管理与开发，也有时全部委托给承包方，采用交钥匙工程的方式，由承包方负责制定所有的标准并独立开发。根据不同国家的法律，在知识产权的归属上，就会产生3种情况，一是因为双方都参与了软件的开发，著作权归双方共同所有；二是按委托合同约定，明确知识产权归何方所有；三是不管采用什么方式外包，软件的知识产权都属于承包方。从软件知识产权的产生角度看，作为承包方付出的主要是脑力劳动，其产品凝聚了开发方的知识和智慧。因此，按照《著作权法》的规定，比较侧重于开发方。然而，由于发包方为软件开发出具了资金或必需的条件，花费了很多成本，对软件的知识产权所能带来的社会和经济效益必然会有所求。承包方为软件的开发付出了智力劳动，有些内容具有极高深的技术和技巧，也会对知识产权努力争取。双方的协商或博弈，会体现在以书面合同为结论的定义中。在目前的软件外包服务合同中，发包方和承包方对法律法规的认识都普遍比较熟悉，经过双方经营和法务部门的多次审核后的开发合同，很少存在知识产权方面的疏漏。另外，国家科技部印发的《技术合同示范文本》包含了一系列的技术开发方面的合同范本，如"技术开发（委托）合同"、"技术开发（合作）合同"、"技术咨询合同"、"技术服务合同"等，基本上能涵盖软件外包业务的合同需要，这些合同范本对于知识产权都有可选择的格式条款，可供签订合同的参与方进行选择，文本模板已经考虑的非常细致和方便了。

7.1.1　甲方拥有完全产权

在软件外包的合作中，甲方通常是指提出项目目标、要求，并付出资金或其他条件的一方，为了获得自身所需要的东西。乙方是指为了完成目标，付出劳动和服务，实现甲方所要求的目标，并从项目合作中接受甲方的资金进而收益的一方。

通俗点说，就是出钱的一方为甲方，付出劳动获得利益的另一方为乙方。甲乙双方的社会地位是平等的，在项目中需要友好、平等地协商合作事项，达成项目开发协议（合同）。

但是在市场中，往往出资方占有更多的主动权，如果不是具有特殊的专有技术、稀有资源（包括具有特殊技能的开发人员），那么从逐利的角度出发，市场只要有能替代者，总会有竞争。竞争会使得乙方在某些程度上失去更多的谈判筹码。因此，从普遍的现象看，甲方对软件外包中的知识产权，有更多的要求。某些情况下，甚至表现的很强势，无视乙方的要求。乙方因为通过项目本身可以得到收益，往往会放弃部分或全部知识产权的诉求，也就意味着放弃项目所产生的成果可能带来的长远利益。在这种情况下，一般在合同中会达成项目成果归甲方所有，知识产权也全部归甲方所有的条款。

乙方放弃知识产权的所有权，是从眼前利益和长远利益两者权衡后做出的决定，并不意味着乙方一定有所损失。如果甲方或者更多的甲方能够长期与乙方合作，不断提供资金和支持，使得乙方的业务持续进行，并有所发展，这本身就具有了长远利益。因此乙方对知识产权的诉求，是建立在经过深思熟虑的基础上的，最终的结果，应该是达到合作双方共赢的效果。

7.1.2　乙方拥有完全产权

上节所述的甲方因为在市场上往往具有更多的主动权，产生了知识产权更多的时候归甲方所有的情况。但是，市场竞争是双向的。当甲方急需的软件产品只能从独具技术的承包方获取时，乙方则表现出更多的主动权。这种情况对于软件外包承担方是比较有利的，也是软件外包企业期望发展的目标。获取超额利润或者更多的增值服务，是企业永恒的追求。只有具有尖端的核心技术和独特的技术，才有可能在市场上占据优势。这方面的典型例子是数据库系统提供商——美国的 Oracle 公司。Oracle 公司在向客户提供其数据库系统产品时，作为乙方，却具有相当大的话语权。因为在数据库系统产品的提供商中，Oracle 公司的产品独具强大的功能，其性能、效率、稳定性、适应性，相对其他产品有明显的优势，在一些情况下，唯有 Oracle 公司的数据库能胜任项目要求。因此，Oracle 公司的产品在销售过程中，都具有乙方独享的知识产权。甚至，Oracle 的数据库系统，在卖给使用者的时候，也不是一次性付清费用就可以随意使用的。有的时候会要求用户有一定的使用人数限制，或者一定的业务范围限制。更严格的情况是，对于使用者，按照计算机硬件系统的 CPU

个数收费。当一台计算机硬件设备只有一个 CPU 运行 Oracle 数据库时，乙方会提出一个收费标准。当客户机上有多于一个的 CPU 时，乙方会要求甲方支付更多的数据库系统使用费。

作为软件外包的承包商，要想在合作中拥有完全的知识产权，努力提高自身的业务能力，使自己的产品或技术独具特性，难以被其他技术或产品所取代，才能达到目的。目前国内的软件公司，如用友、联想等公司，可以向客户提供自己的特殊软件产品，或者提供客户特殊需要的产品，因此他们的软件知识产权，即使在需要做二次开发的情况下，也会谈成拥有自己的完全知识产权。

而在国际软件外包的项目中，因为绝大多数企业都是提供从详细设计以下的工作，对高端的系统分析和设计部分参与很少，因此难以得到任何部分的知识产权。大多数企业的成果物都完全归甲方所有。

7.1.3 多方共同拥有产权

多方共同拥有知识产权的情况，虽然是多方协商的结果，但是这通常也是由各自的市场地位所决定的。如果出资方除了自己使用合作生产的软件产品外，还要在内部多处财务独立核算的部门范围进行推广使用，或者在合作方之外的社会上推广使用，则合作方一般都会力争共享知识产权所带来的经济效益。出资方独自难以进行项目的推广和由此带来的系统适应性改造（客户专门化），也无法独立进行软件产品的运行维护，则需要开发方对推广的工作进行承担并由此收益，这时开发方会提出知识产权的共享要求。

例如，某公司给某商场开发了一套库存管理系统，该商场是特大型的商业连锁企业，其分店遍布全国各地，财务核算独立，经营管理具有统一的规定，尤其库存管理要求完全一致。总店对库存管理系统的要求完全适用于各分店。这时，甲乙双方对库存管理软件系统的知识产权归属问题，一般都会有比较强烈的要求，一是总店希望一次性开发的系统，能在全部分店推广使用，同时也希望开发方能在后续的运行维护过程中继续提供技术支持和服务。因为这个库存管理系统有比较广泛的用户群，不仅对该店有应用价值，对其他商业企业也有使用价值，那么，乙方会从长期利益出发，力争知识产权的归属。而甲方因为在初次开发中为乙方提供了库存管理知识的培训、提供了比较详细的需求报告和功能规格说明，在库存管理系统中付出了资金和管理知识，尤其其内部其他分店都需要使用该系统，所以甲方也会力争该软件产品的知识产权。这种情况下，往往达成的协议为共享知识产权，而且会协商定好在以后的推广使用中，各自的收益所占的比例和各自应尽的责任和义务。

在以上论述的知识产权归属问题中，对于国际软件外包来说，由于跨地区和国际，因此开发过程中涉及的产权问题比较复杂。一般的处理方法是在合同中约定好适用的法律以及纠纷仲裁的地点。

在国际软件外包项目中，因为各方参与的内容错综复杂，在产品的开发过程中，有可能涉及很多第三方的专有技术或者第三方具有知识产权的开发工具和组件，在项目验收过程中，还有可能涉及客户的涉密数据或者客户的商业秘密，所以，不仅对知识产权的保护要有明确和严格的规定，对知识产权之外的信息安全，也要有极其严格的控制和管理。

7.2 项目开发过程中的信息安全事项

信息已经成为一种现代企业重要的资源，具有一般资源的经济属性，合理运用信息资源可以带来可观的社会和经济效益,是现代企业不可或缺的资源组成部分。

关于信息安全的概念,通常有两种意义上的定义,一个是比较狭义的定义,它将信息安全的内容专注在计算机安全领域,主要是以密码学、计算机技术、网络通信和相关的编程技术等对数据或者信息本身进行加密解密和安全传输为研究对象。这一学科属于局限于技术实现领域的传统信息安全范畴。另一种是广义的定义,它将信息安全看作是一个综合性的学科,不仅涵盖了传统意义上的计算机安全,还包括了对于信息管理、信息处理技术、法律法规、商业秘密、知识产权等众多与信息相关的内容。因此,从安全的角度看,已经从计算机安全变更为信息安全了。

我们这里要介绍的,是指现代意义的信息安全,属于广义信息安全定义的范畴。

信息安全的一种定义,是指对信息系统的保护,包括计算机及其附属设备的硬件、软件、数据、人、物理环境及其基础设施等,避免这些资源受到偶然的或者恶意的原因而遭到破坏、更改、泄露,保证信息服务不意外中断,最终实现业务连续性。信息安全主要包括以下 5 个方面的内容。

(1)信息的保密性。

(2)信息的真实性。

(3)信息的完整性。

(4)信息的访问控制。

(5)信息的复制和寄生系统的安全性。

国际标准化组织对信息安全定义,是将信息安全归纳为满足如下 3 个基本要点:

(1)机密性(Confidentiality):确保只有经过授权的人才能访问信息。

(2)完整性(Integrity):保护信息和信息的处理办法准确而完整。

(3)可用性(Availability):确保授权用户在需要时可以访问信息并使用相关信息资产。

信息安全管理的根本目的就是使内部信息不受内部、外部和自然等因素的威胁。对于信息安全的管理,我国有如下的相关法律和法规。

(1)《中华人民共和国计算机信息网络国际联网管理暂行规定》。

(2)《中华人民共和国计算机信息系统安全保护条例》。

(3)《计算机信息网络国际联网安全保护管理办法》。

在软件外包业务中,作为项目承包方,总是要接触和处理客户的很多信息,同时自己的企业内部,也伴随着项目的开展,产生了很多信息。这些信息资源是客户或者是承包商的宝贵财富,需要进行非常严格的控制和管理。

7.2.1 信息安全管理体系

关于信息安全管理,国际和国内已有比较成熟的管理标准,这些标准通过不断的完善,逐渐在国际上形成了比较完整和严格的信息安全管理标准和体系规范。我们在此介绍一下这些标准的概况,以便读者能全面地了解和掌握信息安全的相关概念和理论。

(1)BS 7799

BS 7799 是英国标准协会(British Standards Institute,BSI)针对信息安全管理而制定的一个标准。BS 7799 标准于 1993 年由英国贸易工业部立项,并于 1995 年在英国首次出版 BS 7799-1:1995,它提供了一套综合性的、由信息安全最佳惯例构成的实施细则,目的是为确定各类信息系统通用控制提供唯一的参考基准,并且适用于大、中、小组织。

1998 年,英国公布了标准的第二部分 BS 7799-2:1998《信息安全管理体系规范》,这是对 BS 7799-1 的有效补充,它规定了信息安全管理体系的要求和对信息安全控制的要求,是一个组织信息安全管理体系评估的基础，可以作为认证的依据。

（2）BS 7799：1999

1999年4月，BS 7799的两个部分被重新修订和扩展，形成了一个完整版的BS 7799:1999。新版本充分考虑了信息处理技术应用的最新发展，特别是在网络和通信领域。除了涵盖以前版本所有内容之外，新版本还补充了很多新的控制，包括电子商务、移动计算、远程工作等，特别强调了商务涉及的信息安全及信息安全的责任。

（3）ISO 17799:2005

2000年12月1日，BS 7799-1:1999《信息安全管理实施细则》通过了国际标准化组织ISO的认可，正式成为国际标准——ISO/IEC 17799-1:2000《信息技术——信息安全管理实施细则》，该标准被信息界喻为"滴水不漏的信息安全管理标准"。2005年6月，国际标准化组织对ISO/IEC 17799-1《信息安全管理实施细则》再次修改，即产生了《ISO 17799:2005-信息技术-信息安全管理体系实施细则》。2002年9月5日，BS 7799-2:2002草案经过广泛的讨论之后，主要在结构上做了修改，引入了PDCA（Plan-Do-Check-Act）的过程管理模式，建立了与ISO 9001（质量标准体系）、ISO 14001（环境管理体系）和OHSAS（Occupational Health and Safety Assessment Series 18000，职业健康安全管理体系认证）等管理体系标准相同的结构和运行模式，终于发布成为正式标准（BS 7799-2:2002），同时BS7799-2:1999被废止。

（4）ISO 27001:2005。

2005年，国际标准化组织（ISO）对BS7799-2进行了重新的修订，BS7799-2:2002正式转换为国际标准ISO/IEC 27001:2005。

（5）ISO 27001:2013。

ISO对标准的更新，一般是以3年为一个周期。但是因为ISO 27001:2005标准发布后的巨大成功，以及ICT（Information Communication Technology）行业的飞跃发展，使得整个标准的更新变得非常谨慎，从2008年开始，经历了6年的研究，发布了最新版的信息安全标准ISO 27001:2013。ISO 27000其实是一个标准家族，涵盖了信息技术中安全方面的各项标准，其中作为信息安全体系建设指导和认证的主要标准是《ISO 27001：2013 信息技术-安全技术-信息安全管理体系-要求》和《ISO/IEC 27002：2013 信息技术-安全技术-信息安全管理-行为规范》。

目前国际上唯一的一个关于信息安全管理的国际标准，是ISO 27001信息安全管理标准，简称ISO 27001标准。在2013年10月，为适应信息安全管理的发展趋势，ISO组织发布了ISO/IEC 27001:2013-信息安全体系标准，新版标准相对旧版标准（ISO 27001:2005）作了较大修订，为组织加强信息安全管理提供了指导。ISO 27001的核心就是要为企业建立、实施、运行、监视、评审、保持和改进信息安全管理体系（Information Security Management System，ISMS）提供模型。

在旧的ISO 27001:2005标准中，包括了11个方面、39个控制目标和133项控制措施，其框架如图7-1所示。

在图7-1中，围绕着信息资产，定义了信息安全的3个性质。围绕着信息资产的安全性，包括了11大控制域，这些控制域的意义如下。

（1）安全方针，也称为信息安全方针：指管理层应对信息安全提出明确目标，并制定出可操作的安全管理策略，为信息安全提供管理和支持。

（2）信息安全组织：在组织内建立信息安全组织，管理组织内部、第三方以及外包管理中的安全问题。

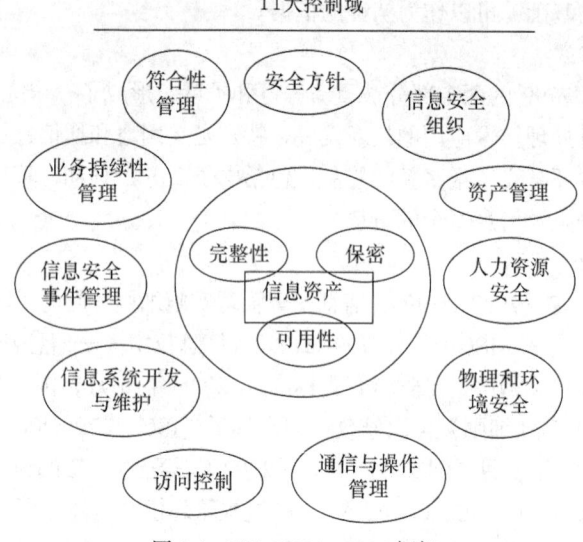

图 7-1 ISO 27001：2005 框架

（3）资产管理：对与信息技术有关的资产进行分类，加强与信息技术有关的资产分类管理，并对这些资产就价值和中心进行分类标识，实施不同安全措施对这些资产进行保护。

（4）人力资源安全：明确工作人员在招聘、工作、解聘过程中所涉及的信息保密等安全问题，加强对工作人员信息安全培训与教育，提高工作人员安全防范意识，减少人为错误、偷窃、欺诈或滥用信息及对设施处置的风险。

（5）物理和环境安全：对区域进行物理上的安全界限划分，加强对后台计算机服务器与用户桌面的保护，防止因水、火、电力、盗窃、化学腐蚀等因素产生的安全威胁，并制定计算机设备引进、日常运行、销毁处理程序和办法。

（6）通信与操作管理：对应用系统进行日常运维管理并建立操作规程，对服务水平进行管理，网络管理，存储介质管理，防病毒和恶意软件攻击，对系统和数据进行备份与恢复管理，加强信息交换管理等，确保信息处理设施正确和安全运行。

（7）访问控制：定义用户存取控制策略，管理用户存取过程，包括对网络资源存取控制，对操作系统、应用系统、移动设备和远程工作设备进行存取控制。

（8）信息系统开发与维护：在应用系统的开发与维护过程中，应明确系统安全需求，包括输入数据校验、输出数据校验、业务过程校验、传输数据认证等事项，确定加密、数字签名、不可否认服务、秘钥管理等管控方法，确定系统文件的安全保护办法，以及开发和支持过程的安全管理办法。确保将安全管理纳入信息系统的整个生命周期。

（9）信息安全事件管理：建立信息安全事件发生的处理流程和报告方式。

（10）业务持续性管理：定义业务持续性管理过程，分析业务持续性存在的风险，制定和执行业务持续性计划，定期测试、维护、模拟风险发生、重新评估业务持续性计划。防止业务活动的中断，并保护关键业务过程免受重大故障或灾难的影响，并确保及时恢复。

（11）符合性管理：识别现行适用的法律和法规，使得信息系统的管理、应用系统的设计和开发、使用过程符合法律法规的要求，符合组织的安全方针和标准，还要控制系统审计，使信息审核过程的效力最大化、干扰最小化。

而在 ISO 27001：2013 新标准中，包含了 14 个控制领域、35 个控制目标和 113 项控制措施。

控制域和控制目标列表如表 7-1 所示。

表 7-1　　　　　　　　ISO 27001：2013 控制域列表

控制域	控制目标
（1）安全方针	（1）信息安全方针
（2）信息安全组织	（2）内部组织
	（3）移动设备和远程工作
（3）人力资源安全	（4）雇佣前
	（5）雇佣期间
	（6）雇佣终止或变更
（4）资产管理	（7）资产责任
	（8）信息分类
	（9）介质处理
（5）访问控制	（10）安全区域
	（11）用户访问管理
	（12）用户职责
	（13）系统和应用访问控制
（6）密码学	（14）密码控制
（7）物理和环境安全	（15）安全区域
	（16）设备
（8）操作安全	（17）操作规程和职责
	（18）恶意软件防护
	（19）备份
	（20）日志和监视
	（21）运行软件控制
	（22）技术脆弱性管理
	（23）信息系统审计考虑
（9）通信安全	（24）网络安全管理
	（25）信息交换
（10）系统获取、开发或维护	（26）信息系统的安全需求
	（27）开发和支持国产中的安全
	（28）测试数据
（11）供应商关系	（29）供应商关系的信息安全
	（30）供应商服务交付管理
（12）信息安全事件管理	（31）信息安全事件和改进的管理
（13）业务连续性管理的信息安全方面	（32）信息安全连续性
	（33）冗余
（14）符合性	（34）符合法律和合同要求
	（35）信息安全评审

为了达到 ISO 27001:2013 标准的要求，企业需要按照标准要求，建立 ISMS 文件体系，该文件系统是一个层次化的体系，通常由 4 个层次的文档构成，文件的结构层次如图 7-2 所示。

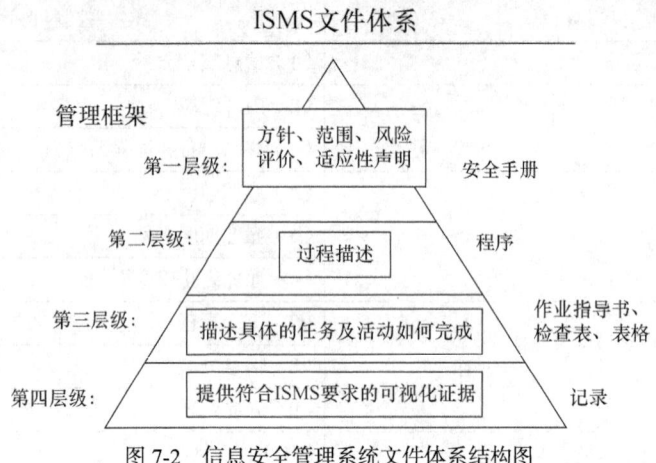

图 7-2　信息安全管理系统文件体系结构图

（1）信息安全手册：该手册由信息安全委员会负责制定和修改，是对信息安全管理体系框架的整体描述，以此表明确定范围内 ISMS 是按照 ISO27001 标准要求建立并运行的。信息安全手册包含各个一级文件。

（2）一级文件：全组织范围内的信息安全方针，一级下层各个方面的策略方针等。一级文件至少包括（可能不限于此）：

- 信息安全方针；
- 风险评估报告；
- 适应性声明（SoA）。

（3）二级文件：各类程序文件，又称规程，是对信息安全各控制域所需管理工作的总体说明。二级文件至少包括（可能不限于此）：

- 风险评估流程；
- 风险管理流程；
- 风险处理计划；
- 管理评审程序；
- 信息设备管理程序；
- 信息安全组织建设规定；
- 新设施管理程序；
- 内部审核程序；
- 第三方和外包管理规定；
- 信息资产管理规定；
- 工作环境安全管理规定；
- 介质处理与安全规定；
- 系统开发与维护程序；
- 业务连续性管理程序；
- 法律符合性管理规定；

- 信息系统安全审计规定；
- 文件及材料控制程序；
- 安全事件处理流程。

（4）三级文件：具体的作用指导书。它描述了某项任务具体的操作步骤和方法，是对各个程序文件所规定的领域内工作的细化。

（5）四级文件：各种记录文件，包括实施各项流程的记录成果。这些文件通常表现为记录表格，应该成为 ISMS 得以持续运行的有力证据，由各个相关部门自行维护。

作为软件外包企业，建设 ISMS 并积极申请国际标准的认证，是非常必要和迫切的任务。主要是因为软件外包是对信息安全要求极其严格的工作，如果信息安全无法保证或者信息安全管理水平不高，控制措施不严，可能造成的损失是非常巨大的、难以估量的。一些常见的、不属于故意和恶意行为产生的信息安全事件，造成的损失也是相当巨大的。例如，有的程序员在网上论坛、微博或网络聊天中，将自己项目中用到的具有版权或具有秘密属性的技术技巧介绍给其他人；有的人将自己的工作成果或工作相关的资料发布到公共网上来表明自己的技术水平或能力；还有的人在网上发布一些感言，无形中透露出了项目保密的内容，如项目负责人的姓名、联系方式、客户的名称和项目名称及其功能等。

因此发包方为了选择合格的承包商，对于比较大型的项目，都需要考察承包商的信息保证体系。如果承包方具有经过相关机构认证的信息安全保证体系资质，可以向其客户、竞争对手、供应商、员工和投资方展示其在同行内的领先地位，定期的监督审核将确保组织的信息系统不断地被监督和改善，并以此作为增强信息安全性的依据，使客户及利益相关方感受到组织对信息安全的承诺，能够向政府及行业主管部门证明组织对相关法律法规的符合性，无疑对提高自身的市场竞争力、对管理项目的信息安全，都具有十分重要的意义。

ISO 27001 中的 14 个管理域，涵盖了信息安全的各个方面，是一个严密和完整的信息安全保证体系。要在软件企业建立符合 ISO 27001 标准的 ISMS，首先要知道，许多信息系统，在开始设计时，并非充分考虑到了安全的问题，即使采用了部分技术手段来实现信息安全控制，其作用也是有限的，必须依靠必要的管理手段来支持和控制。要通过合理的组织机构体系、规章制度和管控措施，把具有信息安全保障功能的软硬件设施和管理以及使用信息的人有机地结合在一起，以此达到确保整个组织预定的信息安全的目的。信息安全管理就是通过保证和维护信息的机密性、完整性和可用性来管理和保护组织的所有信息资产的一项体制，这种体制就称为信息安全管理体系（ISMS）。

建立 ISMS，通常遵循 PDCA 原则。P（Plan）是指根据风险评估结果、法律法规要求、组织业务运作自身需要来确定控制目标与控制措施，其主要工作是策划，即依照组织整个方针和目标，建立与控制风险、提高信息安全有关的安全方针、目标、指标、过程和程序。D（Do）是指实施，其主要工作是实施所选的安全控制措施，包括各个过程和程序。C（Check）是指检查。依据策略、程序、标准和法律法规，对安全措施的实施情况进行符合性检查，各级事件测量结果，评估过程业绩，并向决策者报告结果。A（Action）是指改进。根据 ISMS 审核、管理评审的结果及其他相关信息，采取纠正和预防措施，实现 ISMS 的持续改进。通过采取纠正和预防措施，进一步提高过程业绩。

通过 PDCA 4 个步骤形成一个闭环，通过这个环的不断运转，使信息安全管理体系得到持续改进，使信息安全绩效（Performance）螺旋上升。

建立 ISMS 一般的步骤如下。

（1）确定信息安全管理方针。

（2）明确 ISMS 的范围，根据组织的特性、业务内容、地理位置、资产和技术的特点，来确定界限。

（3）实施风险评估，识别出信息资产所受的威胁、脆弱性和对组织的影响，并确定风险程度。

（4）根据组织的信息安全管理方针和需要的保证程度来确定管理的风险区域。

（5）选择适宜的控制目标。

（6）选择适用性声明，在声明中将选择的控制目标和控制方式进行文件化的定义。

建立 ISMS 的任务，需要在组织内设立一个专门的机构，负责评估组织的信息资产和信息安全风险，并在此基础上，建立各种相关的管理文档。其中最基本也是最重要的一个文档，就是信息资产清单。信息资产清单将组织内所有信息资产做了统计和记录，对所有的信息，都标明信息名称、密级和存储介质，更重要的是这些信息资产都必须设定管理负责人和使用范围。以上工作在有专业人员支持的条件下，可以在企业内部自行开展。如果企业内部没有相关专业人员，或专业人员不够，专业知识和技能不足，可以从社会上选择咨询机构或认证机构，来协助企业进行信息安全系统的建立。由于信息安全保证系统庞大而复杂，涉及内容十分广泛，我们不在本书中详细阐述，读者可以从专门的信息安全指导文献中查询相关的信息。我们将对在软件外包业务中，比较常见的一些信息安全管理控制域进行详细说明。

7.2.2 人员安全管理

信息是由人来使用的，也是根据人的意识来处理的，对于信息的生产者和使用者来说，信息安全中的人员安全管理，是指在生产和使用信息的过程中，要有效地控制信息，防止信息被不恰当地使用，涉密人员的言行必须有控制、有管理。

人员安全管理的主要内容，是建立组织内的人员在接触信息时，应该遵守的规则以及在人员异动时，应该采取的信息安全措施。具体分为人员入职时、任期内、离职后这 3 部分的信息管理。

（1）入职时，必须进行组织内信息安全规章制度的培训，并对培训效果进行检验，主要是对培训的内容，通过考试或复述进行检查。达到 100%合格后，才能办理正式的员工手续。同时要签署保密信息，对个人应该遵守的保密内容、保密范围、保密措施做出承诺，明确违约责任。

（2）入职后，作为公司中的员工，在进入各个项目时，应该办理相关的信息安全管理手续，如进入项目组时，要接受项目级别的信息安全规定培训，了解项目的信息安全要求。同时，要办理各项安全措施规定的手续，在办理这些手续的同时，各个相关的物理、逻辑上的权限也同时被做了设置。例如，当员工被安排到某个办公场所时，相应的门禁管理系统，会被设置能够进入和外出，而其他无关的办公场所则无法进入。再如，员工被安排进入某个项目组时，组内的信息安全负责人会将项目所使用的服务器上的资料存取权限根据安排的角色进行设置，无关的资料无法阅读。

即使在任职期间，因为项目的内容不同、担当的角色不同、时间不同，对有关的项目信息也要有安全管理措施。例如，当一个员工调换了项目组，进入其他项目组时，其原来所在项目组的信息存取权限将被重新设置。

在办理这些信息安全管理手续的同时，伴随着各种信息安全措施的实施。例如，办理了调任某项目组的人事手续，在办理文字手续的同时，相关人员就做了信息安全相关的操作，取消了不再有权限存取的计算机系统里的权限，增加了应该有的新信息系统的存取权限。

在职期间，按一定周期，员工将被不断进行信息安全教育、培训。不得缺席任何一次信息安全的审核。而且员工每次培训后都必须经过考核通过才能进入下一阶段工作中。

（3）离职时，离职人员将再次被信息安全专员对其进行信息安全的教育，确保其知晓离任后，根据签署的保密协议，应该承担相应的保密义务，使其确认如果违反有关规定，将承担法律责任。教育培训后，离职人员必须亲自签字，保留记录。离职过程还包括返还所有涉密信息和相关设备，并经检查确认无误。

表 7-2 所示为人员异动时的信息安全管理表，当人员在组织内有异动（包括入职、离职和内部调动、项目组之间调动）时，需要启动相应的信息安全管理程序，并利用此表进行跟踪管理。

表 7-2　　　　　　　　　人员异动信息安全管理表样例

人员异动信息安全管理表

异动人员：　　　进入部门/项目：　　　离开部门/项目：　　　日期：

序号	检查项	检查内容	执行结果	检查人签字/日期
1	信息安全培训	1. 入职信息安全培训 2. 离职信息安全教育 3. 转岗信息安全培训		
2	区域安全权限	1. 门禁系统设置		
3	网络访问权限	1. 外网访问权限 2. 内网访问权限 3. 网络参数设置		
4	信息资源访问权限	1. 公司内资源库 2. 部门内资源库 3. 项目组内资源库		
5	办公设备	1. 领取规定设备 2. 安装规定软件 3. 设置规定参数 4. 返还设备 5. 返还信息资料 6. 清除（/销毁）信息		

（4）日常信息安全行为的管理，主要包括信息管理员要随机抽查人员的信息安全行为，是否按规定张贴了公司公布的"信息安全行为准则"，并签字；是否按照要求对自己涉及的信息系统等进行了必要的操作，如计算机系统的密码是否设置为强密码，离开计算机后是否在规定时间内转为屏保状态并设有密码；涉密文档是否在离开桌位时放置到安全的地方；计算机是否安装了防病毒软件；是否安装了黑名单中的非法软件或者安装了未经允许的软件，等等。

通常情况下，日常行为规范被打印并装订好，在每个员工的工作环境中的醒目位置张贴或悬挂，提醒员工时时注意信息安全。

（5）违规处理，违反信息安全会给组织和个人带来损失，有时甚至是巨大的损失。对于违反了信息安全规定的个人和组织，要按照规定的办法，进行相应的处罚，给公司造成重大损失的，可能会触犯刑法，受到法律制裁。违反信息安全的行为，与所造成的社会和经济损失程度相关，可能从通报批评到解除劳动合同，直至追究刑事责任。

下面是几起典型的信息安全事件，违法者在不经意间或者认为是无关紧要的情况下，违反了信息安全相关规定。

例1：某公司员工在公共网络论坛上，将自己所从事的软件开发中的某段程序作为技术交流的内容，向外发布，结果被客户方在网络上查询到。此行为严重违反了合作中签署的保密协议，客户提出了严肃交涉。如不及时予以解决，将严重影响客户关系并引起客户索赔。

例2：某公司员工利用开发和测试银行软件的机会，接触到客户的系统中的用户资料，在测试结束后，未及时删除和销毁数据，导致开发的设备使用后，仍然留存了大量的保密信息。此种情况会导致大量保密信息泄露，所带来的损失是无法想象的。

例3：常有不同的项目组人员在聊天时，不注意项目保密信息，将项目相关背景内容、用到的技术、项目规模、范围等内容讲述给其他人，不经意间违反了信息安全的规定。

例4：有的人员在个人简历中对项目敏感信息没做适当处理，忽视了某些客户要求对项目名称及客户名称保密的保密条款，直接写上了客户的名称、项目内容及用到的专用技术等，也是一种常见的违反信息安全规定的行为。

7.2.3 设备安全管理

设备是信息安全管理中的一个重大领域。因为所有的信息，都要寄存在硬件设备之中。如果设备管理不善，信息将随之丢失，或造成信息泄露。

设备安全管理主要包括如下几个方面的内容和措施。

（1）设备必须被有效的文档化管理。所有设备都必须有记录在册的标识，硬件设备与设备清单完全一致。每台设备都有指定的设备负责人，并且设备使用人员应该获得了使用权限后，才允许使用设备。设备的清单是由专门的人员来维护的，定期或者事件驱动地修改设备清单。

（2）设备使用、保管和存放管理。因为设备是由使用人员和负责人员管理的，因此设备的使用、保管和存放，都必须有严格的规定。例如，个人使用的台式机，必须放置在规定的开发空间的某处位置，其他无关人员不得使用。服务器必须存放在安全的空间内，具有出入门禁控制无关人员接触。笔记本电脑虽然具有方便携带和移动的特点，但是也应对此有明确的管理规定，如带出规定的使用空间，须有安全管理人员的同意，并签字才能放行。笔记本电脑带出公司、携带到外地出差时，要经过检查，确保笔记本电脑上只有必须带出的信息，并且再次进行安全教育，提请注意移动设备在旅途中要妥善保管，严防丢失和信息泄露。移动设备丢失，不仅会造成设备本身的经济损失和影响工作效率，而是信息资源的丢失，对于机密或绝密信息的泄露，带来的损失将是无法估量的。

（3）移动设备在托运时，必须经过两人在场监督，进行封装，并交给具有资质的承运方运送。特别贵重的设备必须通过专车运输，并派人押运。

（4）设备的维修。由于硬件设备是信息的物理载体，因此在对设备进行维修时，务必要进行信息的备份，并做妥善保管。在送检和维修过程中，要确保设备内没有可能造成信息泄露的内容。即使自检后，没有发现设备里有涉密信息，还要跟维修单位签订保密协议，签署维修方为送检和维修保密责任。

（5）设备的报废。涉及信息安全的设备如果报废，需要办理报废手续，在报废存入废品库前，要对设备内的存储部件进行彻底地清除，如对硬盘进行低级格式化，光盘粉碎、纸质文件需要碎纸机彻底粉碎并浸水处理。要保证报废的设备不可能再被恢复任何涉密信息。

（6）对属于客户或者第三方产权的设备管理，由于这些设备的产权不属于使用者，因此在管理这些设备时,需要更加严格和谨慎。除在管理中要满足组织内正常使用的规定外,当对客户设备进行接收、返还、报废等管理工作时,需要有相应的规定。例如,在接收客户设备时,应对到货进行完整性的检验、对到货物品的各项指标进行逐项核对,并做记录。必要时,要进行现场的拍摄,留有记录。同时,对设备进行登记造册,进入设备管理过程。在接收客户设备时,如遇设备损坏的情况,必须按照信息安全管理规定,在进行相关的交涉过程中,进行信息安全方面的检查,观察是否有信息安全事件的发生,一旦发现异常,必须立刻报告信息安全主管人员。

在返还客户设备时,必须核查设备内无任何组织内不许泄露的秘密信息,同时要进行设备的物理清理和整理,如附属设备的配套安装、拆卸、包装、清洁等。返还时必须办理相关的手续,接收人必须签字并保留记录。当客户收到设备后,督促客户进行检查,确认无误后,应该索取相关的接收记录和确认单。

(7) 其他基础服务设施的管理。对环境中基础设施如电话机、传真机、打印机、电源设备、消防、空调设备、不间断电源电池等,需要相关的部门进行日常管理和维护,并必须保留维护记录。这些措施是保证信息安全系统正常运行的必需过程。

涉及设备管理的文档,由于设备的使用方式、用途、管理方式不同,需要制定不同的管理表,如"设备清单"、"设备出入区域申请表"、"设备巡检记录表"、"设备借/还记录表"、"第三方设备登记表"、"设备报废/销毁管理表"等。

7.2.4 物理和环境安全

物理和环境是组织得以持续运行的基本场所,既是生产、存储和使用信息的基础,也是信息安全管理的一个重要领域。物理概念是指有形的设施,其对信息安全有一定的影响。环境是在相应的物理设施基础上,配套其他相关硬件设施和管理措施的综合效果。

软件外包对物理和环境的要求,根据不同的客户要求,差异很大。有的客户发包的项目,要求开发空间在承包方办公区域内,还要有封闭措施,即建成"城中城"。项目组独立在一个外界不能观察到内部设备的开发空间内,门禁也局限于项目组内的成员。甚至要求隔断不能透明,外界无法看到项目组的成员座位布局、屏幕显示的图像。同时项目的相关资料,也不许带出该封闭区间。有的项目组需要架设专用的摄像监控设备,进行录像备案。有的项目要求参与人员在封闭空间内,不许携带任何存储设备、通信设备等。还有的项目组,发包方长期派遣人员驻在承包方的项目组内,除业务上协助项目组进行各种开发活动、双方协商交流信息外,在信息安全上,也承担一定的责任,如监控项目组人员的进出、空间内人员的进出等。

物理和环境的主要管理范围如下。

(1) 办公区域的划分与管理。

办公区域的划分,总体上满足组织的规划,但是在具体位置等方面,必须满足承担软件项目的信息安全管理规定。所以,行政管理部门应该根据项目需要,划定开发区域和空间,并根据要求,设立安全措施,如项目组隔断、门禁等。管理部门要建立和及时更新办公区域的布局图。对于存储涉密信息的设备,如项目组专用服务器、网络设备、实验设备等,应划出安全性更高、管理更严格、相对独立的空间存放。

(2) 出入办公区域的管理。

出入办公区域的管理主要是对进出区域权限的管理。利用具有控制系统的区域门禁,来管理进出的人员。进出人员的权限是在信息安全管理人员的控制之下的,同时有严格的手续和文档,记录这些权限的设定信息和历史信息。在区域的外部,应该明显地悬挂禁止性告示或标语,说明此区域属于信息安全管理范围，禁止诸如窥视、拍照、尾随进入、录音等可能造成信息泄露的活动。在有条件的地方，还可以设置前台并配置工作人员，对外来允许进入控制区域的人员进行访问登记、陪同等工作。所有人员都必须佩带特制的工作卡片，能明显识别出区域的进出权限。

（3）服务人员、外来访问人员的出入管理。

服务人员和保安等因为工作的关系，允许进入受控区域。但是必须纳入信息安全管理范围，除进行必要的信息安全管理教育和培训，还必须签署保密协议，承担相应的信息安全保密职责。另外，服务人员不得为没有权限的员工代为开启门禁，这是在某些场合，经常发生的事，但是也是比较容易发生信息安全问题的问题。

（4）监控视频设备设置。

监控设备是最常见的信息安全管理工具，所以在必要的场合，一般都安装视频监控和录像设备。安装这些设备，要考虑到图像分辨率、光照强度、监视范围等因素。避免监视死角，同时还保留一定时期（如保存3个月等）的视频录像信息。监控设备必须连接不间断电源，供电时间不低于规定的时长。

（5）电力供给、各种线缆的管理。

对于电力供给和各种线缆的管理，一般都是由专业的人员和部门来承担。其目的是确保各项工作不被意外状况所干扰和中断。常见的例子就是开发人员在计算机上经过了很长时间的思考，写下了满意的、合格的代码，但是在没有来得及保存到外部存储设备之前，突然遭遇断电事故，一段艰苦的工作瞬间消失了。这种损失往往令人痛心疾首，比较严重的情况是延误了项目的交货期。还有的例子，是由于断电，产生的电流冲击，损坏了设备元器件，造成物质财产损失。如果维修周期比较长的话，则会严重影响开发工作按计划顺利进行。

（6）消防管理。

消防与信息安全息息相关，一旦出现消防灾害，将对信息处理和存储设备带来严重危害。通常，消防管理归属行政管理部门与政府相关部门共同管理，行政部门负责日常消防具体措施的实施，政府公安消防部门按照国家的正常法规监督检查消防措施的实施状况。组织的信息安全管理部门，主要从信息安全管理的角度，配合消防管理措施的实施，安全管理专员日常检查与消防安全相关的注意事项，一旦发现异常情况，要及时进行上报，并及时记录报告。同时，信息安全管理制度要求有专门的消防安全管理规定，对发生的消防事件，有相应的预案。

（7）环境要求。

信息安全管理中对环境要求的管理，是要识别并关注办公环境的影响因素，如噪声污染、空气污染、水污染等对办公环境中信息安全和人身安全的影响。应该在信息安全保证体系中，对环境要求建立相应的规范，并建立针对各种灾害的应急预案，包括火灾、水灾、爆炸、人为行为危害等的防范措施和处置办法，这些办法必须经过测试，确保切实可行。

7.2.5 通信和操作管理

通信和操作安全，主要是指在信息处理过程中，通过通信手段对信息进行传输时必须进行的安全管理，同时在对信息系统进行操作时，应该注意的事项。

通信安全管理主要涉及如下内容。

1. 邮件安全管理

邮件是通信最常用的手段和工具，也是最容易发生泄密事件的环节。常见的泄密事件是通过公共邮箱发送组织内的涉密文档，如有的外派到客户地点工作的员工，将涉密信息通过公共邮箱发给自己或某人，作为工作备份。但是由于公共邮箱缺少涉密监控的措施，一旦被黑客等侵入，则所有秘密一览无余。还有的人在发送邮件时，错发给邮箱名字相似的人，无意中造成了信息泄露。

为了防范这些有意和无意的泄密事件发生，组织常用的措施是建立内部管理的邮箱服务器，提供邮件服务。同时设置邮件备份和检索过滤功能，对发出的邮件进行记录，并对敏感词进行过滤，防止发生泄密事件。而且一旦发生了邮件泄密事件，也可以追查邮件的发出方。为了防止大量涉密信息通过邮件流程，邮箱服务器需要设置附件容量控制，当附件容量大于组织内规定的大小时，将限制邮件发送。

在管理上，根据不同企业的情况，还有如下常见的行为规定。

（1）公司邮箱仅限于工作上的交流和沟通，不得通过公司邮箱发布法律法规禁止传播的信息。

（2）禁止使用公司邮箱在互联网上注册个人使用的用户账户。

（3）发现可疑邮件及附件，应核实无误后，才能运行和下载附件，以防恶意邮件的破坏。

（4）发送重要涉密信息，应加密传送，密码与密文分开发送，或通过不同方式传送。

（5）设置邮件系统强制邮件抄送功能，规定某些邮件必须抄送相关人员。

2. 计算机病毒防范

计算机病毒是最常见的恶意损坏信息系统安全的行为。各种各样的病毒通过很多系统漏洞传染到信息系统，有的会造成信息系统的数据丢失和错误，有的会影响系统的运行效率，还有的直接删除系统数据，造成系统瘫痪。其影响是非常恶劣的。在信息安全技术手段中，防止计算机病毒是最紧迫、最普遍的信息安全措施之一。通常情况下，组织的信息安全管理部门不许使用公共的、免费的防病毒软件，因为这些软件虽然声称防毒杀毒全面、高效，但是免费使用时，不承担任何因为使用防病毒软件而产生的损失，对防病毒失误或失败的情况，不负任何责任。所以，组织对防病毒软件的采用，往往是与专业的防病毒公司签订合作协议，有偿并有责地请专业公司承担杀毒任务，专业公司的服务更加全面、细致和周到，责任也更加重大。

在防病毒管理中，一旦出现病毒传播的事件，当事人应立刻断开感染的机器与其他机器的连接，包括有限和无线的网络连接，上报中毒事件，等待信息安全管理人员的处理，防止病毒蔓延。尤其在向客户提交软件开发成果物时，必须进行病毒检查，否则提交给客户的产品，一旦影响了客户的信息系统使用，造成的经济损失将由发送方来承担。

3. 加密传输

如果涉密信息密级较高，则一般采用加密传输的方式进行发送。加密传输不仅仅指对信息内容利用加密算法转换成密文进行传输，也包括通过各种专用的网路、专用的设备、专业的工具进行传输的活动，如利用电信部门的专线、VPN方式进行通信，禁止利用无线网络及设备进行信息传输等管理规定。

操作安全管理主要涉及如下内容。

（1）在对组织的信息系统进行操作时，应按文档规定的方式、方法进行操作。

（2）对信息处理设施和系统、业务流程等的变更，要进行控制和管理。

（3）软件开发环境、测试环境和运行环境要分离。

（4）防病毒软件安装。所有计算机系统都必须安装规定的防病毒软件，并且设置病毒库定期扫描并保留日志记录，同时设置病毒库升级操作，定期进行病毒库更新。

（5）各种操作日志的设置和保留。系统的各种日志是观察使用者日常操作的记录，对于管理日常操作、追踪错误有着重要作用。因此系统应该设置各种日志并在规定的日期内完整保存，以备日后查询。

（6）软件黑名单、白名单设置管理。有一些信息安全保证系统规定，所有人员都只能安装规定的、允许运行的系统软件和应用软件，而有一些软件则被设置成黑名单，不允许被安装和运行。软件黑名单和白名单策略虽然是互斥的，两者只能取其一，但是在实际设置中，往往提供设置的软件系统允许使用者同时设置白名单和黑名单，这种情况下，系统一般是按照先检测是否为黑名单，然后再检测是否为白名单的顺序来进行处理。

（7）技术漏洞的管理。技术上的漏洞一般是指系统软件存在安全隐患，有可能被黑客侵入，或者被病毒破坏的情况。为此，所有的计算机系统都应该及时安装系统补丁，防止系统漏洞产生的损害。管理上可以要求使用者定期检查计算机系统，人为操作升级系统，也可以通过系统设置，定期主动检测系统漏洞，自动更新系统。技术漏洞管理的另一些内容包括在计算机中安装监控软件，监控和防止使用者安装未经允许的软件，并保留日志和上传发现的问题。

7.2.6　访问控制

访问控制与加密传输有异曲同工的味道，都是为了确保信息的传输在安全的通道上顺利进行。但是访问控制重点在于对信息的存取和传输，进行行为规范和技术上的设置。访问控制涉及的内容主要如下。

（1）网络存取权限的控制：主要是对内部网站的控制，登录内部网站，要有规定的权限，并对信息的存取，根据角色的不同而设置不同的权限。

（2）内部管理系统的控制：组织内部往往有很多管理系统在运行。各种不同的角色对管理系统的使用权限是不同的，通过设置权限级别和范围，来控制各种系统的使用。

（3）项目组内信息的控制：在不同的项目组之间，由于涉及的客户不同，或者涉及的信息秘密要求不同，要求各项目组之间的信息进行隔离，通过项目组人员的存取权限设置，对项目信息进行管理和控制。当人员进、出项目组时，对项目信息的管理要进行相应的处理。具体处理方法，可以参阅"配置管理"的部分内容。

（4）物理上的控制：通过系统控制软件的设置，可以对系统的对外通信权限进行一定的管理和限制，如关闭系统的无线通信功能，停止无线网卡的使用，停止蓝牙设备的使用，停止 USB 接口的使用等。另外，有的组织还通过给计算机的机箱贴封条和上锁，禁止和防止开启计算机机箱。特别的情况是用密封胶将计算机机箱上的 USB 等对外通信接口进行封堵。

7.3　违规处理

任何制度都是需要人来执行的，违反信息安全保证系统的规定，必须付出违规代价，承担相应的责任。

违反信息安全规定，造成信息安全泄露或产生隐患的情况，在信息安全系统里，称为"信息安全事件"。所有的信息安全事件处理，都必须按照规定的流程，进行及时的处理。否则，由于涉密信息的泄露造成的损失，会不同程度地影响组织的经营与管理。

通常将信息安全事件根据所造成的损失，分为若干种不同的级别，如一般性信息安全事件、严重性信息安全事件、特别严重性信息安全事件、重大信息安全事件、特别重大信息安全事件等。

不同级别的信息安全事件，处理的方式、方法有所区别。信息安全事件处理流程如图 7-3 所示。

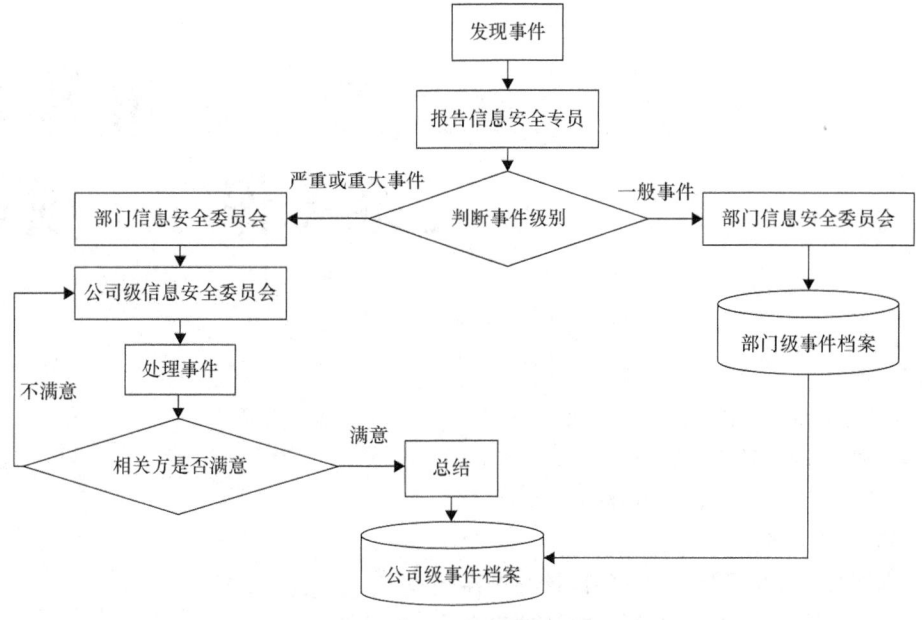

图 7-3　信息安全事件处理流程

思考题

1. 软件外包为什么会涉及知识产权归属问题？
2. 在无明确约定的情况下，软件外包项目中的知识产权如何归属？
3. 软件外包中为什么会涉及信息安全问题？
4. 国际标准化组织对信息安全定义的 3 个基本要点是什么？如何理解？
5. 信息安全管理体系的国际标准 ISO 27001:2005 中规定了哪几个方面的控制域？
6. 信息安全管理体系中的人员安全主要内容是什么？

第8章
运维（保守）项目

学习目标

（1）了解运行维护项目的基本概念
（2）了解IT服务外包的概况
（3）了解运维项目的特点和内涵
（4）熟悉IT服务的一般流程
（5）掌握服务外包国际和国内标准核心内容
（6）理解并熟悉IT外包协议的主要内容SLA

运维是以信息技术（Information Technology，IT）做基础环境并提供服务支持的信息系统运行和维护的简称。软件系统的运维是IT服务业务的主要内容之一。随着信息技术的应用和普及，逐渐产生了软件运维项目。同时，软件运维项目，也形成了IT服务业的新服务方式和新业务形态。

在国内对日本的软件外包项目中，常常借用日语的"保守"（中文意思：维护）来定位项目的性质，因此也出现了所谓保守项目的说法，其实就是对日本的IT运维服务项目。

我们通过对比IT运维服务在应用信息技术改进服务管理的前后情况，可以发现如下特点。

在应用信息技术提供服务管理前（这里的服务管理不仅指IT服务管理），服务体系往往是成本中心、以产品为核心、统一处理客户需求，对服务的处理依赖服务人员的有限处理能力，服务管理比较模糊、含有不确定的活动，服务部门常常被动地等待需求，偏重于产品售后服务。

在应用信息技术提供服务后，服务体系可以成为利润中心，以客户为中心，提供个性化的服务和完整的专业知识，服务内容和水平可以被量化，被动和主动服务并行推进，能运用客户关系管理工具和手段，提高服务效率，提高客户满意度。

IT服务从广义的角度看（或从战略层面），一是指企业将信息技术作为企业的服务管理手段或措施，为企业提高竞争力提高技术基础，建立进入门槛；二是将信息技术作为服务管理的工具，为企业确定经营目标，制定服务战略计划提供服务。从狭义的角度看（或从战术层面），在服务管理中引入信息技术，可以完成一些用传统管理方法难以完成的事情，通过改善与客户的沟通，以正确的渠道、正确的时间和正确的方式向正确的客户提供正确的内容（产品和服务），从而增加商机。

一般情况下，对于基础支持软件和应用软件的运行维护，大多局限于纯软件的运行维护，只是针对软件产品，不包括IT中的硬件和相关的设施维护。而IT服务则包括对硬件和软件的总体的服务和管理，既要保证硬件系统的稳定运行，也要保证硬件系统的可靠运行。很多情况下，要保证整个IT系统的稳定性和可用性，需要对系统的硬件、软件进行统筹设计，使得系统各组成部分有机地结合，才能构成强有力的IT服务系统。

硬件系统通常是由硬件制造商按照厂家的产品目录生产的,针对IT应用的需求,选择合适的硬件设备和配套的系统软件,组成IT基础设施,这部分的运行维护,是建立在硬件和系统软件产品的性能品质上的,在出现设备硬件和系统软件的故障时,基本上是由生产商负责调换问题设备或部件。因为现代的计算机设备都是由超大规模集成电路块组成的,不存在电子元件级别的维修,往往通过更换部件来清除故障。硬件的问题排查和维修,相对比较容易。而软件的运行,涉及很多无法预料的情况,而且由于应用软件的专用性,无法通过更换软件产品来替代和维修,所以,对于应用软件的运行和维护,成为了IT服务的重点和难点。从根本上说,IT运维对软件系统的服务,归根结底是要解决软件的运行效率或缺陷问题,以及系统的功能完善问题。

应用软件在开发完成交付使用后,便进入运行、维护阶段。在这个阶段里,软件不仅要承担所赋予的功能,还要继续在实际应用中被检验。检验包括检验功能是否完备、运行性能是否达到要求、对异常操作能否合理处置、遇有系统故障时是否能及时恢复等。还有一个更为重要的活动,就是用户在使用过程中,会伴随着业务流程的改进,要求相应的软件系统的部分功能也随时做出改变,以适应新的规章制度的要求或功能要求。这项工作是长期的、持续不断的。软件运维的主要工作,包括系统错误的修正和系统功能的不断完善、改进。

在软件外包活动中涉及的运维(保守)项目主要是为了完成软件运行时所需要做的系统纠错、改进和维护平稳运行所进行的项目,其中有些运维工作是开发商为了提高自己的软件产品的质量、功能和修改存在的缺陷进行的无偿服务,一般来说,这是对用户负责的做法,也是为了保证软件产品质量,自己应尽的义务。还有一些工作,是专业的运维服务组织,通过与原软件提供商协商,承担了软件的运行维护工作,通过采取外包形式得到的、有偿的技术服务,或者从使用者那里承揽的软件后期维护工作,再或者是自己交付的软件产品,在无偿服务完成后,所承担的运行维护工作。

8.1 维护型项目综述

对于维护型项目,无论是针对硬件、系统支撑软件和应用软件的运行维护,在本质上都是对系统存在的缺陷或者功能缺失所做的纠错或补充的技术工作,是基于信息技术应用和服务于信息技术应用的技术型服务工作。维护型项目的管理,应该遵循IT服务管理的一般规律,按照IT服务管理的科学有效的方法来管理。

因此,讨论和研究维护型项目,应当也必须从IT服务管理的普遍规律着手,在全面了解和掌握IT服务管理的基础上,来管理维护型项目,顺利推进运维项目。

IT服务及管理是随着IT技术的发展和应用,从无到有逐步发展起来的。除了实物产品的生产之外,几乎所有的管理活动,都能应用IT,因此,IT服务也从最初的简单应用计算机进行数值计算,发展到目前随处可见的各种管理活动的IT工具和支持。例如,在现代的银行业中,很难想象继续使用纸质的卡片或账本来进行数据的管理,离开IT,银行业几乎无法运营。企业管理中的财务会计管理和仓储账目管理、保险公司的保险收支业务、航空公司的票务管理、旅馆业的住宿管理等,都广泛地使用IT工具作为支持。

维护型项目有时也称为运维(保守)项目,是IT服务核心的、主要的工作。IT服务与其他服务业一样,具有的主要特征是:不可触摸性、不可分离性、易变性、易消失性、缺乏所有权。基于这样的特点,运维项目在运作上,主要是按照IT服务的方式来进行的。因此,对于运维项目的管理，主要从 IT 服务的角度来研究和探讨。通过对 IT 服务管理的研究，运用 IT 服务管理的方法和手段，实现运维项目的管理。

在各行各业的 IT 应用与运维活动中，业内的人们分析了大量的 IT 业务活动的成功经验和失败教训，从中总结出能够普遍适用于 IT 服务的很多最佳实践，形成了 IT 服务的标准流程和方法论，这些标准包含了 IT 服务中几乎涉及的所有工作方法、注意事项和各种工作流程。无论企业或组织的内部 IT 部门还是外部提供 IT 支持的服务商，都可以采用这些标准，来规范 IT 服务，加强和提高服务管理水平，以此提高客户满意度。

在国际和国内，目前对于信息技术服务，有非常成熟和完善的管理标准，如英国商务部（Office of Government Commerce，OGC）发布的"信息技术架构库"（Information Technology Infrastructure Library，ITIL）、英国标准协会（BSI）发布的以 ITIL 为基础的 IT 服务管理英国国家标准"BS15000"（参见 http://www.bs15000.org.uk）、国际标准化组织（International Organization for Standardization）发布的"ISO/IEC 20000"、中国国家质量监督检验检疫总局和中国国家标准化管理委员会发布的"GB/T 24405"。

下面将研究和论述上述的这些国际、国内关于 IT 服务的标准。通过掌握和运用这些标准，能够使得软件外包中的运维项目得以有效开展和管理。因此，在软件外包的运维项目中，需要积极、主动、灵活地运用这些标准，通过建立基于标准的 IT 服务管理体系，来提高运维项目的管理效果，提高运维服务给我们带来的经济和社会效益。

8.1.1 关于 ITIL

ITIL（IT Infrastructure Library）是英国国家计算机和电信局（CCTA）在 20 世纪 80 年代末开发的一套 IT 服务管理标准库，它把英国各个行业在 IT 管理方面的最佳实践进行了分析和归纳，形成了一个规范，目的是提高 IT 资源的利用率和服务质量。

ITIL 最初是为了提高英国政府部门的 IT 服务质量而开发的，但是它很快就在英国的各个企业中得到了广泛的应用和认可。很多企业认为在内部推广使用 ITIL 能够为企业带来 IT 服务的流程改善、管理手段的规范化，使得从前杂乱无序的很多 IT 服务工作得到了理顺。虽然 ITIL 不是一个正式的组织或国家的标准，但是目前已经成为业界通用的事实标准了。

ITIL 在 2.0 版本中，包括 6 个模块，即业务管理、服务管理、ICT 基础架构管理、IT 服务管理规划与实施、应用管理和安全管理。其中服务管理是其最核心的模块，该模块包括"服务提供"和"服务支持"两个流程组。

ITIL 的核心内容分为两个部分，第一部分是 IT 服务支持（Service Support），包括 5 个流程和一个职能，分别介绍如下。

（1）事件管理（Incident Management）流程：是指对突发事件或者意外事件的管理，处理 IT 的危机并要从中恢复运转，即在出现事故的时候，能够尽可能地恢复服务的正常运作，避免业务中断，以确保最佳的服务可用性级别得以实现。

（2）问题管理（Problem Management）流程：是指负责解决 IT 服务运营过程中遇到的所有问题的流程。问题管理的主要活动实质上是分析被列出问题的事件的根本原因，找出解决方案，把事件的影响最小化，并通过找到已发生事件或潜在事故的根本原因来减少事件的数量或消除事件的再次发生。

（3）变更管理（Change Management）流程：是要确保在 IT 服务变动的过程中，能够有标准的方法，有效地监控这些变动，降低或消除因为变动所造成的问题。它的目的并不是控制和限制变更的发生，而是对业务中断进行有效管理，确保变更更有序地进行。

（4）配置管理（Configuration Management）流程：是将有关系统中的软件和硬件等配置项资源进行识别和定义，并记录和报告配置状态和变更请求，以及检验配置项的正确性和完整性等活动构成的过程。

（5）发布管理（Release Management）流程：是指对经测试后导入实际应用的新增或修改后的配置项进行分发和宣传的管理流程，目的是要保障所有的软件组件的安全性，以确保只有经过完整测试的正确版本得到授权进入正式运行环境。

（6）服务台职能，有时也称帮助台、呼叫中心或客户服务中心：它不是一个服务管理过程，而是一种服务职能。服务台经常与事件管理紧密结合，用来连接其他的服务管理流程，是一个综合型的接口。其逐渐被称为一线服务支持的代名词。

ITIL 的第二部分是服务提供或称为服务交付（Service Delivery），它包含如下管理过程。

（1）可持续性管理（Continuity of IT Services）流程：是指在确保发生灾难后，有足够的技术、财务与管理资源来确保 IT 能够持续服务的管理流程。

（2）可用性管理（Availability Management）流程：是指在正确使用资源、方法及技术的前提下，保障 IT 服务的可用性和实践可用性要求。目标是确保 IT 服务的设计符合业务所需的可用性级别。

（3）能力管理或称为容量管理（Capacity Management）流程：是指在成本和业务需求的双重约束下，通过配置合理的服务能力，来确保服务的持续提供和 IT 资源的正确管理，以发挥最大效能；以合理的成本及时提供有效的 IT 服务，以满足组织当前及将来的业务需求。

（4）服务级别管理（Service Level Management）流程：是一种严格的超前方法论和处理程序，是定义、协商、订约、检测和评审提供给客户的服务质量水准的流程。

（5）财务管理（Financial Management of IT Services）流程：是在提供深入了解 IT 服务管理流程的基础上，对 IT 恢复运作的费用及成本重新分配并进行正确管理的程序，其目标是帮助 IT 部门在提供服务的同时，加强成本效益核算，以合理利用 IT 资源、提高效益及财务资源使用的有效性。

8.1.2 关于 BS 15000

2001 年，英国标准协会（BSI）在国际 IT 服务管理论坛（itSMF）年会上正式发布了以 ITIL 为基础的 IT 服务管理英国国家标准 BS 15000。BS 15000 对 IT 服务管理最佳实践的重要元素，提出了一套关键而且必要的格式。这套标准的出现和采用，可以帮助企业证明他们遵循了业界认可的 IT 服务管理实践。该标准包括两个部分。第一部分是一套正式的标准，陈述了企业该如何遵循这套标准，并依靠这套标准通过认证，覆盖了如下需要遵循的要素：管理系统、服务规划、流程关系、服务交付、控制、发布。第二部分是众所周知的"实践指导"，对空洞的需求做了详述，给希望通过该标准的服务提供商，提供了解释和指导。这一部分同样遵循了第一部分的框架，但是很少使用术语，并给予了适当的解释。

目前，BS 15000 正在被 ISO 20000 所取代，后者是前者经过 ISO 正式授权发布的版本。

8.1.3 关于 ISO 20000:2005

2002 年 BS 15000 被提交给国际标准化组织（ISO），申请成为 IT 服务管理的国际标准。国际标准组织已接受这个申请，并为此设立了一个专门的工作组。经过国际标准组织的投票、讨论、改写和编辑工作，在 2005 年 12 月 15 日正式发布为国际标准，称为 ISO 20000:2005。

ISO 20000 标准着重通过"IT 服务标准化"来管理 IT 问题，依据服务水准协议（SLA）进行计划、推行和监控。该标准同时关注管理水平、财务预算、软件控制和分配。

8.2 维护型项目的业务和技术特点

运维项目的业务形式主要有如下几种。

（1）热线支持型服务。

热线支持是通过客服热线，解决客户日常应用过程中常见的问题，同时客服也可帮助客户完成某项服务项目等的设定。例如，提供知识学习的网站，当客户忘记了登录密码或者找不到学习的某项资料时，通过客服帮助重置密码，或指导操作，查询某项资料。

（2）网络沟通型服务。

网络支持是通过网络通信工具，如留言板、即时通信工具 QQ、微信、网络电话（skype）等方式，向客户提供文字或语音解答。这种方式的支持可以保留对话过程，对问题的描述和解答都有文字记录，便于日后客户的回忆和借鉴。也可以在经过客户同意后，将具有共性的问题，公之于众，便于其他用户参考。

（3）远程支持型服务。

远程支持是服务人员通过远程服务工具软件，连接到客户的软件运行环境中，直接观察客户的环境条件和问题，能比较有效地进行诊断问题、并指导或协助客户进行问题的修复和解决等活动。远程支持服务有一定的局限性，往往限于安全管理制度的要求，无法全权模拟使用者的操作，或者受限于网络通信环境，难以完全获得使用者的环境信息，因此只能解决某些问题。尤其当用户的系统本身已经存在问题的情况下，有时难以正确地进行远程连接。这种情况很难通过远程支持来解决问题。

（4）自助知识库服务。

自助知识库服务是服务提供商建立用户使用知识库，向使用者提供知识库及使用方法，在知识库中，指导用户解决各种常见的问题。知识库的内容和编排，是自助型服务的关键，只有简洁、明了和高效的知识库结构，才能使使用者方便学习、方便查询，能快速找到问题的解决方案。比较常见的例子是微软 Office 系统的帮助功能，当用户对某项操作不了解或者有问题时，通过联机帮助手册，可以很容易地查询到解决方案，快速解决问题。

（5）现场服务。

现场服务是最直接和高效的服务方式，也是成本最高的服务。当通过其他服务手段都难以解决用户问题时，则不得不需要运维支持人员在客户的系统运行现场解决问题。如果参与解决问题的技术服务人员对出现问题有经验时，比较容易解决。而一旦现场技术人员对出现的问题也难以立刻判断原因时，则不得不继续寻求其他运维技术支持力量进行服务，此时也要通过其他服务手段来进行服务。

客户往往最希望的服务方式就是现场服务，这样可以进行面对面的沟通和交流，能使服务人员掌握第一手资料，便于发现问题的产生原因，及时采取行动，解决问题。

（6）软件功能的改善、客户化项目外包。

软件功能改善和客户化项目外包，是软件提供商将软件运行中需要对软件系统的修改工作外包给承包商，在用户或者提供软件的组织发现或产生软件修改任务时，通过下达软件修改通知，将修改任务作为软件外包的项目，发包给承包商。

这种软件外包的项目，在国内很多大型软件公司的外包业务中占很大的比例，是更常见的软件外包形式，其项目常常称作软件运维项目。

软件运维项目，根据项目要求的不同，其规模和范围也有较大的差异。从广义的角度出发，软件运维服务有时包含了对应用系统的总体运用咨询、指导，还包括了对系统集成的设计、改进和维护。从狭义的角度看，软件维护只包含能够确保应用软件正确、稳定地运行，及时纠正系统错误，备份和恢复系统等工作。

我们这里阐述的，主要是狭义意义上的软件运维项目。其主要工作大致分为如下几种类型：

- 系统运行平台产品的错误修正、性能改进、功能增加；
- 应用软件与系统平台结合的集成咨询、系统性能调优、故障排除；
- 应用软件的缺陷修复、性能改善、功能追加；
- 应用软件使用指导、数据备份和恢复、数据挖掘、数据分析与报告。

8.3 维护型项目的管理

维护型项目是软件外包项目最常见的一种业务，具有 IT 服务业务的明显特点。以供方向需方提供如何开发、应用信息技术的服务，以及供方以信息技术为手段提供支持需方业务活动的应用软件开发为主要项目内容。常见的服务形态有信息技术咨询服务、设计与开发服务、信息系统集成服务、数据处理和运营服务及其他信息技术服务。运维项目具有 IT 服务性质，作为国际化业务，有其自身特点，已经形成了国际化服务的管理标准。

在有形产品的生产过程中，已经建立了一些质量控制的办法，如质量保证体系标准 ISO 9000 系列标准。只要在生产过程中，遵循这些控制标准，就可以确保产品的质量保持较高的水准（如保持较高的产品合格率），同时也可以降低产品制造的成本。而对于服务提供（运营）过程来说，目前的国际标准就是 ISO 20000。只要遵循 ISO 20000 服务管理标准，就可以实现服务运营的输入（Inputs）和生产流程（Process）的标准化。只有将过程标准化了，才能保证最终的服务质量和成本符合预定的标准，才能实现过程控制，从而达到质量控制的目的。

目前，全球的 IT 服务正逐步走向专业化和外包化。随着政府和企业组织的业务运作越来越依赖于 IT，因此越来越多的组织将其 IT 服务运行外包给专业的 IT 服务提供商，或由其内部的 IT 支持部门提供服务，无论何者提供 IT 服务，都需要对服务内容、质量提出明确的要求，同时对服务成本要有一定的限制，最终达到降低 IT 服务中断所导致的业务风险。

传统的 IT 管理模式，是以一种有求必应的支持方式为组织提供服务的，处于被动支持的角色。例如，当一个部门的秘书打印文件时，发现打印机出现了故障，则给 IT 部门打电话，告诉打印机故障，随后便等待 IT 技术人员来维修设备。如果维修不及时，则秘书的打印业务便被迫推迟、延迟，或者自己另想办法解决。而现代的 IT 服务则是在新的 IT 服务管理模式下进行。在如上的例子中，往往是 IT 部门或者 IT 外包承包商，向需要服务的客户提供服务目录，如打印服务，只要秘书有需要，则可以按照某种规定进行操作打印，一旦出现问题，秘书可以打电话告诉 IT 服务商，按照规定的协议，既要解决秘书遇到的设备故障，也要协助秘书完成文档打印任务。问题的实质变为，IT 服务作为解决方案，是向客户提供技术和方案的服务，不再是仅仅局限于纯技术方面的支持。为了达成这样的服务目的，IT部门或者IT外包承接商，需要向客户提供服务目录（SC），并和客户签订正式的服务级别协议（SLA）。

如何控制IT服务的整体风险，提高IT的整体服务水平，成为一个需要高度重视的问题，而ISO/IEC 20000就是解决该问题的一个很好的指南。

如前所述，国际上针对IT服务业务，由国际标准化组织（ISO）和国际电工委员会（IEC）于2005年12月发布了第一个IT服务管理领域的国际标准ISO 20000。它是基于英国国家标准BS 15000，经过改进和完善而建立的。BS 15000是世界上第一个针对IT服务管理的国家标准，它在当时提出了一系列相对独立又彼此关联的服务管理所需要的流程。

运维项目是IT服务的组成部分，因此在运维项目的管理上，很多公司都借鉴ISO/IEC 20000标准，对运维项目进行管理。我们在此有必要对ISO 20000做较详细的介绍。

ISO 20000标准主要目标是通过"IT服务标准化"来管理IT问题，即将IT的问题进行归类，并识别出问题的内在联系，然后依据服务水准协议进行计划、推行和监控，同时强调与客户的沟通。该标准同时注重体系的能力，体系变更时所要求的管理水平、财务预算、软件控制和分配。

ISO 20000的产生背景是随着IT技术的发展，越来越多的组织基于IT技术构筑自己的企业流程和价值链，用IT来支持和支撑组织的运作。IT构架已经成为影响组织生存的关键要素，特别是业务内容主要以信息处理为主的银行、证券、保险、电信等行业，它们的业务高度依赖信息技术。随着逐年对IT的投入，形成了大量的软硬件系统，业务工作主要依靠IT环境和工具，客户对IT环境的要求也越来越高，任何故障的发生，都会对组织的业务形成重大影响。基于对发生故障的恐惧和防范，也出于IT投入成本的逐年增加的担忧，都促使现代的组织寻找规范的IT服务管理方法，形成全面的、规范的、可持续改善的管理措施。

据统计，实现IT服务管理标准化的组织，在如下几个方面得到了显著的提高。

（1）在美国的企业平均减少操作成本40%。

（2）减少变更周期25%和减少富裕余的容量15%。

（3）可用性提高10%，事件数量减少30%，事件的平均恢复时间减少80%。

（4）变更实施成功率提高25%，高优先级变更和紧急变更减少50%。

可见推行ITSM的成果是十分可观的。下面重点介绍ISO/IEC 20000的基本原理和内容。

ISO/IEC 20000分为两个部分，分别是ISO/IEC 20000-1 Information technology-Service management-Part 1：Specification（信息技术-服务管理-第一部分：规范）和ISO/IEC 20000-2 Information technology-Service management-Part 2：Code of Practice（信息技术-服务管理-第二部分：实践要点）。

ISO 20000-1是一个正式的规范，是认证的依据，它界定了一个组织向客户提供品质合格、管理良好的服务的有关规定。ISO20000-2是一个行为准则，主要涉及管理过程的最佳指南。它描述了ISO 20000-1范围内的服务管理程的最佳范例，旨在为实施IT服务管理体系提供指导。尤其值得指出的是，读者学习该标准时，对于第一部分中的术语"应当"应理解为强制性要求；第二部分中的术语"应当"应理解为指导和建议。

ISO/IEC 20000的整体框架如图8-1所示。

ISO 20000-1主要包括10章内容，包含了5大流程组，13个管理过程，分别是①服务交付流程组，包含了6个管理过程，它们是"能力管理""服务持续和可用性管理""服务级别管理""服务报告""信息安全管理""IT服务预算和财务管理"；②关系管理流程组，包含了2个管理过程，它们是"业务关系管理""供应商管理"；③解决问题流程组，包含了2个管理过程，它们是"事件管理""问题管理";④控制流程组,包含 2 个流程,它们是"配置管理""变更管理";⑤发布管理流程组,包含 1 个管理过程,即"发布管理"。

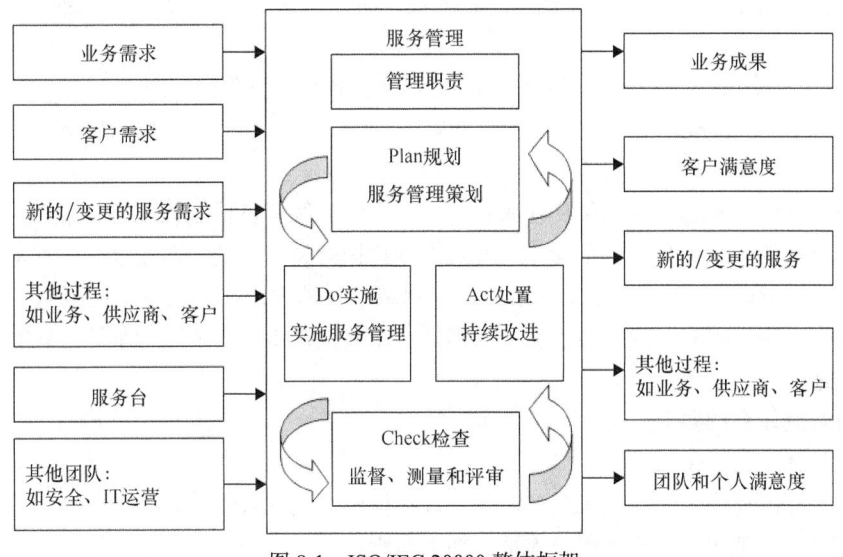

图 8-1 ISO/IEC 20000 整体框架

ISO 20000 参考模型如图 8-2 所示。

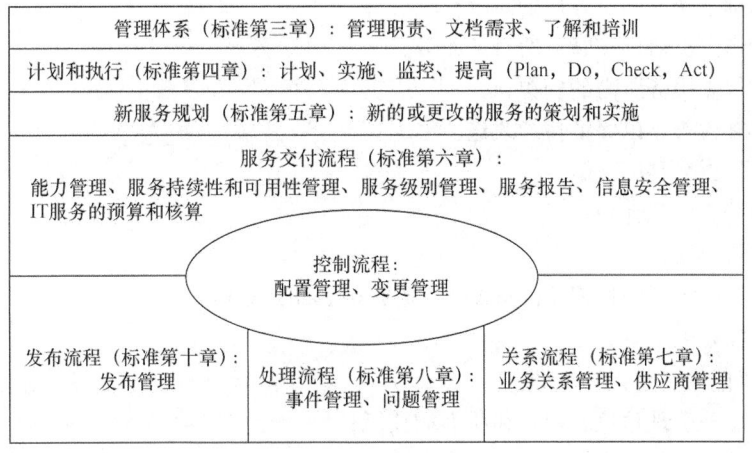

图 8-2 ISO 20000 参考模型

该标准内容综述如下。
(1)范围。
该部分为我们解答了谁需要 ISO 20000 的问题。这些需要 ISO 20000 的组织包括:
- 能提供外包服务并寻找机会投标的组织;
- 在服务中需要相关方认同共同的标准,提供一致性方法进行服务的组织;
- 在 IT 服务中,为拓展业务需要实施样板管理的服务提供商;
- 准备实施 ISO 20000,并要进行评估的服务提供商;
- 需要证明自己有足够的能力,能满足客户要求的服务提供商;
- 需要利用有效的过程监控来改进服务质量,不断提升服务水平的组织。

（2）术语定义。

该部分共定义了 15 个关键术语。其中主要术语包括：

- 可用性（availability）：指在规定时刻或规定时间段内，IT 设施的组成部分或服务执行所要求功能的能力；
- 基线（baseline）：指在某个时间点上 IT 服务或各个配置项的状态；
- 变更记录（change record）：指受到影响的配置项及其如何被授权的变更所影响的详细信息的记录；
- 文档（document）：指信息及其承载介质，文件的例子包括方针声明、计划、规程、服务级别协议和合同等，它们与记录不同，文件是主观意识的文字体现，而记录是客观事实的记载；
- 记录（record）：记载和说明所取得的结果或提供所完成活动的证据的资料，记录的例子包括事件报告、审核报告、变更请求、个人培训记录和发送给客户的发货单等这些客观发生的事实的文字描述。

（3）对管理体系的要求。

该部分阐述了若干个内容。

目标：本标准提供一个管理体系，包括方针和框架，实现有效的管理和所有 IT 服务活动。

标准定义了管理职责，管理层必须承担如下职责：

- 建立管理策略、目标和计划；
- 与相关人员沟通，宣传达到服务管理目标和持续改进的重要性；
- 确保明确掌握和满足客户的需求；
- 指定管理人员协调和管理所有的服务；
- 确定和提供服务所需的资源；
- 定期实施检查，以保证持续改进。

标准定义了文档资料要求：

- 服务管理方针和计划；
- 服务等级协议；
- 标准体系中需要的过程（process）、程序（procedure）；
- 标准所需要的记录。

标准定义了能力、意识和培训：

- 定义了服务管理角色、职责和所需的技能；
- 定期复查员工的资格能力和培训需求。

（4）计划和实施服务管理。

关于服务管理计划（Plan）的部分，定义了目标：要对服务管理的实施和交付进行计划。

服务计划至少要定义如下内容：

- 服务范围；
- 需要达到的目标和要求；
- 执行的过程；
- 管理角色及其职责的框架；
- 各流程之间的接口；
- 识别、评估和管理事件和风险；
- 创建、修改用做流程接口的方法；

- 完成服务目标所需要的资源、设备和预算；
- 支持流程的工具；
- 如何管理、审计和改进提高服务质量。

关于实施服务管理并提供服务（Do），要求组织必须实施服务管理策划，以管理和交付服务，包括：

- 分配资金和预算；
- 分配角色和职责；
- 确定方针、计划、程序和流程的定义，并文档化；
- 识别和管理服务中的风险；
- 管理团队包括招聘和选择合适的人员，管理服务台及其运营；
- 管理设备和预算；
- 报告计划进展情况；
- 服务管理流程之间的协调。

关于监控、测量和检查（Check），定义了目标：监控、测量和评审服务管理目标和计划完成情况。

执行本标准的组织，必须负责：

- 采用合适的方法进行服务管理的监控和测量；
- 确保审核方法能测量出流程满足计划所要求结果的能力。

管理层必须按计划进行内部的评审，使得服务管理达到如下要求：

- 符合服务管理策划和标准（ISO/IEC 20000）的规定要求；
- 服务管理得到有效的实施和维护。

管理层应该做好审核程序，并考虑到如下内容：

- 被审核范围的状态和重要性；
- 上次审核的结果。
- 管理层定义审核的规则、标准、范围、频率和方法；
- 管理层所选择的审核员必须保证客观和公正；
- 审核员不能审核自己的工作。

要记录服务管理的评审、评估和审计的结果，例如：

- 审核和评审中发现的问题；
- 被识别的修正措施。

管理层应该与相关方就重大不符合项进行沟通和处理。

关于持续改进（Act），标准定义了目标：改进服务提交和管理的效率和效力。

对于方针：

- 要发布服务改进的方针；
- 依据标准和服务管理策略修正不符合项；
- 定义改进活动的角色和职责。

对于改进活动的管理：

- 确保对所有建议的改进措施进行评价、记录、授权并区分优先级；
- 采用和实施服务改进计划；
- 必须建立一个识别、测量、汇报和管理改进活动的流程机制。

对于行动方面：
- 收集和分析各方面的数据；
- 识别、计划和实施改进计划；
- 与所有相关方进行沟通；
- 设定改进的质量、成本和资源利用的目标；
- 进行度量、向上级和相关方报告并进行交流；
- 不断修订服务管理方针、计划和程序；
- 确保所有被批准的行动都被执行并达到预期效果。

（5）变更或新服务的计划和实施。

该部分阐述对于服务变更或实施新的服务所涉及的计划和实施标准，其目标为：确保新的服务和变更的服务能够以合理的费用和合适的质量被管理和交付。

- 新/变更服务需要考虑成本、技术，以及可能产生的业务影响；
- 对新/变更服务要进行计划，包括培训、招聘人员、服务验收的标准、以及用可度量的方式表达的新服务运营后所期望的结果；
- 计划必须包括实施、运营和维护新/变更服务的角色和职责，涉及以下角色和活动：客户/第三方供应商、现行服务管理框架和服务的更改、相关方的交流、新/更改的合同、人力和招聘需求/技能和培训需求、过程测量的方法和工具、预算的进度表/服务接受标准、可测量的期望结果；
- 新的或变更的服务必须在实施前通过协商被服务提供商所接受；
- 服务提供者必须报告新的或变更服务的结果；
- 通过变更管理来实施事后复查；
- 复查结果必须向相关方报告。

（6）服务提交过程。

该部分定义了服务提交过程中涉及的 6 个管理内容。

- 服务级别管理：其目标是定义服务等级协议（合同）、记录和管理服务等级。具体实现中，要根据服务等级协议，对每个独立的服务目标接受进行记录；将（辅助）支持服务的协议文档化并接受；对于所有文档都需要进行维护、变更控制、检查和交付相关各方协商并取得承认；定期检查服务等级协议和中断服务的恢复情况。
- 服务报告管理：其目标是建立准确、定期和可靠的报告流程，以便为决策提供信息和有效的沟通。具体实现时要使报告满足客户需求，需要包含服务等级目标的执行业绩、不符合事项和问题、工作量特性、重大事件报告和跟踪、趋势分析信息、满意度分析等内容。
- 可用性和服务持续性管理：其目标是在任何情况下，确保承诺给客户的责任能得以履行。具体实现中，可用性和服务持续性管理需要在业务计划、SLAs 和风险评估等基础上进行，至少要按年度对计划进行建立和检查，对可用性必须进行测量和记录，持续性计划中应该有备份站点，根据业务需要进行测试，测试必须有记录，出现任何不正常的情况，需要采取调查和相关行动。
- IT 服务的预算和财务管理：其目标是对所提供服务的成本进行预算和财务管理。在实现中，对预算和财务管理（包括 IT 资产、共享资源、未知开销、第三方服务、人力资源、保险和许可证等）有清晰的策略和流程，分摊所有直接成本，进行财务控制和授权管理，需要审批所有成本方面的改变和成本记录。
- 能力管理：其目标是确保企业始终能够满足现在和未来业务发展对 IT 能力的需求，做出的能力计划必须同业务发展相匹配。具体实现时，要了解现在和预期的能力需求，基于成本和时间的极限调查和提升能力，对服务升级、变更和新技术要进行评估和建议，对服务能力进行监控和测量，协调和调整以确保始终有适合的能力供应。

- 信息安全管理：其目标是根据业务发展管理信息安全，包括向所有人和客户发布维护和信息安全策略，管理所有服务中的相关风险，实施必要的安全控制和流程支持信息安全，该部分可与组织的信息安全保证体系相互衔接。

（7）关系过程。

该部分包括两个管理内容。

- 业务关系管理：目标是定义和文档化服务的提供者和客户，客户需要参与 SLA、范围和合同的年度检查，对服务业绩、问题和行动计划进行检查，清楚了解业务需求和变更需求，对投诉和投诉升级要建立管理流程，包括问题的建立、记录、调查、行动和问题解决；要指派专人负责客户满意度和关系管理；对客户反馈建立流程，包括记录反馈、输入服务改进计划。
- 供应商管理：目标是管理第三方供应商，确保服务的持续提供、质量和服务持续改进。在管理供应商、确保优质服务方面，应做到对每个供应商建立流程文档；达成双方同意的接口，并对范围、目标和流程经双方同意和文档化；供应商的目标必须符合 SLA 的目标定义；对主要供应商需要建立文档流程，能够说明主要供应商有能力管理好子供应商；要对流程进行定期的检查和反馈；主要的检查和协议必须每年做一次；对流程争议、结束合约、终止合约需要说明。

（8）解决过程。

该部分阐述了两个管理内容。

- 事件管理：目标是尽快恢复对业务的服务和服务请求。具体实现中必须对所有事件进行记录，区分优先等级、评估影响、分类和更新、升级和关闭；应主动和预先同客户沟通事件；要能访问所有相关信息，包括已知错误、问题解决方案、配置数据库；建立分类和重要事件管理流程。
- 问题管理：目标是通过预先定义和分析服务，终止和管理问题，将问题对业务的影响降到最小。具体做法上，必须对所有问题进行记录；建立管理和避免事件和问题的流程，包括记录、分类、更新、升级、解决和关闭问题；进行预防问题的趋势分析；监控和检查问题解决的有效性；根据问题的原因提出变更并反馈给服务改进计划。

（9）控制过程。

该部分包含两个管理过程。

- 配置管理：其目标是定义和控制服务部件、架构，维护准确的配置信息。具体做法上，应制定集成的变更和配置管理计划，定义与财务管理的接口，制定配置管理策略，提供影响变更评估的信息，所有变更都要有可审计的记录，建立的流程能确保系统和服务的完整性，定义发布前的基线，保护和存储所有主要的电子拷贝，在 CMDB（配置管理库）中确保每个部件有唯一的定义，审计流程应有不断修正的活动。
- 变更管理：其目标是确保所有变更在控制的方式下得到评估、批准、实施和检查。具体做法上，应对变更发起、变更范围有清晰的定义，并文档化；应记录所有的变更，包括变更的分类、风险分析、不成功时的回退；记录变更的批准、测试、实施、检查和关闭的信息；对于变更计划应有一个进度；要有对变更记录和趋势的分析；定义改进活动并提交给服务改进计划。

（10）发布过程。

该部分的目标是提交、分发和跟踪在服务提供环境中的发布变化。具体包括组织认可的发布策略（包含发布频率和类型）、认可的用于发布的计划和方法、对正常的和紧急发布的影响评估、维护认可的有控制的测试环境；要使安全发布和分发机制确保软件和硬件的完整性；分析发布记录，包括相关事件，结果要提交给服务改进计划。

ISO/IEC 20000 适用于 IT 服务提供商，不限于其所在行业的规模大小，但是 IT 服务管理专家建议小规模企业实施 ISO 9000 认证更合适。

从 ISO/IEC 20000 的前身 BS 15000 第一次出现开始，该标准的认证就非常迅速，尽管该标准的原型是在英国发展起来的，但是在全球范围内应用非常广泛，目前可以通过国家注册合格的认证机构进行认证，国内有近几百家组织通过了 ISO 20000 认证。

因为 ISO/IEC 20000 是业界普遍认同的 IT 服务标准，因此获得了这个国际证书，可以使企业受到客户的更多的认可和尊重，方便就服务质量和服务承诺与业务及供货商达成一致，建立和业务及供货商统一的沟通平台，达到利益相关方均满意的 IT 服务管理目标。

推行 ISO 20000，可以提高 IT 服务的可用性、可靠性和安全性，为业务用户提供高质量的服务。也可以持续优化服务流程，提升服务水平，提高业务满意度。从总体上提高组织或企业的 IT 投资回报率，提升组织或企业的综合竞争力。通过建立优化、透明的管理流程和权责的定义，监控管理流程、进行绩效评价，降低 IT 运营的管理成本和风险。在推行 ISO 20000 的过程中，将会要求把现有的管理体系和业务流程进行整合，规范 IT 部门服务水平，规范工作流程，降低由于人员变动导致的风险。

为了在我国规范和引导信息技术服务业的发展，推广和加强 IT 服务的标准化，工业和信息化部软件服务业司于 2009 年 4 月成立了 ITSS（Information Technology Service Standard）工作组，组织国内一线企业及产学研用多方编写制定信息技术服务标准，并于 2010 年 10 月发布了《信息技术服务标准（ITSS）白皮书》（第 1 版）。为持续优化与改进，并及时总结与分享 ITSS 最新研究成果，ITSS 工作组在 2011 年 5 月开始了 ITSS 白皮书 2.0 的编写，并于 2014 年 1 月正式发布《中国信息技术服务标准（ITSS）白皮书》（第 2 版）。

白皮书提出了中国的 IT 服务标准 ITSS。白皮书是一套体系化的信息技术服务标准库，全面规范了信息技术服务及其组成要素，用于指导实施标准化的信息技术服务，以保障其可信度。白皮书的前言说明了编写 ITSS（信息技术服务标准）白皮书的目的，旨在为行业主管部门、用户、提供信息技术服务的各类组织、科研院所以及从业人员提供一个 ITSS 的内涵、外延、应用及自身管理的概貌。

白皮书（第 2 版）的第一章为 ITSS 简介，主要介绍了什么是 ITSS、为什么需要 ITSS、谁需要 ITSS、如何获得 ITSS 以及如何实施 ITSS；第二章讲述了 ITSS 与信息技术服务的核心要素、信息技术服务生命周期和信息技术服务标准化与产业化的问题；第三章阐述了 ITSS 的内容与价值，详细地阐述了 ITSS 的体系架构和内容；第四章对如何实施 ITSS 做了方法论和典型场景的论述，并对实施 ITSS 的关键成功因素做了阐述；第五章对 IT 服务的相关标准做了说明，如 ITIL、ISO/IEC 20000、COBIT、CMMI-SVC 等；第六章介绍了 ITSS 相关服务和产品，包括咨询服务、培训服务、评估服务和 ITSS 相关产品；第七章做了总结和展望。在附录中给出了 ITSS 应用实践案例，对 ITSS 应用进行了具体的、详细的指导，为应用单位提供了很好的应用指南。

ITSS 是我国建立的 IT 服务推荐标准，是我国信息技术服务领域的新生事物，还需要不断完善并走向成熟。它是借鉴了国际标准并结合我国实际情况而建立的，因此，对于国内 IT 服务业以致软件外包业务更有实用价值。2014 年开始，中国电子工业标准化技术协会信息技术服务分会开始在全国推广标准的认证（称为符合性评估）。评估机构和通过评估的企业名录，可以在 ITSS 网站（http://www.itss.cn）上查询到。

ITSS 的实施原理是结合服务需方的实际需求，采用建立质量管理体系的 PDCA 方法论（计划-执行-检查-改进）实施过程管控，根据 ITSS 标准的各项要求，对人员、过程、技术和资源 4 个关键要素进行全面整合，并与 IT 服务全生命周期的规范化管理相结合，从需求分析、规划设计、部署实施和优化改进 4 个阶段循环实施的过程。

目前我国 IT 服务业，仍普遍地采用 ISO/IEC 20000 认证。我国自己的 ITSS 还处于推广和试用阶段。

8.4　IT 运维服务管理体系建设

在企业或组织内建立和运作 IT 服务/运维管理体系，是一个长期、复杂、烦琐、不断改进的过程。无论 IT 服务的需方和供方，都需要在一把手的领导下，通过组织结构、人力资源配置、资金的充分投入，才能建立有效的 IT 运维体系。以 ISO 20000 体系建立为例，首先需要建立 ISO 20000 体系推行领导小组，所有有关部门都要参加，并为此设立专职人员。领导小组必须由最高管理者指定公司管理层成员之一作为管理者代表，负责确保按照标准规定建立、实施和维持 IT 服务管理体系要求，向管理者报告体系的执行情况，以便评审和改进管理体系，同时还负责与外部机构的联络。

开展 ITSM 需要先行理清几个关键的认识。首先是建立 ITSM 的意义，要认识到管理的目的是将不可控的过程转换成可控的过程，把可控的过程转换为可测量的过程。推行 ITSM 不是以快速提高个人生产效率为目标，而是为了提高整个团队的效率。同时，加强和规范管理，产生的效益往往具有延时的回报，如 ITSM 会带来"可预期"的管理模式，包括对运维人员来说，系统的宕机概率"可预期"；对客户来说，系统出现故障后，响应和修复的速度"可预期"；通过提高系统的稳定性和可靠性，降低整体风险，降低事件总数量，降低出错的可能性；也使得资源得到合理分配；计价更加准确、合理，可控。

ISO 20000 管理体系包含了 ISO 9000 质量管理体系所提倡的过程不断改善的思想，整个流程运行中，体现了在实际中针对不断出现的新问题和新方法，始终秉持流程改进的理念，将新方法补充到体系中。

过程改进的方法，遵循着戴明环的思想，即 Plan（计划）-Do（实施）-检查（Check）-改进（Act）-Plan（修订计划）的闭环过程，如图 8-3 所示。

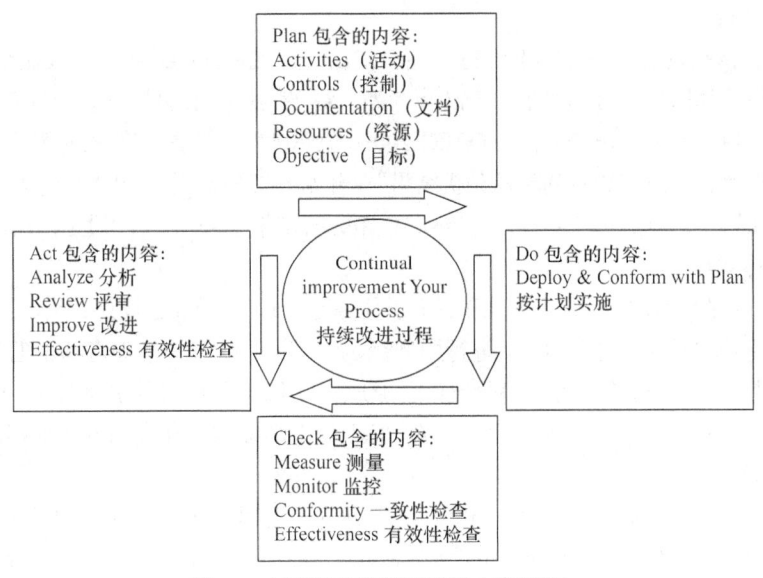

图 8-3　过程改进的闭环过程（戴明环）

戴明环简介：戴明环是质量管理戴明环的简称。PDCA 质量管理环是由美国质量管理统计学专家戴明在 20 世纪 60 年代创立的，因此被称为戴明环。戴明环中的 4 个字母 P、D、C、A 分别代表 Plan（计划）、Do（执行）、Check（检查）、Act（改进）。所谓 PDCA 循环，是指质量管理的各项工作要按照计划、执行、检查、改进 4 个阶段不断循环，周而复始，从而实现质量的不断改进。

戴明环的工作方式描述如下。

- 计划：根据客户要求和组织政策来建立交付结果所需的目标和过程。这一阶段的总体任务是分析现状，确定质量目标，制定质量计划，确定实现该目标所采取的具体措施和方法。
- 实施：贯彻执行这些过程，即按照预定的质量计划、目标、措施及分工去实际执行过程。
- 检查：根据方针、目标和要求，监视并测量这些过程，并报告结果。通过实际检查来把握执行的效果，寻找和发现计划执行过程中出现的问题。
- 改进：采取措施持续地改进过程绩效。对检查结果进行分析、评价和总结。将尚未解决的问题和新出现的问题，转入下一轮的循环当中。

PDCA 的本质，就是事物的前进与发展，并遵循着否定之否定的哲学原理。

在企业内实施 ISO 20000 时，需要将此目标及其相关活动，作为一个项目来实施，具体步骤如下。

（1）前期调研。

主要任务：进行调研安排，拟定"调研计划"；在实施地点收集已有的相关文件，对项目涉及的所有内容进行识别、记录和汇集，与高层领导充分沟通后，撰写调研汇报，产生"调研报告"。本阶段工作由高级顾问和咨询顾问承担。

（2）项目启动。

主要任务：开始启动项目，制定"项目计划"；开始对全员进行 ITSM/ISO/IEC 20000 基础认知培训。培训的主要内容是"ISO 20000 标准"、对标准的理解、本组织推行 ISO 20000 的意义、本组织推行 ISO 20000 的计划和要求等。本阶段工作由高级顾问和咨询顾问承担，高层管理者负责组织。

（3）差距分析。

主要任务：诊断现有体系与标准的符合性，找出与标准之间的差距，并找出形成这些差距的原因；根据组织运作需要、合同要求、产品特点等，对 IT 服务管理体系进行裁剪和补充，编制出新的体系文件清单。具体工作是进行 ISO/IEC 20000 成熟度问卷调查、客户满意度问卷调查、服务质量评价问卷调查，形成"调查问卷及分析结果"；开始收集测试/管理文档，到客户现场访谈后，形成"访谈记录"，最后进行差距分析，产生"差距分析结果报告"。本阶段工作由高级顾问承担。

（4）管理体系设计。

主要任务：本阶段分两个子任务，第一个子任务是（a）进行服务设计，具体工作是对服务目录进行设计，形成"服务目录"；（b）进行服务级别管理研讨，形成"服务级别管理流程手册"。第二个子任务是（a）进行质量管理手册研讨，形成"IT 服务质量管理手册"；（b）进行文件控制方式、方法研讨，形成"文件控制程序"。该阶段工作由高级顾问和咨询顾问承担。

（5）过程设计。

主要任务：本阶段进行"事件管理流程""问题管理流程""配置管理流程""变更管理流程"和"发布管理流程"5 大流程的概要设计和详细设计，分别形成相应的"管理流程手册"。同时组织其他与 ISO/IEC 20000 相关流程手册的编写。这部分工作可以在高级顾问和咨询顾问的指导下，由项目组成员分别编写。

此阶段形成 3 个层次的体系文档，最高层文档是"IT 服务管理手册"，该文档明确了组织的方针、职责、总体计划等内容。中间层文档是各种工作流程的规定，主要包括《服务台流程》《服务级别管理流程》《连续性/可用性管理流程》《IT 财务手册》《能力管理流程》《信息安全管理流程》、《供方管理流程》《事件/问题管理流程》《变更管理流程》《配置管理流程》《发布管理流程》等。最低层文档主要是各种配套的相关模板和规程等，主要是各种"报表模板""工作规程""制度/规范""作业指导"等具体操作性的文档。

（6）体系发布与试运行。

主要任务：本阶段进行体系文件的发布，主要工作是发布体系文件，并进行宣讲和贯彻。对发布的流程运行进行必要的改进，形成"改进建议"，完善本次体系问题的所有修改后，正式发布文件。该阶段任务主要在高级顾问和咨询顾问的主持下，在高层领导者的支持和组织下开展。

（7）建立改进机制。

主要任务：本阶段开始建立内部审核机制，为了减少正式认证时存在严重不符合项的风险，在由第三方正式审核前，可以由内部审核人员，组成类似外部机构的审核小组，进行初步的内部审核；整改后，再次进行内部审核，包括管理评审。最后进行预审核，聘请外部已确认的认证机构进行预审，采用外部审核的标准和方式进行。该阶段主要由高级顾问和咨询顾问承担，预审请外部认证机构的顾问承担。

（8）外部审核。

主要任务：聘请外部认证机构进行外部审核。组织对外部认证机构的选择，应本着对自己有利的原则进行，如选择就近的认证机构，便于沟通和降低费用。同时也要考察认证机构的认证范围和有效性。

选择合格的认证机构，可以查询 www.isoiec20000certification.com 官方网站。

（9）项目验收结束。

主要任务：本阶段在外部审核完成并通过后，进行项目文档的整理和项目验收工作，形成"验收报告"。最后进行项目总结与结束项目。

（10）体系维护。

主要任务：当体系认证得到正式确认后，即进入体系的维护阶段。该阶段需要按规定的时间和周期，检查体系执行过程中出现的问题，不断地改进和巩固；对于新情况和解决办法，纳入完善体系文件的修订过程中，加强协调和监督工作。

下面我们给出在一个企业内部，建立 IT 运维管理体系所用的较完整的体系文件样例，作为参考文档，用于指导组织建立 IT 运维管理体系。这个管理体系文档，同样适应于提供 IT 服务的供应商。在例子的体系文件中，我们对重要内容添加了注释，目的是为了帮助读者理解和掌握该部分的内容，在实际文档应用中不会附加这些注释。

-- （样例开始）

IT 运维服务管理体系（案例）

一、概述

1. 管理方针

客户至上、安全第一、质量为本、持续改善。

2. 管理策略

流程化管理、标准化服务、高素质团队、高效率运作。

3. 体系目标

为了规范组织的内部运作，安全、及时、准确、可靠地为客户提供服务，确保服务质量和信息安全，并注重服务和管理的持续改进，以期实现客户最大的满意度，特建立本管理体系。

4. 体系意义

本IT运维服务管理体系，是企业实行标准化IT运维的工作大纲，是参照国际标准化组织的相关标准，并结合国内IT运维的实际情况及需求而制定的。

5. 体系主要内容

本IT运维服务管理体系定义并规定了IT运维服务模式、IT运维服务管理体系、IT运维服务支撑要求以及IT运维服务和管理能力评估与提升方法。

注释：在概述中，对管理体系的管理方针和总体情况作了简要的说明。使用者清晰地了解了管理体系的依据、内容和总体思想。

二、引用标准

本体系引用了如下的国家/国际标准，当这些标准增补或修订时，本系统规范应进行相应的修订，以期满足最新的标准要求。

1. ISO/IEC 20000-1:2005 信息技术-服务管理-第1部分：规范
2. ISO/IEC 20000-2:2005 信息技术-服务管理-第2部分：实施指南
3. ISO/IEC 27001:2005 信息技术安全技术信息安全管理体系要求

注释：注明了文件体系的具体引用标准。因为IT服务管理涉及信息安全管理，所以必须参照信息安全标准，对IT服务管理的内容进行安全管理。当然，很多信息技术企业会另外建立一套信息安全管理体系，在这种情况下，建立IT服务管理体系时，要注意与信息安全管理体系（ISMS）的配套与衔接。

三、术语和定义

1. 运维服务

IT运维服务是指IT运维服务供应商或IT运维部门综合利用各种IT运维支撑工具提供的确保IT基础设施和应用系统正常、安全、高效、经济运行的服务。本体系规定的IT运维服务包括IT基础设施运维服务、IT应用系统运维服务、安全管理服务、网络接入服务、内容信息服务以及综合管理服务。

2. IT运维服务管理流程

IT运维服务管理流程是为了保证所提供的IT运维服务能够顺利进行，按照确定的计划和方式实施的一系列有规律的行动和活动。流程将输入的数据进行加工、处理，转化为用户需要的信息，或者根据发生的事件，触发规定的行动，该行动用于处理和解决事件的影响。

3. IT运维服务管理体系

IT运维服务管理体系是IT运维各方为保证IT运维服务目标得以顺利实现而采取的统一策略和方法的集合，包含各种行动规范和指南以及信息化工具，是支撑IT运维服务实施的平台，是一整套完整、有序的管理方法和手段的有机组合。

注释：为了保证IT运维管理系统的正常运行，需要使用相应的信息化工具，很多管理流程应该通过软件的方式来辅助实施，不仅能提高工作效率，还能准确、及时、全面地记录服务管理工作中的数据，为改善管理流程提供参考数据。

四、体系建立原则及方法

本体系规范采用ISO 20000标准的思想，并参考ITIL框架规定的方法进行编制。IT运维服务管理框架如图1所示。

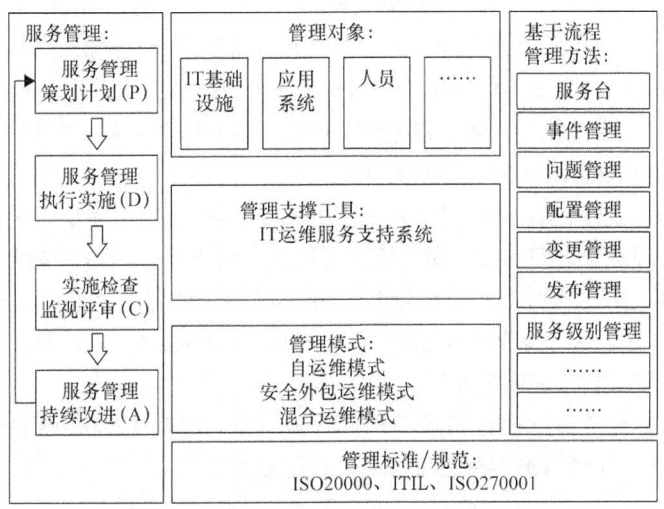

图1 "IT运维服务管理框架"图

注释：整个管理框架由6个维度构成，在运维体系的管理中要遵循PDCA循环的指导思想，在管理流程上要涵盖服务台、事件管理、问题管理、配置管理、变更管理、发布管理、服务级别管理等内容，在管理模式上则可分为3种情形，对应不同的管理对象，可以采用不同的管理模式。

IT运维服务管理框架包括IT运维服务全生命周期管理方法、管理标准/规范、管理模式、管理支撑工具、管理对象以及基于流程的管理方法。

IT运维服务管理框架以ISO 20000/ITIL为基础和适应各种管理模式为目标，以管理支撑工具为手段，以流程化、规范化、标准化管理为方法，以全生命周期的PDCA循环为改善途径，体现了对IT运维服务全过程的体系化管理。

五、IT运维服务运维管理模式

IT运维服务由IT运维管理对象、IT运维服务提供者和IT运维服务使用者3个部分组成。IT运维管理对象主要包括IT资源和使用IT的用户两类元素；IT运维服务提供者由IT运维服务管理体系和IT运维人员构成；IT运维服务使用者主要是指IT运维服务的使用和管理人员。他们之间的逻辑关系如图2所示。

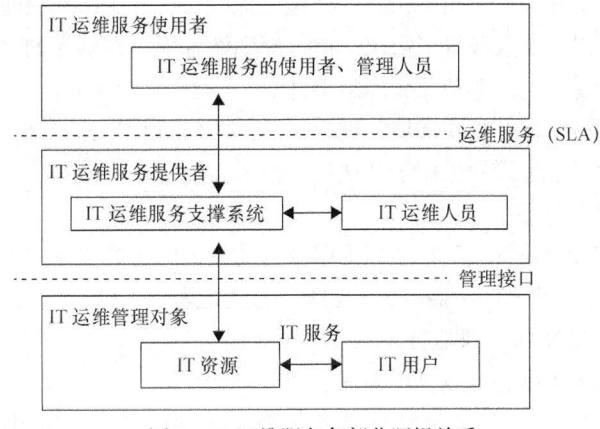

图2 IT运维服务各部分逻辑关系

在该逻辑关系中，IT 资源及 IT 用户共同构成运维管理的对象，使用 IT 资源就是消费 IT 服务，IT 用户是 IT 服务的使用者；IT 运维服务提供者处于体系的核心地位。

IT 运维服务的提供者与 IT 服务使用者之间必须签署不同级别的服务协议，与不同的使用者所签的协议也是不同的，协议规定了所提供的 IT 运维服务内容和质量，服务使用者根据协议要求服务提供者给予服务，而服务提供者亦根据协议提供应尽的服务义务。IT 运维服务的使用者和管理人员代表 IT 运维服务的使用者，按照相关的服务协定使用和管理 IT 运维服务。

作为 IT 运维服务的提供者，IT 运维人员使用 IT 运维服务管理体系，并通过 IT 运维服务管理体系与 IT 运维管理对象之间的接口交互管理信息，对所负责的 IT 运维管理对象进行管理；

注释：在实际的运维过程中，由于参与 IT 运维活动的往往有多个企业或者部门，而且这些企业或者部门往往承担逻辑关系中的一个或者几个角色，这就构成了多种多样的 IT 运维服务模式。典型的 IT 运维服务模式存在如下几种形式。

① 自运维模式：企业自己拥有 IT 资产产权，并设立自己的 IT 部门来负责 IT 资源的运维工作。也就是企业内部不用外部的服务力量，自行进行运维工作。

② 运维服务完全外包模式：企业自己拥有 IT 资产，通过与其他外包服务公司签署外包协议，将全部 IT 资源的运维工作外包给服务外包企业。企业内部的 IT 部门负责运维外包的管理工作，监督和检查外包服务的质量和数量。

③ IT 资源及运维完全外包模式：即企业只购置少量必需的终端设备，主机和重大存储设备、外部设备及网络资源等全部由 IT 服务提供商提供。（注释：这种情况好比我们家庭使用的有线电话系统，家庭只具备电话终端机，而线路以外的所有设备，全部由通信公司负责提供并提供所有的通信服务。）

④ 混合运维模式：企业拥有 IT 资源，并对一部分 IT 资源自行运维；同时与其他服务外包企业签署运维外包协议，将所拥有的另外一部分 IT 资源的运维工作外包给服务外包企业。本企业的 IT 部门既负责部分 IT 资源的运维工作，也负责外包管理工作。

企业根据自己的管理特点，分析 IT 基础设施和应用系统的实际情况、自身组织机构设置状况，可选择自运维或者混合运维模式，不建议采用完全外包运维的模式。在自运维模式中，企业的所有 IT 服务工作均由内部 IT 部门承担，这时需要技术比较全面的 IT 服务运维技术人员和管理人员，对于内部 IT 资源规模较小的单位，运维人员利用率难以达到最大化，同时也难以充分发挥人才的作用。在混合运维模式中，企业需要分析和判断核心业务和非核心业务、关键任务和非关键任务，只能将非核心、非关键的任务分包出去，并在外包过程中，进行更加准确的业务划分，对于非核心业务的分包管理，可以按照服务等级协议，进行原则性管理，在确保 IT 服务顺利进行的同时，要确保企业核心利益不受影响，避免重大风险事件。

本系列规范将基于混合运维模式环境，规定 IT 运维服务管理支撑系统应用需求和技术要求，相关的应用需求和技术要求也同样适用于其他运维模式。

六、IT 运维服务管理体系

本 IT 运维服务管理体系阐述了与 IT 运维服务活动相关的各类实体，以及它们之间的相互关系。相关的实体之间应该按照 IT 运维服务管理体系的规定进行有机组织，并协调工作，按照服务协议的要求提供不同级别的 IT 运维服务。

IT 运维服务管理体系的实体包含 5 个基本要素。

① IT 运维服务管理对象：主要包括 IT 基础设施、IT 应用系统、IT 用户和 IT 供应商。有时也将企业内部从事 IT 运维活动的部门和人员作为运维服务管理的对象。

② IT 运维活动角色：是指从事 IT 运维活动的所有组织、部门或者具体工作人员，通常包括 IT 运维服务提供者、IT 运维服务使用者及 IT 运维服务管理者三类角色。在 IT 运维活动中各种角色组织在一起，所形成的组织形式构成了 IT 运维管理组织结构。

③ IT 运维服务管理流程：是指将 IT 运维服务提供者、IT 运维服务使用者以及 IT 运维服务管理者联系在一起，开展规范化、协同工作的机制和方法。完整的 IT 运维服务管理流程应该覆盖 IT 运维服务的规划、设计、运行和持续改进等各个环节，本规范主要规定支撑 IT 运维服务运行阶段的相关流程。可以使用 IT 运维支撑系统来实现 IT 运维服务管理的信息化。

④ IT 运维服务管理系统：是开展 IT 运维活动的信息化系统，支持 IT 运维管理组织中各运维角色按照规定的 IT 运维流程进行活动。一方面，IT 运维服务管理系统要支持 IT 运维服务提供者对 IT 运维服务管理对象进行管理，以实现 IT 运维服务的能力；另一方面，要支持 IT 运维服务提供者按照商定的服务级别协议方便地向 IT 运维服务使用者提供 IT 运维服务；同时，要支持 IT 运维服务管理者对整个 IT 运维服务的考核、监督和评估。

⑤ IT 运维服务：是 IT 运维服务提供者向 IT 运维服务使用者提供的服务产品，相关的 IT 运维服务质量应该可度量，服务提供方式应该符合规定的流程。在本体系中规定的 IT 运维服务包括 IT 基础设施运维服务、IT 应用系统运维服务、安全管理服务、网络接入服务、内容信息服务以及其他综合管理服务。IT 运维服务的自动化实施需要依靠 IT 运维服务支撑系统。

组成 IT 运维服务管理体系的 5 个要素的具体组成及其相互关系如图 3 所示。

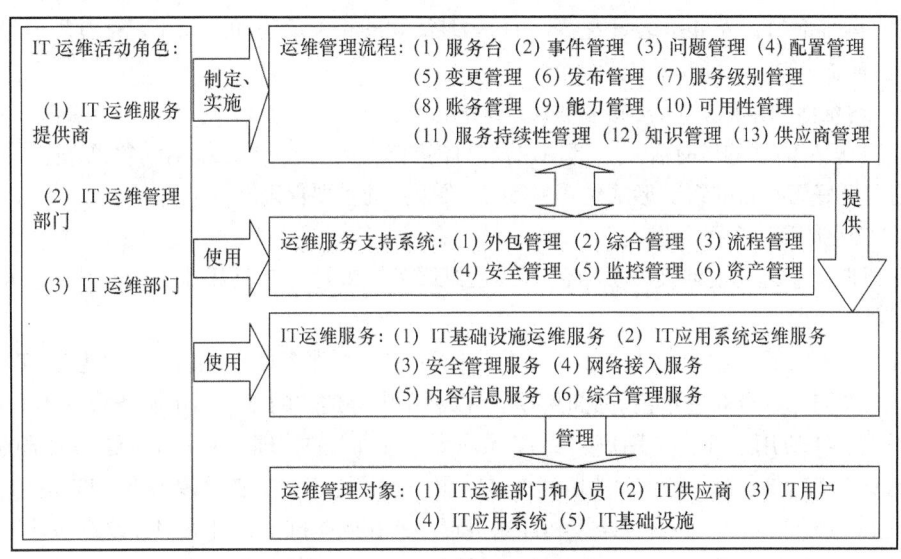

图 3　IT 运维服务管理体系组成

1. IT 运维服务管理对象

IT 运维服务管理对象包括 IT 基础设施、IT 应用系统、IT 用户、IT 供应商及 IT 运维部门和人员，具体内容如图 4 所示。

① IT 基础设施。

- 网络平台：交换机、路由器、通信网路、网路设备相关组件、网路软件等。
- 计算机硬件平台：主机硬件设备，各种服务器、打印机、扫描仪，各种终端台式设备、笔记本、绘图仪等。
- 操作系统平台：操作系统软件。

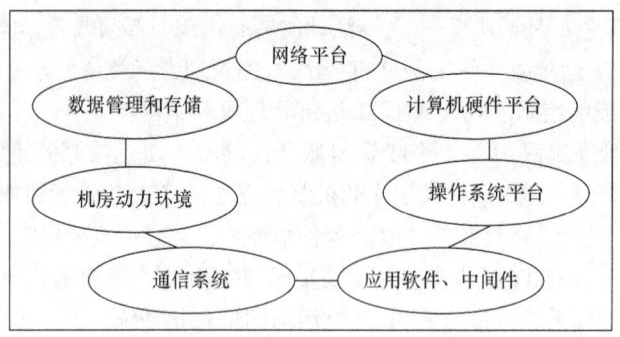

图 4 IT 基础设施的组成部分

- 应用软件、中间件：办公软件、财务会计管理软件、网站发布中间件等。
- 通信系统：内部网络管理系统、防火墙软件、通信软件等。
- 数据管理和存储：存储设备、备份设备、备份软件等。
- 机房动力环境：机房专用空调、不间断电源、机房环境设备组件等。

② IT 应用系统：OA 及内部办公系统、对外公共网站（如政府网站）、面向组织和企业的应用系统（如税务报税系统）、面向公众的应用系统（如公积金查询、办理等）。

③ IT 用户：使用如上 IT 应用系统的用户（包括组织内、外部用户）。

④ IT 供应商：IT 基础设施和应用系统的供应商、IT 运维服务的供应商。

⑤ IT 运维部门和人员：组织内参与 IT 运维活动的相关部门和人员（包括管理人员），以及提供 IT 运维服务的组织和相关人员。

2. IT 运维活动角色及 IT 运维管理组织结构

从事 IT 运维活动的所有企业、部门以及具体工作人员构成 IT 运维活动角色，企业、部门和人员的结构良好而有力的组织形式是提供 IT 运维服务的重要保障。

（1）IT 运维活动角色

IT 运维服务管理主要涉及 3 类角色：IT 运维服务提供者、IT 运维服务使用者，以及 IT 运维服务管理者。

在自运行模式下，组织的内部 IT 运维部门作为 IT 运维服务的提供者，同时也是 IT 运维的管理者，身兼二职，具有双重角色。此时，既可以利用内部建立的 IT 运维服务管理体系来实施对 IT 基础设施、IT 应用系统、IT 用户以及 IT 供应商（自身）的管理，也可以不建立内部的 IT 运维系统，仅按照 IT 的需求，有针对性地开展运维服务。无论怎样，在该模式下，IT 运维管理部门要对 IT 运维服务的设计、计划、监控和评测负责，并在此基础上，开展服务改进活动。

在完全外包的运维模式下，除了对 IT 运维提供商的管理外，几乎所有的 IT 运维服务全部由外部的 IT 运维服务提供商承担，所提供的服务是依据双方签署的服务级别协议开展的。用户组织内是否建立了 IT 运维服务管理体系并无太多必要。IT 运维服务提供商必须承担 IT 运维服务的设计、计划、实施、评估和改进的义务。组织内的 IT 运维管理部门有责任对 IT 运维服务商进行筛选、考核、监督服务，并参与运维服务提供商提出的服务改进计划的制定。

在混合运维模式下，组织内的 IT 管理部门既负担部分 IT 运维任务，确保自己承担的任务顺利进行，同时也要监管外部 IT 服务提供商的服务工作。此时为了积极稳妥地开展 IT 运维服务，应该建立健全 IT 服务运维服务管理体系。否则 IT 运维服务相互脱节，难以系统地、全面地、有计划地开展。组织内的 IT 部门综合了 IT 运维服务和管理双重职责。

在各种运维模式下，IT 运维部门和 IT 用户都是 IT 运维服务的使用者。

（2）IT 运维管理组织结构

组织是实现计划和活动的保证。为了实现以流程化为导向、不断提高客户满意度和服务质量为最终目标的 IT 运维服务，需要建立合理和高效的 IT 运维管理组织。通常情况下，组织内 IT 运维服务管理组织结构应由两部分组成，一是 IT 运维管理组，其使命是负责 IT 运维服务活动的管理，二是 IT 运维执行组，其使命是具体执行 IT 运维的技术性工作。

IT 运维管理组的负责人应由组织内信息化主管领导担任，成员则由业务部门和信息化管理部门的领导或授权代表组成。在有服务外包的情况下，应该邀请 IT 服务供应方的人员参加。

IT 运维执行组的成员，基本上由组织内的信息化工程技术人员构成。这些人员具备 IT 运维的技能，将与承接服务外包的供应商运维技术人员一起，组成 IT 运维服务执行组。但是小组内的人员分工、职责应该是明确的。

在角色对应方面，运维管理组对应的是 IT 运维服务的管理者，运维执行组对应的是 IT 运维提供者和使用者。

3. IT 运维服务管理流程

本体系标准中包括的 IT 运维服务管理流程涉及服务台、事件管理、问题管理、配置管理、变更管理、发布管理、服务级别管理、财务管理、能力管理、可用性管理、服务持续性管理、知识管理及供应商管理等。运维活动是一个持续不断的改进过程，应根据实际情况调整和修订既有的工作流程，同时也将建立和完善其他配套的管理流程。

（1）服务台

服务台是针对所有管理流程设立的，旨在为用户提供一个公共的、唯一的服务请求接口，负责接收、记录、回答和解决用户的请求和问题。它是一个平台和纽带，将相关管理流程关联起来，因此服务台是支持 IT 运维服务的核心。

服务台具有问题升级、转移功能，可以将事件或问题，通过管理流程和支撑系统，逐级提升，直至问题的解决。

（2）事件管理

事件管理流程主要是针对 IT 服务发生意外事件导致服务暂停或中断，而采取的管理流程。目标是尽快恢复 IT 服务，并减少对业务的不利影响，尽可能保证 IT 服务质量的最佳状态和可用性等级。其特点在于先着手解决出现的问题，以解决表征现象为目的，而不在于查找根本原因。事件管理流程通常涉及事件的查明和记录、事件的分类和支持、事件的调查和分析诊断、事件的解决和恢复服务，以及事件处理后的关闭。

（3）问题管理

问题管理是针对影响 IT 服务稳定运行所发现的问题原因进行处理的流程，其目的是预防问题和事故的再次发生，并争取将未解决的事件影响降低到最小程度。问题管理流程要包括如何诊断事件发生的根本原因和确定如何解决问题的方案所需要的活动。通过适当的管理过程，主要是变更管理、配置管理和发布管理等流程，确保问题解决方案得以实施。问题管理流程中还将包括记录、归类各种问题、应急方案和解决措施的信息。

（4）配置管理

配置管理是针对在 IT 基础设施和应用系统中发生变更时，或者在各个配置项之间的关系发生变化时，及时核实和记录所发生的改变，确保配置管理数据库能够及时准确地反映现有配置项的实际状态，包括配置项所属的历史变更信息、实际版本状态等。

（5）变更管理

变更管理是针对IT基础设施和应用系统发生变更时所采取的管理活动，包括对发生的变更进行记录、分类、评估变更所带来的风险、影响和业务收益分析。其主要目标是对服务中需要的变更进行必要的管理，确保对服务的干扰最小化，实现服务效益的最大化，控制变更活动。

（6）发布管理

发布管理流程的主要目标是要保证正确的系统组件或服务被发布，确保服务系统运行环境的完整性和可靠性。主要活动包括对硬件、软件、文档、流程等进行规划、设计、构建、配置和测试，以便为实际运行环境提供一系列的发布组件，并负责将新的或变更的组件迁移到运行环境中，予以实际运行。

（7）服务级别管理

服务级别管理流程的目标是要使供需双方协商签订清晰的协议，达成在一定的成本控制下，提供相应的IT服务的类型和质量，并确保这些协议得以实施。服务级别管理是定义、协商、签订、检查、评审提供给客户的服务质量与数量水平的流程。服务级别协议则记载着双方达成的服务质量目标、水平和双方的责任等达成的内容。

（8）财务管理

财务管理流程负责管理服务中发生的成本，制定服务预算、账务处理和收费等要求。实质就是对IT服务运作过程中所涉及的所有资源进行货币化管理的流程。

（9）能力管理

能力管理流程主要是为了确保约定的服务级别能够得以实现，通过优化服务成本、安排采购时间和部署IT资源，对服务能力所需要的资源、性能、需求进行管理，对服务能力进行模拟测试、能力规划、负载平衡管理等进行管理。能力管理的重点在于关注用户需求，并及时沟通，制定具有一定前瞻性的服务规划。

（10）可用性管理

可用性管理流程的目标是设计符合业务所需的可用性级别，对IT服务中的可用性、可靠性以及可维护性进行定义、分析、计划、度量、报告、评价和改进。协调IT服务提供商与用户之间的关系，优化IT基础设施的可用性并为改进服务提出建议，减少服务期内事故对IT可用性的影响频度和持续时间。

（11）服务持续性管理

服务持续性管理流程的目标是确保服务期内IT设施和服务能够在要求和约定的时间期限内得到恢复，从而为总体的运维持续管理提供支持。应定义可用性和可持续性服务需求，制定和评审服务可持续性计划，对各种服务变更的影响进行评价并采取措施。对可用性应当加以度量和记录。

（12）知识管理

知识管理流程负责搜集、分析、存储和共享IT运维服务中的知识和信息，其主要目的是通过确保提供可靠和安全的知识和信息，以提高管理决策的质量。IT运维服务管理中的知识主要包括IT服务相关的制定、流程、针对不同事件和问题的解决方案、其他相关的技术资料等。

（13）供应商管理

供应商管理目标是管理供应商及其所提供的服务。该流程负责供应商信息维护，以及对供应商的归类和评估。对供应商评价后，确定是否继续或者终止合作。对于继续合作的供应商，应提出需要继续改进的建议。

4. IT 运维服务内容

IT 运维服务的内容是根据供需双方协商签订的服务级别协议（SLA）来确定的。不同服务级别用不同的服务质量指标来衡量，这是服务级别协议的重要组成部分。服务质量指标将体现服务供应商所提供的 IT 运维服务的质量。

注释：该部分还要说明本运维服务体系所提供的服务的主要内容，不同组织的运维内容是不一样的，本例子中的内容需要根据企业实际需要，进行具体判断确定。实际提供的 IT 运维服务内容，需要供需双方协商并签署服务级别协议（SLA）确定下来。

（1）IT 运维服务类别

本体系文件确定的 IT 运维服务，分为 IT 基础设施运维服务、应用系统运维服务、安全管理服务、网络接入服务、内容信息服务和综合管理服务等若干类别。

① IT 基础设施运维服务

IT 基础设施运维服务对 IT 基础设施进行监视、日常维护和维修保障。服务涉及的基础设施包括网络系统、主机系统、存储/备份系统、终端系统、安全系统、机房动力及环境等。

② 应用系统运维服务

应用系统运维服务对应用系统进行设计、集成、维护及改进。应用系统运维服务涉及的应用系统包括 OA 及内部办公系统、企业对外网站、面向企业和组织的应用系统、面向公众的应用系统等。

③ 安全管理服务

安全管理服务对 IT 环境涉及的网络、应用系统、终端、内容信息的安全进行管理，包括安全评估、安全保护、安全监控、安全响应及安全预警等服务。

④ 网络接入服务

网络接入服务提供网络规划和接入，包括互联网接入服务、专网接入服务、无线网络接入设置服务等。

⑤ 内容信息服务

内容信息服务对内容信息进行采集、编辑、上报，对需要发布的信息，经相关方审批后，予以发布，对收集的信息，进行综合分析后，予以上报，并对内容信息的进一步挖掘和处理提供必要的支持。

注释：内容信息服务一般是指对需要服务的组织所建的网站进行内容方面的维护服务。例如，帮助用户采编需要发布的信息，如发布公司新闻、会议通知、重大事项通告等。同时也可维护论坛、邮箱等内容的汇集和分析，向用户提供收集的信息和分析的结果。

⑥ 综合管理服务

综合管理服务包括对用户需要的诸如战略咨询、技术支持、业务培训等需求给予支持和服务。

（2）IT 运维服务的质量指标

注释：服务质量指标要根据各企业的需求不同而不同，根据实际情况可特别指定。各类 IT 运维服务的质量指标通常包括下列内容：

① IT 基础设施和应用系统运维服务

- 监控类服务：异常报告及时率、异常漏报率等；
- 日常维护类服务：维护作业计划的按时完成率、故障隐患发现率、异常情况主动发现率、故障服务请求及时满足率、业务服务请求及时满足率、问题解决率等；
- 维修保障类服务：服务响应及时率、到达现场及时率、故障修复及时率。

② 安全管理服务

包括系统漏洞扫描覆盖率、安全报告呈报及时率、安全漏洞遗漏数量、安全漏洞遗漏率、安全补丁安装及时率、安全事件次数等。

③ 网络接入服务

包括平均响应时间、问题解决比率等。

④ 内容信息服务

包括检索成功率、响应及时率等。

⑤ 综合管理服务

包括平均响应时间、问题解决比率等。

5. IT运维服务管理和支撑能力要求

（1）IT运维服务管理和支撑能力分类

IT运维服务管理和支撑能力，分为6大类，也称6个维度。它们分别是资产管理能力、监控管理能力、安全管理能力、流程管理能力、综合管理能力和外包管理能力。

① 资产管理能力

对各类IT基础设施和运行于其上的各种应用软件的基本信息进行管理，包括这些资产的名称、类别、成本费用、权责归属、使用状况等相关信息的维护和统计，实现IT资产的全生命周期管理，提供对IT资源进行投资和维护的决策支持信息。

② 监控管理能力

支持对IT基础设施和应用系统的监控，对资源可进行直观、形象的可视化图示和调度，对故障进行预警，对报警进行实时处理，具体能力包括视图管理、配置管理、故障管理和性能管理等。

③ 安全管理能力

支持通过系统的工作（含人工操作）日志、权限控制、访问控制等管理手段，对涉及系统安全的事件进行管理，并能对信息安全风险进行评估，对各种等级的风险采取相应的保护措施。

④ 流程管理能力

为了使IT运维服务部门和人员、IT用户以及支持IT服务运维支撑手段等各种角色和功能有机结合起来，必须利用电子信息化的工具作为流程管理的重要手段，以此保证整个IT运维活动有序、规范、可靠地进行。本体系流程管理的内容包括服务台功能管理、事件管理、问题管理、配置管理、发布管理、服务级别管理、知识管理、财务管理、供应商管理、作业计划管理、值班管理、考核管理、应急预案管理和培训管理等管理流程。

⑤ 综合管理能力

该部分包括除流程管理外的综合性管理工作，含资产管理、监控管理、安全管理、流程管理和服务外包管理等，在这些管理中，运用信息化手段，实现IT运维服务的数据统计、量化分析，提供对管理决策的支持信息。

⑥ 外包管理能力

实现对IT运维外包部分的质量、数量和服务过程的管控，确保IT运维服务整体运行的安全可靠。

（2）IT运维服务管理和支撑能力等级划分

注释：在（1）中规定了IT运维服务企业或者部门可以具备的IT运维服务管理和支撑能力的全部内容，在本企业或者部门运维管理和支撑能力的实际提升过程中，根据不同阶段所具备的运维服务管理和支撑能力的不同，可以在6个维度上分别评估或界定其达到的运维服务管理和支撑能力成熟度等级。结合各企业的实际情况，建议分别对其具备的资产管理、监控管理、安全管理、流程管理、综合管理、外包管理等 IT 运维服务管理和支撑能力按照如下等级进行划分。

① 资产管理能力成熟度等级划分

根据 IT 资产管理能力的不同，将资产管理成熟度划分为两个等级，等级 1 为低级，等级 2 为高级。各等级的具体能力指标如下：

等级 1：实现静态资产信息的维护、资产信息的统计和简单分析、资产生命周期管理；

等级 2：在等级 1 的基础上实现资产信息的自动采集和更新。

② 监控管理能力成熟度等级划分

根据监控管理在主动性和实时性方面的程度不同，可以将监控管理能力的成熟度划分成两个等级，低级成熟度一般为静态和被动管理，高级成熟度一般为主动、动态和实时管理。各级成熟度简述如下：

等级 1：在出现 IT 运行故障或事件时，能触发监管行为，并进行响应处理。对 IT 资产实施周期性的例行检查，排查故障隐患或对检出的故障进行维修；

等级 2：对 IT 基础设施和应用系统实行实时、动态监控，随时可以发现已有和潜在隐患，做到主动预防。

③ 安全管理能力成熟度等级划分

根据安全管理内容的所属的范围划分为两个部分，分别对应两个不同等级的成熟度，具体简述如下：

等级 1：实现人员和资产的安全管理，包括对环境、介质、资产、备份/恢复等安全制度的建立和执行；实行人员安全管理，主要指人员必须执行安全管理制度，对物理空间有出入权限管理，对 IT 资产的使用有完整的安全使用制度并被严格执行；

等级 2：除建立和执行了等级 1 规定的内容，还建立了信息安全管理体系，对信息系统有完善的安全防护措施，对安全事件有分析和处理报告，实行了信息安全的责任追查制度。

④ 流程管理能力成熟度等级划分

流程管理能力的成熟度，依据各流程的规范化、信息化程度不同而不同，将流程管理成熟度分成 2 个等级，具体简述如下：

等级 1：各管理流程已经规范化、制度化，但是流程的实现没实现电子信息化，或各流程的信息化比较零散，没有形成有机的整体；

等级 2：可以通过信息化手段对 IT 运维的业务流程提供支持。IT 运维的管理流程均已信息化，并实现了各系统的有机结合、数据共享，可通过信息化手段进行有效的运维管理。

⑤ 综合管理能力成熟度等级划分

根据综合管理能力涉及的范围和对决策支持的能力不同，将综合管理能力划分为两个成熟度等级，低级主要实现统计、查询和简单分析能力，高级则实现有效的辅助决策能力，两个等级简述如下：

等级 1：实现了对所需信息的各种查询、统计功能，按照规定的分析策略，进行数据分析，出具分析报告；

等级 2：在实现了等级 1 的基础上，增加更为复杂的决策支持能力，引入各种必要的分析工具，生成分析报告，辅助管理者进行决策。

⑥ 外包管理能力成熟度等级划分

对外包管理的控制，主要体现在对结果和过程的控制两个层面，前者作为外包管理成熟度的

等级1水准,后者作为等级2水准。这两个等级简述如下:

等级1:只对外包服务结果进行控制,包括对服务数量和质量的目标进行控制,量化管理外包服务效果,并据此对外包服务供应商的服务改善提出进一步的要求;

等级2:在实现了等级1的基础上,对外包服务供应商提供的服务过程,进行有效监控和管理,能实时、主动参与过程管理,如对服务提供人员的技能、服务效率进行检验与考核,提出管理建议,能有效预防服务质量下降的风险发生。

七、IT运维服务信息系统的功能要求

为实现IT运维服务在基础性工作方面的高效、有序开展,必须建立相应的IT运维服务管理和支撑的支持性信息系统,主要在资产管理、监控管理、安全管理、流程管理、综合管理、外包管理等6个方面具有电子信息化的管理方式和手段。所建立的信息化系统功能要求如下:

1. 资产管理

资产管理功能要实现对各种计算机硬件、系统软件、应用软件、外部配套设备、备品备件等IT资产的信息管理,实现记录、统计、报表生成等管理。根据资产信息记录和获得的方式,可以划分为两种管理模式,即静态和动态资产管理模式。

(1)静态资产信息管理

① 资产信息维护

系统应支持IT资产信息的维护,对IT资产信息有录入、修改、查询、输出的功能。基本要求如下:

• IT资产信息录入与更改:系统可以用多种方式登录IT资产数据,如通过系统终端界面手工单笔录入、通过外部电子文件批量录入;支持资产信息的修改,但是应具备修改日志,可以追溯修改过程;

• 系统支持用户给定某个条件或多个条件进行IT资产信息的查询,提供精确查询和模糊查询等不同的方法,查询结果可以直接打印或转存到外部文件进行打印。

② 资产信息分析统计

该部分实现IT资产的统计分析功能,具体内容如下:

• 系统可以按设定的报表格式,如表格、饼图、直方图和趋势图等方式,对统计信息进行显示,显示结果可以转存成外部通用格式的文件进行存储和打印;

• 系统可以记录和统计IT资产的使用情况,向管理者提供资产利用率等数据,用于辅助决策,合理调配各种IT资产,提高资产使用效率。

③ 资产生命周期管理

系统应对IT资产从购入、使用、维修维护、借用归还、使用年限或损害状态、报废处理等全生命周期内的信息进行管理。所产生的数据记录应完整、准确,可方便使用。

④ 辅助决策

系统应能具备一定的信息分析和计算能力,通过对资产和IT运行产生的数据进行分析和计算,提供一定的辅助决策信息,使决策能建立在客观、可靠的数据基础之上,进行科学的决策。具体要求包括:

• 系统具有各种预警功能,对资产使用期限、运行状态等进行监控和管理,对超过极限数据的状况进行报警,提示予以干预。

• 系统应支持基于规则的运维费用的计算,运维费用包括资产维护费用和相关的维护人员费用,应支持计算规则的灵活调整。

（2）动态资产信息管理

动态资产信息管理是指在静态资产信息管理的基础上，通过对资产投入、使用、报废等全过程的状态信息进行自动采集，实现资产信息的实时监控，与实际状态保持一致。资产信息的历史记录要完整、准确，可迅速、方便地查询。

2. 监控管理

监控管理是对IT基础设施和各种应用系统进行监控管理，通过使用各种可视化工具、配置管理工具、故障管理流程和性能管理流程系统，使得各种IT资源能够得到有效的管理，实现监控管理功能。

（1）视图管理

为了形象直观地显示各类资源的动态实时信息，系统应以图形方式显示IT基础设施和应用系统的各类信息。用图形的方式使用户能直观地掌握各类资源的分布状态和网络中的各类资源的运行状态。系统应支持以下几种视图。

- 网络结构图：以物理拓扑结构图、层次结构图等方式，显示各种设备的位置和逻辑连接状态，展现出网络拓扑结构。
- 机房布置图：将机房的各种设备，按照物理位置绘制图表，并随其改变而及时修改。
- 机柜和设备面板的示意图：对重要的机柜和设备面板，绘制必要的布置图，方便查询和管理。同时，要能方便及时更新这些视图，做到图-物统一。
- 应用拓扑视图：能完整显示各系统之间的联系、数据流以及工作流程之间的关系。
- 各种视图的导出：系统支持将视图转换为常见格式的图像文件，并可以按合适的比例进行打印输出。

（2）配置管理

系统应将IT基础设施的可独立管理的设施、系统软件、应用软件、相关人员和服务供应商作为基本配置项，进行有效的配置管理，能进行统计和分析，产生相关配置信息的综合报告。具备内容如下：

- IT资产信息维护：使用合适的配置管理工具，能实现手工对静态资产录入、更新；可方便追踪配置信息，生成配置管理相关报告；全面、细致、有效地管理各类IT资产；
- 可视化监控管理：系统能提供直观、形象的展示方式，为管理者提供IT设备的工作状况；并能支持管理者通过可视化管理方法，进行IT资产的调配、处置等管理工作；
- 资源信息统计分析：系统应支持对资源信息进行灵活查询与统计，报表统计的结果应能以图形（直方图、曲线图、饼状图等）或表格等方式显示。

（3）故障管理

系统应具有对IT基础设施和应用系统的故障管理功能，包括警告信息采集、处理、显示、清除和故障定位等功能，系统应提供故障知识库功能。具体包括：

- 系统应支持警告信息的实时采集，支持对IT基础设施和应用系统等资源的运行状态进行监视，支持设置不同的监视执行策略，完成不同检测粒度的需要；
- 系统应将用户关心的警告以列表、视图、颜色、音频警报等形式呈现给运维人员，可以对警告的显示方式进行灵活设置，对警告的条件可进行设置；
- 系统应支持将这些事件信息通过电子邮件和短信息的方式及时告知相关运维人员，并支持信息发布规则的灵活设置，包括设置首次发送条件、间隔发送条件、延时发送条件、升级发送条件等；

- 系统应提供故障原因分析手段，能够辅助定位网络故障的各层次原因；
- 系统应提供自动和手动的警告解除、清除功能，应支持灵活设置自动清除的周期和清除时保留警告时间窗口；
- 系统可方便查询故障历史记录，可以分类或模糊查询故障记录，提供对故障的处理经验；系统应及时记录发生的故障，并做跟踪处理，直到故障关闭，并记入故障处理库。

（4）性能管理

系统应完成对IT基础设施和应用系统的性能管理功能，包括性能数据采集、处理、统计分析和性能门限管理等功能。具体包括：

- 系统应支持采用任务方式对IT基础设施和应用系统进行性能数据采集，性能数据应反映IT基础设施和应用系统的运行情况和运行质量，系统应支持对性能数据采集任务进行灵活的设置；
- 系统应支持对不同的性能指标进行阈值设置，提供相应的阈值管理和越限告警机制，系统应支持按照对象类型和针对具体对象两种方式设置性能门限；
- 性能数据可保存到数据库中，实现统计、分析和比较功能，统计、分析和比较的结果应支持图形呈现，应能生成性能趋势曲线；系统应支持同时选中多个对象，在同一坐标系中进行性能趋势对比，对比曲线应支持直接存为图片；
- 性能数据趋势分析应支持性能门限提醒功能，在性能趋势分析图中，应绘制出该对象的性能门限阈值线。

3. 安全管理

系统的安全管理功能主要是通过使用信息化方法，实现对安全管理的支撑。主要措施有对接入网络的设备进行访问控制，对信息安全事件进行记录、评估、处理，并对潜在的信息安全风险进行评估和等级划分，按照企业信息安全管理体系的规定以及安全等级的对应措施，实施信息安全管理。

（1）通信及操作管理

系统应对通过网络进行的通信进行病毒防范与过滤，防止病毒软件随通信活动侵入系统。系统应有适当的设置，防范非法代码植入；对网络攻击、非法登录等行为具有有效检测，并采取相应的措施，确保网络系统、应用软件和通信的安全；系统具备完备的工作日志、操作日志及操作角色、系统错误日志等记录功能，对日志有备份和分析功能，对严重错误或操作行为，显示警告标志并通知相应人员。

（2）访问控制

系统具备必要的网络访问控制功能，能够对远程接入用户进行识别，对局域网内部进行适当的划分，确保不同的项目组使用不同的网段，各网段互不干扰并防止项目信息泄露；对应用系统的权限，应能进行针对角色的控制设定，能进行统一的身份认证。

（3）信息安全事件管理

通过系统可以监控和查询到信息安全事件的发生，例如通过对非法外部邮箱的使用、移动存储设备连接、安装非法软件的监控，记录并发送事件报告，跟踪事件的轨迹及其处理过程；同时能够支持对安全事件的统计分析，对安全事件的类型、数量、处理费用等进行定量记载，输出支持决策分析的统计分析结果。

注释：这里所说的系统发现并报告信息安全事件，是指通过系统可以监控和查询到的信息安全事件，即通过系统自动化手段进行监控所能进行的管理。对于人为信息安全事件的防范，要通过信息安全体系的培训、宣讲、制度等软环境来实现。

（4）风险评估和等级保护

可以在系统上进行安全风险的评估，并将评估结果进行存储、上报，管理人员根据评估结果，研究、制定安全保护措施，生成对应的保护方案，在风险发生时，系统将提示对应的方案。风险保护方案按等级划分，风险发生时，应按风险等级，上报到不同的风险管理层级。

4. 流程管理

系统应支持服务台功能，支持配置管理、变更管理、事件管理、问题管理、发布管理、服务级别管理、知识管理、财务管理、供应商管理等标准流程，以及值班管理、作业计划管理、考核管理、应急预案管理、培训管理等辅助流程。

（1）服务台

服务台是IT运维服务提供者与用户间的单一综合联系入口。服务台管理事件和服务请求，实现与用户的沟通，并提供服务升级的途径。服务台应实现以下功能：

- 支持通过服务网站、服务电话、电子邮件等方式向用户提供综合联系接口；
- 支持对所有的故障和服务申请进行预处理，核查用户输入信息的正确性和完整性；
- 支持用户通过服务台咨询、电话或电子邮件等方式了解投诉或服务申请的处理过程；
- 支持对故障和服务申报的处理跟踪，确保所有故障和服务申请能够在限定时间内得以解决或回复；
- 可以查询知识库，方便用户自助解决一定范围的问题；
- 能够支持服务升级机制，用户问题在某个层级无法解决时，可以逐级上报，直至公司最高层。

（2）配置管理

配置管理流程负责对IT基础设施和应用系统中的各种配置项（硬件设备、系统软件、应用软件）进行管理，准确记录和跟踪各个配置项的状态、变更过程，确保所有配置项有效反映当前实际状况。系统应支持以下功能：

- 支持对配置项的管理，包括增添、修改和删除配置项信息；
- 支持配置项间关系的建立和维护；
- 支持对配置管理数据库访问权限的管理，对不同角色赋予相应的权限；
- 支持与事件管理、问题管理、变更管理等其他管理流程的集成。

（3）变更管理

变更管理对IT基础设施和应用系统发生的变更进行管理，对所有变更的请求、产生的风险、对业务的影响、产生的效益等进行记录和分类；对变更请求，应进行评估，判断其对业务、效益的影响；对变更予以控制和管理，在风险可控的条件下，采取适当的变更处理。系统变更管理功能内容如下所述。

- 记录变更申请：系统可以登录变更申请，在未发送审核前，允许修改和删除申请信息；初始申请人员应对变更申请根据规定赋予变更申请等级值；
- 变更申请审核：系统支持变更申请提出后，转送设定的相关管理人员，进行变更申请审核，并支持反馈意见，如审核通过，将进入变更服务后续处理，否则将拒绝变更申请；
- 对变更请求的处理：系统根据变更申请的优先级进行分类，通过审核确认优先级别后，将按照确认的优先级别进行处理；
- 变更申请的升级：系统允许变更申请人员提升优先级别，或越级申请。此情况用于变更申

请未通过审核,但是申请者认为变更申请重要度极高,需要提升优先级别并越级申请;
- 变更申请全过程跟踪:系统支持对变更申请的处理过程全程监控,显示变更申请处理进度与状况,督促变更申请审核与决策人尽快做出处理;
- 变更管理报表管理:系统可按规定自动产生变更管理的相关报表,如统计变更类型、级别、实施状态、未通过审核的变更申请、待审核变更申请等;
- 支持与事件管理、问题管理、配置管理等其他管理流程的集成。

(4)事件管理

事件管理对IT基础设施和应用系统在运行中的突发事件进行记录、报警和启动处理流程。系统支持对事件的分类、级别进行定义,跟踪事件处理的全过程,允许查询事件处理的进度和状态,并支持统计、分析功能。具体功能如下:
- 事件发生时创建信息记录、修改和删除;
- 系统根据录入事件人员定义的类别和级别,将事件记录转送给规定的处理人员,等待处理;
- 事件处理人员根据相关流程,对事件进行处理时,要登录事件的解决过程及其解决方案,对事件的处理结果予以说明;
- 可查询事件的历史跟踪信息并生成相应的报表;
- 支持与问题管理、配置管理、变更管理等其他管理流程的集成。

(5)问题管理

问题管理流程是为了解决事件发生的根本原因,预防问题的再次发生。通过问题管理流程尽快排除服务持续性和可靠性影响因素,使IT服务稳定进行。问题管理的主要功能如下:
- 可创建问题记录,根据情况可编辑相关信息或删除;
- 问题创建人根据规定,对问题予以分类和严重等级,转发给相应负责人;
- 系统跟踪问题处理进度和处理状态;
- 问题负责人在处理问题过程中,可录入问题解决方案及处理结果,形成问题解决方案数据库;
- 系统可以提供查询问题处理的历史信息,并形成报表;
- 支持与变更管理、配置管理、事件管理等其他管理流程的集成。

(6)发布管理

发布管理是针对IT基础设施中的硬件、软件、管理流程文档、管理行文等内容在建立、改进或变更后进行正式确认,准予执行的活动。通过发布管理,使管理体系中的某些规定或改进方法得以明确,并作为企业内部正式官方规定,下发实施。其目的是保证IT运维服务被严格、完整、正确地得到贯彻和执行。发布管理具有如下功能:
- 系统可发布规定的信息内容,并对可安装组件实现部署;
- 支持与配置管理、变更管理、服务级别管理等流程的集成。

(7)服务级别管理

服务级别管理是对IT管理部门与IT运维服务供应商之间关于IT运维服务质量和数量签订协议进行管理的活动,服务级别协议规定了双方各自的责任、义务,详细具体地规定了各种服务的可度量指标,明确了IT运维服务所要达到的等级水平。其具体功能如下:
- 服务级别协议(SLA)创建、编辑功能:系统提供服务级别协议(Service Level Agreement,SLA)编辑模板,所有IT服务按照规定的模板进行编制,完成的SLA可报送审批,直至核准实施;

- SLA 违约记录及警告：在 IT 运维服务过程中，如发生违约现象，发现者应及时在系统中申报违约事件，详述违约状况及严重程度，可转发相关人员；
- SLA 执行监控：系统对协议违约事件进行跟踪，显示处理进度与状况；
- 系统可生成服务等级协议执行状况报告，便于相关方进行沟通和商谈。

（8）知识管理

知识管理流程主要负责收集有关的显性知识的收集、整理、存储，并为使用者所共享。对隐形知识提供交流和分析的平台，并进行存储与共享。通过知识管理流程能提供给决策人员准确、可靠、及时的知识和信息，解决 IT 服务过程中出现的问题。知识管理应支持以下功能：

- 收集知识：提供支持人员提交经验和知识输入的接口或界面，支持各种格式文档（如纯文本、office、pdf、visio）等格式文档作为附件的输入；
- 支持知识库的更新；
- 查询知识：提供完善的查询功能，如查询关键字、知识列表等；
- 提供模糊匹配、智能查询、点击统计等增强功能；
- 提供讨论区，供知识管理相关人员进行讨论，讨论成熟的意见、建议将由知识管理过程管理人员转入知识库。

（9）财务管理

财务管理流程要完成 IT 服务预算的编制、审核、批复和下发功能，实现对 IT 服务过程中成本和费用支出的管理。对异常发生的费用和超预算费用，进行实时监控，及时发出警示信息。当一个服务周期完结后，应进行决算，实现从预算至决算，并完成业绩考核的全过程管理。财务管理应提供如下功能：

- 费用预算编制；
- 费用申请管理；
- 费用审批管理；
- 费用执行管理；
- 费用考核管理。

（10）供应商管理

供应商管理流程管理供应商及其所提供的服务，系统应支持以下功能：

- 能对供应商、合同信息进行管理，包括增、删、改、查等操作，并能输出相应的报表；
- 能对合同执行情况进行跟踪、评价和统计汇总。

注释：许多企业有独立的内部合同管理和项目监控管理系统，供应商管理应该与其他的业务管理系统相衔接，保持数据一致性和共享，避免数据冗余。

（11）辅助流程

如下的管理流程，是管理体系的辅助性流程，各组织根据自身特点，可以自行进行裁剪。

① 值班管理

系统支持对值班的管理，可实现以下功能：

- 值班信息的记录：对值班日常、人员、工作内容、工作方式等进行计划，对值班期间发生问题进行处置的流程、责任人等进行安排；对值班历史信息能进行查询、统计和分析；

② 考核管理

系统可以对参与 IT 服务的员工进行工作量、工作绩效的跟踪、统计和分析，具体实现以下功能：

- 对员工完成的工作量、工时和完成结果进行记录、汇总和分析；
- 对每个员工承担的工作量等进行分别统计和分析，生成量化报告；
- 对各类统计结果，分类分项进行对比、分析等。

注释：很多企业有自己的人力资源管理系统，这部分内容应与人力资源管理系统相衔接或相互集成，保持系统的数据一致性，避免冗余。

③ 应急预案管理

系统应对重大事故和灾难建立应急预案管理，应实现以下功能：

- 系统支持应急预案的编辑、审批、批准及发布的管理，并对应急预案的执行人员赋予不同的执行权限。

④ 培训管理

对相关人员的培训，是体系能得以正确执行的保证措施，也是体系能够不断得以改进的必要手段，因此系统应支持培训管理，实现以下功能：

- 系统可以提供培训计划的制定模板，辅助计划制定者进行培训计划的编写、上报，系统提供计划审批功能，可以发布培训计划；
- 系统能支持对培训计划的执行监督，提示培训计划的实施、参加和结束处理；
- 系统对已经实施的培训，具有支持培训效果的评价、统计分析功能，以及对评价结果的上报和发布功能。

5. 综合管理

系统主要在资产管理、监控管理、安全管理、流程管理和外包管理五大管理流程中，实现各类数据的统计、分析，运用各种数据分析模型，提供决策支持信息。

（1）统计分析

系统为了帮助运维人员进行查找各种问题的产生原因，能将收集到的事件信息和配置信息进行综合分析，进行故障原因定位与分析。还可以通过对各类管理信息的统计和分析，观察IT服务的总体和局部的运行状态，发现问题，制定改善措施，改进管理过程。

系统将通过各种信息系统发布分析结果，如通过应用系统交互界面、电子邮件、短信、移动设备客户端等方式进行。

（2）决策支持

系统具备与外挂系统的接口，可运用外挂的决策支持系统，对管理所需的模型、运算、判断等功能进行设置与处理，对IT运维服务进行相关的决策，综合利用IT资产管理、监控、外包管理等流程中的数据，进行辅助决策；决策支持系统可以根据实际需要，有选择地进行运用。

注释：这部分的功能是可选项，可以利用系统进行辅助决策，并非必须使用系统进行决策。

6. 外包管理

外包管理功能为企业内部的IT部门管理人员提供管控手段和方法，针对承接IT外包服务的供应商实现对其服务结果和服务过程的两方面管理。

（1）结果控制管理

结果控制管理针对外包出去的IT运维服务质量和效果，实施监控和管理，确保外包服务能平稳、有效进行，防止外包服务偏离整体IT服务运维范围，具体功能如下：

- 系统提供对已生效的服务级别协议的查询；
- 系统对外包服务出现偏差，提供警示信息，并通知相关服务人；
- 系统对外包服务供应商完成服务级别协议的内容情况，提供定制的服务质量符合度报告。

（2）过程控制管理

过程控制管理实现对外包出去的 IT 运维服务提供过程的管理和控制。主要功能如下：

- 系统能监控外包 IT 运维服务工作中对事件和问题的处理情况、服务变更执行的情况；
- 系统能对外包 IT 运维服务中违反级别协议的处理情况进行记录和查询，并能出具相应的报表；
- 系统能对 IT 运维服务供应商和参与运维的工作人员的工作量进行分类统计、查询和汇总，并对绩效进行定期的报告。

八、IT 运维服务和管理成熟度评估与改进

1. IT 运维服务和管理成熟度

度量一个承担 IT 运维服务的组织具备何种程度的 IT 运维服务支撑能力和管理能力，使用"成熟度"这一专业名词。成熟度越高，标志着运维管理水平越高，服务质量能得到更好的保证。

关于 IT 运维服务的支撑能力，表现为企业 IT 服务部门承担运维任务时，自身所具备的 IT 服务能力，包括 IT 基础设施的数量、规格以及所具备的性能，还包括拥有的各种运维服务的技术和技能、备用的工具和方法等，以及运用这些设施和能力对 IT 用户提供服务的支撑能力。通常情况下，这些能力主要体现在资产管理能力、监控管理能力和安全管理能力等方面。

关于 IT 运维服务管理能力，主要表现为对内部具有的运维服务、外包出去的运维服务的管理能力。通常体现在流程管理能力、综合管理能力和外包管理能力等方面。

本系统包含的上述能力详细列出如下。

① 资产管理能力：主要体现在对资产信息的管理范围和详细程度，以及对资产信息进行统计分析、综合判断能力；

② 监控管理能力：主要体现在对管理和监控的 IT 设施、服务水平的涵盖范围以及管理深度上，同时也体现为对管理信息的实时处理和智能化分析能力等方面；

③ 安全管理能力：主要体现在对信息安全管理的范围、信息安全事件处理的及时性、信息安全事件预防措施等的支持能力；

④ 流程管理能力：主要体现为各项管理流程的规范性、标准化、系统化以及电子信息化等方面；

⑤ 综合管理能力：主要体现为对信息的统计和分析能力、决策支持能力等方面；

⑥ 外包管理能力：主要体现在对外包服务的结果控制能力和过程控制能力。

对 IT 运维服务和管理成熟度的评估，主要针对上述 6 个能力因素进行。每个能力因素可以按照能力水平赋予一定的成熟度等级，围绕着 6 个能力因素所展开的成熟度等级组合，构成了不同级别的 IT 运维服务和管理成熟度水平。

2. IT 运维服务和管理成熟度改进

承担 IT 服务的各部门可结合本企业的实际情况，从 IT 运维服务和管理成熟度的 6 个维度出发，评估本企业 IT 运维服务和管理能力的成熟度，并以此为基础，选择相适应的 IT 运维服务支撑工具，同时充分借鉴已有经验，在必要情况下选择 IT 运维服务咨询公司寻求咨询支持服务，确定 IT 运维服务管理中迫切需要解决或提高的关键问题，循序渐进，有步骤、分阶段地提出改进目标，不断提高企业的 IT 运维服务的水平。需要不断提升自身 IT 运维服务管理和支撑能力的企业，可结合自身实际情况引入 IT 运维服务和管理的咨询服务，并在咨询服务的指导下，开展 IT 运维服务支撑系统的建设。具体的咨询工作一般包括如下几个方面。

（1）确定当前 IT 运维服务和管理的成熟度

针对IT运维和管理的6个维度，进行充分的调研、核查和分析，形成企业当前IT运维服务和管理的成熟度报告，评估出成熟度实际水平。再根据企业运维规模、目标、信息化需求等对IT运维的要求，制定合理的管理目标成熟度。

（2）IT运维服务管理体系的规划

根据已确定的IT运维服务和管理的目标成熟度水平，规划与设计相对应的IT运维服务支撑体系。从6个维度方面，分别分析出能以信息化手段实现的IT运维和管理的内容，明确资产管理、监控管理、流程管理、安全管理、综合管理和外包管理的功能范围，对涉及的IT资源进行登记、梳理，做相应的配备调整，以保证运维服务和管理的需要。

对IT运维服务管理体系涉及的支撑系统技术指标、支撑系统与IT资源及其他信息化系统的接口等内容，也要同时进行规划与设计。

（3）IT运维服务管理体系的建设实施及咨询

发挥内部或外部的技术力量，针对系统建设实施过程所需要的需求分析、设计、产品测试、项目招投标、项目实施、项目测试、项目初验和试运行、项目竣工和系统移交等各个阶段，提供指导、帮助或监理。

（4）IT运维服务管理体系的改进和优化

在IT运维服务管理体系运行过程中，要定期或不定期地对体系过程进行评估，对发现的问题制定改进方案，对相应的管理流程进行优化，使得IT运维体系不断适应业务和管理的新变化。

--（样例结束）

8.5　SLA模板实例

SLA是ITIL中最重要的部分，同样也是ISO 20000的重要部分，是IT服务乃至运维的核心内容，没有SLA，就没有了IT服务的内容，也没有了服务的范围和尺度。

严格地说，SLA是一个在一定的成本费用基础上，服务提供商能提供给客户的，并要确保在一定的性能和可靠性水平上的服务的一个协议。这个协议确定了服务的质量和水平，是约束双方的约定，也是衡量双方是否履行了协议的度量方法。

编写SLA时，需要考虑IT服务及运维工作的各种实际情况，特别需要重点考虑的关键点如下。

① SLA是对客户最关心的服务质量的承诺，对于如何实现和保证服务质量，则不是SLA关注的范畴。

② SLA应该对提供的服务范畴和质量，确定明确的标准和度量方法。这是因为服务是有成本的，服务质量与成本是一对永恒的矛盾，必须在一定的成本条件下，提供相适应的服务。否则，提供商难以持续提供客户满意的服务，而客户也难以寻找到合格的提供商。

③ 服务水平所描述的各种指标，一般只能是统计意义下的数据，如评价值、最大值、最小值，或者是达到某种约定值的概率。一味地追求准确和绝对化的数值，会脱离现实意义，难以操作。

④ SLA要规定对于主要技术参数的实际服务性能参数的测量方法和提供的报告内容，包括对应实际服务过程中对服务等级执行的符合情况，对应问题的处理等报告。

SLA的作用好比一个四星级酒店的服务承诺：

① 提供早餐，内容为大米粥、小米粥、面包、肉包子、鸡蛋、小菜、牛奶；

② 标准间，包括1.5米大床、写字台、冰箱、沙发、24小时热水、洗漱用具和一次性浴具；

③ 免费市内电话；

④ 价格为每晚 500 元，时间从入住到第二天中午 12 点以前为一天，过 12 点需加半天费用，过晚 6 点需算另加一天。

如上的例子就是一个餐饮酒店业典型的 SLA，该内容不仅说明了能提供的服务内容，还标明了可度量的方法以及服务价格。

下面是一个典型的 SLA 的模板，比较全面地涵盖了 IT 服务应该考虑的各种因素，在实际应用中，可以根据实际情况进行增删。

---（模板开始）

表 X：SLA 模板（目录及内容提要）

服务级别协议
Service Level Agreement

甲方（客户）：XXXX 有限公司（名称）
乙方（供方）：XXXX 有限公司（名称）

签署日期：XXXX 年 XX 月 XX 日

1. 引言 Introduction
注释：此处说明协议的背景，签约方的简介及简称、依据的事实和标准、总目标等。
1.1 目标 Purpose and Objectives
注释：写明服务的具体目标。可以增加小节，列明服务的目录，并做简明说明。
1.2 协议的相关方 Parties to the Agreement
注释：此处列明所有涉及的相关各方的名称，并说明相关各方的角色。
1.3 协议生效日期 Commencement Date
注释：此处写明协议生效的日期和条件。例如，在什么日期、具备了什么条件时开始生效。
1.4 合同期间 Duration of the Agreement
本协议自双方签署之日（XXXX 年 XX 月 XX 日）起生效，有效期一年（到期日为 XXXX 年 XX 月 XX 日）。
有效期限截止前一个月（XXXX 年 XX 月 XX 日），如双方无异议，本协议自动延长至下一周期。
1.5 非独享协议 Non-exclusive Agreement
注释：此处说明服务提供商，所做的服务中涉及的技术和管理方法等内容，并非专门用于服务使用者，协议本身不能限制服务提供商对其他客户的服务。
1.6 定义 Definitions
注释：此处对协议中的概念，做必要的说明，界定其具体含义，以免出现歧异产生误解。例如，提供 7×24 小时电话支持，要说明具体含义。
2. 服务范围 Scope of Work
注释：此处在什么范围内，提供何种服务。通过下面的小节，将详细列出服务的内容清单。
2.1 标准服务 Standard Services

所提供的标准服务，即如下表格中所列的服务项目。

2.2 非标准服务 Non-standard Services

超出标准服务的项目，即为非标准服务。主要包括客户发生的意外事故或问题，临时请求服务商给予技术支持，或者为了避免某种风险，追加某些临时性的服务等。

2.3 服务可用性 Service Availability

注释：此处说明服务的可用性指标，如确保硬件故障在 24 小内得以解决，系统数据每天做增量备份，确保系统可随时恢复正常运转。

2.4 服务交付地点 Place of Service Delivery

注释：此处说明服务的发生地点。例如，对放置在使用单位的主机进行系统硬件更换，服务就只能在使用单位进行。而对于反映问题或投诉等，可以通过电话、网络等方式进行。

2.5 服务变更 Changes to Services

当一方收到另一方提出的协议变更请求后，双方代表应当在 5 个工作日内安排时间就协议的变更内容进行协商，协议的变更应当得到协议双方的认可，变更后的新版本在双方签署后生效。

2.6 客户延期 Client Delays

注释：此处说明由于客户的要求或原因，使服务必须延期的情况。例如，服务人员到达现场后，客户订购的更替设备没有准备好，或者相关的工具、系统、环境等尚未准备就绪，无法开展服务等情形，需要说明处理方法。

3. 性能跟踪和报告 Performance, Tracking & Reporting

注释：服务内容中的所有内容，都必须进行性能监控和报告，需要定量分析和报告服务的内容，包括数量和质量指标。下面用小节对关键指标和监控办法做出详细的说明。

3.1 关键的个性化变更 Key Personnel Changes

注释：此处说明对于服务变更的处理，因为变更服务将对服务流程、服务成本等产生影响，故此必须说明由于个性化变更所产生影响的处理。

3.2 如何监控每个个别服务 How Each Individual Service Will be Monitored

注释：此处说明对每个服务的监控办法。例如，网络流量和负荷平衡的状况，响应时间的监控等。

3.3 应用的基准、目标值、度量标准 Benchmarks, Targets and Metrics to be Utilized

注释：此处对各项服务指标进行定义。

3.4 服务水平报告 Service Level Reporting

注释：此处应该列出报表的基本内容、格式，报告的周期等。

3.5 服务审核会议 Service Review Meetings

注释：此处需要说明服务审核会议的举办周期、参会人员范围、会议主要审核内容、会议决议的法律效力等。

4. 问题管理 Problem Management

注释：此处要列出问题管理的基本处理办法。

4.1 支持和服务台的服务 Support and Service Desk Services

注释：此处可列明对于出现问题时，进行服务支持的方式，如电话支持服务：每周 7×8 小时、网络远程支持每周 7×24 小时等。

4.2 问题定义 Problem Definition

注释：此处对可能出现的问题进行分类，对不同的问题，给予不同的处理规定，适用不同的处理流程。

4.3 问题升级 Problem Escalation

注释：当问题在某个服务级别上无法妥善处理时，应能提供渠道向服务上级反映问题，以便逐级协商解决。在这里要写明问题升级的处理过程。

5. 费用 Compensation

IT 服务的费用分为专业服务费用和补偿费用两部分。

5.1 专业费用 Professional Fees

专业服务费用是对约定的服务内容协商一致的服务的计费。

具体各项费用请用表格列出。

明确各项费用的合计计算方法及费用支付日期和方式。

5.2 补偿费用 Reimbursable Expenses

补偿费用是指在双方约定的服务范围之外，客户需要特殊的服务或由于客户的原因产生的费用。

可能的情况是，如客户需要追加某种服务内容、需要提供附加的技术支持等的费用，或者由于客户的原因，延误了服务的顺利进行对服务商造成的损失等，如没有按期支付服务费用造成的违约金。

补偿费用可以用表格列出计算方法。

5.3 发票 Invoices

发票是由服务提供方向客户出具的收费凭据，双方应约定费用支付的计算方法、支付日期、费用额、支付方式。

发票由服务商开具，通过特快专递的方式邮寄到客户相关人员。

5.4 付款条款 Payment Terms

付款条件按如下方式列出：

（1）某年某月服务费，合计 XXXX 元人民币；

（2）以上款项在费用发生月的下个月前 5 日内，由服务方向客户开具相应金额的发票；

（3）客户在接收到发票后 30 个工作日内办理付款。

5.5 税 Taxes

服务双方各自负责本企业所承担的税款等义务，所支付的费用为乙方实得费用，不扣除任何附加的费用。

5.6 延期付款的利息 Interest for Late Payment

客户超过 30 个工作日后延期付款，应向服务提供方支付延期付款的利息，利息为应付款额每日 1%，最多支付利息额为应付款额的 100%。

6. 客户义务及责任 Customer Duties and Responsibilities

客户应按期支付所建设工程、项目设计、安装、施工、维护管理以及升级费用，这是 IT 服务项目得以顺利进行的基本条件和保证。

6.1 发票的处理与授权 Procession and Authorization of Invoices

在约定的服务费用支付日，服务商按规定先行开具服务费用发票，客户在收到发票后 30 个工作日内办理完费用支付手续，通过支票转账或电子银行办理支付。

6.2 客户人员、能力和资源 Client Personnel, Facilities and Resources

（1）客户方使用 IT 设备及应用系统的人员，必须经过系统、全面的使用培训，经过考核合格后，方可使用 IT 资源；操作过程中必须按照相关的 IT 操作规程和要求进行，确保系统不被人为损坏。

（2）不安装和使用非法软件，包括未经审批同意安装的软件；不私自改动设备和配置。

（3）当服务出现故障时，按照协议约定的服务支持方式与服务人员取得联系，并尽可能地提供详细的信息，配合服务人员进行必要的操作，以便技术人员能够尽快排除故障和恢复服务，减少造成的损失或影响。

（4）客户应提供必要的支持和协助，如基本工作环境等，以免使技术人员在服务现场空闲等待。

（5）客户端应当保证达到系统需要的最低配置要求，客户端环境应该保持达到系统稳定运行的最低要求。

（6）客户应定期参加举行的服务评审会议，反馈意见，协助 IT 服务商持续不断地改进服务。

6.3 对于特殊设备和工作的培训 Training on Specialized Equipment or Tasks

特殊设备具有相应的操作规程，操作人员必须经过培训并考核通过才能上岗。特殊设备是诸如影响重大、有一定危险性，能造成重大人身或财产重大损失的设备。

7. 担保和补偿 Warranties and Remedies

注释：此处说明因某一方的行为给相关方造成一定的工作或经济损失时，应该采取的处理办法，以及相关的赔偿费用计算和赔付。

7.1 服务质量 Quality of Service

注释：当服务质量受到影响时，需要根据质量监控指标，按照指标分类对应的规定，划分损失大小，并对该指标规定赔付标准。

7.2 赔偿 Indemnification

由于某一方的过错，给另一方造成的经济损失，应当给予赔偿。具体赔偿金额，按照实际损失进行计算，不另行计算由此产生的间接费用和附加的费用。

赔偿自损失发生并能够计算出结果后，由损失方向对方提出，并出具相关证据和计算方法，经双方确认后，给予补偿。

7.3 第三方声明 Third Party Claims

注释：写明未经双方同意，不得将该协议转让给任何第三方，也不得在双方的合作中损害任何第三方的合法利益。

7.4 免责条款 Exclusions

在任何情况下，服务提供商对下列情况均不负责。

（1）由于客户操作不当、客户上级或主管部门要求处理的事宜（不符合本协议所规定的正常流程的操作）等原因造成的违规。

（2）按本协议所述的不可抗力引起的损害。

（3）偶然的、特殊的、间接的损失，如客户由于宕机造成的费用或利润损失，客户为弥补损失购买的替代产品或相关服务的费用。

（4）由于数据丢失或软件修复引起的损害。

7.5 违约补偿 Remedies for Breaches

注释：此处写明单方面违约应该给予受损害的另一方经济补偿的金额和支付日期及付款方式。

7.6 不可抗力 Force Majeure

如本协议在执行过程中，遇到人力不可抗事件，包括但不限于火灾、水灾、地震、海啸、台风、战争，或者政府强制性政策等任何一方无法控制的意外事故和情况，阻止本协议的执行时，本协议规定的履约时间应相应自动延长。

8. 协议终止

本协议条款自双方签署之日起生效，于双方协议有效期内履行完其全部义务（包括担保义务）时终止。如遇下列情况，经一方发出书面通知后即可终止本服务条款。

8.1 协议一方严重违反其于本服务条款中的任何义务，并未能在对方发出书面通知指明该违约事项后 30 日内改正的，由未违约方经发出书面通知后终止。

8.2 遇有不可抗力，使得任一方无法继续履行本协议，当事方应将事件及时通报给对方，同时在双方确定的时间内终止本协议，不需进行经济赔偿。

9. 争议解决

协议双方将本着友好协商的原则处理纠纷，协商不成时，双方同意将本协议和与本协议有关的争议提交甲方（或乙方）所在地仲裁委员会进行仲裁。败诉方承担所有仲裁费用。

甲方：乙方：

法人或代理人签字：法人或代理人签字：

签字日期：签字日期：

---（模板结束）

思考题

1. IT 运维服务的国际标准有哪些？
2. ISO 20000-1 标准中的 5 大管理组及所包含的 13 个管理流程分别是什么？
3. 企业建立 IT 运维服务管理体系的基本步骤有哪些？
4. 服务级别协议的意义是什么？

第 9 章 软件外包发展趋势

【学习目标】
（1）了解全球服务外包产业发展的趋势和挑战
（2）理解影响服务外包产业发展的关键要素
（3）了解主要发包国服务外包的主要驱动力
（4）熟悉主要接包国承接服务外包业务主要的优势和劣势

随着科技突飞猛进的巨大进步和发展，经济的全球化正以前所未有的速度快速进展，一个跨越国家边界的经济生态系统正在形成。美国作家托马斯·弗里德曼（Thomas L. Friedman）在其著作《世界是平的：一部二十一世纪简史》（*The World is Flat: A Brief History of the Twenty-first Century*）一书中，分析了 21 世纪全球化的过程和当今世界发生的重大变化，飞速发展的科技和通信领域，使得"世界正在被抹平"。全球范围内的生产要素正在加速重新配置，以降低成本、获取资源为目的的软件外包产业更是表现出先于传统产业的价值链重整的趋势。以美国、欧洲和日本为代表的发达经济体，由于自身信息化程度很高，同时信息化的需求也非常强烈，在激烈的市场竞争中，他们在全球范围内寻找成本更加低廉、软件资源相对充足的国家和地区，将软件工程中的一部分环节发包到这些国家和地区，以增强价格优势和资源竞争力，传统的接包国如印度、爱尔兰等已经成为软件接包大国，而以中国、巴西等为代表的新兴接包国家经过 20 年的发展也已经迅速崛起，以菲律宾、越南等为代表的国家由于成本更低、产业政策更优惠而正吸引着越来越多的软件发包机会。

9.1 推动全球服务外包发展的有利因素

1. 产业政策的大力支持

由于服务外包所蕴含的巨大发展潜力，其庞大的市场规模、对就业的拉动作用、低碳经济特征和对经济发展的推动促进作用等特点，使得世界各主要国家和经济体将服务外包作为该国家和地区的重要战略性产业和发展重点，并结合自身的特点，制定了一系列鼓励和促进服务外包产业发展的诸如税收、人才、资质认证等产业政策，使得本国家和地区在深度参与全球服务外包产业的转移过程中，获得一席之地和一定的优势，为全球服务外包产业的发展提供了良好的政策环境。

2. 服务贸易规则体系的统一与技术进步

世界贸易组织（World Trade Organization，WTO）是当代最重要的国际经济组织之一，目前拥有 160 多个成员国，成员国贸易总额占全球的 97%。由于全球各主要贸易体均以 WTO 的贸易规则为基础开展经济贸易活动，因此，WTO所确定的"非歧视性原则"、"公平贸易原则"和"透明性原则"有力促进了全球服务贸易自由化进程，使得全球服务贸易发展迅猛，促进了各经济体服务业的发展，为服务外包的进一步发展提供了国际贸易规则的基础支撑。另一方面，以互联网为代表的新兴信息技术的革命性发展，推动了基于互联网的电子商务、信息技术服务等新兴服务贸易形态的发展，作为服务贸易主要内容的信息技术服务、金融服务等在全球市场开放程度日益加大的情况下，也为服务外包提供了坚实的技术基础。企业利用现代科学技术手段在经济运行方式、商业模式上和企业管理模式上获得了变革。坚实的技术支撑加上自由的政策支持，使得服务外包的快速和深入发展拥有了良好的硬件和软件的支撑。

3. 服务外包依赖的基础设施条件与科技配套能力的提高

服务外包产业的发展承载了发达经济体和新兴经济体之间的产业转移的浪潮，良好的交通、通信、能源等基础设施条件决定了服务外包承接国和发包国的产业转移成本和可靠性，而科技、教育、人力资源等配套软实力则决定了服务外包产业的水平、发展规模和潜质。目前在承接国际服务外包领域比较领先的中国、印度和巴西等新兴经济体经济无一不在基础设施和配套能力方面取得了巨大的进步。

4. 服务外包的范围不断扩大，不断向行业核心业务流程渗透

近些年来，全球经济领域的竞争日趋激烈，新兴经济体快速崛起，在技术快速发展和经济发展水平快速提升的过程中，服务外包的内涵也发生着重大的变化，很多原本不属于外包的业务流程，逐渐被纳入服务外包的范畴。以互联网为代表的信息技术的发展使服务外包所需的技术水平逐渐提高，全球服务外包的范围迅速扩大。以数据输入与处理、代码编制、文件管理、呼叫中心等低端业务逐渐向风险管理、金融分析、研究开发等技术含量高、附加值大的知识流程外包（KPO）外包业务转移。使得服务外包的层次不断提高，不断催生出新的行业，成为推动经济增长的新动力。服务外包内容不断得以拓展和充实，服务外包范围不断得以更新和拓宽，使得全球服务外包的市场规模快速扩大，在很多国家和地区，服务外包已经成为支柱产业，服务外包进入了快速发展阶段。

9.2 全球服务外包发展面临的不利因素

1. 贸易保护主义有所抬头

2008年，由美国次贷危机引发的影响全球经济发展的金融危机爆发，全球范围内各主要发达经济体国家陷入经济增长乏力甚至衰退，失业率居高不下。在国内巨大的社会压力下，一些主要服务外包发包国采用了一定程度的贸易保护主义做法对服务外包进行了限制，以期达到缓解国内就业矛盾和迎合部分利益团体的目的，反全球化的产业政策有所抬头。然而，经济的全球化浪潮不可逆转，发包企业在竞争的压力面前，外包已经成为不可或缺的战略选择。

2. 政治、意识形态及社会文化的影响

从全球服务外包的范围看，产业在国家间的转移规模和稳定性在很大程度上受到国家间政治关系、意识形态相似程度和社会文化共同理解程度的制约，而不单纯表现为一个经济命题。从软件外包的实践情况看，通常国家间政治互信关系较强、社会文化相近的发包国与接包国的服务外包产业发展较快，产业层次较高，规模也较大；反之则发展较慢，产业层次偏低，规模也偏小。

3. 多数接包企业国际化程度不高

服务外包从国家的角度来看，是全球产业转移的重要机遇，但是这一机遇需要具有国际竞争力的企业来执行。服务外包经过多年的发展，尽管已经产生了数量众多的接包企业，但有能力承接大规模服务委托业务的国际化接包企业数量和质量均难以适应产业大规模转移的需求。发包企业主要是发达国家的跨国公司，这些跨国公司在选择外包对象的时候，往往是特别注重接包企业的公司治理结构，甚至要考察接包企业财务管理的规范性、语言、文化的兼容性以及对所承接外包业务的行业熟悉程度。但是现实中很多发展中国家的企业竞争力偏弱，无法满足这些硬性要求，而且有些国家又具有先天性的语言劣势，外语水平不足。许多企业能力上的不足将在一度程度上不利于全球服务外包的推进。

4. 信息安全及知识产权保护问题

软件服务外包是智力密集型产业，在产业中包含着大量发包方长期智力投入的知识产权结果，因此，在发包的过程中发包方特别关注接包方在信息安全管理及知识产权保护方面的控制能力，以及接包方所在国家相关的法律法规是否健全。在知识产权保护意识和法规薄弱的国家里，发包企业出于担心泄露知识产权而宁愿自己来完成本希望进行外包的业务，阻碍了服务外包业务的发展。由于一些涵盖高科技含量、高附加值的知识产权、商业机密的业务不能被外包，从而影响接包方水平的提升，使得服务外包层次难以有效地向高端领域移动，不利于服务外包产业自身的优化升级。因此，接包国家及接包企业需要在保护知识产权及加强信息安全等方面建立和加强符合国际规则的有效的法律和制度体系，以此带动服务外包业务规模的扩大和层次的提升。

总体来说，尽管近几年由于金融危机导致的全球经济陷入低迷，各国及各经济体采取了量化宽松及部分国家和地区采取贸易保护主义促进就业的多种措施刺激经济恢复等策略，导致全球服务外包业务的增长势头受到一定程度的影响。以信息服务外包为例，众多的发包企业出于成本的压力，要么压缩IT投资，要么缩减外包规模，即使外包出来的业务也由于成本的压力而迫使接包方降低接包价格，在这样的条件下，很多规模较小、核心竞争力不足的接包企业倒闭。但是，从长期来看，经济的全球化已经成为不可逆转的历史潮流，资本的逐利性及产业分工的精细化必然导致全球生产要素走向不断调整配置的优化过程。伴随着服务业跨国转移浪潮的持续，经济全球化将进入服务业全球化的新阶段，跨国公司向全球不同区域进行优化投资布局的趋势也将持续，全球服务外包将呈现长期稳步增长的格局。

9.3 中国服务外包发展的前景与规模预测

中国服务外包产业经历了10多年的快速增长，产业发展规模和质量都得到很大提升，已经成为全球重要的服务外包接包国。以软件与服务外包市场为例，2011年中国软件与服务外包市场规模达到79亿美元，同比增长42%，继续保持了高增长的势头。服务外包产业呈现从面向企业业务流程各环节的服务外包向垂直行业的综合服务外包转变趋势，拥有垂直行业的专业能力的企业获得更大的竞争优势，接包商通过强化行业领域能力，为客户提供更专业的服务，提升其竞争力。目前，中国在软件业、金融业、通信业、制造业、生物医药等行业的服务外包领域已形成一定的优势，市场发展初具规模。2014年1~11月，中国共签订服务外包合同16.87万份，合同金额和执行金额分别为918.4亿美元和689.5亿美元，同比分别增长10.5%和29.2%；其中，在岸服务外包快速增长。2014年1~11月，我国承接离岸服务外包合同金额和执行金额分别为608.4亿美元和 466.6 亿美元，同比分别增长 13.9%和 24.3%；在岸服务外包合同金额和执行金额分别为 310 亿美元和 222.9 亿美元，同比分别增长 4.4%和 40.8%；美国、欧盟、日本为国际服务的主要发包市场。2014 年 1~11 月，我国承接美国、欧盟和日本的离岸服务外包执行金额分别为 109 亿美元、66.9 亿美元和 50.1 亿美元，合计为 289.9 美元，占执行总额的 62.1%；服务外包产业向高端业务拓展。2014 年 1~11 月，我国承接离岸信息技术外包（ITO）、知识流程外包（KPO）和业务流程外包（BPO）执行金额分别为 246.8 亿美元、154.4 亿美元和 65.3 亿美元，占比分别为 52.9%、33.1%和 14.0%，同比分别增长 22%、28.4%和 23.6%；企业的交付能力和专业服务水平不断提升。服务外包产业逐渐向高端业务拓展，生物医药研发、产品技术研发、工业设计等高附加值的知识流程外包与提供商业解决方案的业务流程外包占比日益增大。

中国软件与服务外包业呈现以下几个基本特征。

（1）行业规模持续增长，行业集中度有所上升。

近些年来，中国软件与服务外包产业发展迅速，各地结合自身特点推出鼓励和吸引软件服务外包发展的产业园区，产业规模和从业人员不断扩大，对经济增长的贡献度进一步增强。根据赛迪顾问发布的市场研究报告，2009 年至 2011 年度，中国软件与服务外包市场规模复合增长率为 38%，而同期全球软件及服务外包市场规模复合增长率仅为 9%，中国增长速度远高于全球平均水平。从地域分布看，中国服务外包产业主要集中于东部发达经济地区，由于环渤海、长三角及珠三角地区经济较发达，交通及城市建设等基础设施较完备，人力资源素质及数量较高，在服务外包产业发展中具备很强的优势。近些年来，随着东部沿海地区的生产要素成本不断攀升及人民币的持续升值，相对低端的服务外包业务逐渐向以重庆、成都、西安等中西部城市转移。

（2）内需拉动的在岸市场与外需拉动的离岸市场并重。

当前，中国正在步入以调整产业结构、由"中国制造"向"中国创造"转变，打造经济升级版的进程中，中国制造业及服务业的信息化过程和产业升级进一步加快，服务外包面临一个更加庞大的内需市场。在不断扩大离岸外包市场份额和提升离岸外包市场竞争力的同时，大力挖掘国内在岸服务外包市场潜力，以形成有别于印度模式的中国特色服务外包业态。

（3）服务外包业务的层次逐渐提升。

服务外包逐渐向发包方的核心业务流程渗透，知识流程外包（KPO）逐渐兴起并发展迅速。随着云结算、物联网等新技术的发展（其中，云计算将以 40%的年复合增长率快速发展），企业正在这些新的技术方向上增加投资和商业模式创新，众多外包企业也在新技术转型过程中迎来了新的业务接包机会。

（4）与软件服务外包强国尚有不小差距。

与印度等软件外包服务强国相比，尽管中国软件与服务产业近些年取得了长足进步，但仍然面临着产业规模绝对值偏低、高端人才不足、外包业务的企业集中度不高等多方面的差距。

中国目前已经成为全球仅次于美国的第二大经济体国家，综合国力显著增强，国际影响力和话语权大幅提升。同时，中国作为全球最大的发展中国家，在全球经济一体化的长期趋势下，服务外包产业有着更强的发展动力和潜质。预计未来 5 年，中国软件与服务外包行业的复合增长率会达到 40%以上，国际化的中国接包企业数量和质量进一步提升。《中国国际服务外包产业"十二五"发展规划》纲要，对我国服务外包行业发展提出了若干目标：紧紧围绕转变经济发展方式与产业优化升级的新要求，针对国家重点支持发展的现代服务业和战略性新兴产业，立足我国国际服务外包发展的客观实际，鼓励发展具有高知识含量、高附加值、高创新性的信息技术服务外包（ITO）、业务流程服务外包（BPO）和知识流程服务外包（KPO）。

（1）巩固提升优势领域：坚持做大规模、做强实力、加强集聚、扩张优势，进一步夯实现有优势行业发展基础，着力提升产业发展能级，力争在软件服务外包、IT基础设施服务外包、金融服务外包、通信服务外包、医药研发服务外包等领域实现较大发展。

（2）重点突破关键领域：坚持以市场需求为导向，以自主创新为核心，聚焦我国国际服务外包产业关键领域，力争在文化创意服务外包、制造业服务外包、商务服务外包、物流服务外包以及云计算等领域实现较大突破。

（3）积极培育新兴领域：紧紧把握全球服务外包产业发展的新动向和新趋势，着力培育技术和安全要求高、行业成长性好、国际上已经发展成熟、国内发展潜力巨大的医疗服务外包、公共服务外包等领域。

9.4 国家关于促进软件及服务外包产业发展的扶持政策

近些年来，国家已经将服务外包产业作为一项重要的战略置于优先发展的地位，相继出台了若干鼓励和支持服务外包特别是软件服务外包快速发展的产业政策，有力支持了产业的扩张和健康发展。这些政策包括以下内容。

1. 进一步鼓励软件产业和集成电路产业发展的若干政策

2011年1月，国务院为解决我国软件产业和集成电路产业发展基础还比较薄弱，企业科技创新和自我发展能力不强，应用开发水平亟待提高，产业链有待于进一步完善等问题，制定并下发该政策以进一步优化软件产业和集成电路产业发展环境，提高产业发展质量和水平，培育一批有实力和影响力的行业领先企业。在财税政策方面，包括继续实施软件增值税优惠，对符合条件的软件企业从事软件开发与测试、信息系统集成、咨询和运维等业务免征营业税，对经认定的符合条件的软件企业实行企业所得税"两免三减半"；在投融资政策方面，包括鼓励软件企业加强技术开发综合能力建设，鼓励和支持软件企业加强产业并购重组和资源整合，拓宽软件企业的融资渠道和利用知识产权等无形资产进行质押贷款等；在研发政策方面，包括利用多种资金渠道，重点支持基础软件、面向新一代信息网络的高端软件、工业软件及关键应用系统研发，鼓励软件企业建立产学研用结合的产业技术创新战略联盟，鼓励软件企业开发软件测试和评价技术，提升软件研发能力，加强品牌建设等；在进出口政策方面，包括提供通关便利，对软件出口企业在批准范围内提供融资和保险支持，支持企业建立境外营销网络和研发中心，推动软件和信息服务出口，大力发展国际服务外包业务等；在人才政策方面，包括多种形式的激励机制，促进高校对应专业学科建设和改革，加快软件海外高层次人才的引进等；在知识产权政策方面，包括鼓励软件企业进行著作权登记，发展知识产权服务业，严格落实软件知识产权保护制度，推动并完善软件正版化长效机制等；在市场政策方面，包括积极引导企业将信息技术研发应用业务外包给专业企业，加快制订相关技术和服务标准，促进软件市场公平竞争及促进软件和信息服务网络化发展等。

2. 促进战略性新兴产业国际化发展的指导意见

根据《国务院关于加快培育和发展战略性新兴产业的决定》，商务部、发改委、科技部及工信部等10部委于2011年9月联合下发该指导意见，通过引导参与国际竞争和合作，提升自主发展能力和核心竞争能力。目标包括：提高战略性新兴产业研发、制造、营销等各环节的国际化发展水平，提升全产业链竞争力；提高战略性新兴产业人才、企业、产业联盟、创新基地的国际化发展能力，提升市场主体竞争力；营造有利于战略性新兴产业国际化发展的环境，完善支撑保障体系；国际和国内市场并重，夯实战略性新兴产业国际化发展的国内基础。其中，对于服务外包业务，指导意见提出在生物医药、工业设计、软件与信息服务等与战略性新兴产业相关的领域积极承接服务外包，充分发挥国内人才及成本等优势，开展数据处理、后台服务、信息及软件技术研发等服务外包业务，发挥服务贸易高附加值优势，提高技术含量和附加值等。

3. 软件和信息技术服务业"十二五"发展规划

工业和信息化部于2012年4月发布的该规划指出：软件和信息技术服务业是关系国民经济和社会发展全局的基础性、战略性、先导性产业，具有技术更新快、产品附加值高、应用领域广、渗透能力强、资源消耗低、人力资源利用充分等突出特点，对经济社会发展具有重要的支撑和引领作用。发展和提升软件和信息技术服务业，对于推动信息化和工业化深度融合，培育和发展战略性新兴产业，建设创新型国家，加快经济发展方式转变和产业结构调整，提高国家信息安全保障能力和国际竞争力具有重要意义。软件服务化进程不断加快，原有软件产品开发、部署、运行和服务模式正在改变，软件技术架构、企业组织结构和商业模式将面临重大调整。以软件应用商店等为代表，服务导向的业务创新、商业模式创新推动了产业的转型升级。以用户为中心，按照用户需求动态提供计算资源、存储资源、数据资源、软件应用等服务成为软件服务的主要模式。产品和服务的进一步深化耦合，推动了硬件、软件、应用与服务协同发展，加速了软件产品开发企业和部分电子制造企业向服务的转型。服务化趋势促进了产业的服务模式、商业模式变革，加快了产业结构调整，推动了产业转型和升级。规划提出积极拓展服务外包业务领域，重点发展软件开发、软件测试、系统租赁、系统托管等信息技术外包（ITO），扶持基于信息技术的业务流程外包（BPO），推动工业设计、研发服务、知识产权服务等知识流程外包（KPO），促进业务向规模化、高端化方向发展。积极承接全球离岸服务外包业务，提升服务外包企业承接和交付能力、管理能力与国际市场开拓能力。探索并推动云计算模式下服务外包模式创新。规划按照国务院《进一步鼓励软件产业和集成电路产业发展的若干政策》要求对软件与信息服务产业具体发展目标和政策进行了细化，进一步明确了软件服务外包的发展方向和产业定位。

4. 2014年11月26日召开的国务院常务会议

会议进一步部署了加快发展服务外包产业、打造外贸竞争新优势。会议指出，坚持改革创新，面向全球市场，加快发展高技术、高附加值服务外包这一"绿色产业"，推动从主要依靠低成本竞争向更多以智力投入取胜转变，对于推进结构调整，形成产业升级新支撑、外贸增长新亮点、现代服务业发展新引擎和扩大就业新渠道，具有重要意义。为此，一要发布服务外包产业重点发展领域指导目录，拓展行业领域。大力发展软件和信息技术、研发、金融、政府服务等领域的服务外包，推动向价值链高端延伸，为大学生等就业创造更多机会。二要支持服务外包企业开展知识、业务流程外包等高附加值项目，开拓新市场、新业务和营销网络，搭建具有国际先进水平的外包产业平台。三要鼓励服务外包企业专业化、规模化、品牌化发展，培育一批创新和竞争能力强、集成服务水平高的龙头企业，扶持一批"专、精、特、新"中小型企业。支持企业特别是工业企业购买非核心业务的专业服务。政府部门也要拓宽购买服务领域。

会议要求，要加大财税金融支持。增加服务外包示范城市数量，相应扩大对技术先进型服务企业按15%税率缴纳企业所得税、对其职工教育经费不超过工资薪金总额8%部分实行税前扣除的税收优惠政策实施范围。试行国际服务外包增值税零税率或免税政策。通过金融、保险、融资担保等机构和政策性银行,以及支持上市融资等方式,拓宽服务外包企业投融资渠道。减少和简化审批,为服务外包企业提供通关、外汇管理、国际线路租赁、外籍中高端管理和技术人员出入境与居留等便利。

9.5 全球主要软件发包国和承接国

软件外包业务遵循由成本高向成本低、由资源紧缺向资源丰富移动的基本原理,因此从全球范围看,主要软件发包国集中在北美、日本和欧洲这些人力资源成本高的国家和地区,而主要接包国分布在发展中国家,如印度、中国、巴西、菲律宾等国家。目前发包国在业务发包中,有两种主要的模式。一种是跨国发包企业选择在目的接包国以设立全资开发中心或合资交付中心的方式承接委托业务,这种方式的好处是可以充分获得接包国当地优惠的产业政策,获得成本较低的大量优秀的软件人才,同时由于采用统一的公司管理体系,使外包业务可控性更强。以中国为例,IBM、惠普、埃森哲、微软、SAP 等全球领先的跨国发包企业均设立了交付中心,成为各自全球化交付体系中重要的离岸延伸。另外一种是发包企业选择目的接包国的接包企业开展外包合作,并建立长期的合作关系。

9.5.1 美国

美国是全球最主要的服务外包发包国,其服务外包的总量占全球的 45%,市场较为成熟。根据美国 Cutting Edge 公司 2011 年发表的报告,接近 90%的美国公司至少有一项业务被外包。美国服务外包业务主要集中在纽约曼哈顿、旧金山硅谷和亚特兰大、洛杉矶等地区。美国软件公司占据了世界 2/3 以上的软件市场,软件服务发包市场规模占据了全球市场的 60%左右。根据 IDC 的研究报告,美国软件与服务外包需求量最大的前 10 位行业分别为:制造业、银行业、政府、金融业、通信媒体、零售批发、服务业、公共事业、医疗健康、保险业。此外,美国业务流程外包将占全球业务流程外包的 60%以上,其业务重点包括人力资源、金融和财务等后台管理业务;制造、物流、客户服务等运营业务;产品设计与开发、市场与营销等。美国软件与服务外包半数以上的份额发包至印度,剩余的市场份额则以零散的方式发包至中国、爱尔兰、墨西哥等国家。调查表明,80%的美国公司把印度作为软件外包服务的首选接包市场。

9.5.2 日本

日本尽管软件外包起步的时间比美国晚,但发展速度很快,目前已经成为全球软件及服务外包第二大发包国,发包规模约占全球的 13%左右,日本软件发包的主要目的国是中国,有超过半数的市场份额发包到中国的接包方。日本软件外包的驱动要素除了成本的考量外,一个很重要的原因是日本软件技术人才严重不足,大量基于传统技术的系统维护和升级仍然依赖于接近退休年龄的软件工程师。因此尽管日本经济近些年持续低迷,日本企业压缩了对信息化建设的投资,但软件外包业务规模还在持续增长。调查表明,选择中国作为其离岸软件外包目的地的日本企业比例高达 70%。日本软件与服务外包需求量较大的业务包括嵌入式软件开发、通信媒体、金融、零售等。

9.5.3 欧洲

欧盟的离岸服务外包业务起步较晚,但发展速度很快,2011 年欧洲软件发包总规模约为 290

亿美元，占全球份额的 22%。欧洲的软件与服务外包大都表现为从德国等西欧国家向波兰等东欧国家转移，跨洲际的软件外包业务总量较少。以中国为例，近些年虽然承接欧洲的软件外包业务增长较快，但市场份额比例依然维持在 5%～6%的低位。自欧债危机以来，欧盟国家在全球经济格局中的地位有所下降，但凭借其良好的工业基础和信息化基础，欧盟区的软件外包仍然是重要的业务板块，同时，出于成本压力，很多欧洲发包企业也不得不考虑成本更低的候选接包国企业。欧盟的软件外包业务主要包括系统运维、金融、银行、电信及物流等行业的信息化建设。

9.5.4 爱尔兰

爱尔兰是传统软件和服务外包产业大国和强国。爱尔兰的软件产业起步于 20 世纪 50 年代，进入 20 世纪 90 年代以来，爱尔兰软件产业获得了突飞猛进的发展，成为该国支柱产业之一，拥有全球领先的市场竞争能力。爱尔兰是欧洲软件与服务外包市场的门户和桥头堡，是全球最大的软件本地化基地，其软件在欧洲市场占有率超过 50%，占据绝对主导地位。爱尔兰软件和服务外包产业具有以下特点。

（1）产业发展聚集程度高。爱尔兰的软件产业主要集中在都柏林地区，该地区汇集了爱尔兰软件业大约 80%的从业人员和超过 70%的软件公司，众多世界著名的跨国软件公司将其欧洲区总部设立在该地区。另外，软件和服务外包产业在 Limerick 的中部地区、Galway 和 Cork 等地也形成了一定的产业集聚。

（2）产业发展层次不断提高。爱尔兰软件产业从软件本地化等低端业务开始起步，逐渐将发展方向定位在更高附加值和更具发展潜力的垂直细分市场和特殊的商业应用市场。从软件产品和服务涉及的技术层面来看，爱尔兰软件行业提供包括软件服务、应用软件、工具软件和系统软件等多个层面的产品和服务，在工业控制软件、企业管理、数据安全技术等多个技术领域成为其核心技术竞争能力。

（3）以软件出口外包为主要的业务发展方式。爱尔兰政府以美国软件产业向欧洲转移为契机，将发展方向定位于软件出口外包业务作为发展突破口，成功架设了连接美国软件企业和欧洲软件需求市场的桥梁，并在美国软件进入欧洲的本地化、定制及服务业务中获得了巨大的发展。爱尔兰软件出口主要集中在欧洲的英国、德国和荷兰等国。

9.5.5 印度

2012 年，印度软件与服务业总规模达到千亿美元级，从业人员约 250 万人，成为印度重要的支撑性行业，在印度国民经济中居于举足轻重的地位。印度的软件及服务产业发展起步较早，早在 20 世纪末，印度就从战略的高度将软件业作为优先发展方向，提出"用电子革命把印度带入 21 世纪"的国家战略。印度政府自此出台了一系列引导产业规划布局、质量管理体系、知识产权保护的法律法规以及扶持软件产业发展的财税、人才和环境等政策，实现了软件产业服务外包业务的跨越式发展。目前，印度成为世界上最大的软件承接国和仅次于美国的全球第二大软件出口国。在以班加罗尔、孟买为核心的外包产业基地中，诞生了包括 TCS、Wipro、Tata、Infosys 及 HCL 等世界级软件外包巨头。在 2013 年前十大离岸外包目的地的排名中，印度占据了 6 席。印度软件外包的来源地主要是美国，在全球软件外包市场中占据了超过 50%的份额。在融入软件产业国际化的过程中，印度软件产业不断向高附加值、高技术含量的价值链高端移动。

从印度软件外包的几家标杆企业的发展历程和策略上看，印度之所以获得和保持了国际软件外包产业的优势地位，主要来自于以下几个方面的特点。

（1）全球化扩张：在主要的目标市场建立营销机构及开发中心，以获得及维护当地的客户资源、为客户提供在岸的软件开发服务。例如，在印度最大的目标市场美国，Infosys 公司早在 2000 年就在美国成立了三家研发中心，面向全球目标市场的销售及研发网络，构成了印度软件外包公司承接国际外包业务的强大支撑力。

（2）符合国际标准的质量管理体系：印度软件外包企业十分注重与国际规范接轨的质量体系建设，通过获得 SEI CMM/CMMI 系列、ISO 系列及 Six Sigma 等国际质量标准认证或评估，增强软件项目的质量控制能力，获得发包方的信任。

（3）标准的信息安全管理体系：印度主要软件外包企业通过获得 ISO 27001 等国际信息安全体系认证的方式，加强信息安全的内控水平，消除欧美客户对于知识产权保护的担忧。

（4）有效的人力资源供应链：通过系统整合人力资源招聘、培训、考核与激励等人力资本成熟度提升策略以及产业与高校的有效对接，吸引和保留企业高速发展的高质量人力资源。

（5）目标市场的资本运作：印度主要的软件外包企业通过到美国上市，达到拓展国际融资渠道、增强企业品牌国际化形象、促进与国际一流公司合作与交流以及提高企业国际化运营水平的目的。

近几年来，印度软件外包产业在发展的同时，也面临一些问题，包括人力成本优势加速减弱、员工流失率过高、软件外包巨头财务造假的负面影响及对欧美特别是美国市场的过度依赖等。这些问题对印度软件外包业务未来的发展模式提出了新的课题。

9.5.6 菲律宾

菲律宾是快速崛起的离岸外包承接国，目前在产业规模上仅次于印度和中国，成为全球离岸外包第三大市场。与其他发展状况较好的软件外包服务接包国相同的是，政府在产业推动和引导方面起到了重要作用。菲律宾政府在"投资优先计划"中，将服务外包产业纳入优先发展战略，在财政、人才培养、海外市场开拓等方面给予一系列支持和扶持政策。除此之外，由于历史的原因，菲律宾在东西方文化的影响下，形成了独特的文化多样性，72%的人能够熟练使用英语进行交流，使得面向欧美的外包业务中商务/技术交流和习惯理解没有障碍。在人力成本方面，菲律宾在亚洲外包承接国中优势较大。菲律宾软件外包的主要来源国为美国。菲律宾软件外包业务发展的主要不利因素是国内政治不稳定、基础设施落后和高端人才匮乏，目前以呼叫中心等低端业务为主。

9.5.7 巴西

近些年来，作为"金砖"国家之一的巴西取得经济快速增长，加快进行软件外包产业布局，并在服务外包产业的发展方面取得积极进展。在基础设施、商业知识、成本、地缘区位及文化方面，巴西拥有较为突出的优势。凭借巨大的人口规模及在软件与信息、工程等产业界的技术优势，巴西有望成为拉丁美洲离岸外包中心，并在全球范围内成为软件外包新的增长点。

思考题

1. 请简述影响全球服务外包业务发展趋势的有利及不利因素。
2. 请简述各主要接包国服务外包业务的主要特点。
3. 请简述当前中国服务外包发展的主要特点及发展方向。
4. 请概要描述国家促进软件及服务外包产业发展的主要政策。

第 10 章
软件外包行业从业人员的职业发展

【学习目标】
(1) 了解软件外包行业的职位体系
(2) 了解 PCMM 模型的架构及各成熟度组织的基本特点
(3) 了解 PMBOK 体系基本知识域的关键活动
(4) 熟悉软件外包行业职位体系的各职位工作职责
(5) 熟悉软件外包行业各职位体系的发展路径
(6) 掌握软件外包行业各职位的关键素质及能力

软件行业是一个高度依赖人力资源素质和能力的智力密集型行业。中国软件外包行业经过了二十多年的发展，已经形成了行业分工细致、岗位职责清晰、发展方向明确的较完善的人力资源管理体系，并且人力资源战略已经成为企业保持和增强竞争能力的核心战略之一。大中型软件外包企业已经逐渐开始导入和实施国际上通行的体系模型作为其人力资源发展能力成熟度不断提升的方法论。

目前，在软件外包行业具有重要地位和影响力的企业中，大部分采用美国卡耐基梅隆大学的软件工程研究所（SEI）开发的人力资本成熟度模型（People Capability Maturity Model，PCMM）作为企业人力资源管理和发展的管理框架。PCMM 来源于人力资源、知识管理、组织发展等诸多方面的管理实践，能够指导软件企业改善人力资源管理流程，帮助软件企业提高人力资本成熟度，建立持续的人力资本发展规划，并对人力资本发展及业务流程管理进行有效整合，将人力资本管理和发展深度融入企业文化氛围之中。PCMM 以提高人力资源能力为核心，以持续改进为基本思路，以过程管理和目标管理为实施方法。人力资本能力是指为实现企业经营和发展目标，员工需要具备的知识、技能和实际业务能力。人力资源能力代表了企业进行关键经营活动的能力、执行这些关键经营活动可能产生的结果以及在能力培养和技术投入方面所带来的潜在收益。由于软件外包企业的资源、所处的发展阶段及规模等诸多条件因素各有不同，因此人力资源能力的建设不是一个短期可以一蹴而就的，必须结合企业的发展方向和经营战略使之成为长期改善的目标。在人力资源能力持续改进的某一阶段，采取当前阶段与企业发展最为相关的关键的人力资源管理措施，解决关键的人力资源管理矛盾。PCMM 把人力资本能力成熟度分为 5 个等级，这 5 个等级既构成了一个过程系列，又构成了一个又一个阶段性的目标。从长期来看，这 5 个阶段是企业进行人力资本能力成熟度提升所必须经历的 5 个成熟度等级；从短期来看，某一阶段就是企业必须达成的阶段目标。同时，在达到阶段目标的过程中，有一系列的具体目标，指引人力资源实践活动的进行，有一系列的最佳实践供参考。因此，人力资本能力成熟度的提升，是过程管理与目标管理相结合的结果。PCMM 各个成熟度等级各自关注的相关能力项各有不同，如表 10-1 所示。

表 10-1　　　　　　　　PCMM 各成熟度等级关注的人力资本管理要点

成熟度级别	人力资本成熟度模型核心关注			
	发展能力	团队及文化	管理与绩效	人才塑造
5　优化级	能力持续改善		一致性组织绩效	人力资源持续创新
4 可预测级	教练式指导	团队能力组合	良好的绩效管理	组织能力管理
3 已定义级	能力发展计划 知识与技能分析	团队建设 共创式文化	职业发展 能力开发	人力资源规划
2 已管理级	培训	沟通协作	环境、绩效、薪酬	人员配备

在 PCMM 模型中，第 2 级定义为已管理级，其核心实践为对于企业员工如何进行管理，包括培训与发展、沟通与协作、薪酬绩效管理、环境管理及人员配置等几个关键过程域。这个层级成熟度的企业的基本特点是：企业决策层认可人力资源管理实践是企业的必要成本和基础的管理活动，持续提高员工的知识、技能、敬业度和工作品质对于企业非常重要，并且承诺为企业的人力资源管理实践提供必要的资源和支持。企业执行层将人力资源管理作为工作的重要职责，建立了基本的人力资源管理体系，为员工的工作绩效和岗位能力负责。员工在基本的人力资源管理体系和相对稳定的工作环境下，形成一种共同的、稳定的工作价值观和工作目标。在这个层级上，企业尚未明确为实现战略目标，全体员工应该掌握的关键技能和知识，企业范围内的共同的岗位职责和技能尚未形成标准，最佳实践经验没有机制得到及时总结和推广，整个人力资源管理体系缺乏系统性，部门间沟通协作存在一定的障碍。

第 3 级定义为已定义级，其核心实践为如何进行员工能力的管理，包括员工能力分析和发展、项目团队发展、人力资源规划、员工能力实践和员工职业发展规划等关键过程实践。在这个层级上，企业决策层认可人力资源实践是企业必要而且重要的活动，员工能力是企业核心竞争能力建设的必要和先决条件，人力资源能力的提升成为企业经营管理的重要组成部分。企业各级管理者对人力资源实践的意义具有一致理解。达到已定义级的企业，建立了企业范围内的职位能力标准和能力素质模型，从而形成企业的标准能力体系，人力资源最佳实践通过系统的人力资源管理体系得以在企业范围内传播、推广和复用。优秀的员工、高效的工作方法和流程、高绩效导向的薪酬和激励机制等作为企业文化的一部分已经形成一种习惯。

第 4 级定义为可预测级，其核心实践为如何进行有效的面向企业层面的能力管理和建设，包括绩效管理和激励和以高绩效目标为导向的人力资源管理。在这个层级上，企业决策层认可人力资源实践是企业重要的战略活动，具有人力资本和人才投入的战略理念，人力资源能力上升为企业战略。企业各级管理者对人力资源实践活动进行量化管理和有效授权，并通过基于统计过程的分析方法预测组织绩效行为和结果。企业建立并维护知识财富并在工作实践中得以充分运用，员工实现自我管理。人力资本财富化、能力与绩效可量化评价、授权和自我管理得以实现是这个层级企业在人力资源实践中的典型特征。

第 5 级也是 PCMM 最高等级，定位为优化级，标志着企业达到这个层级时，可以有效地实现人力资本管理的持续改善、标识变革机会并进行实践。在这个层级上，企业决策层认可人力资源实践永无止境，拥有持续改善和改革创新的理念，持续改善和创新成为企业文化的核心。因此，变革成为企业管理的日常活动、自我完善和管理、持续改进和创新及组织绩效在企业范围内一致地有效地达成成为优化级企业的典型特征。

从根本上说，软件外包从业人员的职业生涯发展与规划是软件外包企业核心竞争能力的战略基础。依据 PCMM 成熟度模型及大量居于领导者地位的软件外包企业人力资源管理实践，从业人员的职业发展路线可以归纳为如图 10-1 所示的模型。

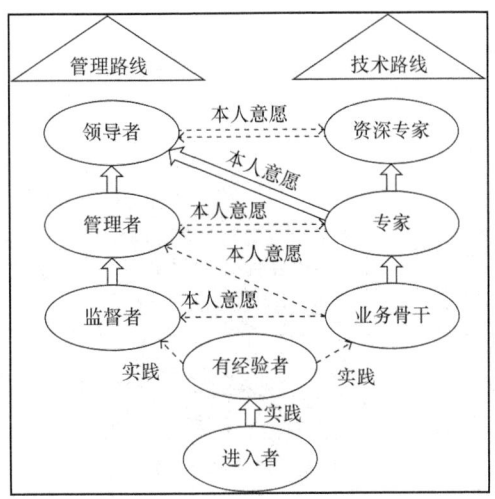

图 10-1　软件外包从业人员职涯发展模型

从图 10-1 定义的职涯发展模型看，软件技术人员的发展既可以沿着专业化的通道发展，也可以沿着管理路线发展。选择哪一种发展路径，取决于从业者的专业经验和能力、沟通协调能力、职位差异能力和核心行为能力的积累和表现，而个人发展兴趣和意愿将起到决定性的作用。经验表明，从初做者进入软件外包行业到有经验从业者的 3 年左右时间是最为重要的，基本上，3 年左右的时间会决定了软件外包从业人员未来的发展方向和可能的发展高度。软件外包行业是高度专业性的领域，因此无论朝哪个方向发展，3 年内的软件工程具体技术工作是不能跨越的，这些工作是发展的基础。

通过软件行业不同价值领域的核心业务流程的梳理，以专业化分工协作为目标，可以将从业人员划分为对应的职位序列。图 10-2 所示为基于软件生命周期模型划分的职位序列，目前绝大多数软件企业采用这样的职位序列划分方法。

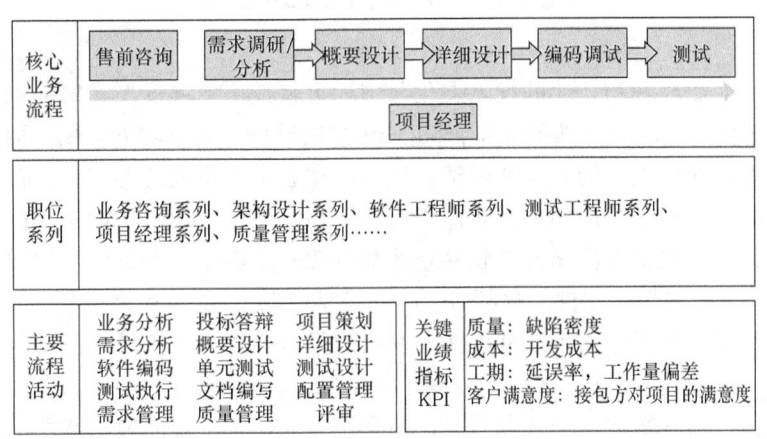

图 10-2　软件企业的职位序列

基于职涯发展模型和职位序列定义，可以进一步规划出细化的软件从业人员职业发展路线图，该路线图清晰地描述了软件外包从业人员可能的职位迁移逻辑通道，阐述了由低职级向高职级不同职位序列的切换路径。图 10-3 所示为一个软件技术人员职业发展路线图示例。

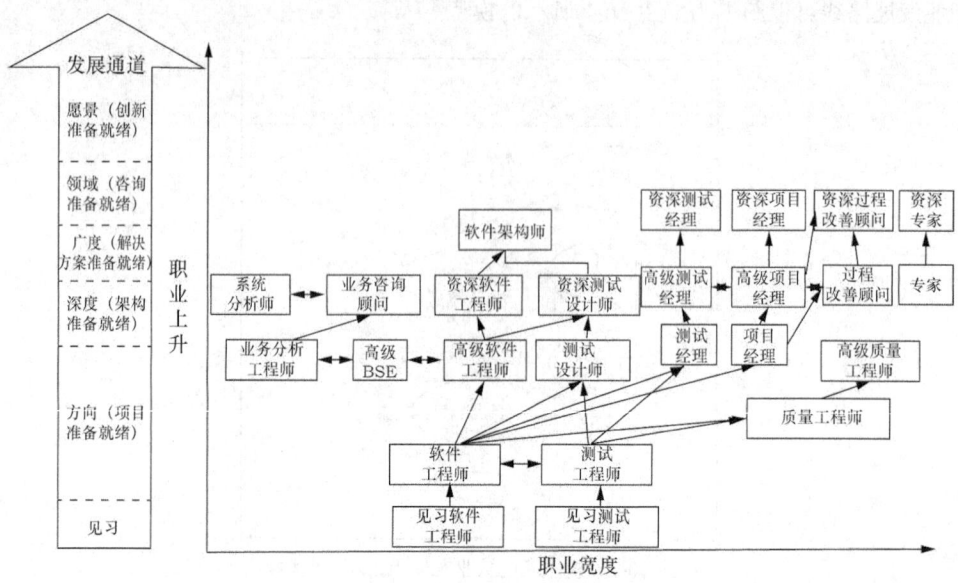

图 10-3 软件技术人员职业发展路线图

从软件技术人员职业发展路线图可以看出，随着软件行业职能分工越来越细致，软件技术人员拥有了充分的职业发展宽度和上升机会。以一个见习软件工程师（通常指没有实际软件从业经历的高校毕业生）为例，见习软件工程师经过工程实践的经验培养和企业系统的培训成为软件工程师，这个过程大体需要经历 3 年左右的时间。一名优秀的软件工程师既可以发展成为高级软件工程师，也可以成为测试设计师、测试经理、项目经理以及质量工程师等软件工程细分职位。因此，成熟软件企业强调了技术人员多方面的适应和发展能力，从业务咨询、分析、设计、编码、测试到项目管理等多个角度推动员工发展的多面性和深度。

10.1 软件工程师

由于国内的就业环境和企业的技术文化与国际上软件产业高度发达的国家有所不同，在美国、日本等软件产业比较成熟的国家，40~50 岁的软件工程师随处可见，而且这个年龄的工程师还保持者对他们工作的乐趣和激情，他们同样会赢得企业的尊重。而在国内，这个年龄的工程师就非常少见了，他们大多转向了项目管理、质量管理、咨询等岗位，有些转向了管理者岗位。其实，很多人甚至很多软件企业都存在一个误区，即软件工程师存在年龄上的"天花板"，很多企业在招聘软件工程师时，明确将年龄低于 35 岁作为一个必要条件。这样就使得原本在软件工程师岗位上可以继续深入发展的很多优秀人才主动或被动地进入到他们不擅长或意愿性不强的其他岗位，造成了人才浪费。在软件外包行业中，软件工程师是需求量最大的技术职位，熟练掌握一种技术系列，拥有快速地技术学习能力的软件工程师是各个软件外包企业竞相吸引的对象。按照经验度和能力要求的不同，可以将软件工程师分为 3 个等级，即见习（初级）软件工程师、软件工程师和高级软件工程师。表 10-2~表 10-4 分别为软件工程师不同层级的岗位描述。

表 10-2　　　　　　　　　　见习（初级）软件工程师岗位描述

岗位职责
1. 理解、评估并接收相关的软件详细设计文档 2. 遵循公司编码规范，负责编码实现 3. 负责验证编码质量（如代码评审，单体测试） 4. 协助测试人员进行集成测试，并负责修改缺陷，完善软件模块 5. 负责编写项目技术相关文档，进行项目技术总结，以积累和分享项目经验

素质及能力要求	1. 具有较强的问题判断和解决能力 2. 具有较好的沟通能力 3. 具有较强的学习能力 4. 具有很强的责任心和按规范工作的能力
专业知识要求	1. 了解软件设计理论、实践和工具，能够准确无误地理解相关设计 2. 熟悉软件编程理论、实践和工具，包括面向对象的编程技术和统一建模语言等 3. 熟悉将用于实现系统的开发语言和编程技能（例如：Java、.NET、智能终端等） 4. 熟悉数据库或中间件技术 5. 熟悉开发测试流程及测试技术（特别是单元测试） 6. 熟悉相关配置管理工具 7. 了解相关业务领域知识 8. 熟悉软件开发流程

表 10-3　　　　　　　　　　软件工程师岗位描述

岗位职责
1. 理解、评估并接收相关的需求、架构和软件设计文档 2. 根据需求规格和系统设计文档，参与项目相关子系统/模块的详细设计 3. 遵循公司（部门）编码规范，负责编码实现 4. 负责验证编码质量（如代码评审，单体测试及其他测试工作） 5. 协助测试人员进行相关测试，并负责修改缺陷，完善软件模块 6. 负责编写项目技术相关文档，进行项目技术总结，以积累和分享项目经验

素质和能力要求	1. 具有较强的问题判断和解决能力 2. 具有较强的书面沟通能力 3. 具有较强的学习能力 4. 具有很强的责任心 5. 有一定的外语读写能力
专业知识结构要求	1. 熟悉软件设计理论、实践和工具，以准确无误地理解相关设计； 2. 掌握软件编程理论、实践和工具，包括面向过程/对象的编程技术和统一建模语言等； 3. 掌握将用于实现系统的开发语言和编程技能（例如：Java、C++、汇编语言等）； 4. 掌握数据库或中间件技术； 5. 掌握开发测试流程和测试技术（特别是单元测试）； 6. 熟悉相关配置管理工具； 7. 了解相关业务领域知识 8. 掌握软件开发过程方法 9. 了解需求分析方法

表 10-4　　　　　　　　　　　　高级软件工程师岗位描述

	岗位职责
	1. 负责理解、评价并接受软件架构 2. 根据软件需求规格和软件架构及系统设计，进行详细设计。保证设计满足编码需要的详细程度 3. 支持架构设计的验证，负责提出验证需求并确认验证结果 4. 负责验证设计的结果（如通过同行评审） 5. 负责评估项目实现中可能发生的各种技术风险，并有效地支持采取措施规避技术风险 6. 负责系统关键模块（如公共模块，核心业务模块）的编码 7. 负责指导项目开发过程中的设计实现 8. 负责编写项目技术相关文档，进行项目技术总结，以积累和分享项目经验
素质及能力要求	1. 具有较强的沟通能力 2. 具有很强的分析和解决问题的能力 3. 具有较强的学习和分享能力 4. 具有很强的文档撰写能力 5. 有较强的外语读写能力和一定的听说能力
专业知识要求	1. 掌握需求分析和需求管理方法和工具 2. 熟悉软件架构理论和参考架构 3. 掌握软件设计理论、实践和工具，包括面向过程/对象的分析设计技术、基于组件的开发技术和统一建模语言和数据库设计等 4. 至少精通一种开发语言和工具 5. 掌握相关应用集成和中间件/数据库产品 6. 熟悉相关业务领域知识 7. 熟悉软件开发方法学

10.2　桥梁工程师

　　桥梁工程师（Bridge Software Engineer，BSE）是软件外包行业中有别于其他软件企业的一个特殊职位。所谓桥梁工程师是指常驻于发包方现场，能够与发包方直接进行交流和沟通，从而起到业务窗口和桥梁作用的复合型软件工程师。在软件外包业务推进实施过程中，桥梁工程师在建立离岸接包交付团队与在岸发包方项目团队对于需求的一致理解、品质把握和日程控制方面的作用十分重要，同时桥梁工程师在日常的工作中直接面对发包方相关人员，因此对于桥梁工程师的经验及技能的要求非常严格，一般来说，桥梁工程师至少要由 5 年以上的软件外包行业经验，外语沟通能力强，对发包方当地的文化有一定理解，有一定的商务洽谈意识的资深工程师担任。图 10-4 所示为一个典型的由发包方和接包方共同完成的"V"字形项目生命周期的工作划分，其中桥梁工程师介于发包方团队和离岸项目交付团队之间。

　　由于桥梁工程师的角色在外包业务实施中特别重要的地位以及较高的职位要求，在当前的软件外包行业中属于较紧缺的资源，职业发展前景非常广阔。以下两类软件外包人员均可以通过经验积累和技能实践成长为桥梁工程师。

　　（1）软件工程师：软件工程师成长为桥梁工程师的优势在于拥有更好的技术能力和项目实践经验，不利因素是大多数情况下，软件工程师在外语及人际沟通和商务交往方面需要锻炼和加强。

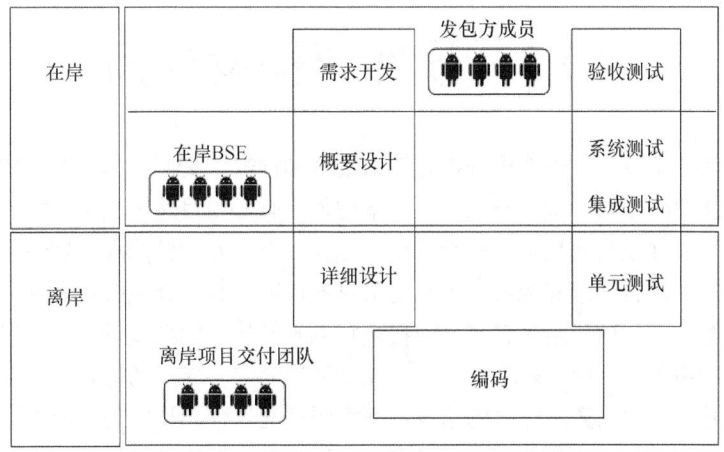

图 10-4 典型在岸-离岸团队建制下的 BSE

（2）翻译人员：翻译人员成长为桥梁工程师的优势在于拥有更好的外语沟通能力，在其现有的工作范围内，由于翻译人员有更多的机会与外包方对应人员进行直接的交流，可以积累更多的人际沟通和商务沟通的技巧和经验；不利因素是大多数翻译人员没有接受过系统的软件开发和管理培训，在技术经验和能力方面需要弥补不足。

上述两类人员在向桥梁工程师角色转变和发展过程中，均存在明显的优势和不足，需要在工作实践中着力加强。针对市场需求和人才培养的问题，很多高等院校采用课程置换的方式将外语课程纳入计算机专业课程体系或将计算机课程纳入外语专业课程体系，产生了很多计算机专业的外语强化班或外语专业的计算机强化班。表 10-5 所示为桥梁工程师的岗位要求。

表 10-5　　　　　　　　　　桥梁工程师（BSE）岗位描述

岗位职责	
1. 负责理解、传递发包方的项目需求 2. 负责配合发包方对离岸交付成果物的测试和验证 3. 平缓衔接发包方团队和离岸交付团队在项目进度、需求确认、成果物评价等的工作 4. 在岸现场的必要技术设计开发、测试及技术支持 5. 项目范围内与发包方进行项目层面的商务沟通	
素质及能力要求	1. 具有很强的外语沟通能力 2. 具有很强的分析和解决问题的能力 3. 具有必要的软件专业技能 4. 熟悉发包方的商务习惯 5. 具备较强的项目管理能力 6. 具备对项目成员的指导和作业指示能力
专业知识要求	1. 深入理解软件外包业务的流程和方法 2. 掌握软件项目管理标准体系和方法论 3. 熟悉相关业务领域知识 4. 掌握软件开发方法学 5. 掌握软件需求开发、设计方法及至少一门开发语言

10.3 软件架构设计师

在任何一个软件企业，软件架构师都是极为宝贵和稀缺的资源，是将客户的业务需求转化为软件可实现的系统架构蓝图的关键角色。软件架构师是软件项目关键技术选型、架构规划和关键技术决策的核心，软件系统在技术上是否可行、是否具有良好的性能和可靠性、可扩展性等均取决于软件架构设计的是否合理和成熟，关系到项目的成败。软件外包行业发展到目前，接包方承担从架构设计开始的软件项目越来越多，而在多年以软件代工到低端设计为主的发展历程中，软件架构师的数量并不多。因此，软件外包企业无论从当前业务实际的需要，还是立足于未来基于上游工程能力提升从而拉动竞争能力的角度，都需要补充软件架构师的资源。

架构师首先必须具有丰富的软件开发经验，必须十分准确地把握何种软件架构方法适合何种业务场景，什么样的技术选型对于发包方和接包方实际状况来说是最合理和性价比最高的，实现出来的系统面对需求变化的适应性等一系列指标。

在技术能力上，软件架构师最重要也是最需要掌握的知识是基于技术选型的软件架构模型及设计模式。丰富的开发实践经验有助于架构蓝图的可实现性，给下游设计和代码编写人员带来实实在在的可行性。

其次，软件架构师需要具有足够的行业业务知识。行业业务知识的足够把握可以赋予架构师更多应对变化的能力。架构师应密切追踪技术发展的趋势和动态，关注并不断探索更有效的新方法、开发语言、设计模式和开发平台。表 10-6 所示为软件架构师的岗位描述。

表 10-6　　　　　　　　　　　软件架构师岗位描述

岗位职责
1. 参加技术架构编制，参与重大项目的技术架构评审
2. 负责理解、评价并接收系统业务需求，管理非功能性系统需求
3. 负责评估和管理软件开发的技术风险
4. 负责对软件架构的设计，对整个软件结构、关键构件、接口、机制和开发策略的设计
5. 负责推动与协调整个项目中的技术活动，为设计和开发提供指导，确保相关决策能够有效地传达和贯彻
6. 负责评估软件架构的实现
7. 工作结果有清晰的文档描述并存档，保证被其他方向复用的方便性，保证对其他方向的有效支持

素质及能力要求	1. 具有很强的成就导向 2. 具有很强的沟通能力 3. 具有很强的影响力 4. 具有很强的问题判断与解决能力 5. 具有很强的学习能力 6. 具有较强的创新能力
专业知识	1. 掌握需求分析和需求管理方法和工具 2. 掌握业务领域知识、业务分析方法 3. 精通软件架构设计理论、实践和工具，并掌握多种参考架构、主要的可重用架构机制和模式（如 J2EE 架构等） 4. 精通软件设计理论、实践和工具，包括面向对象的分析设计技术、面向服务的分析设计技术、面向构件/组件的开发技术、统一建模语言和数据库设计等

续表

岗位职责	
专业知识	5. 精通主流的软件设计模式 6. 掌握项目管理理论、实践 7. 精通软件开发方法学

10.4 质量工程师/过程改善顾问

质量工程师是随着软件业界越来越重视并导入系统的质量管理体系而产生的新的岗位分支。软件质量工程师独立于项目以独立审核、审计的方式监督项目各阶段的活动执行状态，为项目经理和管理层提供反映项目执行品质的信息和数据。在软件业界，质量工程师的工作范围通常容易与测试工程师混淆，许多专业书籍也将质量工程师定义为软件测试工程师。严格来说，这里所说的质量工程师（Quality Assurance Engineer）与测试工程师（Test Engineer）就其工作依据、工作内容和职责看是完全不同的。指导软件质量工程师的工作思路是"用软件过程的质量保证项目交付的质量"，其基本的逻辑是由于交付的软件产品是有一系列过程活动产生的结果，过程的质量是过程结果质量的重要保证，因此质量工程师围绕过程质量开展工作；而软件测试是为了发现软件程序中的错误而执行软件程序的过程，因此测试工程师围绕软件开发的结果（即程序）而开展工作。在软件外包业务中，质量工程师通常是发包方，特别是 CMM 高成熟度等级的发包方非常重视的角色。CMM 不同成熟度的企业对质量工程师职责的要求有较大的差异。成熟度等级较低时，质量工程师的主要工作聚焦于数据收集与度量、案例收集整理、在项目中导入过程体系和培养过程意识等方面；随着过程体系的实施、完善和制度化，全员的过程意识逐渐增强，质量工程师的主要工作切换到对项目过程进行评审、过程成果物进行审计及建立稳定的及可预测的度量分析系统。表 10-7 所示为质量工程师的岗位描述。

表 10-7　　质量工程师岗位描述

岗位职责	
	1. 协助过程改善顾问进行过程改进工作 2. 协助项目经理根据发包方及项目的需要，对组织过程标准进行裁剪，定义项目软件过程 3. 协助项目经理策进行项目策划 4. 负责确定项目的质量管理活动，协助项目经理制定质量保证计划 5. 负责监督项目开发过程的执行，评价项目活动和工作产品，执行验证和确认活动 6. 在项目生命周期中的各主要里程碑，组织复审活动，以确保项目活动和工作产品的质量，控制项目的进度和成本风险 7. 负责软件度量数据的分析和反馈工作 8. 负责对项目成员进行过程方面的培训和指导
素质和能力要求	1. 具有良好的沟通能力 2. 具有较强的文档撰写能力 3. 具有很强的工作责任心 4. 具有较强的分析和解决问题能力 5. 具有较强的学习能力

	岗位职责
专业知识	1. 掌握软件开发方法学知识 2. 熟悉项目管理知识 3. 掌握软件开发度量 4. 掌握质量管理的相关理论、模型和工具 5. 熟悉相关业务领域知识 6. 熟悉公司的质量体系文件要求

质量工程师一个比较自然的发展途径是成为过程改善顾问,过程改善顾问是软件企业中建立和维护软件过程体系的专家。在 CMM 模型中,过程改善顾问是构成软件工程过程组(Software Engineering Process Group,SEPG)的成员,是近些年适应软件行业发展要求的高级职位。过程改善顾问负责依据过程改善模型和方法论,结合软件企业实际业务和管理状况,建立和维护过程改善体系,包括体系文件编制和定期修订,推动过程体系在组织范围内的实施,提供过程上的指导和培训等。表 10-8 所示为过程改善顾问的岗位描述。

表 10-8　　　　　　　　　　　　过程改善顾问岗位描述

	岗位职责
	1. 负责策划、推动过程改进工作 2. 负责根据组织标准过程,裁减项目的软件开发过程,满足具体项目的需要 3. 负责对项目成员进行过程方面的培训和指导 4. 负责总结项目的最佳实践经验,并推广应用这些经验,以促进组织过程能力和人员成熟度的提高 5. 必要时,协助项目负责人策划项目 6. 负责相关过程评估工作,参与评审
素质和能力要求	1. 具有较强的成就导向能力 2. 具有很强的问题判断与解决能力 3. 具有较强的学习能力 4. 具有很强的沟通协调能力 5. 具有很强的文档撰写能力 6. 具有一定的创新能力
专业知识	1. 掌握相关业务领域知识 2. 掌握软件开发方法学 3. 掌握质量模型及标准 4. 掌握软件开发度量 5. 掌握软件开发过程和技术实践 6. 掌握过程改善的方法、实践和工具 7. 掌握项目管理体系知识

10.5 测试工程师

测试工程师是软件开发过程中检验系统是否满足需求以及预期运行结果与实际运行结果是否一致的重要技术角色。因此，尽可能发现系统存在或隐含的错误（Bug）或缺陷（Defect）是软件测试工程师的价值所在。统计表明，在美国、日本等软件行业高度成熟的国家，很多以软件产品为主营业务的公司，软件工程师与测试工程师的数量比例可以达到1∶1，有的公司甚至一名软件工程师对应2～3名测试工程师。在以行业解决方案及软件服务为主营业务的公司，专业的测试工程师比例也可以达到30%左右。在中国，专业测试工程师的数量还是严重不足，一方面，过去很多年软件公司对于软件测试工程师没有给予应有的重视，测试工程师在测试领域发展的意愿性并不强烈；另一方面，随着软件行业逐渐渗透到社会生活的各个领域，软件系统的质量得到了空前的重视，出现了大量专门从事软件测试的岗位需求。测试工程师纵向可以发展成为测试设计师、测试经理，横向可以发展成为高级软件工程师、项目经理。表10-9所示为测试工程师的岗位描述。

表 10-9 测试工程师岗位描述

	岗位职责
\multicolumn{2}{c}{1. 支持制定测试策略和设计测试过程，负责准备和搭建测试环境}

\multicolumn{2}{l}{1. 支持制定测试策略和设计测试过程，负责准备和搭建测试环境}
\multicolumn{2}{l}{2. 根据系统分析和软件设计文档，负责进行所承担模块的测试设计，并指导他人进行测试设计}
\multicolumn{2}{l}{3. 参与测试设计的评审}
\multicolumn{2}{l}{4. 按照测试设计文档，负责执行所承担功能模块的测试过程，提交缺陷报告，并反馈和跟踪缺陷的修改}
\multicolumn{2}{l}{5. 负责对开发人员修改过的缺陷进行测试确认，形成测试报告}
\multicolumn{2}{l}{6. 配合开发人员进行缺陷分析}
素质及能力要求	1. 具有很好的沟通能力 2. 具有很好的问题判断与解决能力 3. 具有很强的责任心 4. 具有较强的文档撰写能力
专业知识	1. 了解业务领域知识 2. 掌握各种测试理论和方法 3. 熟悉测试设计 4. 掌握测试流程及验证方法 5. 掌握软件测试工具 6. 熟悉开发语言工具 7. 熟悉软件开发方法

10.6 项目经理

项目经理是软件外包项目成功与否的关键角色。作为项目最高负责人，项目经理需要确保项目启动时定义的目标得以实现，领导项目团队按时、保质并在预算成本范围内完成项目交付工作。项目经理不仅需要在行业技能、技术上和项目管理与控制方面有充分的经验，同时，作为发包方与接包方在项目层次上的主要沟通接口和项目团队内部任务分配、资源调整的主要负责人,项目经理必须在沟通能力、人际交往能力和团队影响力等方面有充分的技能。近些年来,软件外包行业越来越重视项目经理经验和能力的培养,很多企业将国际通行的对项目管理专业人员的评价体系作为项目经理的培训课程和资质认定标准,众多的软件发包企业明确要求接包方的项目经理必须通过国际项目管理专业人员资质认证。目前,由美国项目管理协会(Project Management Institute,PMI)发起的用于评估项目管理人员知识技能的资格认证(Project Management Professional,PMP)已经在全球近 200 个国家和地区推广,成为当前项目管理领域最具价值的认证和事实上统一的适用于很多工程领域的项目经理资质标准。其中 PMBOK(即 PMI 提出的项目管理知识体系,Project Management Body of Knowledge)构成了 PMP 认证考试的基础,由于 PMBOK 得到了广泛的认可,因此,国际标准化组织(ISO)以 PMBOK 为框架制定了 ISO 10006 标准,但 ISO 10006 标准迄今为止还远没有 PMBOK 更为流行和被广泛认可。PMBOK 指南包含了适用于许多行业、可在大多数场景下用来管理大多数项目的标准。目前 PMBOK 2012 年发布的项目管理知识体系指南为第五版,共分为 10 个知识域。

(1)项目综合管理,或称项目集成管理,包括 7 个基本的子过程:制定项目章程;制定项目初步范围说明书;制定项目管理计划;指导与管理项目执行;监控项目工作;实施整体变更控制;结束项目或阶段。

(2)项目范围管理,分成 5 个阶段:范围规划;范围定义;制定工作分解结构;范围确认;范围控制。

(3)项目时间管理,由 6 项任务组成:活动定义;活动排序;活动资源估算;活动时间估计;项目进度编制;项目进度控制。

(4)项目成本管理,包括 3 个过程:成本估计;成本预算;成本控制。

(5)项目质量管理,主要包括 3 个过程:质量规划;质量控制;质量保证。

(6)项目人力资源管理,包括 4 个过程:人力资源规划;团队组建;团队建设;项目团队管理。

(7)项目风险管理,包含 6 个主要过程:风险管理计划;风险识别;定性风险估计;定量风险估计;风险应对计划;风险控制。

(8)项目沟通管理,包括一些基本的过程:编制沟通计划;信息传递;绩效报告;利害关系管理。

(9)项目采购管理,主要包括:编制采购计划;编制询价计划;询价;选择供应商;合同管理;合同收尾。

(10)干系人管理,主要包括 4 个过程:识别干系人;规划干系人管理;管理关系人参与;控制干系人参与。原干系人管理在第四版的 PMBOK 体系中是归入沟通管理的章节。PMI 项目管理协会认识到当今项目干系人管理对项目成败的重大作用,所以第五版 PMBOK 已经将干系人管理单独的独立一章节加以讲解和强调干系人管理的重要性。

PMBOK 按照上述 10 个知识域总结了项目管理知识体系中被普遍认可的优秀实践,使用这些知识、技能、工具和技术,能够提高很多项目成功的可能性。在 PMBOK 中,总结了项目经理的责任和能力要求,即项目经理有责任满足以下需求:任务需求、团队需求和个人需求。项目管理是一门战略性学科,项目经理是战略与团队之间的联系纽带,因此项目经理的角色在战略上越来越重要。要有效管理项目,除了应具备特定应用领域的技能和通用管理方面的能力之外,项目经理还需要具备以下能力:

- 知识能力：项目经理对项目管理的了解程度；
- 实践能力：项目经理能够应用所掌握的项目管理知识做什么、完成什么；
- 个人能力：项目经理在执行项目或者相关活动时的行为方式。个人态度、性格特征和领导力，决定着项目经理指导项目团队平衡项目制约因素、实现项目目标的能力和决定着项目经理的行为有效性。

由于项目经理通过项目团队和其他项目干系人完成项目工作，因此有效的人际技能和概念性技能、有效的平衡道德因素是优秀项目经理必须具备的"软"技能，包括领导力、团队建设、有效激励、沟通与协调、影响力、决策能力、谈判、建立信任、冲突管理和教练技术等。表 10-10 所示为项目经理的岗位描述。

表 10-10　项目经理岗位描述

岗位职责	
1. 负责与客户达成一致业务目标和清晰的业务前景，确定项目范围，并在项目执行过程中及时掌控和管理需求范围的变化	
2. 负责组织架构师、核心软件工程师、质量工程师、项目测试经理及其他相关方进行项目策划，制定《项目计划》和裁减项目规范和指南，并掌控进度情况及计划的变更	
3. 根据组织内部要求和客户要求，定义项目质量、成本及交付日程指标并负责达成	
4. 负责建立与客户方的沟通计划，及时了解客户方的满意度，并督导项目组织的适应性改善	
5. 负责项目内部的资源调动，解决项目中的重大质量、成本及交付日程相关问题	
6. 负责项目团队的建设和员工的培养，保持团队的凝聚力和战斗力	
7. 接受组织内部实施项目质量保证要求和项目审计（质量、成本、交付日程及客户满意度评估）	
素质及能力要求	1. 具有较强的成就导向能力 2. 具有很强的计划与沟通能力 3. 具有较强的组织协调能力 4. 具有较强的发展他人和领导能力 5. 具有很强的问题判断与解决能力 6. 具有较强的压力管理能力
专业知识	1. 掌握相关业务领域的知识 2. 掌握软件开发方法学 3. 掌握系统的项目管理理论和方法 4. 掌握需求管理和变更管理 5. 掌握软件工程的相关知识 6. 掌握质量模型 7. 掌握配置管理理论和工具

10.7　其他

软件外包产业由起步到简单的软件代工，到目前日益丰富的内涵，由最初的编码和单元测试为主体，到目前联合研发、全生命周期的解决方案及覆盖上游工程的发展趋势，软件外包的目标系统及商业模式趋于日益多样性和复杂，而伴随着软件外包管理体系的系统化和日益成熟，软件外包的分工越来越精细化，衍生出很多专业化的职位，如专业服务工程师、UI 工程师等细分岗位。其中，专业服务工程师负责根据发包方的需求，进行项目硬件或软件的上线、安装及调试，进行项目实施过程中的系统安装调试报告的编写及用户建议、故障信息的收集和反馈；UI 工程师负责对系统的用户界面需求进行捕获和分析，构建用户界面原型和最终实现以确保系统满足界面风格友好、操作简便、界面一致性等用户需求。

  总而言之，软件外包产业发展至现今阶段，日益复杂的系统技术要求和管理要求使得按照各职位各角色的产业分工越来越细致，单一职位和角色能够承担多角色工作的能力越来越弱化。软件外包行业一专多能的技术人员或管理人员将越来越受到各企业的重视。

思考题

  1. 请简述软件工程师的基本工作职责、素质及能力要求。
  2. 请简述从软件工程师向项目经理发展的一般路径，其在发展过程中的每个阶段需要加强的关键能力项都是什么。
  3. PCMM 是什么？请概要描述 PCMM 的 5 级成熟度。
  4. 请概要描述 PMBOK 是什么，PMBOK 的知识域包括哪些。

第 11 章
软件外包案例分析

【学习目标】
（1）从实例中了解一个实际软件外包项目的全生命周期概况
（2）从实例中了解软件外包项目管理主要过程的内容
（3）从实例中了解软件外包项目工程过程的主要内容
（4）掌握软件外包整体管理的基本内容

11.1 项目意向及商务阶段

11.1.1 案例背景

2002 年 12 月，日本某大型工业制造公司所属信息中心，为了将其内部所需的信息系统通过外包的方式，向中国软件企业发包，在大连设立了办事机构，在案例中称为甲方大连办事处。该办事处在大连通过媒体和行业协会等诸多途径，积极了解当地众多具有一定实力的软件外包接包商。在得知日本总部需对外发包软件项目时，甲方办事处在大连选择了 3~4 家较有实力的软件公司进行初步接触，向他们发布软件外包信息。通过一段时间的接触，基本了解了有能力参与该项目开发的当地软件开发商的情况。甲方每到一处，当地开发商会积极向其介绍自身的能力概况，如公司规模、资质、人员构成及素质、项目经验、开发环境和基本条件等情况。收集到这些数据后，甲方办事处汇总成内部的意见表，向日本总部上报，并形成初步建议。

该日本公司在收集了其办事处提交的建议后，组建了由其内部 IT 业务负责人、公司管理人员、IT 技术人员和商务人员组成的外包考察小组，到大连当地进行实地考察。考察小组通过其办事处联络好开发商，安排了比较详细的考察行程，依次到各备选开发商处进行实地考察。

在考察过程中，各开发商都会积极、主动、热心地做好各项接待工作，通过会议形式，由主要负责人介绍公司情况、项目经验和开发实力，回答甲方的询问，充分表现自己的能力。除技术层面的充分接触和交流外，还会邀请甲方人员举办一次晚宴，通过宴会既可以使双方的人员得到一定的休息和精神放松，也能提供另外一个交流场所，更加充分展示自身的能力，其中最重要的一点，是在社交活动中，接包方的项目主要负责人的表现，会给客户留下深刻的印象。项目负责人的性格、气质、语言表达能力、外语能力、交流技巧、项目经验、社会阅历等，将在客户的决定中起着相当大的作用。甲方一定会在交流后，在内部议论项目负责人的情况。除非项目特别巨大，要考量到接包方全公司的实力，否则，任何项目都只能是接包方的一个局部项目，因此，考察接包方的项目组成人员,其实是甲方的重点。

甲方在实地考察后,根据情况,内部会对各家的相关指标进行打分,形成能力排队,最后会对前3名开发商再次进行接触,了解和询问更进一步的细节问题。通过上述步骤后,甲方形成了最后的选择,选定某软件开发公司作为最终签约方。为方便陈述,我们称接包方为乙方。

11.1.2 商务活动及签约内容

上面概括描述了一个软件外包项目的产生背景。在上述的发包方与接包方接触过程中,双方大致按如下的流程,陆续开展一系列的商务活动,但有些活动是并行进行的。

1. 甲方与乙方进行接触

甲方办事处人员与乙方商务(营销、市场)人员接触,告知其有具体的软件项目需要外包,介绍项目的大致业务内容、技术方向、工期、预计的规模等。如乙方有兴趣参与,双方将约定进一步的协商日程。

2. 甲方向乙方发放 RFI

为了读者学习方便起见,作者对例子中的 RFI 的原文(英文)做了部分翻译,回答的部分用斜体字做了标注,并且使用中文答复,少部分简单的内容,直接用英文答复。

---(以下是 RFI 例子,省略了个别部分内容)

Project - JAS 测试项目(注:含 RFI 内容)

Instructions & Template

Dec 12nd,2002

JMM 是一家日本机械制造公司,正在使用 SAS 公司的若干个企业管理软件产品,该产品需要做一些二次开发并需要进行全面的测试。

About the client & the products 关于客户和产品

本公司成立于1995年,有1200多名员工,坐落在日本东京市。公司主要生产大型机械加工设备。公司业务方向是向社会提供工效高、耗能低、使用方便的机械加工产品。公司有如下三种信息系统(产品)需要追加开发和维护。

Product-A

产品-A 描述(本书省略)

Product-B

产品-B 描述(本书省略)

Product-C

产品-C 描述(本书省略)

Project Description 项目描述

Overview 概述

产品-A 是一个基于 Web 的软件解决方案,使用 DHTML 和 Java Applets 开发。用户在南美、欧洲、日本和新加坡,通过网络远程使用该系统。用户通过客户端进行系统的使用,客户端必须有如下配置:

- Windows 98，NT，2000，XP；
- Internet Explorer 5.5，6；
- JRE 1.4.2。

The Scope 目标

客户需要测试 Product-A，以便确定使用所述的客户端配置是否符合系统的要求。测试地点选定在中国大连。

Future Projects 未来的项目

If the compatibility testing effort described above proves to be cost-effective，Client will offshore the following additionally projects：如果前述的测试项目成功实现，并证明在减少成本方面有效，则将确定后续的项目在中国大连进行离岸开发：

- 产品附加功能模块和维护工作将在大连进行；
- 产品的整体测试将在大连进行；
- 产品-B/C 的类似追加开发和测试，也将在大连进行。

The vendor selection process 开发商的选择过程

1. Each vendor is required to provide general information *(as shown in the attached template)*；每个开发商都需要提供基本信息（见附件的模板）

2. JMM will work with the Client to review & create a first shortlist of vendor candidates；JMM 将与客户一起审核和建立一个初步的开发商候选者清单

3. Vendors on the 1st short list might be requested to provide additional information；在初步清单中的候选开发商将被请求提供进一步的信息

4. Phone conference might be arranged for each candidate on the 1st shortlist to meet with the Client personnel directly；在初步清单里的候选者将被安排与客户方直接进行电话会议

5. Vendor might be requested to provide additional information following the conference call；在电话会议中开发商会被要求提供进一步的信息

6. JMM will work with the Client to review & narrow down the candidates pool into a second shortlist；JMM 将与客户一起审核并缩小候选者范围，形成第二版候选清单

7. Site visits will be arranged for the Client to visit each vendor on the 2nd shortlist；在第二版清单中的开发商将安排客户到所有的开发商处进行访问

8. JMM will work with the Client to select two or more vendors for pilot project（s）；JMM 与客户将选择 2 个或更多的开发商，发放实验项目

9. One vendor will be selected after the pilot project（s）；在实验项目后选定一个开发商

If you are interested in pursuing this opportunity with JMM，please fill in the attached template and return to JMM by Dec 16th，2002，Beijing time，in WORD format（Please remember to remove all HTML formatted text from your RFI）. After sending your package to JMM，if you do not receive an email confirmation from JMM the following morning，please re-send immediately.

Please kindly inform JMM your decision by the due date，even if you decide to not to proceed.

JMM Contact
Frank Sun，VP Business Development
Frank_sun@JMM.com

81-123-456-7890 x 7891

Vendor RFI Response Template

Basic Information 基本信息

Full Name	*Dalian Computer Technology Company*
China Address （*site for the project*）	*9-1 Zhiyinyuan，* *Software Park，Dalian，* *P.R. China 116023*
Japan Business Contact	Japan Mechanic Maker，Inc 2345，东京，日本 81-123-456-7890 x 7891
Project Contact Person	*Tony Yang，（Tel）86-411-81234567，（Fax）86-411-81234567* *Dalian Computer Technology Company* *9-1 Zhiyinyuan，* *Software Park，Dalian，* *P.R. China 116023*
Number of Employees	*1，800 full-time employees*
Years in Business	*19 years*

Please respond to the following items 请回答下面的内容

1. Vendors Technical Skills 开发方的技术能力

1.1 Please describe how your team's skills sets could meet or exceed the requirement for the first project；请描述贵方的项目组的技能如何能满足第一个项目的要求

答复：从技术技能方面看，第一个项目是比较简单的。我们的项目组成员具有开发和测试复杂的 3 层架构应用系统的能力，具有 J2EE、DHML 和 Java Applets 的技能。

1.2 Please describe how your team's skills set could meet or exceed the requirements for future potential new projects；请描述贵方能够满足今后潜在项目需求的技能

Please see detailed info in the following table：请详细填写下面表中的内容

Dalian Computer Technology Company Skill	Skill Sets of Current Development Teams	
	Experience	
	4+ Years	0–4 Years
Linux	36	23
Charting	28	11
Crystal Report	22	16
EJBs	33	27
Hibernate	25	17
ODBC	44	35
HTML	132	99
HTTP	116	25
J2EE	54	143
J2SE	77	135
JMS	24	31
Winrunner	23	33

续表

Dalian Computer Technology Company Skill	Skill Sets of Current Development Teams	
	Experience	
	4+ Years	0–4 Years
Oracle	45	31
Postgres	23	9
Servlet/JSP	76	121
SNMP	9	12
SOAP	32	36
Swing	43	23
XML	86	125
Cognos Impromptu	6	11
Report.Net	13	14
Open Report	9	12
Corba	36	14
GIS	8	12
JavaScript	78	121
VBScript	66	112
XSL	36	25
Struts	75	89
WebWork	16	28
Eclipse Birt（report）	7	14
SWT	4	32
Jface	3	18

1.3　Please describe your process in developing a complete test plan；请在一个完整测试计划中描述贵方的测试过程

答复：乙方将使用甲方的 Functional Test Specification 作为输入，并采取如下过程：

- 审阅和理解需测试产品的内容、功能、约束；
- 确定硬件设备、软件环境、系统平台、测试工具、缺陷跟踪工具、质量保证过程、网络设备、与客户的沟通方式、发现缺陷后的解决方案等；
- 设计详细的测试说明书，并得到客户认可；
- 基于测试说明书，设计测试案例；
- 执行测试案例并报告缺陷；
- 以下内容省略。

1.4　Please describe your experience with Bugzilla or similar systems；请说明贵方使用 SVN 或类似系统的经验

答复：*本书此处内容省略。*

1.5　Please list & briefly describe 3 samples projects you've successfully completed that could demonstrate your capability to work on Client's project（s）；请列出和简要说明贵方成功完成的 3 个项目案例，以表明贵方有能力对应客户的项目

答复：

- *Project A：此处省略*

- Project B：此处省略
- Project C：此处省略

1.6　Please list testing tools you have experience with；请列出贵方对哪些测试工具有经验

答复：*Winrunner，LoadRunner，CVS，SVN。*

2.　Vendor Team's English Language Skill

2.1　Please describe the level of English language skill of your Project Manager；请描述贵方项目经理的英语水平

答复：*Fluently communicate with client in all areas；与客户在所有方面都能流利沟通*

2.2　Please describe the level of English language skill of your Technical Manager；请描述贵方技术方面的经理的英语水平

答复：*Fluently read and write documentation and efficiently communicate with client in technical area；在技术领域可以流利地阅读和书写文档，与客户能有效地交流。*

2.3　Please describe the level of English language skill of your Technical Team Members；请描述贵方技术团队成员的英语水平

答复：*Fluently read and write technical documentations and fairly good for communicating with client in technical area. 在技术方面可以流利地阅读和书写技术文档，能够较好地与客户交流。*

3.　Sample Resume 简历

Please provide sample resumes for the followings （label them accordingly）

Please see attachments for resumes.

3.1　Resume for a Project Manager 项目经理简历

3.2　Resume for a QA Manager QA 经理简历

3.3　Resume for a Senior QA engineer 资深 QA 工程师简历

3.4　Resume for a Junior QA engineer 初级 QA 工程师简历

4.　Technical Universities in your area 在贵公司地点的技术型大学

4.1　How many technical universities are there in your city? 在贵方城市有多少座大学

答复：*25 universities。*

4.2　Please list the Top-5 technical universities in your city；列出在贵方城市前 5 名的技术型大学

答复：

大连理工大学

大连海事大学

东北财经大学

辽宁师范大学

大连工业大学

5.　Budgetary Price Quote 预算的价格报价

5.1　Please fill in the attached price sheet；

5.2　Please fill in the attached budgetary quote；

5.3　What was the average annual % price change in the past 3 years? 在过去 3 年里价格平均改变了多少

答复：*5%。*

5.4　What will be your expected average annual % price change in the next 3 years?

答复: 7%, this will include appreciation of Chinese Yuan (RMB)。

6. Your IT Infrastructure

6.1 Please describe your IT infrastructure that would enable you to do the Client's projects; 请阐述贵方IT架构能够满足客户项目的需要

答复:

- *Hardware Platforms Currently in Place*

此处回答省略

- *Communication Infrastructure*

此处回答省略

6.2 Please describe you Information Security practices; 请描述你们的信息安全措施

答复:

1. 防病毒;

2. 防火墙;

3. 其他内容省略。

7. Intellectual property protection 知识产权保护

7.1 Please explain your general practices in protecting the Client's IP.请说明你们在保护客户IP方面的通常做法

答复: 遵循如下的流程:

- 在员工入职后,要签署保密协议

- 以下内容省略

7.2 How do you protect the proprietary data (both from the client & the client's customers) that might be used during the testing; 如何保护知识产权数据(包括客户和最终用户)

答复:

除了签署NDA(保密协议)外,可以根据需要签署知识产权数据保护协议。

其他内容省略。

8. Time Difference 时差

8.1 What is the time difference between your city & Tokyo?

答复: 大连比东京时间晚1小时。

8.2 List the most convenient hours for daily/weekly teleconferences between your team & the client's team in Tokyo? 列出贵方项目组与客户方在东京的项目组日间/每周开展电话会议的最方便时间

答复: *8:30 a.m. Mon–Fri Local time in Dalian*。

9. International Travel 国际差旅

9.1 Please list the most convenient flight between your city & Tokyo; 请列出最方便的飞行航班

答复:

- *Average number of hours for a one way flight?* 单程航班的平均小时数?

2.5 hours from Dalian to Tokyo。

- *Typical round trip fare for an economical class ticket?* 往返经济舱费用是多少?

RMB 2500。

9.2　Please describe the ground transportation from the airport to your office；从机场到贵公司的交通情况

答复：

- The most convenient mode of transportation？到达贵公司的最方便途径

Taxi，less than 15 Kilometers；

- Length of time for one way trip？

40 minutes of local driving；

- Cost of the transportation；

单程约 35 元 RMB。

9.3　Please name 3 hotels in your cities that are popular among Japan travelers；请列出贵方所在城市对于日本人最常用的 3 个酒店及价格

- Typical per night cost range of those hotels？

答复：

- *Dalian Shangri-La Hotel　　　$120*
- *Swiss hotel Dalian　　　$105*
- *Hotel Oriental Palace Dalian　　$90*

All three hotels listed above are 5 stars.

9.4　The client might need to send 1 or 2 of their staffs to be on your site and work with the testing team for extended period：甲方需要派出 1~2 名工作人员到贵方的工作地点与贵方的测试项目组一起工作

- Can you accommodate the client visiting staffs working at your office？贵方能提供客户来访人员在贵方的工作环境吗？

答复：Yes 可以。

- What are the Extended Stay （e.g. hotel or apartment，for client's visiting staffs）accommodations available near your office？在你们的办公地点有额外的可逗留地点吗？

答复：*距我们的办公地 500 米内有 3 家 3 星级旅店。*

- How much does each cost？费用是多少？

答复：*每个单人房间约 4500 元 RMB/每月。*

10. Governmental Regulations 官方法规

10.1　Describe government regulations/policies that facilitate your dealing with US clients；请描述一下官方在对待日本客户的规定

答复：*本书省略。*

10.2　Describe government regulations/policies that the client needs to be aware of and need to dealt with when working with you；请描述一下当甲方人员与乙方一起工作时的法规

答复：*N/A*

Vendor Company Brief 开发商公司简介

本书省略了该部分内容

---（RFI 例子结束）

3. 签署开发合同及保密协议

经过考察和实验项目遴选后，发包方最终将确定一个合格的开发商，签署正式的软件外包合同。通常情况下，双方还将同时签署一份保密协议。开发合同和保密协议的例子如下：

原合同文本是日文版，为读者学习方便，在此全部改写成中文，与原文内容基本一致。

--（开发合同例子开始）

软件开发服务基本契约

日本 JMM 公司（以下称为甲方）与中国大连 DCC 有限公司（以下称为乙方），就甲方委托乙方开发 SAS 信息系统相关业务事项，通过友好协商，达成如下协议，协议文本为 2 份，双方各持一份。

第 1 章　总则

第 1 条 （基本原则）

本合同基于相互尊重、共同发展的理念，秉承诚信原则，进行合作。

第 2 条（业务内容）

本合同所涉及的业务内容如下。

（1）SAS 系统部分模块的开发与维护。

（2）SAS 系统部分模块的改造与维护。

（3）与计算机系统使用相关的网络系统的建立、维护。

（4）与系统相关联的其他系统的部分业务。

第 3 条（基本契约与个别契约）

1. 本基本契约所约定的事项，在甲乙双方通过其他方式签订的个别契约中都是适用的。
2. 甲乙双方在签订个别契约时，如果与本基本契约不一致，应按基本契约规定处理。
3. 个别契约是规定具体的作业方式、价格和支付方法的条款。

（1）项目委托型：乙方承担委托的项目，完成后甲方按照报价支付费用的契约。

（2）作业委托型：乙方按照委托的任务进行开发，甲方按报价给予支付费用的契约。

第 4 条 （个别契约的建立）

个别契约是在基本契约签署的情况下，甲方按照基本契约规定的原则，对具体的委托业务进行发包和报价，乙方在收到发包通知后，5 日内给予答复是否接受。如果确定可以接受，则形成个别契约。

第 5 条（报价书、提案书）

乙方根据甲方的要求，对提出的任务提出方案和报价，甲方在规定的时间内，对乙方提案和报价给予确认或协商，当完成协商完成，即形成了报价书和提案书。

第 6 条 （个别契约的内容）

在乙方向甲方提供的提案书、报价书的基础上，建立个别契约（也称注文书，日文合同的意思），按照如下的顺序，依次记录各项条件和内容。

（1）契约类型。

（2）本次作业对象的范围、具体作业内容、说明书。

（3）开发者的资格、技术、技能等。

（4）甲乙双方的负责人。

（5）作业场所、作业时间段等。

（6）作业计划。

（7）提交物的明细、提交日期、提交场所。

（8）接收检查和验收方法。

（9）联络会议等相关事项。

（10）报价和支付条件。

（11）其他个别业务需要说明的事项。

在甲方和用户的设计说明书没有确定之前，将本次作业的全部系统中的一部分分割发包给其他第三方时，有必要调整开发计划、合同书约定的交付时间、具体作业的内容和作业计划。在征得乙方同意的条件下，个别契约建立后，可以发送书面通知，明确告知乙方。

第7条（有效期间）

本契约有效期为自签订日起一年。期满前一个月内一方通过文书通知对方解约或延长一年。但是在某一方没有对本条款提出终止意见时，个别契约的终止不影响基本契约的有效性。

第2章 本项目的实施

第8条（业务的实施方法）

乙方必须按照劳动法、劳动安全法规和卫生法等相关法律从事本业务。雇主必须承担所应担负的一切义务，参与对实施者在本项目的实施、劳动时间、工作秩序、听从安排等管理，需要主动承担。

第9条（说明书的确定）

1. 甲方对于本次项目的实施，提供必要的说明书，乙方需要判断说明书的适合程度。在不满足作业的情况下，应提出变更申请。

2. 乙方按照确定的说明书进行业务实施。但是在乙方对实施中的说明书提出疑问或指出错误时，甲方应对乙方的疑问给予及时的解决。

第10条（从业者的选定和变更）

1. 对从业者的选定，乙方不能随意改变。

2. 乙方如在个别协契约中对本次项目所需的资格、技术和技能做了确定，应选定合格的后备人员作为补充。

3. 当甲方在个别契约中规定了必要的资格时，乙方对甲方的要求给予必要的信息，以确认是否满足规定。

第11条（责任者）

1. 甲乙双方在个别契约签订后，立即选定责任人，用书面相互通知对方。

2. 乙方的责任人按如下内容承担权限和责任。

（1）遵守法律。

（2）本次作业的管理。

（3）对项目组成员的作业时间等相关事项进行管理。

（4）对项目组成员的服务规定等相关事项进行管理。

第12条（作业环境）

1. 根据业务的性质、工作场所的必要性，在协议、个别契约中做出规定。但是所有的环境都应在合理的范围内。

2. 根据业务性质，有可能对工作时间做必要的调整，包括对节假日和休息日的调整。具体调整将在个别契约中予以说明。

第 13 条 （作业报告）

1. 乙方必须报告本次项目的进度状况、从业者的作业时间等情况，在甲方要求的情况下，乙方应随时提供报告。

2. 乙方在本次项目无法进行或者有可能延迟的情况下，应直接向甲方报告。

第 14 条（联络会议）

1. 甲乙双方就本次项目的进展情况、共同作业和各自分担的作业状况、问题点的协商以及解决，需要举行必要的联络会议。

2. 联络会议的频次在个别契约中约定。但是在甲乙双方认为必要的场合，应随时召开。

3. 在联络会议上，各自的责任人以及甲乙双方的相关人员应该出席。

第 15 条（物品）

1. 甲方根据本次项目的要求，判断需要甲方提供的设备、器具、资料等物品。通过书面向乙方出借。

2. 乙方收到借入的物品，应妥善保管，不得向第三者转让。

第 16 条 （保安措施）

1. 乙方对甲方的机密要有安全管理措施，从业者的姓名等也是本项目的信息，在本项目开始时，如有项目从业者变更，应书面向甲方提出。

2. 乙方在本次项目中，从业者如果进入甲方项目范围内，应遵守甲方对安全防范、维持秩序等规则，并进行监督。发生问题时，应及时向甲方报告。

3. 乙方从业者如损害甲方的利益，应进行赔偿。

第 17 条 （教育训练）

1. 乙方应对本次业务进行必要的教育培训，如编程规定等。

2. 甲方应对本次业务进行必要的教育培训，对培训的全部或部分费用给予负担。

第 18 条（社会保险）

乙方应对从业者给予劳动和社会保险，保证本业务的开展无其他风险。

第 19 条（禁止行为）

1. 非经甲方书面同意，乙方不得将项目转包给第三方。

2. 根据上一项的规定，第三方的行为，被视同乙方行为。

第 20 条 （项目管理）

1. 本次项目是一个系统多名从业者进行开发，相互业务有关联，一个业务的调整将影响全体项目管理的其他事项，甲方对此负有管理责任。

2. 甲方对项目整体管理予以实施，制定整体的计划和乙方的交付事项等。

3. 甲方对项目管理实施时，尽量减少对计划和各从业者的变更调整，乙方应协助处理。

第 21 条 （接收）

1. 乙方根据个别契约规定的最后日期，提交成果物，提交场所由甲方指定。

2. 根据上项规定，除非在不可抗力发生时，甲方必须接收。

3. 如果在指定日期延期提交，乙方应根据第 26 条规定，进行赔偿。

第 22 条（验收）

1. 甲方根据个别契约在规定日期接收成果，并予以检查成果是否符合个别契约中说明书规定的内容。对于不满足要求的成果物，免费修改。

2. 乙方根据前项规定，再行提交成果物，甲方再次接收并进行检查。

3. 甲方在检查成果物为合格时，将检查合格通知发送给乙方，本次作业结束。

第 23 条（瑕疵担保责任）

根据个别契约的规定，按项目类型和作业类型分别承担保修责任。

（1）项目型：按照第 23 条，如果发现瑕疵，免费给予修补。在成果物接收后 1 年内保修。

（2）作业委托型：由乙方优秀的管理者实施管理，关注实施期内的作业、结果等，乙方不承担后续责任。

第 24 条（成果物归属）

成果物按照著作权、特许权等财产权规定进行处理。在甲方支付所有费用的情况下，乙方不得行使著作权。

第 3 章 通则

第 25 条（与第三者的纠纷处理）

略。

第 26 条（损害赔偿）

略。

第 27 条（机密保持）

本次项目的机密保持，通过另外签订的"机密保持契约书"进行规定。

第 28 条（权利让渡的禁止）

非经甲方书面同意，不得向第三方转让契约期间产生的全部或部分权利，也不可以此作为担保。

第 29 条（中途解约等）

1. 甲方根据自己的情况，可以对个别契约和部分内容进行解除，对作业进行暂时的停止、变更。乙方对上述事项的变更需要向甲方说明情况。

2. 甲方自行解除业务，原则上必须提前 30 天通知乙方。

3. 甲方没有履行提前告知业务而停止业务，需要对乙方进行损害赔偿。

第 30 条（契约的解除）

当甲方按下面列出的内容发生需要解除基本契约或个别契约的一部分时，应向乙方通报并履行必要的手续，并按照第 26 条的规定，履行赔偿义务。

（1）基本契约与个别契约相互违反的情况。

（2）受到被取消、停止营业等处分时。

（3）其他省略。

第 31 条（仲裁管理所）

对本基本契约和个别契约与争议（含诉讼、调停、保全处分）时，到专属管辖裁判所东京地方裁判所进行裁判。

2002 年 12 月 29 日

甲方：东京，JMM 公司，代表取缔役（注：董事长）XXX（签章）

乙方：大连，DCC 公司，法人代表，XXX（签章）

---(开发合同例子结束)

点评：每个软件外包的内容、要求和背景都不完全一样，因此合同的内容应根据实际情况选择不同的方式。有的国外客户要求按照他们的发包合同格式，采用英文或日文（如果是日本客户）作为正式文字内容。而国内软件开发合同，很多公司都采用科技部提供的技术开发合同模板，该

模板可以从科技部网站查询和下载。

通常，与基本契约书相配套，双方应另外签署一个专门的保密协议。例子如下：
--（保密协议例子开始）

机密保持契约书

日本 JMM 公司（以下称甲方）与大连 DCC 公司（以下称乙方），就委托的开发业务需要保持相关机密，达成以下机密保持契约（以下称本契约）。

第 1 条（目的）

本契约的目的是为了保证乙方在实施为甲方开发的业务系统时，保守业务及相关信息的机密性而签署的，乙方必须在开发期间履行保持机密的义务。

第 2 条（机密信息的定义）

本契约中的"机密信息"是指通过媒体和工具（口头、通信、电子媒体、印刷物等）保存和传递甲方及甲方个人所有的信息（个人信息系根据个人信息保护法第 2 条的定义规定。以下称为"个人信息"）。在本业务续存期间，甲方对乙方开放项目相关的所有信息（以下称业务信息）。但是以下列出的信息不属于机密信息：

（1）在甲方向乙方开放之前，已经被社会公知的信息；

（2）在甲方向乙方开放前，乙方已经得知的公开信息；

（3）在甲方向乙方开放前，乙方已经得知并且不是通过非法手段获得的信息；

（4）甲方公开发表的信息；

（5）根据政府法律、仲裁所、政府机关等公权机构要求公开的信息；

（6）根据甲方认定不属于机密的信息。

第 3 条（机密保持义务）

1. 乙方在本契约有效期内及终止后，严格遵守机密信息保持义务，不得在业务实施中向第三方公开或泄露机密（乙方的项目成员必须以其他契约形式签署保密协议），也不得在本业务范围之外使用机密信息。

2. 乙方项目成员在职或退职后，都有保守机密的义务，从业者违反了机密保守协议，也将认为乙方违反了同样的协议，并承担责任。

3. 乙方为达成前项要求，必须与乙方成员和其他相关人员签署书面契约，并根据甲方的要求，向其出示。

4. 其他内容省略。

第 4 条（机密信息的管理）

乙方为了履行本业务契约规定的义务，必须对机密信息进行适当的管理和保持，按照如下的事项进行管理。

（1）乙方应建立适当的管理体制，来保持机密信息，对自己的雇员和使用的其他人员进行必要的保密体制教育。

（2）乙方应对每个机密信息管理责任者和业务从业者进行确定，并得到甲方的同意。当该机密信息管理者或业务从业者有变更时，也需做相关管理并得到甲方同意。

（3）乙方应选用优秀的管理者对机密信息进行管理，对机密信息存储的机器等，有权限方面的管理，只有授权从业者可以使用适当的信息。

（4）机密信息在委托的业务终结时，应将相关信息进行处理（包括复印件、复制件等）。处理完毕，今后不得再使用这些机密信息。

（5）其他条款省略。

第 5 条（监查）

1. 甲方随时对乙方执行第 3 条和第 4 条的情况进行调查、确认，包括机密信息的管理体制、管理状况等。当甲方进行调查和确实时，乙方应配合并提供入场检查的放行。对于乙方中非涉及甲方的场所，乙方应事前对甲方予以告知。

2. 甲方发现乙方违法前述条款，应向乙方报告，乙方据此进行改善，否则将解除契约。

第 6 条（事故发生时的报告和损害赔偿）

当乙方发生机密信息丢失、破坏、改动和泄露等事故时，乙方应迅速向甲方报告。甲乙方一起对事故原因按照协议进行调查，采取必要的措施防止损害的扩大。根据协议和调查的结果，乙方对甲方进行事故损害赔偿。

第 7 条（成果物的归属）

（内容省略）

第 8 条（有效期）

1. 本契约在甲乙双方签字后生效。甲乙双方通过书面形式通知对方终止协议。在合同到期日 60 日前决定是否续约。

2. 根据前项第 3 条、第 6 条和第 7 条的规定，对个人信息的保护在合约结束后仍然有效，对本次项目的信息在契约结束后 3 年内继续有效。

第 9 条（解释权）

本契约的有效性、解释权及实施规范，依据日本法律解释。

第 10 条（协商）

本契约未尽解释的事项，双方本着诚信互利的原则，协商解决。

本协议作成 2 份，甲乙签字后各保留一份。

2002 年 12 月 29 日

甲方：

日本，东京

JMM 公司

法人代表：××××（签字）

乙方：

中国，大连

DCC 公司

法人代表：××××（签字）

---（保密协议例子结束）

点评：保密协议与基本契约是同时签署的。实际项目中，还有更多的保密要求，如有的甲方要求加入项目组的乙方成员必须交付公安机关出具的无犯罪证明等。

在甲乙双方签署了基本契约和保密协议后，可以就具体的项目内容、报价、付款、开发方式等，签署一系列的"个别契约"，个别契约相当于一个一个的小订单。例如，开发某一功能模块，时间约 1 个月，费用 1 万美元，明确交付日期等。

11.2 项目启动与项目管理

项目启动和项目管理阶段，涉及很多内容，在此选择了几个比较有代表性的项目文档，作为案例，供读者参考。

11.2.1 项目章程

项目章程根据不同的项目有所不同，本案例是一个典型的来自日本发包的软件开发的项目，需求阶段和概要设计阶段，主要由日方公司（称为甲方）在日本进行，完成后，将概要设计说明书发送到中方，中方（称为乙方）为此成立了项目组，接受开发任务。如下是此项目的项目章程。

---（项目章程例子开始）

项目编号：20021222-01
项目名称：日本 JMM SAS 开发
软件项目章程

版本号：1.0
编写：Tony Yang
审核：John Wang
批准：Frank Zhang
生效日期：2002 年 12 月 29 日
此文件属大连 DCC 公司所有，未经许可，不得以任何方式外传

1. 概要
1.1 项目背景
本项目是为日本 JMM 公司实施 SAS 系统做 ADD ON 开发，属于在 SAS 上做的二次开发，用户需求和系统设计由 JMM 公司负责，我们公司在做好的式样书基础上进行编码和单元测试工作。
项目组半封闭开发，用专线连接到客户的主机系统。
1.2 项目名称
日本 JMM SAS 开发
2. 项目组织

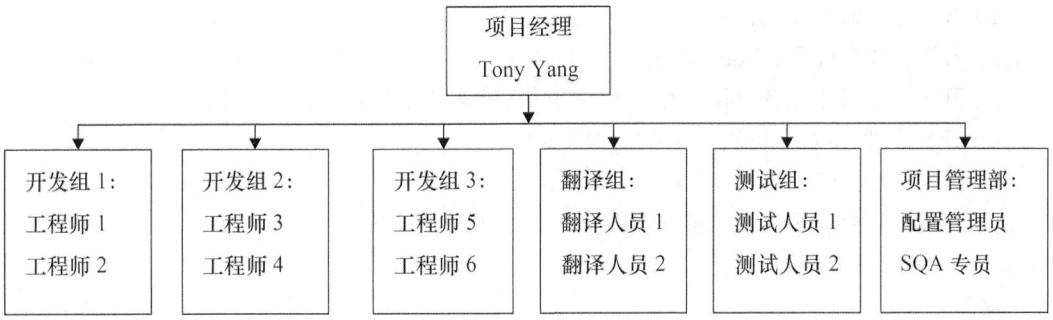

2.1 项目经理
（略）

2.2 项目成员
（略）

2.3 项目组织机构
（略）

3. 项目范围

本项目范围限定于客户与我公司所签订的"个别契约"中所列入的各个需要开发的软件功能模块。由客户方提供概要设计和解答概要设计说明书（日语中称为"概要设计式样书"）中所涉及的问题，包括功能说明、程序流程、数据定义、数据处理等，超出设计式样书所列范围的要求，可以通过双方经营人员协商，追加到"个别契约"中，以便计算工作量和相关费用。

项目中的测试数据，由设计人员填入，开发方人员可以对数据提出需求，由设计人员追加。

测试工作由开发方负担，包括对式样书的理解、测试计划制定、测试案例开发、测试实施和缺陷跟踪及报告等。

在式样书理解过程中，开发方自行负责日文的翻译工作，如对式样书理解有疑问，可以通过 QA（Question and Answer）单进行询问，并保持双方 QA 单编号统一，内容一致。

4. 项目总体计划

本此项目的全部开发工作自 2003 年 1 月 1 日起，至 2003 年 4 月 30 日结束。具体各个子任务的起止时间，另行在项目模块开发计划中安排。

各子模块（程序）根据计划开发完毕后，提交测试组进行测试，测试通过后，向客户方提交所开发的程序源代码及可执行代码。随附测试案例和测试执行报告。模块开发的具体计划另行安排。

5. 项目主要干系人

客户方主要干系人：

（1）日方公司经营负责人：XXXX

（2）日方项目经理：XXXX

（3）日方设计人员：XXXX-1、XXXX-2、……

（4）日方项目秘书：XXXX

点评：日方除项目经理外，还指定了一名项目秘书，负责安排双方会议时间、地点、差旅接站等工作，为的是减轻和分担项目经理的工作负担。

开发方主要干系人：

（1）开发方经营负责人：XXX

（2）开发方项目经理：Tony Yang

（3）开发方项目小组各组长：开发 1 组组长、开发 2 组组长……

（4）开发方翻译组：组长、XXX-1、XXX-2

（5）开发方测试组：组长、XXX-1、XXX-2

（6）开发方项目管理部：配置管理人员、SQA 人员。

5.1 项目用户方简介
（略）

5.2 项目开发方简介

（略）

6. 项目假设、约束条件

甲乙双方通过通信专线将开发人员个人电脑连接至甲方在日本的主机系统，日方负责租用与本项目相适应的专线，负责在客户主机上建立开发人的相关登录账户和设置相应的权限。

设计人员负责解答开发人员提出的疑问，包括对式样书内容和设计思想的解答，对测试数据的添加。

7. 其他

（略）

8. 审批意见

中方公司负责人：签字

中方项目管理部门负责人：签字

---（项目章程例子结束）

11.2.2 项目相关计划

1. 项目中各模块设计完工计划

图 11-1 所示是从项目模块开发计划中做的截图，供读者参考。其中的数据做了变动处理，不是真实数据。这个计划是日方项目经理向开发方提供的设计式样书可能完成的日期，以便开发方安排人员在预定的时间内，能够接收式样书并着手编程。

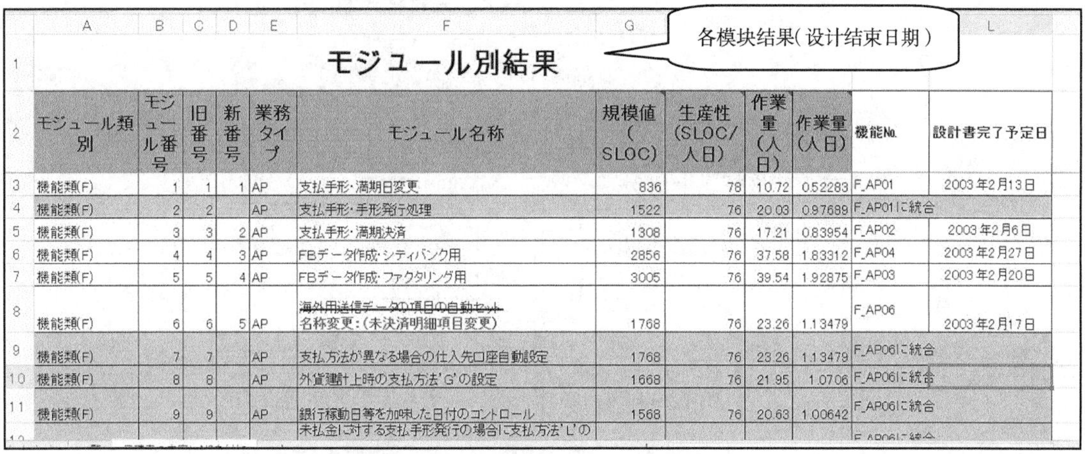

モジュール別結果

モジュール類別	モジュール番号	旧番号	新番号	業務タイプ	モジュール名称	規模値（SLOC）	生産性（SLOC/人日）	作業量（人日）	作業量（人日）	機能No.	設計書完了予定日
機能類(F)	1	1	1	AP	支払手形·満期日変更	836	78	10.72	0.52283	F_AP01	2003年2月13日
機能類(F)	2	2		AP	支払手形·手形発行処理	1522	76	20.03	0.97689	F_AP01に統合	
機能類(F)	3	3	2	AP	支払手形·満期決済	1308	76	17.21	0.83954	F_AP02	2003年2月6日
機能類(F)	4	4	3	AP	FBデータ作成·シティバンク用	2856	76	37.58	1.83312	F_AP04	2003年2月27日
機能類(F)	5	5	4	AP	FBデータ作成·ファクタリング用	3005	76	39.54	1.92875	F_AP03	2003年2月20日
機能類(F)	6	6	5	AP	~~海外用送信データの項目の自動セット~~ 名称変更：(未決済明細項目変更)	1768	76	23.26	1.13479	F_AP06	2003年2月17日
機能類(F)	7	7		AP	支払方法が異なる場合の仕入先口座自動設定	1768	76	23.26	1.13479	F_AP06に統合	
機能類(F)	8	8		AP	外貨建計上時の支払方法'G'の設定	1668	76	21.95	1.0706	F_AP06に統合	
機能類(F)	9	9		AP	銀行稼動日等を加味した日付のコントロール	1568	76	20.63	1.00642	F_AP06に統合	
					未払金に対する支払手形発行の場合に支払方法'L'の						

图 11-1　客户方预定的设计书交付计划

2. 项目中各模块编码完工计划

图 11-2 所示为一个对于项目中各模块开发的计划，读者可以从中看到项目经理对模块开发各阶段做所的计划，由于篇幅的原因，在编码后面，还有“测试案例设计”“测试执行”“程序交付”（该项下包含“交付日期”“验收日期”“验收结论”）等项目的计划日期。

该表中的数据做了处理，内容和格式供读者参考，数据不具参考性。

3. 项目开发工作流程规范

图 11-3 所示为根据本项目的开发实际要求，对开发过程的主要流程做了较详细的规定，每个项目组成员，都要按照如下规定，进行工作安排和开展开发工作。

模块开发管理台账

番号	モジュール類別	業務タイプ	モジュール番号	モジュール名称	日方式样书交付			估计			计划开发周期		式样书分配				式样书阅读					编码				
					计划交付日期	实际交付日期	最近变更日期	规模	生产性	人日数	开始日期	结束日期	开发组号	开发组负责人	开发人	分配日期	计划开始日期	实际开始日期	完成率(%)	计划结束日期	实际结束日期	计划开始日期	实际开始日期	完成率(%)	计划结束日期	实际结束日
	ABAP4帳票類(L)	AR	R_AR01	ﾌﾟﾛｸﾞﾗﾑ仕様書(ZARR2010_国内売掛未収金補助簿)		02/12/13	03/1/6	1440	78	18.46	02/12/16	03/1/10	1	xxx	xxx	02/12/16		02/12/16	100%	02/12/17	02/12/17	02/12/18	02/12/18	100%	02/12/27	02/12
	ABAP4帳票類(L)	AR	R_AR02	ﾌﾟﾛｸﾞﾗﾑ仕様書(ZARR2020_製品・拠点別国内売掛金補助簿)		02/12/13	03/1/6	1440	78	18.46	02/12/16	03/1/10	2	xxx	xxx	02/12/16		02/12/16	100%	02/12/17	02/12/17	02/12/18	02/12/18	100%	02/12/27	02/12
	ABAP4帳票類(L)	AR	R_AR03	ﾌﾟﾛｸﾞﾗﾑ仕様書(ZARR2030_海外売掛未収金補助簿)		02/12/13	03/1/6	1440	78	18.46	02/12/16	03/1/10	2	xxx	xxx	02/12/16		02/12/16	100%	02/12/17	02/12/17	02/12/18	02/12/18	100%	02/12/27	03/
	ABAP4帳票類(L)	AR	R_AR04	ﾌﾟﾛｸﾞﾗﾑ仕様書(ZARR2040_製品・拠点別海外売掛金補助簿)		02/12/13	02/12/27	1440	78	18.46	02/12/16	03/1/10	3	xxx	xxx	02/12/16		02/12/16	100%	02/12/17	02/12/17	02/12/18	02/12/18	100%	02/12/27	02/12
	ABAP4帳票類(L)	AR	R_AR05	ﾌﾟﾛｸﾞﾗﾑ仕様書(ZARR2050_顧客別売掛金状況一覧)		02/12/13	02/12/26	1440	78	18.46	02/12/16	03/1/10	3	xxx	xxx	02/12/16		02/12/16	100%	02/12/17	02/12/17	02/12/18	02/12/18	100%	02/12/27	02/12
	ABAP4帳票類(L)	AR	R_AR06	ﾌﾟﾛｸﾞﾗﾑ仕様書(ZARR2060_顧客別売掛金残高明細)		02/12/13	02/12/26	1440	78	18.46	02/12/16	03/1/10	4	xxx	xxx	02/12/16		02/12/16	100%	02/12/17	02/12/17	02/12/18	02/12/18	100%	02/12/27	02/12
	ABAP4帳票類(L)	AR	R_AR13	ﾌﾟﾛｸﾞﾗﾑ仕様書(ZARR2130_残高確認状)		02/12/13		1440	78	18.46	02/12/16	03/1/10	4	xxx	xxx	02/12/16		02/12/16	100%	02/12/17	02/12/17	02/12/18	02/12/18		02/12/27	
	ABAP4帳票類(L)	AR	R_AR14	ﾌﾟﾛｸﾞﾗﾑ仕様書(ZARR2140_海外売掛金長期滞留残高)		02/12/13		1440	78	18.46	02/12/16	03/1/10	5	xxx	xxx	02/12/16		02/12/16	100%	02/12/17	02/12/17	02/12/18	02/12/18	100%	02/12/27	03/1
	ABAP4帳票類(L)	GL	R_GL03	ﾌﾟﾛｸﾞﾗﾑ仕様書(ZGLR2030_未収受取利息内訳)		02/12/13	02/12/23	1440	78	18.46	02/12/16	03/1/10	5	xxx	xxx	02/12/16		02/12/16	100%	02/12/17	02/12/17	02/12/18	02/12/18	100%	02/12/27	02/12
				仕様書(支払手形ﾌｧｸﾀﾘﾝｸﾞ[illegible]																						

图 11-2 开发方各软件模块开发计划及跟踪表

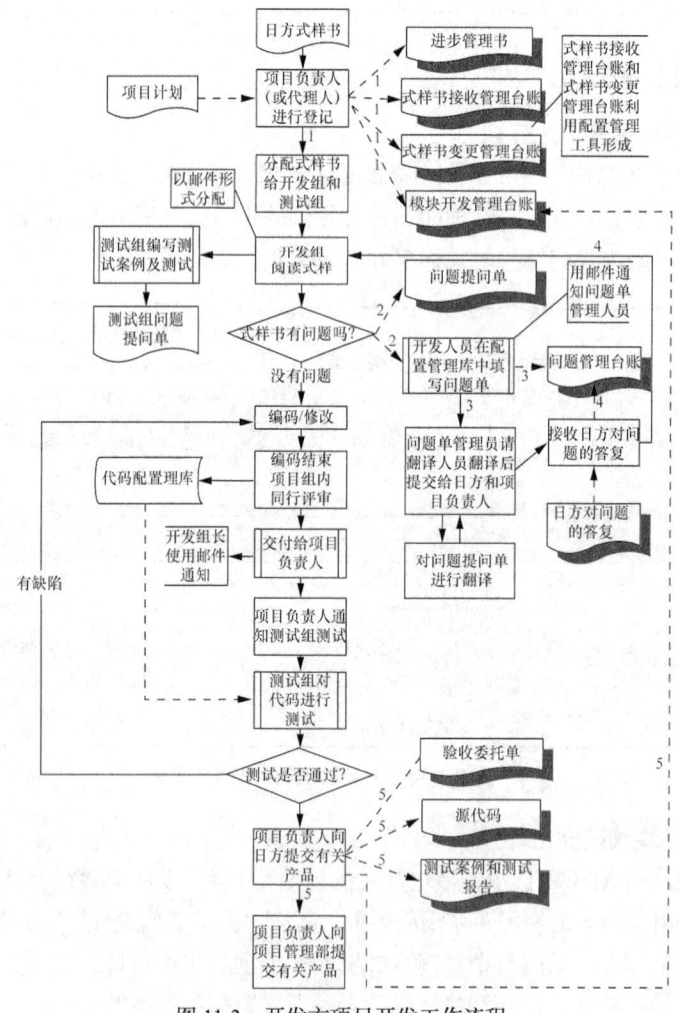

图 11-3 开发方项目开发工作流程

4. 项目开发 QA（问题和答复）管理流程规范

严格地讲，QA 管理流程属于项目沟通计划的一部分，但是由于本项目是由日方做系统设计，中方做编码，因此中方阅读和理解式样书的过程非常重要，它直接关系到编码的正确性和质量，因此，项目经理将 QA 管理流程单独做成计划，要求中方项目成员遵照执行，如图 11-4 所示。

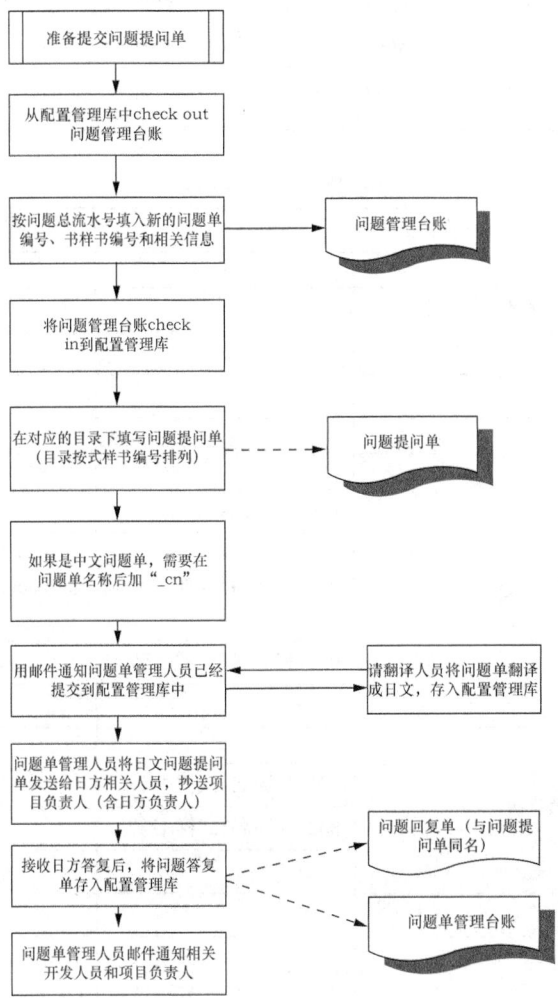

图 11-4　项目开发 QA（问题和答复）管理流程

5. 风险管理计划

点评：图 11-5 所示为项目风险管理计划的一个例子，项目经理需要按照跟踪频率进行监控，随时关注风险情况，并做好预案。

	A	B	C	D	E	F	G	H	I	J	K	L	M	N	O	P
1	风险编号	识别日期	风险描述	风险类型	生存阶段	危险度	发生概率	风险等级	应对策略	应对措施	跟踪频率	责任人	跟踪日期	跟踪描述	跟踪日期	跟踪描述
2	1	2002/12/26	部分开发人员的编码技术不熟练	技术风险	项目全生命周期	3	20%	高	缓解风险	在项目组内技术水平高低进行综合配置，一个高水平人员带领2~3个低水平人员	每周	XX	2002/12/26			
3	2	2002/12/27	个别人员离职	项目管理风险	项目全生命周期	2	20%	中	转移风险	1.项目组配置5%的后备人员 2.与项目组人员共同分享项目经验与展望技术方向和未来	每月	XX	2002/12/27			
4	3	2002/12/28	项目组内成员日语水平不足	技术风险	项目全生命周期	3	30%	中	接受风险	安排翻译小组成员固定对应某个开发小组	每月	XX	2002/12/28			
5																
6																
7																
8																

图 11-5　风险管理计划

6. 配置管理计划

点评：如下内容是一个配置管理计划中，关于配置管理库设立的部分内容。其中在配置管理库中建立若干个层次的文件目录，分别存放项目各种类别的文档。

在配置计划中，应对各种配置规则进行详细说明。

---（配置管理例子开始）

配置管理库结构及权限

目录				命名规则	权限
00）设计说明书					Tony Yang
	001_程序名_式样书名				
	002_程序名_式样书名				
	……				
01）开发内容					
	01）程序_QA 单				
		000_QA 记录总表			
		001_程序名_式样书名		QA_00000.xls QA_00000_cn.xls Answer	开发人员 1
		002_程序名_式样书名			开发人员 2
		……			……
	02）源代码				
		001_程序名_式样书名			开发人员 1
		002_程序名_式样书名			开发人员 2
		……			
02）测试内容					
	01）Test_QASheet				
		001_程序名_式样书名		QA.xls	测试人员 1
		002_程序名_式样书名			测试人员 2
		……			
	02）TestCase				
		001_程序名_式样书名			测试人员 1
		002_程序名_式样书名			测试人员 2
		……			……
					Wang
	03）TestSourceCode				
		001_程序名_式样书名			
		002_程序名_式样书名			
		……			
03）配置管理内容					Chen
	00）配置管理规则				
	01）配置管理状态报告				
	02）产品发布表				

续表

目录		命名规则	权限
04）项目文档			Tony Yang
	01）需求变更		
	02）软件估计书		
	03）软件分析		
	04）软件进度表		
	05）同行评审		
	06）SCM 文档		
	07）SQA 文档		
	55）数据收集		
	66）项目周报		
	77）技术评审记录		
	88）会议记录		
66）邮件备份			Tony Yang

---（配置管理例子结束）

7．沟通管理计划

图 11-6 所示为一个简单的沟通管理计划，其中既列出了项目组内部沟通的内容和频度，也列出了与客户方进行沟通的内容及频度。

---（沟通计划例子开始）

沟通管理

项目组内沟通

沟通负责人/角色	沟通事项	组织名称	参加人员	沟通方式	E-MAIL	联系电话	沟通频率	重要程度	备注
Tony Yang	项目内开发任务安排	SAS项目组	Team Leader	会议	XXX	5801	每周	非常重要	
Team Leader	项目组内任务安排及技术交流	项目组	SE	会议	XXX	5802	每周	重要	
Tony Yang	公司内项目相关单位交流	项目组	相关单位	电话会议	XXX	5801	随机	一般	

客户沟通

沟通负责人/角色	沟通事项	组织名称	参加人员	沟通方式	E-MAIL	联系电话	沟通频率	重要程度	备注
Tony Yang	项目问题及解决办法	客户项目组	客户PM	E-mail	XXX	5801	事件触发	非常重要	必要时电话或即时通信联络
Tony Yang	项目进度报告	客户项目组	客户PM	E-mail	XXX	5802	每周	非常重要	
Team Leader	开发中遇到的具体问题	客户项目组	客户SE	E-mail	XXX	5803	每日	非常重要	必要时电话或即时通信联络

图 11-6　沟通管理计划

---（沟通计划例子结束）

下面的例子，是在客户与开发方项目经理的一次邮件沟通中，双方的问答式交流的例子，邮件是从日方发来的，随后中方项目经理针对日方的建议和疑问，一一做了回答，同时也说明了开发方的建议。

该邮件的背景是，甲乙双方曾约定，对于设计说明书中出现的问题，如果中方技术人员发现了，就填写一份 QA（Question and Answer）记录单发送给日方，并将此 QA 单记录在一个统一的问题汇总表中，提问和回答的内容，都在表中做好记录。项目沟通中，还规定了双方项目组成员都注册 MSN 账户，可以随时通过 MSN 提问项目的有关问题。

但是，在实际项目进行中，出现了这样的情况，当开发人员对设计说明书有疑问时，总愿意通过 MSN 实时在线进行提问，这样做虽然便捷、简单。但是会使问题分散在聊天记录中，没有集中管理，也会常常打断设计人员的工作。于是，甲乙双方的项目经理通过邮件来说明和协商如何处理此类问题。

如下的内容是甲乙双方项目经理之间的一次邮件沟通，乙方 PM 在对方邮件的基础上，对询问的问题做了回答，回答的部分用斜体字标出，以示区别。

--日中双方项目经理的邮件内容（开始）

杨先生，你好！（注：这句话是日方 PM 发来邮件中写的，中方的 PM 在日方邮件基础上，做了邮件回复，在此保留了原文，为的是方便针对所提问题一一作答）

承蒙协作，现在大连与日本的沟通非常地顺畅。

但是，请考虑研究以下问题：

使用 MSN 可以进行实时沟通是件好事，但现在出现了式样书的提问仅在这里就处理完了的现象。

我们在这个项目的开始就规定是收到 QA 票后作回答。笔误等简单的问题可以通过 MSN 处理解决掉，但牵涉改式样书的问题，请用邮件形式提问。

用 MSN 提问设计者必须当场应答，本应做的设计工作和验收工作无法进行。

同样仅通过 MSN 提出测试数据制作请求的情况也很明显，虽然设计者告诉贵方的要求人员用邮件发请求，但对方还是要求"现在就想要"，好像我们的设计者是测试人员的助手。

乙方答复：

我们确实有用 QA 票提问题的规定，但在实际工作中，QA 票的回答比较慢，等待时间比较长，而此时我们的开发人员无法继续编程序，所以逐渐用 MSN 沟通的次数多起来了，而且我们也把 MSN 沟通的内容记录了下来，因此我们觉得可以在一定程度上起到 QA 票的作用。现在还有的问题继续采用 QA 票的方式，如果日方认为仍旧采用 QA 票的方式，我们可以采用，但这样一来可能不能保证完成的周期。因为在等待 QA 票的时间里，开发人员在空等待。从我们的统计来看，几乎所有的 QA 票都不能在一天内回复，有的 QA 需要等待的时间长达几天，因此使开发工作延迟数天，进而影响整个计划的执行。

大连方面提出要求后马上就得到想要的结果，感觉好像没有什么问题，但从我们的整体项目来看，这绝不是一种高效率的状态。

乙方答复：

从编程序的角度来讲，在编码阶段已经需要有测试数据了，因为我们已经商定由设计方添加数据，因此我们希望设计方能在提交给我们式样书的同时，就已经完成测试数据的填入，不然编写的程序无法运行，比如，有的语句需要从数据表中取数据或根据某个条件进行不同的处理，如果没有数据就无法进行，因此程序员希望能在开始编程序前有数据，而不是只在测试阶段有数据。

关于效率问题，因为我们是一个整体，项目完成与否最终要看代码是否及时完成和合格，因此如果在代码编写阶段不能高效地完成任务，同样使总体的效率降低。

如果贵方希望保证设计阶段的高效率，我们可以配合，但同时我们希望统计对QA回答的时间和式样书频繁修改所另需的时间，希望能够对此影响编程效率的情况进行进一步的商谈。

另外，贵方在测试数据添加和已提交的模块的验收方面处理的时间也比较长，使我们的计划无法顺利完成，因为有的模块即使提交了，也可能被发现有问题或还有式样书的修改，我们无法确定这些模块是否应该在新的计划中体现。

目前的问题基本集中在式样书错误和缺少测试数据的问题上，开发技术没有任何问题，因此是否应当把如何能更有效地使式样书的错误或修改尽可能地减少，作为提高整体效率的首要问题。

我们期待着相互的WINWIN而采用了MSN，请理解我们的情况并理解什么是应有的有效沟通的方法。

乙方答复：
我们理解设计人员经常被问题打断影响工作效率的问题，我们在今后尽量采用QA单的方式对式样书进行询问。目前已经告知大家，尽量用QA方式。
因为我们有时间和工作量的压力（基于贵方对该项目的时间要求），编程人员急于想让设计人员修改式样书，请贵方理解和原谅。

Best Regards

杨XX

---日中双方项目经理的邮件内容（结束）

邮件分析：此邮件很有代表性，双方就如何沟通项目中出现的问题，相互表达了各自的意见。甲方强调了沟通管理的重要性，而乙方强调了工作效率的重要性，彼此坦诚和详细地说明了自己的想法。邮件中非常友好、客气地说明了问题和答复，取得了一致意见。项目得以在友好的氛围下，顺利地进行。

11.3 项目工程管理

在软件工程的课程中，对项目工程管理有着深入、详细的讲解，其中包括软件开发生命周期中的各种文档。本案例中的项目是关于编码和测试阶段的工程项目，因此我们选取了一个设计式样书的样例，为读者做参考。因为每个项目的设计和编程语言是不同的，所以对于工程管理中的相关技术文档，可以借鉴软件工程中论述的文档内容和形式。这里只是展示了一个具体的日本发包到中国的设计式样书，并且从式样书中选取了比较有代表性的几个页面，省略了其他内容（这些内容是对设计做更详细的说明），读者应关注式样书中关于系统设计的大致结构，而不必追究具体细节。由于式样书中的大部分日文都是汉字，而且日文中汉字的字面含义与中文基本相当，所以作者不做对应的翻译（见图11-7~图11-11）。

---（设计式样书（说明书）样例开始）

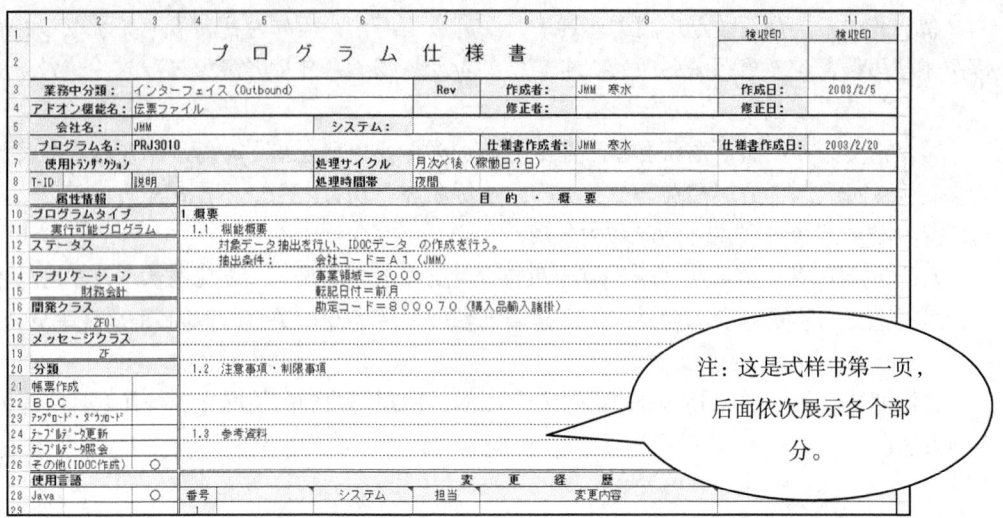

图 11-7 设计式样书第一页

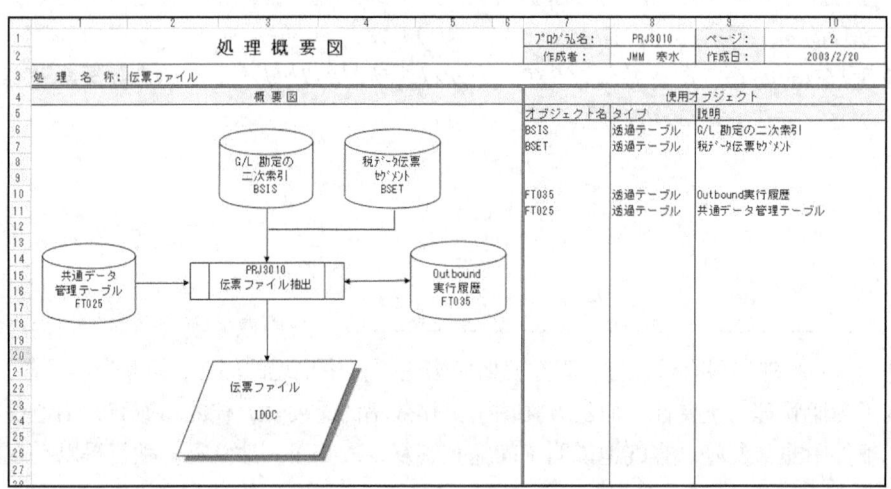

图 11-8 设计式样书处理概要设计部分

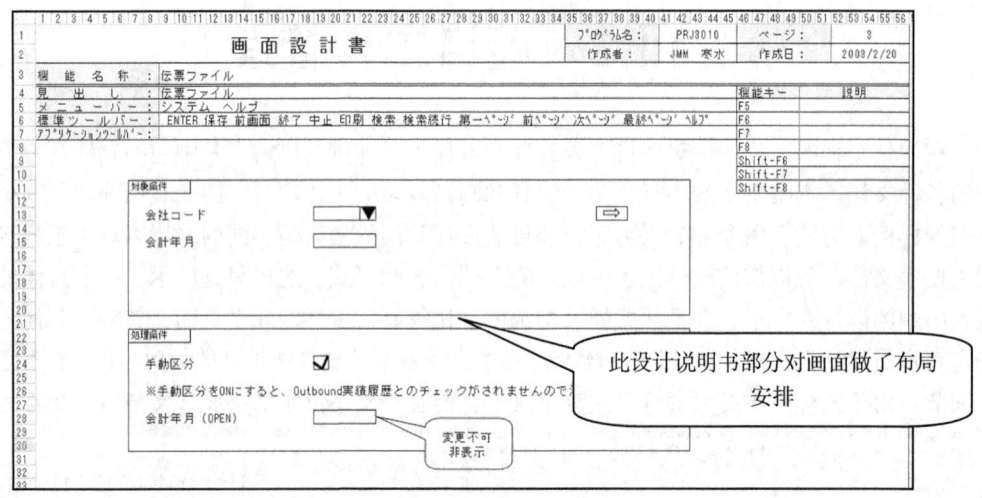

图 11-9 设计式样书画面设计部分

第 11 章 软件外包案例分析

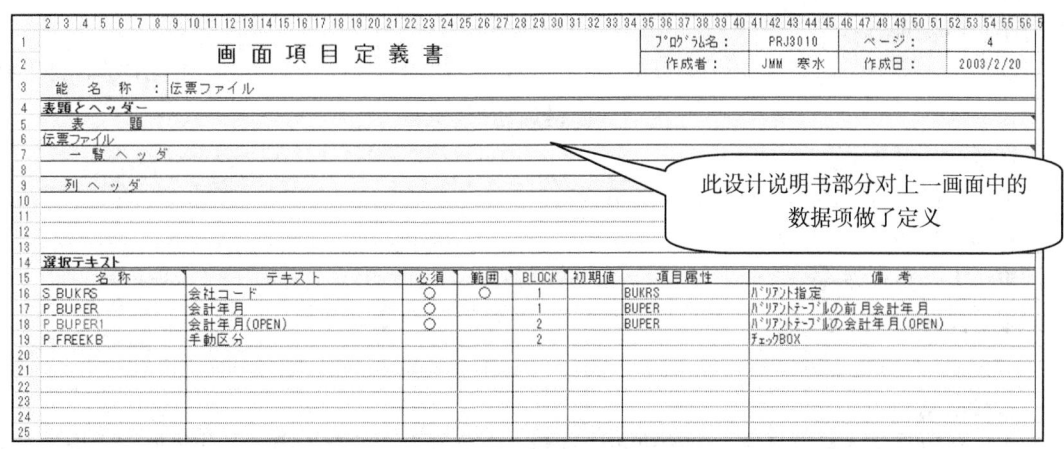

图 11-10　设计式样书画面内数据项定义部分

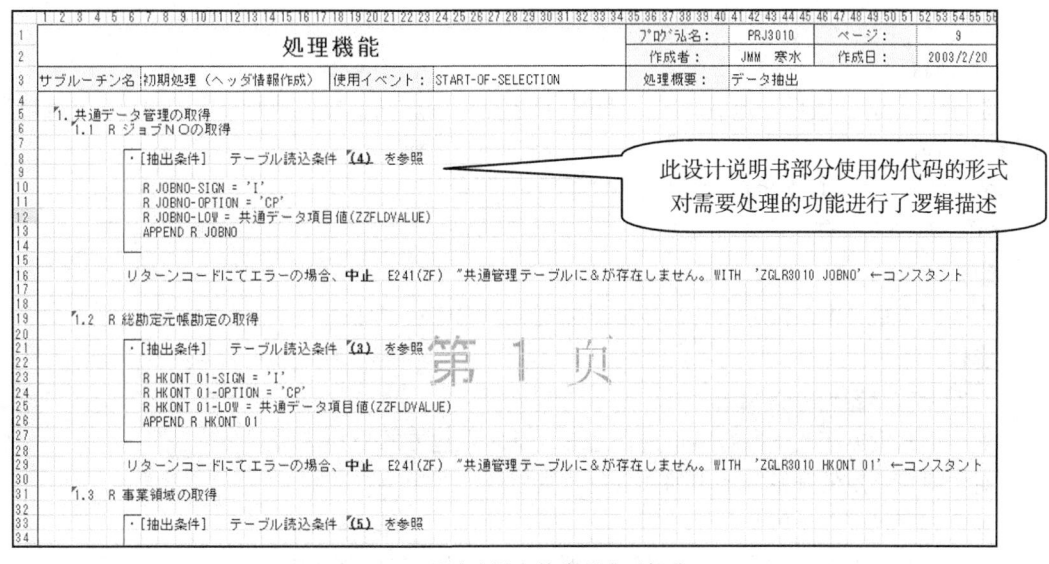

图 11-11　设计式样书伪代码表示部分

--（设计式样书（说明书）样例结束）

11.4　项目质量管理

点评：项目质量管理工作涉及两部分计划，一个是项目的质量计划，另一个是质量保证计划。这二者的区别在于质量计划是对项目的质量指标制定目标和计划，并对质量保证过程制定规则，是质量控制和质量保证的共同依据；而质量保证计划则是对如何保证质量指标的过程实现建立行动计划，是对质量控制过程的管理计划。执行项目质量计划的责任人是项目经理，执行质量保证计划的责任人是 SQA 人员，项目经理监督和管理所有与质量相关的活动，主要行动是对每个阶段或关键点的产出物（文档或代码）进行检测，评估出产出物是否符合预计的质量要求，评估产出物的质量指标。SQA 人员则只对项目执行过程中，监督是否按照既定的质量（控制）计划中规定的流程开展了工作，如是否对设计书、代码进行了审查等，即是否按过程要求执行了质量保证过程。

--（质量计划案例开始）

质量计划书

作者：Tony Yang
项目文件编号：DCC-SAS-2002-12-01
日期：2002 年 12 月 25 日
审核人：Jun Wang
项目经理：Guo Zhang

版权归属
本资料包含了 DCC 或第三方的机密信息和未经公开发表的著作内容。如果使用本资料，须经其他方式与本公司签订机密信息保护契约，并按条款严格遵守。

1. 前言
本计划是 SAS 项目计划书的附属部分，目的是确保产品质量达到所设定的目标，并采取适当的活动过程。
2. 质量保证（日文也称"品质保证"）
2.1 组织和责任
组织
为确保质量，甲乙双方的公司级组织都要承担相应的责任。
责任
开发方项目经理（CPM）:
对项目开发方相关的所有事情进行处理，是对发包方的公共接口。
对本项目所属的开发方承担的部分负有责任。
发包方项目经理（PM）:
对项目发包方相关的所有事项进行处理，是对开发方的公共接口。
对项目的目标、质量、费用、交付期的达成负有责任。
质量管理者（QA）:
定期在如下观察点对质量的审查实施处理。
- 按照质量管理的过程对质量进行管理。
- 进行适当密度的审查。
- 按照适当的密度发现缺陷/BUG。
- 对发现的缺陷进行适当的管理和应对。
- 对质量管理整个过程负责。
子项目经理和项目组长：
- 对所负责范围内的质量保证活动的实施负责。
项目组成员（PT）和协力公司（BP）:
- 负责承担范围内的品质保证活动，对各项活动予以协助。

2.2 质量活动计划

项目名称	审查对象/方式	测试方式	开发方 审查对象的标准和确认
	项目计划书 质量计划书		项目计划书
设计			
基本设计	基本设计书		基本设计书
详细设计	详细设计书 进行理解①		详细设计书(确认)
开发			
编码·单元测试	代码审查② 单元测试式样书 单元测试结果	单元测试	
结合测试	结合测试式样书 结合测试结果	结合测试	
系统测试	系统测试式样书 系统测试结果	系统测试	系统测试结果报告书(确认)
导入		验收测试	
操作说明书	操作说明书		操作说明书
验证环境设定书	验证环境设定书		验证环境设定书

① 对产品开发的理解方面，费用与效率的平衡、必要性、规模、费用等由项目经理决定。
② 对代码评审的内容，由项目经理予以判断。

2.3 质量管理流程的各阶段活动内容

1. 设计阶段

对设计阶段制作的各成果物（基本设计书等）进行评审。

评审：对成果物构成的逻辑单位，对每个完成的部分逐次进行，最终所有成果物都要经过审查。在项目中需审查的内容及必要性，与开发方共同商讨。

在这里，所有发现的问题都应该被解决，未解决的事项和其影响范围，纳入下一工序的风险识别确认表中，形成下道工序开展的判断基础之一。

2. 开发阶段

在开发进行阶段，要根据开发阶段制作的各成果物（单元测试式样书、结合测试式样书等）进行评审。

在各个设计阶段，同时对需要进行测试的设计内容进行确认。对质量进行定量测试，并做好记录。

对成果物测试时，要保证所有的测试项都被实施，测试质量要得到足够的保证。被测试发现的问题，要予以解决并得到确认，这是验收测试能提交产品的标准之一。

3. 基本设计阶段的质量管理

3.1 成果物的审核

按照基本设计书进行审查，对规格变更记录的内容是否在设计中没有遗漏要做确认。

3.1.1 目的

审核是为了确保成果物的质量。

3.1.2 参加者

由发包方项目经理决定哪些人是必要的参加者。根据需要，也可以从外部选用适当的审核人员。

3.2 实施步骤

原则上是采用说明会的形式进行实施。在这种情况下，各进行设计的担当者要进行说明，审核提问。

另外，基于审核对象的复杂性，对文件的审查形式，设计者可以发放审查对象的复印件，进行传阅，各审核者将讨论结果给予反馈。

3.2.1 记录

被指摘（质询）的事项和评语要进行记录，并采取必要的措施让当事组长进行确认。

4. 详细设计阶段的质量管理

4.1 成果物审核

详细设计书的审核、基本设计书规定的系统机能的结构设计是否满足的确认。

4.1.1 目的

审核的目的，是为了确保成果物的质量。

4.1.2 参加者

由发包方项目经理决定哪些人是必要的参加者。根据需要，也可以从外部选用适当的审核人员。

4.2 实施步骤

原则上是采用说明会的形式进行实施。在这种情况下，各进行设计的担当者要进行说明，审核提问。

另外，基于审核对象的复杂性，对文件的审查形式，设计者可以发放审查对象的复印件，进行传阅，各审核者将讨论结果给予反馈。

4.2.1 记录

被指摘（质询）的事项和评语要进行记录，并采取必要的措施让当事组长进行确认。

5. 制作阶段的品质管理

5.1 代码审核

5.1.1 代码审核的目的

对代码的审核，用观察法确认每个程序是否按式样书的要求编写的。

（1）程序是否按程序说明书的要求被编写，即对设计书完整无遗漏地、正确地编程进行逻辑确认。

（2）按照编码标准设计书所决定的方式，对编程的正确性进行确认。

5.2 实施步骤

5.2.1 检查项目的设定

对共同的检查项目，按照先前确定的编码标准设计书的设定，进行记录。

审核担当者按照各程序设计书中记录的处理逻辑，填写检查项目单。

5.2.2 代码审核的实施

审查担当者对检查项目，采用目视的方式进行编程正确性的确认。

另外，对注释的内容是否正确、是否冗长、有没有错误也一并做确认。

5.2.3 记录

审查担当者，在检查项目实施后，将结果记录到表单中。

对指摘（质询）项目评语的记录，采取的必要措施，请当事组长进行确认。

6. 单元测试阶段的质量管理

6.1 测试的目的

单元测试是对各个程序是否按式样规定进行了制作进行确认。

（1）确认是否按照程序设计书的规定，完整无遗漏地、按正确处理逻辑进行了编写。

在这里，检查编写的各个命令和命令的组合，确认程序是否按设想的动作进行。

（2）确认各程序设计书所决定的机能的正确实现。根据程序外部构造设计式样规定的程序功能，确认是否正确实施了。

6.2 实施步骤

6.2.1 实验项目的设定

实验项目按白盒、黑盒两种方法设计。

测试人员对每个测试对象进行测试，记录到单体测试式样书中。

另外，根据程序的外部设计，按正常、异常及各种边界条件测试各个项目，记录到测试式样书中。

测试项目由组长进行审核。

边界条件的例子：

0 或负值

最大及最小范围外的值

0 或者 1 件交易

0 文件、无文件操作

1 个文件到复数个文件的更新

windows headings（明细行或合计行没有的情况下，标题是否正确）

在允许的范围外填写文字

顺序性的错误

参数不足、参数或信息格式错误

文件的同时存取

文件空间 Overflow

6.2.2 实验的实施

测试人员按照正常运行的逻辑对其测试项目进行确认。另外，也根据程序外部式样的设计对程序功能实施测试，确认其正确性。

6.2.3 测试结果的记录

测试人员根据单体测试式样书对测试内容实施测试后的结果，计入其中。

另外，发现的每个缺陷（BUG），开具 BUG 单（票），将分类错误数记入以下账簿。

- 质量管理表。
- BUG 分类汇总表。
- BUG 累计曲线表。

6.2.4 报告书作成

担当组长对单体测试结果予以确认，在单体测试式样书的批准栏目内盖章，并整理成报告书。

7. 结合测试阶段质量管理

7.1 结合测试的目的

结合测试是针对分别开发的程序做真正结合后进行的测试，确认程序间的接口是否正确。另外，通过测试确认各组件是否按照设计书的规定被正确实现。按照程序外部设计式样的要求，确认是否实现了规定的组件功能。

7.2 实施步骤

7.2.1 实验项目的设定

实验项目按白盒和黑盒两种方法设定。

测试人员根据组件部分的功能，结合测试式样书进行测试，并将结果计入。

另外，组件设计书规定的功能主要着眼于正常情况，还应该考虑异常情况和各种边界条件下应测试的项目，并结合测试式样书进行记录。

7.2.2 实验的实施

测试人员按照运行路径和逻辑，对实验项目的正确性进行确认。另外，对组件的功能测试，主要关注组件实施的功能，对测试项目的正确性予以确认。

7.2.3 测试结果的记录

测试人员将测试项目对应实施的结果（开始日、结束日、发现的错误数）等，结合测试式样书的实施，一并记入。

另外，对于每个发现的BUG，开具BUG票，将每个分类错误数记入以下账簿。

- 质量管理表。
- BUG 分类汇总表。
- BUG 累计曲线图。

7.2.4 测试报告书的作成

承担测试的组长结合测试结果的确认，在结合测试式样书的批准栏中签字盖章，形成测试报告书。

8. 系统测试

8.1 系统测试的目的

（略，与前述测试计划内容类似）

8.2 实施步骤（略，与前述测试计划内容类似）

8.2.1 试验项目的设定（略，与前述测试计划内容类似）

8.2.1.1 功能测试（略，与前述测试计划内容类似）

8.2.1.2 集成测试（略，与前述测试计划内容类似）

8.2.2 试验的实施（略，与前述测试计划内容类似）

8.2.3 试验结果的记录（略，与前述测试计划内容类似）

8.2.4 测试结果的分析

对上述各种测试资料的分析，确认系统的质量是否得到保证。对比 BUG 累积曲线图，BUG 收敛率应在 90%以上。必要时，应根据需要追加测试用例并进行测试。

所有测试项目完成后，测试结果由担当的 PL 审核并提交。

8.2.5 制作报告书

担当组长在系统测试完毕后，对整个测试结果进行审查，制作成系统测试报告书。

9. 定量的管理

9.1 基本的考虑因素

在设计阶段审查出的件数、测试阶段的用例数量和 BUG 件数总数。

这些件数与目标值进行对比，是否达到了制定的目标值。当件数没有达到目标值时，应确认其中的原因。

对个别发现的事项和错误内容、倾向等进行分析，重新审查，应当强化测试实施中必要采取的措施。

9.2 质量评价指标

以下记载的质量指标值作为目标。

这些目标值是在本公司内其他项目的实际值基础上确定的。

质量评价指标名称	基本设计书	详细设计书	验证环境设定书	操作说明书
缺陷检出率（件/页（A4））	0.55～	0.35～	0.35～	0.55～
审查密度（人时/页（A4））	0.10～	0.08～	0.08～	0.10～
错误密度（件/页 A4）	0.15～0.50	0.05～0.3	0.03～0.25	0.10～0.50

质量评价指标名称	源代码
审查密度（人时/KNCSS*3）	0.50～
BUG 密度（件/KNCSS*3）	1.75～7.50

质量评价指标名称	工程		
	单元测试	结合测试	系统测试
BUG 密度（件/KNCSS*3）	12.5		
BUG 发现率（%）	65～85	80～95	90～100
BUG 收缩率（%）	90 以上		
测试项目密度（项目/KNCSS[③]）	55～85	25～35	10～15

③ Kilo Non-Commented Source Statement。

---(质量计划案例结束)

关于 SQA 计划，其主要内容阐述如下，其他内容不再赘述。

---(SQA 计划案例开始)

一、对软件工作产品的审计

（1）审计对象

	名称	审计内容	担当者	审计周期
1	项目开发计划、进度计划	进度计划中是否存在资源（时间、人员、任务等）冲突，是否存在没有被追踪的 WBS	王丹	Daily
2	详细设计（DD）式样书	详细设计式样书是否符合详细设计式样规范，变更履历是否正确填写	王丹	每三天
3	详细设计式样书评审记录	DD 式样书是否存在该评审而未评审的；DD 式样书评审记录是否填写完整及正确，是否符合 DD 评审记录 Template 的要求；DD 式样书评审记录中的缺陷最终是否体现为关闭	王丹	DD 阶段每三天

续表

	名称	审计内容	担当者	审计周期
4	源代码	抽样 Audit 源代码，进行代码规范性检查（除了 check-in 到 CVS 的 Script 进行的部分检查外） • 每个模块的源代码都要抽样进行 Audit • 优先级为 A 的模块的代码要重点 Audit • MM1、MM2、MM3 代码要重点 Audit	王丹	CUT 阶段的每三天
5	源代码评审记录	根据 CodeReview 的 Template，审核 Code Review Report，验证 • 是否有该进行 CodeReview 而未进行 CodeReview 的源代码 • CodeReview Report 填写内容是否完整 • CodeReview Report 中记录的缺陷最终是否体现为关闭	王丹	CUT 阶段的每三天
6	单体测试报告	验证单体测试是否完成，所有缺陷是否已经 fix，并被 close，相关覆盖率指标是否达到要求	刘峰	UT 开始后的每周
7	TestCase&Code 评审记录	根据 TestCase&Code Review 的 Template，审核 TestCase&Code Review 票，验证 • 是否有该进行 Review 而未进行 Review 的 TestCase • 评审票填写内容是否完整 • 根据进度状态，评审票的最终状态是否为关闭	刘峰	Daily
8	TestCase&Code	根据 TestCase Template，审核 TestCase，验证 • TestCase 填写内容是否完整 • 可以地话，验证 TestCase 技术合理性	刘峰	Weekly
9	变更管理表	变更表是否填写完整，尤其是变更处理 Status, Cost, Finished Date 等	刘峰	变更对应后每周二、四
10	对应变更的 Review 票	根据 ReviewRecord_CR 的 Template，审核 Review 票，验证 • 是否有该进行 Review 而未进行 Review 的变更对应（DD，SRC，TestCase/Code 等） • 根据变更对应进度状态，评审票的最终状态是否为关闭	刘峰	变更对应后每周二、四
11	Source Code Refine Audit	根据架构组及日方对 SourceCode Refine Action 的要求，审核源代码，验证 • 是否所有需要按照 Code Refine Actions 要求修改的 Source Code 都进行了适当修改	王丹	根据 Code Refine Action Plan

（2）审计步骤

1）确定当前要审计的软件工作产品，包括设计阶段、编码阶段、测试阶段的工作产品；

2）确定与当前审计有关的过程、规程或标准；

3）按照进度对软件工作产品进行审计；

4）每周一制定并发布 SQA 报告；

5）对发现的不符合问题进行跟踪，填写 SQA 工作表，及时报告；

6）就 SQA 工作表中发现的问题，同有关组或个人进行商讨、确认，进行处理。

二、对软件过程的评审

（1）评审对象

	评审类型	评审对象	评审内容	评审方式	Owner	评审时间
1	需求管理过程	需求追踪管理	RTM，验证所有的 BD 已经在 DD 式样及代码中得到体现	查看 RTM 文档或其他可以与 RTM 等同的文档	王丹	每个阶段
2	项目进度	进度管理	计划是否得到追踪以及追踪结果是否体现了当前状态	查看项目计划	王丹	Daily
3	详细设计过程	DD 式样书	验证是否存在该评审而未评审并进行了代码实现的详细设计式样书	检查评审记录表、查看 cvs 中的计划追踪情况	王丹	每周
4	配置管理	Package Release	验证待发布的 Package 是否进行了配置审核	查看配置审核记录	王丹	每次 Package Release 前
5	配置管理	配置变更 配置状态报告	配置变更是否通知 配置状态是否定期发布	查看相关记录	王丹	MileStone
6	集成测试过程	IT TestCase ITS Weekly Report IT TestPlan	IT TestCase 是否处于关闭状态 ITS 中的缺陷是适当地被关闭 Weekly Report 内容是否完整 TestPlan 是否被有效追踪	查看相关记录	刘峰	IT Phase Weekly
7	DD 式样变更过程	DD 式样书	DD 式样书变更履历是否填写正确	查看 DD 式样书	刘峰	DD MileStone 之后
8	变更管理过程	CRF、变更管理票、DD 式样书、对应变更的统一 Review 票	所有 CRF 是否得到处理（反映在变更票中、需要修改的 DD 是否按照变更对应的要求进行了对应修改） 修改后的 DD、SourceCode、TestCase/Code 是否得到 Review	查看 CRF 等文档； 根据审计对象表中的第十项的审计结果	刘峰	2月25日开始后的每周二、四

（2）评审过程

1）确定每个阶段要接受评审的软件工作过程或项目评审的类型与内容，包括设计阶段、编码阶段、测试阶段和产品提交；

2）确定与每个阶段 SQA 评审有关的过程、规程或标准，在本项目中验证做或未做；

3）进行软件工作过程或评审的 SQA 评审（形式包括参与活动和检查结果）；

4）每周一制定并发布 SQA 周报；

5）对发现的不符合问题进行跟踪，填写 SQA 工作表，及时报告；

6）就 SQA 工作表中发现的问题，同有关组或个人进行商讨、确认，进行处理。

三、发布 SQA 报告

SQA 报告类型	发布的对象	报告频率	方式
SQA 周报	PM，PLs	每周一	E-mail 通知
SQA 工作表	问题相关的组和个人 CC：PM，QA Leader	及时	E-mail 通知

续表

SQA 报告类型	发布的对象	报告频率	方式
质量管理报告	涵盖设计、CUT 的质量 Metrics，分析展示图表，基本的分析结果	参照 1.1 相关频率 阶段结束时，汇总报告	E-mail 通知

四、不符合问题的处理

对发现的不符合问题，SQA 人员应及时以 SQA 工作表的形式通知问题相关的组和个人，同时通知相应问题在 SQA 工作表中的位置。问题相关的组和个人应在一个工作日内，回复是否接收、拒绝原因或计划解决时间，若不能在一个工作日内确定计划解决时间的，应回复何时能确定这个时间。对于问题相关的组和个人拒绝 SQA 建议的，SQA 要在提出拒绝后一个工作日内，将不符合问题提交受影响的组和个人上一级领导，直到问题解决。在此过程中，SQA 人员应及时追踪问题的解决情况，并填入 SQA 工作表的不符合问题一览表中。

--（SQA 计划案例结束）

11.5 项目交付及总结

1. 项目交付的成果物清单

点评：项目结束后，将按照合同内容，向客户提交规定的成果物，成果物一般包含开发过程中形成的设计文档、程序源代码、可执行代码以及借用的设备或开发工具等。项目成果物交付时，需要按编写交付清单，请客户逐项予以确认和验收。提交过程应保留沟通记录和有关资料，尤其归还硬件设备时，要特别注意寄运过程的安全（包括物理设备安全和信息安全）。

项目的成果物交付清单，相当于产品装箱单，在此不再赘述。

2. 项目总结

点评：项目总结的内容非常多，读者可从其他软件项目管理著作中了解这方面的全面内容。我们在此仅展示一个《项目过程及质量分析报告》这一总结性文档的片段（见图 11-12～图 11-17），以飨读者，同时也能使读者看到在比较完善的软件外包项目管理中，各种定量数据可以被详细地记录和统计，并由项目经理和质量管理人员做出分析，形成报告，成为组织的过程财富库里的宝贵资源。

说明：例子中的数据已做了修改，不是真实数据，不能用于

SAS 项目过程数据收集及分析结果		
数据收集项	数据结果	
规模	度量结果	单位
估计规模	94854	行
实际规模	83838	行
估计规模和实际规模比	89.25%	
代码稳定性（比较单元测试前后代码规模）	0.87	
工作量		
估计工作量	1078.46	人日
实际工作量	937.46	人日
实际工作量和估计工作量比	86.93%	
任务项分布	见"任务项分布"	
生产率		
项目总生产率	89.43	行/人日
项目分类生产率	见"产品分类生产率"	
个人生产率	见"个人数据"	
测试 Bug		
Bug总数	426	
Bug率	13.55	个/千代码行
bug数级别分布	见"bug数级别分布"	
同行评审 缺陷		
缺陷总数	216	
缺陷率	5.07	个/千代码行
Bug率&缺陷率	见"Bug率&缺陷率"	
Bug率&编码生产率	见"Bug率&编码生产率"	
缺陷率同编码生产率	见"缺陷率&编码生产率"	
质量成本		
（测试工作量+同行评审工作量/项目总工作量）	0.47	
变更统计	见"变更统计"	
	433	
变更比率	97.66%	

图 11-12 项目总结总体数据

实际项目参考值。

---（项目总结案例开始）

总结内容之一，"项目总体情况"：

总结内容之二，"任务项分布"：

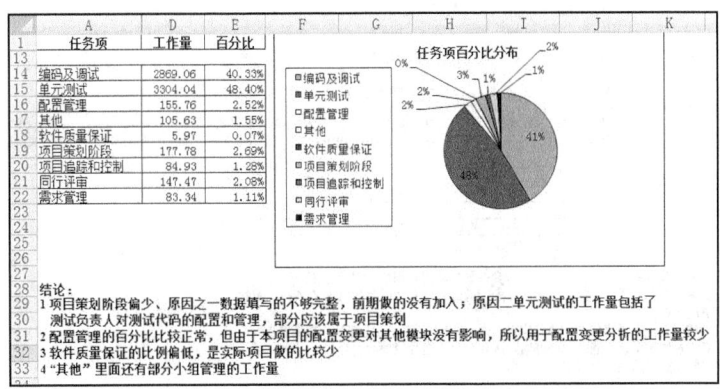

图 11-13　项目总结按任务项统计的数据

总结内容之三，"产品分类统计"：

图 11-14　项目总结按产品分类统计的数据

总结内容之四，"个人生产性"：

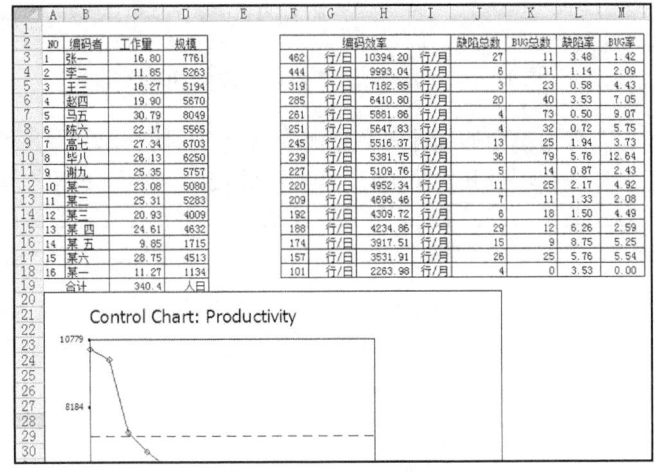

图 11-15　项目总结按生产人员统计的数据

总结内容之五,"变更统计":

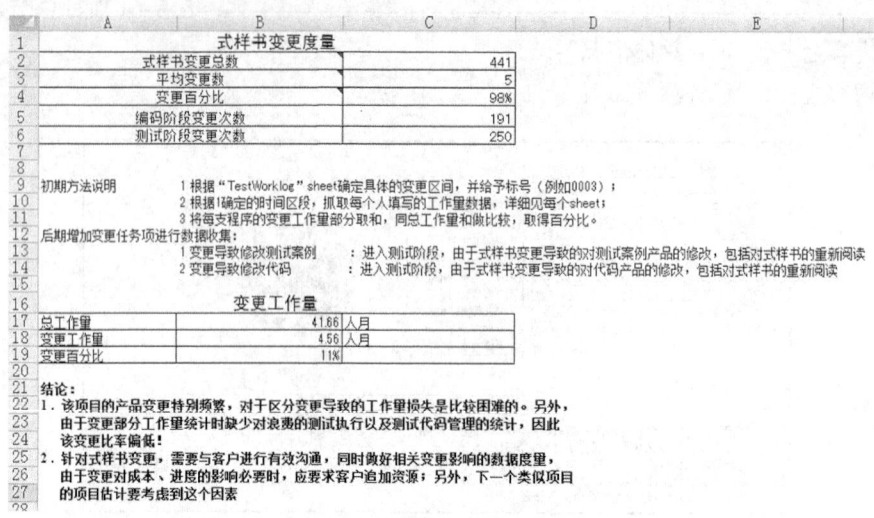

图 11-16　项目总结按式样变更统计的数据

总结内容之六,"BUG 率与缺陷率关系分析":

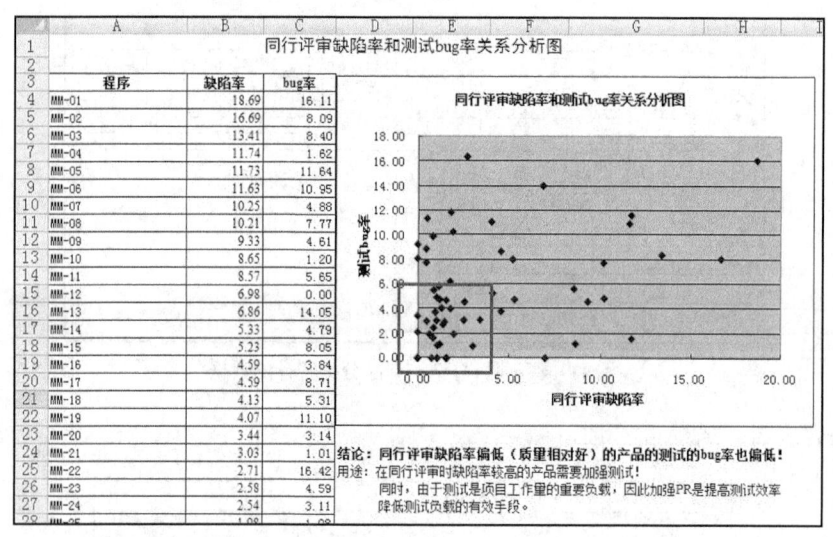

图 11-17　项目总结按审计和测试统计的数据

点评:上述图示仅是项目总结的部分内容,根据每个项目的特点和开发商组织内的要求,项目经理及质量保证组,应该在项目开始阶段,对项目总结的必要内容做出全面的计划。

--(项目总结案例结束)

参考文献

[1] 栾东庆,徐龙章. 软件外包技术对欧美. 北京:中国劳动保障出版社,2011.
[2] 国家服务外包人力资源研究院. 软件外包概述. 北京:清华大学出版社,2012.
[3] 赵艳红. 软件服务外包概论. 北京:化学工业出版社,2012.
[4] Project Management Institute. 项目管理知识体系指南(PMBOK指南). 5版,许江林,等译. 北京:电子工业出版社,2013.
[5] 房西苑,周蓉翌. 项目管理融会贯通. 北京:机械工业出版社,2010.